名誉主编　朱小蔓　｜　丛书主编　戴联荣

教师教育课程建构丛书

教师流动论

谢延龙　编著

南京师范大学出版社

图书在版编目(CIP)数据

教师流动论 / 谢延龙编著. —南京:南京师范大学出版社,2016.6
(教师教育课程建构丛书)
ISBN 978-7-5651-2537-9

Ⅰ.①教… Ⅱ.①谢… Ⅲ.①教师-人才流动-研究 Ⅳ.①G451

中国版本图书馆 CIP 数据核字(2016)第 054985 号

书　　名	教师流动论
作　　者	谢延龙
丛书主编	戴联荣
责任编辑	孙　涛
出版发行	南京师范大学出版社
地　　址	江苏省南京市宁海路 122 号(邮编:210097)
电　　话	(025)83598919(总编办)　83598412(营销部)　83598297(邮购部)
网　　址	http://www.njnup.com
电子信箱	nspzbb@163.com
照　　排	南京理工大学印刷照排中心
印　　刷	南京玉河印刷厂
开　　本	787 毫米×960 毫米　1/16
印　　张	24
字　　数	358 千
版　　次	2016 年 6 月第 1 版　2016 年 6 月第 1 次印刷
书　　号	ISBN 978-7-5651-2537-9
定　　价	58.00 元

出 版 人　彭志斌

南京师大版图书若有印装问题请与销售商调换
版权所有　侵犯必究

总 序

朱小蔓

我曾应宁夏大学邀请于2013年5月给宁夏大学教育学院的师生、宁夏大学的管理者和教学、科研人员分别做过讲座,与宁夏大学的党、政负责人进行了深入、友好、畅快的会见交谈,给我留下了新鲜而美好的印象:"天下黄河富宁夏",这个黄土高原上的银川平原居然可以种水稻,天高云淡,芦苇摇曳,碧波荡漾,水草丰足,牛羊成群,一排排白杨礼赞"不到长城非好汉"的宁夏精神,一阵阵惠风和畅天赐宁夏避暑胜地;这个塞上江南的"211"大学,学校领导思想解放,富有远见,稳健而不乏魄力,特别重视大学的特色发展,强调大学要为西部的经济社会和文化的可持续发展做出实实在在的贡献;高度重视教学及管理工作都要为立德树人、为人自身的全面综合素质提升,以及文化与信仰的包容、融合和交流服务。短短的两三天里,我直接感受到教育学院老师们的专业思考能力,参与互动、讨论的热情,了解到教育学院的工作生机勃勃,风清气正,同心聚力,尊重和关心师生和专家,重视学科建设尤其是教师教育专业的发展,打开了教育学院与当地政府合作、中小学协同合作的新局面。学校主要领导评价戴联荣院长"给学院吹进了一阵清风,学院的发展思路和目标清晰,老师们越来越有信心"。这些,被宁夏大学时任校长风趣地概括、赞誉为"戴—高乐"组合(意在肯定戴联荣院长与高石钢书记是好搭档,带领师生赢得学院和谐、活跃的新局面)。

银川之行让我与宁夏大学教育学院结下不解之缘,有兴趣和情感上的牵挂,持续关注宁夏大学和教育学院的发展动态,欢迎宁夏大学的师生参加我在北京参与主办的小学教育国际会议、第五届全国情感教育学术研讨会,以及其他有关的国际、国内教育学术交流与科研合作活动,鼓励宁夏大学的师生报考北京师范大学、南京师范大学的研究生。后来,我高兴地了解到,该学院近几年来获得国家自然科学基金5项,国家社会科学基金5项,省部级科研项目10多项;一些重要科研成果在该校"211"大学评估验收中独领风骚,还有许多专家的科研成果在宁夏全区教育科研成果获奖中屡屡名列前茅;建立学术对话论坛,鼓励青年老师和专家积极参加国内外学术交流,邀请海内外专家做系列讲座;别开生面地组织实施"国培计划""骨干教师"等多项省级、国家级中小学教师培训项目;教育学院还获得宁夏大学2013年度最高奖"精神文明建设奖",颇为不易。南京师范大学党委书记在全校干部大会上表扬外派支教院长戴联荣,肯定这一东西部大学合作的成功模式和可喜成果。

　　宁夏大学作为地方综合性大学,十分重视将培养优质师资的教师教育作为学校义不容辞服务好地方基础教育、培养德才兼备人才的重要任务之一。2013年至2015年初,南京师范大学与宁夏大学友好合作,联合聘任戴联荣教授为宁夏大学教育学院院长、学科带头人的时期,恰逢国家为支持中西部普通高校发展制定了《中西部高等教育振兴计划(2012—2020年)》,正好参与申请和负责执行、落实宁夏大学"中西部高校综合实力提升工程"("一省一校"新一期资助子项目)。这套"教师教育课程建构"丛书即被学院确定该项目执行内容之一,我是很支持的。

　　我国教师教育存在一些亟需进一步改革和调整的问题,例如:课堂"教"与"学"的理念、方式的新变化;教师教育实习和见习制度的改革;对中小学基础教育改革的切实了解与把握;培养面向农村的中小学教师;加强大学通识课程和文化基础课;提升大学整体教师教育氛围;等等。

　　这套丛书研究和关注的是我国西部教师教育课程建构以及教师教育专业人才培养的重要问题,有几个特色:

　　首先是关注教师队伍建设的硬件和软件问题。

　　教师教育专业学生以及教师的职后培训,对教师职业特点的认识、认同感,与教师流动的伦理和文化问题紧密相关,提出认真思考这两者的关系问题,有助于我们寻找到什么样的学校文化软环境,才能够真正吸引老师们扎根当地教书育人,充满理想、智慧和奉献爱心。进行这方面的调研,能够为教师教育公共政策的完善提供建议。因此特别需要教育政策的制定者和教育管理者,教育工作者,充分理解教师专业和复杂劳动的创造性、个体性、自主性、交流性和精神性的鲜明特征:一是教师职业在本质上是一个需要自由、创造的职业。老师们需要感兴趣、热爱,愿意不断摸索、调适,善于激励他人也激励自己。二是教师的知识,既是自己所学习、积累、信奉、公共化(客观化)的,也是在现场、在特定情境中产生,大量是用身体表达的、默会的、多变的、不定型的,是一种个人化的知识结构。三是教师的工作既要团队合作,但大多时空又需要个人灵活自主应对。教师职业当然应有一定规范约束,但其工作总在无法掩饰地表达着、展现着自我。四是教师工作需要物质奖励,但他们也特别看重教学以及与学生交往过程中的成功体验,珍惜从中获得的成就感。

《教师流动论》提出、建构了一个理解教师流动的崭新体系。对中国教师流动的具体问题,既阐述了教师流动的"硬问题"——教师流动的制度、政策和机制问题,也阐述了影响教师流动的"软问题"——教师流动的伦理和文化问题,这是很有创新价值的。

其次是关注课堂和学习的新理念,有效地帮助教师实现角色的转型。

在学习化社会、"全纳教育"、"翻转课堂"等理念引领下,应该大力倡导教师角色的转变:教师以学习者为中心,为学习者服务;教师要为不同的受教育者寻找资源,教会受教育者使用工具,并且鼓励他们树立自信心;教师应作为行动的参与者及合作者;教师必须不仅能帮助和指导学习者吸收知识,而且能使学习者认识到自己的特性,并对他人和其他文化表示宽容和开放以及能进行终身学习,从而使他们能够满怀信心地面对未来;教师不仅应促进学习,还应促进公民的培训和积极的融合于社会,发展好奇性、批判性思维、创造性、首创精神以及自我觉醒。

《课堂教学分析:理论视角》,一方面着力于形成适合于教师教育专业学生学习水平的课堂教学研究的理论架构,梳理清楚现代教学理论中的重点问题的清晰线索与新理论、新动态,与时俱进;另一方面,致力于将教学、教育的理论与中小学课堂体验有机结合,促使教师教育专业学生真正地理解教师角色、学生角色的内涵,课堂的作用,学会反思、学以致用。

第三是关注用扎根、行动研究方法,开发和建构校本课程资源。

中国幅员辽阔,东、中、西部的教育差异太大,除了一些共性的教学内容之外,自下而上的扎根研究所取得的校本课程资源,是当下和未来教师专业成长的生命力源泉。对于行动研究方法、实证研究法、质性研究方法,应该因人制宜、因地制宜、因问题研究的需要来选择,抱着一种实事求是和"各美其美,美美与共"的研究价值观。这样的方法取得的校本课程研究成果,既可以在国内不同地区间分享,也可以在国际社会分享。

《文化选择:民族中小学校本课程资源开发研究》,对宁夏回族中小学校校本课程进行了详尽的"实证研究",用"文化选择"的相关理论视野和方法对民族地区校本课程资源的开发提出了独到、切实的思考与建议。

第四是关注教育技术、信息化内容背后的中外教育观念差异性。

互联网+教育的时代,使得边远地区、少数民族地区、农村地区的学校的课堂活动和老师的教研活动,可以互联互通城市或者国外的优质教育资源,这是教师教育专业发展的大好机遇,也是面临的一种挑战。在富媒体、新媒体背景下,学科老师要努力成为课堂这个特殊舞台的"教学导演",学会整合知识内容、方法,形成交互传播技术、审美体验之间的创新结构和关系。我们要在国际全民教育的视野下,既研究中国本土的教育技术和教育信息化问题,也研究他国的问题和经验,并相互映照,这需要我们更多地采用比较研究,更加重视实证研究与质性研究方法的融合,取长补短。

我们不只是自己做研究,还要更多地和国外学者合作,共同研究中国的教育信息化的硬件和软件问题,也一起研究他国的教育技术课程和内容设置的先进经验。在一个团队中合作更容易形成可以彼此理解并能够分享的研究成果。

《美国教育技术学专业课程设置研究》提出了独到的见解:导致我

国教育技术学专业在课程设置上的很多现实问题的原因是多方面的,特别对教育技术及其学科本质认识存在的偏差最为关键;其中调研了美国九所高校教育技术学专业,揭示美国高校教育技术学专业课程设置的共性与规律,涉及、凸显的研究成果,荣获了2014年美国AECT国际部颁发的"国际教育技术学生杰出实践奖",这是全球华人青年研究者的难得殊荣。

除了以上专家对教师队伍建设的硬件和软件问题、学习和课堂的转型、校本课程资源的开发和整合、教育技术课程设置的中外教育观念比较等等,提出了颇有新意的或者独到的思考与建议之外,建议可以继续关注研究相关教师教育课程与教师专业发展问题,比如:关心城乡学校教育质量的提高问题,关注乡村学校的管理问题,关心困境儿童的关怀与教育等。

我知道,完成该丛书项目时间紧,写作进度不一,有的还需要专题审批,质量要求高,任务艰巨,因此存在一些不足、瑕疵是难免的。经过诸位老师的反复修改,与编者一起共同努力,终于有了首批著作出版面世,其中得到南京师范大学有关领导以及南京师范大学出版社领导的大力支持、帮助,这是我曾经工作的大学,也向他们表示敬意。

欣闻该套丛书仅是近年来教育学院老师和专家们的部分优秀成果,愿其阵容不断壮大和发展,成为一个开放的、融汇海内外专家合作研究西部教育问题的平台;不断地修正完善,精益求精,持之以恒,为我国的西部教育事业添砖加瓦,奉献智慧和爱心。

是为序。

2016年6月20日于北京

(朱小蔓,系中国陶行知研究会会长、俄罗斯教育科学院外籍院士、北京师范大学教育学部教授、博士生导师。原中央教育科学研究所所长兼党委书记,曾任南京师范大学副校长。)

自序

本书是教育部人文社会科学研究青年项目"西北回族地区城乡教育一体化进程中教师流动问题研究"(12YJC880123)课题组历经三年的成果,并得到了宁夏大学"一省一校"项目的资助。

随着我国经济社会的不断发展和人民生活水平的不断提高,人们对教育的期望值越来越高,对优质教育的需求也越来越大。但是,我国城乡之间、区域之间、校际的教育质量,却存在着较大差异,无法满足人们对高质量教育的需求,教育均衡和公平问题日益凸显。影响教育质量差异的因素很多,但师资质量差异是最为根本的因素。因此,从某种意义上可以说,教育均衡问题就是师资均衡问题,解决了师资均衡,也就从根本上抓住了教育均衡问题的牛鼻子。教师流动作为解决教育均衡和公平的重要举措,就是从师资均衡这一关键点入手,通过不同学校、区域和城乡间师资的流动,使优质师资资源能够实现均衡配置,解决学校间教育质量不均衡状况,最终实现教育公平。

本书提出了教师流动解释的新框架,建构了一个理解教师流动的崭新体系。在本书的框架架构上,首先对教师流动的基本理论、理论基础、影响因素进行了阐释,然后回顾了新中国成立后教师流动的历史变迁,并就国际上教师流动具有代表性的国家的教师流动状况进行了考察。对教师流动的具体问题,既阐述了教师流动的"硬问题",即教师流动的制度、政策和机制问题;也阐述了教师流动的"软问题",即教师流动的伦理和文化问题。这样，本书所建构的教师流动体系就涉及了理论、中外和实践三个层面，从逻辑上来说，保证了对教师流动理解的完整和全面。另外，教师流动问题是一个实践问题，也是一个重要的理论问题。本书在框架构建上，充分考虑了教师流动理论与实践相结合，既从理论上对教师流动以及教师流动的各构成部分进行了阐述，又关照了教师流动实践中的现实问题。

本书还提出了教师流动理解的一些新观点和新问题。当前，研究教师流动问题的文献可谓是汗牛充栋，人们对核心概念"教师流动"的理解，也是角度各异，观点不一。本书则从教师个人专业发展、教育均衡公平和实现教育质量整体提升意义上，提出了对教师流动的全新理解。以对教师流动概念的理解为基础，本书还提出了与教师流动密切相关的一些概念的理解，如教师流动制度、教师流动政策、教师流动机制、教师流动伦理和教师流动文化等。值得一提的是，本书还提出了深入理解教师流动的两个新问题，即教师流动伦理和教师流动文化，这两方面内容在以往教师流动的研究中，总体而言并未受到足够的重视。其实，教师流动过程本身就是一个伦理和文化的过程，而伦理和文化也是决定教师流动效果好坏的内在深层力量。在当前教师流动的制度、政策和机制基本完善的情况下，只有从教师流动的伦理和文化层面，重新理解和解读教师流动，才能更好地理解制度、政策和机制还存在的问题，也才更有利于教师流动更加有效地达成目的。

由于本研究团队学识、能力和水平有限，本书难免有疏漏、不足和缺陷之处，真诚希望读者给予批评指正。

谢延龙

2015 年 8 月

目 录

第一章　教师流动的基本理论 001

第一节　教师流动的概念和特征　001
第二节　教师流动的必要与可能　009
第三节　教师流动的方式和类型　015

第二章　教师流动的理论基础 033

第一节　教师流动的人才流动理论基础　033
第二节　教师流动的人力资本理论基础　052
第三节　教师流动的耗散结构理论基础　057
第四节　教师流动的社会流动理论基础　063

第三章　教师流动的影响因素 073

第一节　教师流动的影响因素分析　073
第二节　教师流动的外部影响因素　076
第三节　教师流动的内部影响因素　092

第四章　我国教师流动的历史变迁 109

第一节　新中国成立后至改革开放前的教师流动　109
第二节　改革开放后的教师流动　117

第五章　教师流动的国际视野　136

第一节　日本的教师流动　136
第二节　韩国的教师流动　144
第三节　美国的教师流动　150
第四节　法国的教师流动　157

第六章　教师流动制度　162

第一节　教师流动制度的概念和类别　162
第二节　教师流动制度的功能和价值　173
第三节　教师流动制度的现实困境　177
第四节　教师流动制度的困境归因　182
第五节　教师流动制度的优化路径　185

第七章　教师流动政策　193

第一节　教师流动政策的本体研究　193
第二节　我国教师流动政策的回顾与反思　203
第三节　我国教师流动政策的问题分析　211
第四节　我国教师流动政策的改进策略　215

第八章　教师流动机制　219

第一节　教师流动机制的基本理论　219
第二节　教师流动机制的问题分析　234
第三节　教师流动机制的合理建构　240

第九章　教师流动伦理　247

第一节　教师流动伦理的本体研究　247
第二节　我国教师流动伦理的历史演变　256

第三节　人性与自由:教师流动伦理的属性基础　261
第四节　美德与善行:教师流动伦理的基本遵循　270
第五节　公平与价值:教师流动伦理的终极追求　282
第六节　教师流动伦理的困境与出路　293

第十章　教师流动文化　310

第一节　教师流动文化的本体研究　310
第二节　教师流动文化的历史特性　324
第三节　教师流动文化的品性　329
第四节　教师流动文化的式微　344
第五节　教师流动文化的回归　352

参考文献　362

后记　370

第一章 教师流动的基本理论

教师流动是近年来我国教育领域所面对的一个重要的热点问题，也是教育研究所要重点解决的一个难点问题。解决教育问题，离不开理论的探讨和指导。教师流动的基本理论，是理解教师流动的出发点。只有真正弄清楚教师流动最基本的理论问题，才有可能进一步深入理解教师流动的其他理论和实践问题。可以说，教师流动的基本理论是理解教师流动其他问题的前提。教师流动基本理论问题解决不好，任何教师流动其他问题将无从谈起。教师流动的基本理论主要包括：教师流动的概念和特征、教师流动的必要和可能、教师流动的方式和类型三大部分。

第一节 教师流动的概念和特征

概念作为思维的基本单位，是人们认识事物的起点。理解教师流动的概念，是研究教师流动问题的出发点。明确教师流动的概念及其内涵，对我们全面分析和把握教师流动的基本理论问题，以及解决教师流动实践中的问题，都有着重要意义。

一、教师流动的概念

如何界定教师流动，不同学者基于不同的侧重点有着不同的理解。

把教师流动理解为社会流动,教师流动是一种社会性流动,从社会学角度分析教师流动。如有学者强调教师流动就是社会关系的移动,教师流动是指:"教师在社会关系空间中从一个地位向另一个地位的移动。由于社会关系空间与地理空间具有密切的联系,因此,一般把教师在地理空间的流动也归于教师流动。在现代社会中,普遍认为,职业无论对社会还是对个人来说都具有非常特殊的意义,因此这里所说的教师流动常常是指他们职业地位的改变"。

把教师流动看作是在教育系统内部流动,或在教育系统和外部系统间流动。代表性的观点有:"教师流动是指根据社会经济发展的要求或者教师个人发展的需要,教师资源在教育与其他行业之间、教育系统内部不同单位之间、教育单位内部不同岗位之间进行重新配置的过程"。"教师流动是指教师'改行'与'改校'的一种社会现象,所谓'改行'是指具备合格教师条件的劳动者进入或退出教师领域;所谓'改校'是指在职教师由现任学校转入另一所学校任职,即劳动者在教师劳动力领域内流动"。"教师流动是指教师资源在教育与其他行业之间、在教育系统内部不同学校、不同地域之间进行重新配置的过程"。"教师流动包含两方面的内容:一是具备一定条件的合格劳动者选择了教师职业或者在职教师放弃这一职业,即合格劳动者进入或退出教师劳动力领域;另一方面,是在职教师由现任职学校转入另一所学校任职,即劳动者在教师领域内的流动。"[1]这种对教师流动的理解,实际上是一种广义的教师流动解读,囊括了所有的教师流动。

把教师流动看作是教育系统内部的流动。代表性的观点有:"教师流动是教育行政部门为了均衡配置义务教育阶段学校的师资,采取行政或法律的手段,按照一定程序安排部分教师在不同学校之间进行轮岗。"[2]"教师流动是不同区域、不同学校之间教师位置移动,它或许是职业水平流动,也或许是一种以人才流动为特征的向上性职业流动。"[3]这

---

[1] 靳希斌.教育经济学[M].北京:人民教育出版社,2002:476-477.
[2] 李宜江.论县域义务教育阶段城乡教师流动的必要性与可能性[J].基础教育研究,2009(12):3-5.
[3] 钱朴.教师流动中的社会学问题探讨[J].上海教育科研,1997(11):4.

种对教师流动的理解,是一种狭义的解读,只把教师流动限定在教育系统内部。

此外,还有从不同角度对教师流动进行理解。有人从社会流动的角度来理解教师流动,认为"教师流动是一种职业流动,是社会流动的一个表现。社会流动彰显了现代社会的一个重要现象,即社会成员在社会关系的空间中从一个社会位置向另一个社会位置的移动"。[①] 有人认为教师流动是教育价值观的体现,教育均衡和教育公平是教师流动所遵循的主流价值观。城乡教师流动是指同一区域内的城市和乡镇教师之间的自由、合理流动,以促进教育资源的优化整合,达到师资均衡配置,教育均衡发展,以促进教育公平。有人认为教师流动是一种制度行为,是制度的强制性与合理性共同保障的流动。教师流动是建立在强制性基础上的教师合理性流动,所谓合理是指教师流动制度并非一味地靠强制力来控制教师行为,而是通过各项正式制度作支撑来促动和引导教师流动。还有人将教师流动等同于教师流失,教师流动被视为对原单位、原地区教育资源的流失与损耗;也有人将教师流动视为在教育系统内地位的升降,如晋升职称、提升职位等。

这些对教师流动各种不同的理解,都是从特定的研究视角,针对具体问题分析时所提出,有助于我们更深刻地理解和把握教师流动这一概念,也对我们进一步认识教师流动打下了坚实的知识基础。但不容忽视的是,这种对教师流动的种种不同理解和解读,都有其自身的不足和局限,这也为我们更加深入理解教师流动提供了大量空间。

以此为基础,我们可以将教师流动理解为:根据社会经济发展需要或者教师个人发展需要,教师在教育系统内部不同单位之间或不同岗位之间,进行重新配置的过程。在这里,教师流动是针对教师个人专业发展,推动基础教育均衡公平发展,实现基础教育质量整体提升意义上而提出的。

二、教师流动的内涵

教师流动概念有着丰富的特殊内涵,主要体现在以下几方面:

[①] 吴增基.现代社会学[M].上海:上海人民出版社,1997:212.

（一）社会经济发展需要和教师个人发展需要是教师流动的根本动力

社会发展需要和个人发展需要是教师流动的两种根本动力，教师流动缘起于哪种力量，反映了教师在流动中的被动或主动地位，更反映了教师流动中个人利益或社会利益何为主导的问题。以往对教师流动的理解，首先是受计划经济体制、城乡二元经济结构的束缚，以及严格的户籍和编制限制，教师流动基本是从国家社会整体利益出发而进行的单纯社会利益考量的交流活动。在这种情况下，完全遵从教师个人意愿的流动几乎不存在。这种教师流动无疑对教师工作积极性的提高，以及个人价值的实现是不利的。其后，随着人才流动对市场价值规律的尊重，真正从个人利益出发意义上的教师流动开始出现，并逐渐成为主要的教师流动方式。然而，这种完全基于教师个人利益考量的教师流动，造成了农村学校和薄弱学校大量优秀教师流失，使教育不均衡和教育公平问题加剧。由此，这里将教师流动的动因归结为社会发展需要和个人发展需要的综合，是在充分考虑到社会利益的前提下，对教师个人利益的最大满足。也就是说，这种按照社会发展需要和教师个人发展需要的教师流动，既体现的是一种教育均衡和公平发展的需要，又体现了教师个人选择的自由及国家对个人价值的尊重，是一种双赢的教师流动。

（二）教师流动是一种发生在教育系统内部的教师资源交流活动

教师流动是在教育系统内部不同单位之间、教育单位内部不同岗位之间进行的重新配置，前者是指教师在不同学校之间包括不同区域之间的一种流动，而后者则是指教师在教育单位中职位的变动，如由原来的教学部门转向教育行政部门。但无论怎样变动，教师资源都始终是在教育系统内部的变动，人尽其才。如果教师的流动跳出了教师系统这个大范围，流转到本系统以外，从事了与教育无关的其他行业，这就变成了教师资源流失的问题，而不能归为教师流动的范畴。因为"教师流动"与"教师流失"是两个完全不同的概念，后者是教育资源的一种损失，对教育的健康有序发展极为不利；而前者则强调的是教育资源在教育系统内的重新分配，是一种教师资源的重新组合，教师的数量并未减少。因此对教师流动的理解限定在教育系统内部，是考虑到这种教师流动有利于教师资源的配置,有利于教师结构的优化。

(三)教师流动是不同单位之间和不同岗位之间进行重新配置的过程

这是对"教育系统内部"这一概念进一步的细化,有助于我们对教师流动定义的理解,对具体到教育系统内部有一个更加准确的把握,是对教师流动更加严谨的规范。教育系统内部不同单位之间,指的是教育系统内部各个独立部门,如学校与学校之间、学校与地区的教育局或教研机构之间。教师虽然在不同单位间进行了流动,无论是学校与学校之间的流动,还是学校与教育行政部门或教育科研部门之间的流动,都是在教育系统内部进行的,从动态流动上来说,最终都会达到教师资源的均衡。这种流动使教师在更适合自己的岗位,更能体现其个人价值的职位上工作,从而最大程度地发挥教师的个人作用。教育单位内部不同岗位之间进行重新配置,指的就是教育单位内部不同部门之间的流动,如学校内部以前从事教学的专职教师,调动到学校行政领导岗位或从事教研工作,这些都属于教育单位内部不同岗位之间的教师流动。

三、教师流动相关概念辨析

在教师流动的问题研究当中,有很多与教师流动相似的概念,如教师流失、教师轮岗、教师交流等。对这些相近概念进行区分,对于进一步深入理解教师流动的概念大有裨益。

(一)教师流动与教师流失

教师流失强调的是教师离开教职后,岗位完全空缺出来,而空缺出现无人填充或者接替者不胜任教职的情况。教师流失"是教育资源分布不均、教师水平悬殊的一种反映,也是各地区、各学校围绕着升学而展开的一种不良竞争"。[①] 可以看出,教师流失是一个负面的、带有贬义词性的词语。

教师流动作为教师在校际、区域之间的一种动态的交流形式,本身就是一个优胜劣汰的筛选过程,是对教师资源的重新配置的方式。教

[①] 楼世洲,李世安.农村中小学校骨干教师流失的分析和思考[J].师资培训研究,2005(3):30.

师流动有合理或者不合理、良性或非良性之分,有一个质和量的规定。合理的教师流动是双向的、良性的;而单向的、只流出无补充的非良性的教师流动形式,则称之为教师流失。从这个意义上看,教师流失是一种不合理的教师流动,是一种异化了的教师流动现象,是教师流动的不合理、非良性、单向性的表现形式。因此,教师流动是一个比教师流失更大的概念,教师流失是教师流动的一种形态。

而且,教师流失只是一个相对概念,它只是局限于某一地区某一学校而言的损失,从全国范围来看,不管教师是在哪一所学校工作,都是为教育事业发展服务。所以骨干教师在公办学校也好,到民办学校去也罢,都没有流失,充其量只是"流动"。但从局部地区来看,骨干教师流动到别的地方别的学校去了,对流出的地区和学校,无疑是一种损失,可以算是"流失"了。①

因此,"教师流失"无论是在概念内涵上还是在外延上,都缺乏"教师流动"所具有的广度和深度。

(二) 教师流动与教师轮岗

教师轮岗是一种教师水平流动形式,也叫做定期换岗。类似的表述还有:定期轮校支教、教师定期轮换、教师定期交流制度、轮岗支教等。所谓轮岗,即轮换岗位,也就是指教师从一所学校的岗位轮换到另一所学校去,其作为专任教师的性质不变、职位职称不变,只是在校际间及地域间发生岗位的变化。正如有学者所指出:教师轮岗制度,是指为了均衡配置义务教育阶段师资水平,教师在一所学校连续任教一定年限后,接受教育行政主管部门统筹安排,按照一定程序轮换岗位并流动到其他学校任教的一种教育人事制度。教师轮岗实质上就是一种基于实现区域教育资源均衡分配,缩小城乡教育差距,实现教育公平而实行的一种在城市与乡村之间、优质与薄弱学校之间展开的教师交流任教制度。

教师轮岗与教师流动不同。这种不同主要表现在以下方面:教师流动既可以是市场行为,也可以是政府行为;教师轮岗则完全是一种政

---

① 楼世洲,李世安.农村中小学校骨干教师流失的分析和思考[J].师资培训研究,2005(3):30.

府行为。教师流动主要是优秀的和高素质的教师参与流动；教师轮岗则是教师全员性参与的流动，不管水平高低，要求所有教师都要参与流动。教师流动可以发生在任何时候，没有明确的时间限制；教师轮岗则发生在一定的时间规定范围内，有明确的流动年限规定，以定期流动为主。教师流动在范围上基本没有限制，跨地区、跨省流动，甚至是全国性的流动；教师轮岗的范围一般固定，较多地发生在某一个有限的区域内。教师流动主要是高素质、水平高的教师流向条件好、待遇高的地区或学校，结果可能导致教育中出现"马太效应"；教师轮岗是全体教师的流动，其目的在于使不同地区和学校间师资进行轮换，以达到师资总体上保持大致均衡。

（三）教师流动与教师交流

所谓交流，就是彼此把自己有的供给对方。教师交流就是不同学校或区域间的教师，把彼此的长处优点供给对方，做到互通有无，互取彼此之精华。因此，教师交流的双方是平等的，不存在一方优质一方薄弱的问题，而是强调各自的优点，薄弱学校教师和优质学校教师各有其优点和长处。通过教师交流，彼此互相学习，达到互相取长补短的目的。教师流动不同于教师交流，它不局限于互通有无的有限范围，它还包括优质学校对薄弱学校的支持性流动，以及优质教师个人追求更好发展条件的流动等方面。不过，在更广泛的意义上说，教师交流是教师流动的一种，但教师流动范围要大于教师交流。在实践中，教师交流和教师流动有时并未作详细区分，如在《国家中长期教育改革和发展规划纲要（2010—2020年）》（简称《纲要》）中，对于教师交流与教师流动的概念也没有作区分，二者是互换使用的，《纲要》第四章第九条中指出："实行县（区）域内教师、校长交流制度"，但在《纲要》第十七章第五十五条中又指出："建立健全义务教育学校教师和校长流动机制。城镇中小学教师在评聘高级职务（职称）时，原则上要有一年以上在农村学校或薄弱学校任教经历"，这里交流和流动基本上是等同使用的。

四、教师流动的特征

特征是用来描述概念的，明确教师流动的特征，对深入理解教师流动的概念有着重要意义。教师流动作为兼顾国家社会利益和教师个人利益的一种教师资源配置方式,它具有属于自身的特殊性质,这就是教师流动的特征。总体而言,教师流动具有参与性、合理性、有序性与发展性四个显著特征。

(一)教师流动的参与性

教师流动的参与性是指:为保证教师在流动中的利益和意愿,要充分尊重教师在流动过程中的主体性,使教师在流动过程中有维护自己利益的权利。这意味着教师在流动中的主体地位应得到充分的尊重和保护,教师是流动的主人和参与者,亦应是流动的决策者和管理者,流动是教师的主动行为,而不是行政化的强制要求。倘若教师流动过分依靠行政强制手段,而忽略教师自身的主动意愿和要求,那么教师流动就不能真正满足教师个人发展的需要,教师的个体价值在流动中就会被忽视,其结果就会损害教师参与流动的积极性和主动性。如此,就难免使参与流动的教师对流动产生相应的抵触情绪和行为,对整个教师流动的开展将会产生极大的阻碍。即使教师勉强实现了校际间的流动,也不会尽力去实现流动的目标要求。如此,就会严重损害教师流动的效果,进而也就失去了教师流动的意义。因此,教师流动应充分保障教师的参与性,使教师在流动过程中有发言的权利。

(二)教师流动的合理性

教师流动的合理性是指,教师流动要符合教育的现状,充分考虑薄弱学校和优质学校的差距,从实际出发进行教师流动。由于长期以来的城乡二元经济体制,我国城市与农村经济发展水平的不均衡,导致了不同学校在基本条件、工资待遇水平和发展前景上存在着巨大差距。倘若单纯地依靠市场调节和教师自己的自由选择,薄弱学校和广大偏远的农村落后地区学校与优质学校、城市学校的差距就会一直存在,这是很不公平,很不合理的。因此,合理性应是教师流动所必须具备的一个重要特征。

(三)教师流动的有序性

有序性是指教师流动要遵循一定的规程、规则和要求,也就是说,教师流动并不是盲目的、混乱的、不受任何约束完全放任自流式的流动。教师流动必须做到有章可循,有规可依,必须有一个完善的可供遵循的制度或规章流程。事实上,合理的教师流动应该是一个制度有序的、各方面完备的教育活动。教师流动的有序性是保证教师健康合理流动的关键。

(四)教师流动的发展性

教师流动的发展性特征主要体现在促进教育事业发展以及实现教师个人发展两方面。促进教育事业发展则体现在教师流动的双向性上。双向指的就是城市教师与乡村教师之间要双向互动,不能简单地变成城市向农村索取优秀教师资源,同时也不能变成简单的城市教师去乡村支教等单一行为。而是要充分考虑城乡教育协调发展,做到区域教师资源的均衡配置,进而进行教师流动。促进教师个人发展,则立足于教育主管部门在整个城乡教师流动过程中,如何帮助教师成长上。教师的区域流动不仅要达到促进区域教育资源平衡,实现城乡教育一体化,还要兼顾教师个人价值的实现。教师在整个流动过程中的活动不仅是一种付出和完成任务,同时也是不断学习和交流的过程,对于所有教师来说都是一种能力的拓展和提高。

第二节 教师流动的必要与可能

教师是学校的第一资源,是活的、能动的资源,是学校教学活动实施的主要力量。教师教学水平高低,决定着一个学校教学质量的好坏。教师的合理流动关系我国教育事业公平、协调、均衡、健康的发展,那种静态、单一、封闭的教师人事制度,已经不能适应教师发展和教育事业发展的需要。对教师流动的必要性和可能性进行认识分析,对合理有效的教师流动政策的制定具有重要意义。

一、教师流动的必要性分析

(一)教师流动是促进教育公平和均衡发展的需要

"教育公平是社会公平中的一个重要方面,教育公平指人们不受政治、经济、社会地位和民族、种族、信仰及性别差异的限制,在法律上都享有同等受教育的权利。"[1]《中华人民共和国义务教育法》亦明确规

---

[1] 顾明远.教育大辞典·教育哲学卷[Z].上海:上海教育出版社,1992:100.

定,凡具有中华人民共和国国籍的适龄儿童、少年,不分性别、民族、种族、家庭财产状况、宗教信仰等,依法享有平等接受义务教育的权利。教师作为学校教育资源中最核心的构成部分,其在各个学校间的配置状况如何,是影响教育公平的重要因素。而当前我国的教育,尤其是义务教育阶段的师资水平在城乡、地域和校际间还存在较大差距,教师资源分配不均,教育公平就无从谈起。因此,实现教师合理流动,改善城乡、地域和校际间师资配置不均的现状,是实现教育公平的必然要求。

教育发展不均衡是我国教育发展面临的一个严峻现实,这是由我国长期以来实行"以城市为中心"、"重点校"、"精英主义"的教育发展所造成的恶果。而《中华人民共和国义务教育法》则明确规定:国务院和县级以上地方人民政府应当合理配置教育资源,促进义务教育均衡发展,改善薄弱学校的办学条件,并采取措施,保障农村地区、民族地区实施义务教育,保障家庭经济困难及残疾适龄儿童、少年接受义务教育。而教育的不均衡发展主要是教育资源的不均衡分配所导致,教师资源作为所有教育资源中最重要的资源,其分配的不均衡对教育均衡发展有着直接的影响。因此,师资配置均衡化是实现教育均衡发展的必然要求,教师流动作为实现师资均衡的重要手段和方式,对教育均衡的发展有着重要意义。

(二) 教师流动是体现义务教育公共性的必然要求

义务教育作为一种"公共产品",具有典型的三大特点:首先是效用的公共性,义务教育是面向全体社会成员的,具有公共收益和集体享有的特点,其效用为整个社会成员所共享,任何人都不得单独享有;其次是共享的独立性,每一个公民在接受义务教育时都不得影响或阻碍其他公民的正常享用,同时不得影响其他公民享有的质量;最后是无条件收益性,也就是说任何人都没有权力将无条件付费的个人排除在义务教育受益范围之外。就我国而言,在城乡之间和学校之间,由于种种原因,城乡和区域间的教育发展极度不平衡,城市和优质学校的教育资源比较优越,聚拢了大量的优秀教师,这就造成了教育资源配给的严重不均。由此,偏远农村和薄弱学校的教师资源不足,甚至严重匮乏。结果,作为公用产品的义务教育供给在不同学校间存在着严重差异,这严重地违背了义务教育的公共性特征,背离了义务教育作为"公共产品"

的根本属性。教师流动能够有效弥补和补偿学校、地区间教师资源的配给不均,能够有效改变优秀教师资源向优质学校倾斜的弊端,促使我国的义务教育保持其公共性,使义务教育真正成为一项"公共产品",为全民所共享,从而保证每一个适龄儿童都获得相同质量的义务教育服务。

(三) 教师流动是优化师资结构的手段

学校师资队伍只有维持适度流动,才能保持新鲜的活力,合理有序的师资流动恰恰为学校师资队伍结构的优化提供了契机。教师在合理的流动中,能够拓宽自己的知识面,扩大与其他教师的交流,发挥人力优势,挣脱教学思维中一些陈旧、静态、僵化的教学理念的束缚。而且,教师流动还可以促进中青年优秀教师的快速成长,给薄弱学校教师提供进入更高平台的机会,激发他们教学创新的动力,加速教师队伍的新陈代谢,提高教师队伍的生机与活力。在我国,教师的任免与选拔一直都受到行政部门的严格控制,学校却没有充分的自主选择权,往往一些不符合学校师资结构的教师被分配进来,学校无权拒绝。并且,学校出现消极怠工或完全不符合需要的教师,学校也是无权进行调动。其结果是学校急需的教师进不来,不需要的教师又退不掉,学校师资结构出现严重问题。这种僵死的教师人事制度,使学校师资队伍缺乏活力和创造性,教师之间难以形成竞争,不利于学校师资结构优化;同时这种静态、僵化的师资队伍,容易形成小团体等形形色色的关系网,从而影响学校的管理效率。一个结构合理的教师队伍对于一个学校的发展是至关重要的,只有在不断的流动中,调整师资结构,实现吐旧纳新,才能不断提高学校的活力,保证学校的办学质量。

(四) 教师流动是增强学校活力的保证

学校是一个需要不断与外界交流的开放系统,学校如何能永葆生机和活力,是学校发展必须面对的一个重要问题。学校作为一个由众多相互作用、相互依赖要素构成的,具有特定功能的有机整体,必须保持对外界的开放,才能使自己不断与周围环境进行物质、能量和信息的交换,从而使学校系统内部组织更有活力。否则,学校一旦将自己封闭起来,停止了与外界的交流,学校系统就会陷入停滞或危机。而在学校系统中,教师无疑是其中具有举足轻重的构成要素,学校组织与外界发生交流和交换,教师无疑是必不可少的主要构成部分。只有学校的教师保持流动,不断地与外界进行交流,互通有无,作为系统的学校才能够持久地充满活力。

(五)教师流动是实现教师个人价值的需要

就教师个人而言,每个人都有实现自我价值的美好愿望。教师在流动中可以不断提高自我的能力和素质,开发个人的潜能。教师在流动中还可以不断地发现自己、锻炼自己,在流动中找到更适合于自己发挥最大才能的位置,激发出自己最大的潜能,创造出最大的教育效能。而且教师在流动中,能够增强适应各种环境的能力,并与其他持不同观点和思想的个人或学派产生交流,认识到自己的不足,吸取到别人的长处,不断地更新自己的知识。但是如果由于种种原因,当教师正在从事的工作岗位并不一定适合他,并不能发挥他最大的潜能,实现他的价值时,就需要通过流动,帮助教师找到真正适合自己的工作岗位,从而充分发挥自己的优势和潜力。日本学者中松一郎的"目标一致"理论认为,个人作为群体中的一分子,要想在群体中生存与发展,就必须保证个人目标要与群体目标相一致,否则,个人就会受到抑制,很难在集体中发展。此时,个体就应该考虑寻求流动,匹配一个更加适合于自己发展的集体。教师流动也是如此,从"目标一致"理论上来说,倘若教师在一个学校中受到抑制,就需要通过流动来找寻更适合实现个人价值的集体。

(六)教师流动是城乡教育一体化发展的必然要求

党的十七届三中全会通过的《中共中央关于推进农村改革发展若干重大问题的决定》,第一次从国家层面提出了城乡一体化的战略目标,提出到2020年,基本建立城乡经济社会发展一体化制度。城乡教育一体化作为城乡一体化的重要部分,体现着城乡教育的协调、均衡、可持续发展。优秀教育资源的共享,是城乡教育一体化进程的客观要求。城乡教师间实现规范化、制度化、程序化的有序合理的流动,是真正实现教育领域内城乡和谐发展、城乡优质教育资源共享的关键,关系到我国城乡教育一体化的实施,最终影响我国城乡一体化战略目标的实现。城乡教育一体化要求必须打破固定、静止的教师人事模式,打破城乡教师无法正常流动的制度,使广大乡村地区得到优秀的教育资源,城市地区的教师队伍也可以获得新鲜的血液。因此,教师流动正是城乡教育一体化的需要,唯有如此,才能真正改变我国城乡教育差距过大的局面,最终实现城乡教育公平均衡地发展。

二、教师流动的可能性分析

教师流动基于促进教育均衡发展,维护教育公平而提出。教师流动有利于缓解目前我国教育资源分配不均,农村偏远地区优质教师资源不足的状况。改革开放以来,我国经济得到了突飞猛进的发展,为实现教师流动提供了坚实的物质基础。我国各项教育政策法规的不断提出,为教师流动提供了强大的法律政策基础。教育管理体制的适时有效改革,为教师流动提供了重要的体制保障。在实践领域,许多地区都根据自己的实际情况,积极开展了教师流动的实践探索,为教师流动提供了坚实的实践基础。这些都为教师流动的进行提供了可靠的基石。

(一) 经济的发展为教师流动提供了强大的物质基础

教师流动离不开经济支撑,一系列教师流动政策的实施,需要投入大批物力财力支持,才能够顺利进行。随着我国经济实力的不断增强,国家对教育事业的发展越来越重视,每年都有大批财政支出用于我国教育事业的发展。正是基于我国强大的经济实力作保障,国家才有能力逐步解决我国教育发展过程中遇到的各种重大问题。面对我国当前教育资源配置存在着明显的区域、校际间的不均等问题,通过促进教师流动来协调教育均衡发展,实现社会公平,已成为一项重要的政策选择。而我国经济的迅猛发展,为教师流动的顺利开展提供了重要的资金保障。

(二) 相关政策法律的制定为教师流动提供了坚实的政策法律基础

教师流动需要相应的政策法律进行引导、规范和保障,而我国对教师流动相关法律政策的制定一向非常重视。早在1993年的《中国教育改革和发展纲要》中就提出了教师流动问题,1999年颁布实行的《中共中央、国务院关于深化教育改革,全面推进素质教育的决定》中,就对骨干教师和城市教师流动到薄弱学校和农村学校做出了明确规定。2002年,《中小学教师队伍建设"十五"计划》中,明确提出了城乡中小学教师交流所应遵循的重要原则,并要求从制度入手,建立教师转任交流制度。2003年,《国务院关于进一步加强农村教育工作的决定》重点强调了农村教师短缺问题,指出各地(市)、县教育行政部门要建立区域内城乡"校对校"教师定期交流制度。2006年新修订的《中华人民共和国义务教育法》强调指出:要组织校长、教师的培训和流动,加强对薄弱学校的建设。2010年,《国家中长期教育改革和发展规划纲要(2010—2020)》中指出,要实行县(区)域内教师、校长交流制度。可以看出,国家针对教师流动问题颁布了一系列政策法规,旨在为我国的教师流动提供最强有力的法律和政策支持,以保证教师流动实施的顺利和有序。

(三)教育管理体制的改革为教师流动提供重要的体制保障

教育管理体制是影响教师流动的重要因素。2000年之前,我国传统的教育管理体制,采取县办高中、乡办初中、村办小学的形式,这直接导致了地区及城乡间基础教育资源分配的不均,最终导致基础教育的发展严重失衡。2001年,全国基础教育工作会议明确指出,要对农村义务教育阶段教育管理体制实行"地方政府负责,分级管理,以县为主的体制",这就标志着我国长期以来实行的县、乡、村三级办学体制的结束。变革后的教育管理体制,从"农村教育农民办"逐渐向"农村教育政府办"过渡,强化了县级政府的职责,有利于教育资源在县域内的优化配置,以及学校布局在县域内的调整,为城乡义务教育阶段教师交流提供了保障,对实现县域内义务教育的均等化发展具有重大意义。这种"以县为主"的义务教育管理体制,为城乡义务教育阶段教师资源流动与共享的实施,提供了重要的体制保障。

(四)教师流动的实践探索为教师流动提供了实践基础

目前,国内许多地区根据本地的教育发展现实状况,不同程度地推行了教师流动的具体举措,摸索出了适合当地教师流动的模式。早在2003年,沈阳市就开始在全市中小学试行教师流动制,且推行的十余年来,效果显著,并总结出一套独特的经验。相较之于沈阳,安徽省铜陵市经济基础相对薄弱,教育发展水平相对较低,而教育失衡问题却特别突出。针对这种现状,铜陵市立足于系统推进,重点突破,采取行政调配与利益优惠结合的方式来推行教师流动,加强优质学校对薄弱学校的支持。除沈阳、铜陵之外,我国很多地区都根据自己当地的实际情况开展了教师流动的实践探索,如吉林省长春市的"建立校长及教师流动机制",四川省巴中市的"加强教师交流促进教育均衡发展",山东省枣庄市的"城乡教师大交流",以及福建省漳州市等地开展的一系列旨在促进城乡教师交流的教育举措。各地的这种独自探索和积极开展教师流动实践,提供了很好的实践范例,为教师流动积累了大量丰富的实践经验,为教师流动的全面开展打下了坚实的实践基础。

第三节　教师流动的方式和类型

教师流动是以一定的方式进行的,从不同的角度可以将教师流动划分为不同的类型。明了教师流动的方式和类型,既有助于更好、更深入地理解教师流动,又能够对教师流动实践提供更具操作性的指导。

一、教师流动的方式

教师流动是以一定方式进行的,不同的流动方式,产生不同的流动效果。我国在教师流动实践过程中,产生了各种流动方式,如支教、转会、轮岗、教育联盟、走教、优质教师资源辐射等,它们共同构成了广义的教师流动范畴。在各种各样的教师流动方式中,具有代表性的主要有三种,即教师流动的转会方式、教师流动的轮岗方式和教师流动的支教方式。

(一)教师流动的转会方式

"转会"本是体育领域的专业名词,指运动员在本身合同期限内,通过俱乐部及个人双重合同达成协议,从某一家俱乐部或球队,转至另外一家俱乐部或球队的过程。教师流动的转会方式是指,教师在合同期内从一个学校流动到另一个学校,流入学校需要向流出学校支付一定补偿费用,用于流出学校教师发展的方式。转会方式是部分地方教育行政部门在探索管理教师流动问题时,推出的一种教师流动新举措,是引入市场力量来管理教师队伍的一种尝试。它是以弱势补偿机制为支撑,以社会分层流动理论为依据,以政府宏观导向为指引的一种教师流动方式。

采取教师"转会制"的流动方式,以上海市松江区和浙江省杭州市为主要代表。

1. 上海市松江区的教师转会流动

面对优秀教师完全从农村流向城市的不合理单向流动,上海市松江区试图通过借鉴市场经济资源配置的方法,建立一种教师有序流动的机制,保护农村学校对师资培养的积极性,减少优质教育资源无限制地向城区聚集,避免出现城区学校师资过度的闲置和浪费,而农村学校则师资不足的现象。实行"有偿流动"已经成为松江区教师有序流动的有效形式之一。上海市松江区在教师流动中引入了"转会"一词。对教师转会式的流动,上海市松江区明确规定:城区学校从农村学校调用教师,要按照有偿方式进行流动,由调入方给予调出方一定的经济补偿。教师转会的具体做法是:学校想要引进或者调走哪位教师,可以到区教育局人事科挂牌,由双方学校协调,调入学校给予调出学校一定的"转会费"。2005年,松江区的"转会费"金额为高级教师3万元,中级教师2万元,其他教师1万元。教师"转会"的具体手续由区教育人才服务中心统一办理,流动补偿金也由中心统一收转,收到补偿金的学校大多将这笔费用再用于教师的培训和培养。由此,教师转会既满足了个人需求,又使流入学校获得了想要的教师,而流出学校也获得了经济补偿,用于继续培养新的教师资源,这对稳定农村地区学校师资队伍形成了重要保障,也有利于避免城区学校师资过于饱和而造成浪费。

2. 浙江省杭州市的教师转会流动

杭州市上城区于2003年开始试行教师流动转会制,这种转会制规定,学校骨干教师要在区内进行调动,原单位可以根据其工作年限,与对方学校签订书面协议,收取一定的转会费,转会费可用于本校的教师教育。2004年,余杭区参照上城区的做法,也出台了类似的教师流动转会规定。余杭区的做法为:在评职称时设置相应的门槛,如申报高级教师,必须具备农村工作经历。同时,利用"转会制"对教师流动进行制约。学校培养的教师,在获得职称或相关荣誉称号后,必须在原学校服务3年,即3年内不得调动。3年后如教师执意要走,则必须按照规定,由接收学校支付原学校一定的培养费。具体标准:区教坛新秀5 000元,骨干教师10 000元,学科带头人20 000元。如果教师跨区调动,对方学校必须按此标准的两倍交纳培养费。

教师流动的转会制度是一种创新举措，它不仅使教师作为一种人才资源受到社会的广泛重视，而且从制度层面上促进了教师的合理流动，对教师流动具有重要的积极意义。其一，教师的社会角色已经转向职业化，教师再也不是学校的固定资产，而是有生命、有追求个人发展权利的社会人。教师的转会式流动，为教师追求更高价值提供了可能，也为学校招揽优秀人才做出了贡献。其二，教师流动转会制很好地缓解了教师与学校之间的矛盾。教师转会流动，为解决"教师要走，学校要留"的矛盾提供了一条路径。对教师而言，当他感到在某一所学校任教，所学知识和技能不能很好地得到发挥，就会导致工作效率低下，成就感降低，负面影响远远高于他所创造的价值。实行教师转会制，既解决了教师追求更高价值、实现自我的需要，又给学校带来一定的补偿，使学校利用转会费培养教师，可谓两全其美。其三，教师的这种转会流动，将教师流动以市场的方式进行操作，充分尊重了市场杠杆的调节作用。教师所任职学校对教师尽了培养义务，有权利对教师的流动收取一定的转会费。这样，一方面有利于调动农村学校培养优秀教师的积极性和主动性，当教师成为一种有价值的资源时，教师流动能够给学校带来物质补偿时，对于培养了优秀教师的学校而言，就在一定程度上避免了因教师流动而带来的巨大损失。另一方面，教师的转会流动充分尊重了流动教师的个人意愿和选择，为教师个人价值的实现提供了良好的发展机遇，充分体现了教师流动中的公平性和公正性。

当然，作为一种创新的教师流动模式，再加上各个学校的具体现实情况比较复杂，转会制教师流动也不可避免地存在一些问题。其一，教师流动转会制作为一种手段和方法，从根本上来说，依然治标不治本，不能从根本上解决问题。教师流动转会制不能从根本上遏制农村学校和薄弱学校优秀教师向城市和优质学校流动的趋势，甚至会加剧这种流动。农村学校和薄弱学校虽然获得了一些补偿，但这种补偿是杯水车薪，无法从根本上改变教师资源不均衡的状况。其二，教师流动不同于体育运动员的转会，运动员转会会造成不同俱乐部间实力悬殊，转会形成了差距，而不是达到均衡。教师流动转会也会造成教育资源的差距加大，从而违背了教师流动是为了达到师资均衡的根本目的。其三，教师流动转会还存在较大的强制性，这种教师流动的转会制还是依靠行政手段在进行强制推广，且出现机械操作的问题，不能够很好地照顾到个别学校的利益。

（二）教师流动的轮岗方式

教师流动的轮岗制是为了实现教育均衡发展而采取的一种教师流动方式。对于教师轮岗的理解，"交流任教"被看作是其根本定位，如"教师轮岗制，又称教师交流制或教师轮换制，是指在新的历史时期，为了教师的成长和学校发展，县级及以上教育行政部门对所属行政区域内的教师有计划地组织，在不同学校间进行定期或不定期的交流任教的制度"，[①]教师轮岗是"有计划地在不同学校开展定期或不定期的教师交流任教"。[②] 这里还都强调了"不同学校"和"定期或不定期"。因此，教师轮岗可以简单地理解为，为了实现义务教育均衡发展，教师在不同学校间定期或不定期开展的交流任教活动。

在国家政策方面，教师"轮岗执教"早已受到关注。早在1996年，国家教育委员会下发的《关于"九五"期间加强中小学教师队伍建设的意见》中提出了"教师定期交流"一词，即"鼓励教师从城市到农村，从强校到薄弱学校任教，实行教师定期交流"。2002年，教育部制定的《中小学教师队伍建设"十五"计划》中就指出，城乡中小学教师交流重点是"建立教师转任交流制度"。2003年，国务院发布《关于进一步加强农村教育工作的决定》中也指出，"各地（市）、县教育行政部门要建立区域内城乡'校对校'教师定期交流制度"。2013年，十八届三中全会通过的《中共中央关于全面深化改革若干重大问题的决定》中明确提出，实行公办学校标准化建设和校长教师交流轮岗。对此，教育部会同其他部委，加快研究制定和出台《关于县（区）域内义务教育学校校长教师交流的若干意见》及配套工作措施，旨在未来3～5年通过建立校长教师交流轮岗制度的目标、扩大交流范围、创新交流方式方法、强化交流激励保障机制以及建立"县管校用"的义务教育教师管理制度等措施进一

---

① 马焕灵，景方瑞.地方中小学教师轮岗制政策失真问题管窥[J].教师教育研究，2009(2):61.

② 黄启兵.教师轮岗制度分析[J].中国教育学刊，2012(12):23.

步促进教师流动的制度化、稳定化。① 正如有学者所指出:"教师轮岗流动政策从出台之初,其目标就很明确地指向帮助农村学校、薄弱学校改善师资配备状况,逐步提高学校整体办学质量,实现区域内教育的均衡发展"。② 事实上,关注农村,关注义务教育均衡发展,正是教师交流轮岗政策的共同出发点和着力点。

在实践层面,沈阳市是我国较早开展教师轮岗制的典型。早在2003年,沈阳市就已经在全市范围内中小学校开始试行教师轮岗制。2005年,沈阳市教育局正式出台《关于进一步推进中小学干部教师交流工作的意见》,其中规定:"区、县(市)教育行政部门所属的义务教育阶段学校,男50周岁、女45周岁以下,在同一所学校工作时间满6年的校长和教师都要分批进行异校交流。区域内同类学校之间干部教师的交流,要调转人事关系,形成真正意义上的人动关系走;符合交流条件的校长实际交流50%以上,符合交流条件的教师实际交流30%以上。"2006年,沈阳市正式启动教师轮岗制度,五城区交流教师2 055名,其中1 958名为"人动关系走",市、区以上骨干教师达到1 146人,占交流总数的55.77%,这是沈阳市历史上最大规模的一次教师轮岗交流。2007年,沈阳市再次交流教师2 064人,其中80%以上为"人动关系走"。每所学校起始年级配备50%的交流教师,全市中小学教师交流覆盖面达到100%,并且只要工作满6年的教师,都有可能交流。

沈阳市轮岗教师的流向分为三种:一是从相对优质学校交流到相对薄弱学校,二是从相对薄弱学校交流到相对优质学校,三是相差不大的同类学校之间的交流。交流方式包括:一是主动参加交流。这部分教师对交流有比较客观、积极的认识。他们大都不存在晋升职称等问题,交流的目的是想通过改变环境来克服职业倦怠、谋求自身更好的发展。抽样调查显示,这部分教师占交流教师总数的27.52%。二是由于现实需要自愿参加交流。这部分教师支持优化师资配置工作,同时他们在交流时也有所考虑,或原来学校离家远,或想尽快解决职称问

---

① 古黟,孙志宇.校长教师交流轮岗,你准备好了吗?[N].中国教育报,2013-11-20.
② 操太圣,吴蔚.从外在支援到内在发展:教师轮岗交流政策的实施重点探析[J].全球教育展望,2014(2):97.

题,这部分教师占交流教师总数的37.47%。三是被动交流。这部分教师参与交流,主要是行政干预的结果。学校通过召开动员会,将任务分解到各教学组或通过排名等形式确定人选,再由校领导做工作促成这些教师参加交流,这部分教师占交流教师总数的35.01%。

教师流动的轮岗制方式,对于推进我国基础教育用人制度改革,构建和谐教育,推进义务教育均衡发展,缩小城乡教育差距,实现教育公平,优化教师资源配置,建设一流教师队伍都有着重要的意义。当然,教师流动的轮岗方式在实施中也会出现一些问题,诸如轮岗教师与新学校的适应问题,轮岗教师激励措施乏力,轮岗教师的工作积极性不高,轮岗过程中产生的权力寻租,轮岗制与原有学校制度的冲突等,这都需要相关教育行政部门积极采取应对措施,使教师流动的轮岗方式更积极稳妥地推行。

(三) 教师流动的支教方式

教师支教就是城镇学校或优质学校对农村学校和薄弱学校进行优秀教师教育教学的支援。也就是说,从教师资源优质的学校临时抽调师资到教师资源薄弱的学校进行短期的工作。

在国家层面,教师支教已经成为国家政策的重要关注点。2006年,教育部在《关于大力推进城镇教师支援农村教育工作的意见》(以下简称《意见》)中指出:"要从建设社会主义新农村的战略高度,充分认识城镇教师支援农村教育工作的重要意义"。"推进城镇教师支援农村教育工作,是贯彻落实'城市支持农村、工业反哺农业'重要方针的具体行动;是统筹城乡教育协调发展、优化教师资源配置、解决农村师资力量薄弱问题的重大举措;也是适应农村城镇化进程加快、农村学龄人口和教师供求关系变化的必然要求。对于提高农村教育质量、促进义务教育均衡发展、加快社会主义新农村建设、实现城乡统筹发展具有十分重要的战略意义和现实意义"。

在实践层面,各地方根据本地实际情况,采取了形式多样的教师支教活动,如校与校之间"结对子"式的帮扶支教、教师定期支教、对口支援、骨干教师兼职支教、特级教师巡回讲学、送教下乡、定点挂钩、教师走教、"捆绑式"支教、全职和兼职支教、高校师范生实习支教,等等。这些支教方式的教师流动有效地支援了薄弱学校的教育教学,取得了积极有益的成效。

具体而言,教师支教在各地有代表性的例子如下:

1. 北京市的教师支教政策

2005年,北京市教委制定了《北京市城镇教师支援农村教育暂行办法》(以下简称《办法》)。《办法》规定了城镇教师支教的方式与任务、政策与保障、组织与管理。根据该《办法》的有关规定,城镇教师支援农村教育的组织形式,分为本区县内支教和跨区县支教两种方式;城镇教师支援农村教育的工作方式,分为离岗全职支教和在岗兼职支教两种。全职支教教师的主要任务是:承担班级授课任务、参加或指导学科教学研究,支教工作期限为一学年,重点安排具有中级职称的城镇教师参加。兼职支教教师的主要任务是:指导农村中小学校学科教学、参加校本培训和教学科研活动、指导年轻教师、讲授示范课。兼职支教实行工作量制,累计达到480个课时即视为完成一年的支教工作。重点安排具有高级职称的城镇教师、市级骨干教师和学科教学带头人参加。在支教教师的政策与保障方面,北京市规定,各类支教教师在支教期间,正常享受派出学校的原工资福利待遇,同时各派出学校不得以支教为由,影响支教教师的年度考核和聘用关系。完成一年支教任务的全职支教教师和累计完成480个课时的兼职支教教师,在通过考核以后,可优先参加高级专业技术职务评聘等。在对城镇支教教师的组织与管理上,北京市规定,跨区县全职支教教师由教委负责统筹安排,由市教委根据具体情况来安排实施;对于本区县行政区域内全职支教教师则由各区县自行安排;跨区县或本区县行政区域内兼职支教教师的派出工作主要通过有组织的学校合作完成。

2. 哈尔滨市的城乡教师对口支援制度

2004年,哈尔滨市在制定的《哈尔滨市中小学校人事制度改革实施方案》中,要求要完善"学校对口支援、教师轮换"制度,有计划地组织城镇优秀教师、骨干教师到农村学校任教,解决农村骨干教师缺乏、教师整体素质不高的问题。2008年,哈尔滨市教育局印发了《哈尔滨市教育局关于继续做好2008年度城镇教师支援农村教育工作的通知》,提出2008年该市计划从城镇中小学校选派650名教师,支援边远贫困地区农村中小学,支教期为1年。哈尔滨市实现对口支援的教师流动,采取的具体形式是"走教制"和"巡回"教学,即:教师在农村中小学开展巡回式流动教学,而不是固定在同一所学校。哈尔滨市教育局要求,城镇中小学校和农村乡(镇)中学和小学,必须对应结成"一帮一"对子;城市的特级和骨干教师必须定期到帮扶学校上示范课,开展教研活动和其他研讨交流;受支援的学校,也要积极组织教师到对口学校跟岗学习,进修提高。哈尔滨市的城乡教师对口支援制度,是促进城乡师资均衡发展,提高城乡教育质量的有效途径,有助于实现城乡教育公平。

教师流动的支教方式,对缩小城乡教育差距,实现城乡教育资源配置,促进教育公平的实现具有重要意义。不过,在具体实施过程中,教师流动的支教方式也出现了一些问题:教师从城市到乡村支教,对支教教师生活影响较大,使支教教师生活不便;部分短期的支教活动,对农村学校教学常规产生了干扰;支教大多出于行政要求,或是功利诱惑等原因,尤其是被当作教师评职称的必备条件,使支教活动的实效性降低。因此,各地的教育主管部门还要进一步强化责任,采取有效措施,建立长效机制,创造性地组织开展教师支教工作,逐步形成制度,才能使支教政策发挥它应有的作用。

二、教师流动的类型

教师流动的类型划分与一定的角度有关,不同的角度,就有不同的教师流动类型。以流动的强制与否为标准,教师流动可分为刚性流动和柔性流动;从流动满足国家社会和个人需要标准的不同,教师流动可分为合理流动和不合理流动。以流动流向为标准,教师流动可分为单向流动与双向流动;以参与流动教师的工作状况为标准,教师流动可分为全职流动与兼职流动。从教师流动范围的大小不同,教师流动可分为区域内流动和跨区域流动。从教师流动在教育系统内外的不同,教师流动可分为系统内流动和系统外流动。

(一)教师流动的刚性流动和柔性流动

1. 教师的刚性流动

对于教师刚性流动的理解,一般都强调政府行政手段的作用,如教师"刚性流动模式是指通过政府和教育管理部门以行政命令方式实现的教师流动"。① 在此前提下,对教师刚性流动的理解有两种主要观点:一种观点关注流动教师的意愿,认为"所谓教师的刚性流动,是指教育主管部门通过行政命令的方式,颁布教师流动的相关文件,硬性规定教师流动的条件、流动年限、流动人员构成及流动程序等,甚少或根本不考虑流动教师的意愿"。② 另一种观点关注流动教师的人事组织关系,认为"教师刚性流动是通过政府和教育管理部门以行政命令方式实现的教师流动。教师在流动时,同步办理人事、户口等关系,随其到新的单位,与其原单位彻底断绝人事关系"。③ 综合而言,教师刚性流动是指:教育行政部门以行政命令的强制方式,规划教师流动的整个过程,教师个人意愿被忽视或教师人事关系与原单位彻底断绝的教师流动方式。

教师刚性流动有以下突出的特点:一是教师流动的动力,主要是依靠教育行政部门的行政强制权力,由政府出台促进义务教育教师交流的教育行政法规下达指令,并干预执行过程,监督执行结果。二是教师流动的条件,都是硬性的规定,没有商量的余地。三是流动教师的意愿,基本都处于被漠视、被忽视的状态。总之,教师刚性流动是一种外力型干预的教师流动,强制性是其最大的特点。

教师的刚性流动对教师流动具有重要的积极意义。教师的刚性流动能够迅速、快捷地使教师流动起来,操作起来简洁、简便,能够在短期内使大批教师实现流动,对解决师资不均衡具有重要意义。教师刚性流动的意义,也普遍得到了广大教师和校长的认同,"对于刚性流动的意义,校长和教师均持积极肯定的态度,尤其是在其促进义务教育均衡发展方面的意义。被调查校长赞同或基本赞同'有助于义务教育均衡发展'、'有助于提高区域教育整体质量'、'有助于提高教师专业发展水平'的比例均超过69.5%,其中对于'刚性流动有助于义务

---

① 孙海红.区域义务教育师资均衡配置的路径选择[J].山东行政学院学报,2012(1):34.

② 张雷,李华臣.城乡义务教育教师流动模式探析[J].当代教育科学,2011(7):33.

③ 薛正斌,刘新科.中小学教师流动样态及其合理性标准建构[J].陕西师范大学学报(哲学社会科学版),2011(1):163.

教育均衡发展'的认同比例最高,达到91.3%。被调查教师基本赞成或完全赞成'刚性流动有助于促进义务教育均衡发展'的比例也达到65.7%"。①

不过,教师的刚性流动也存在着一些问题和不足。教师的刚性流动本质上是一种外在行政力量起决定作用的教师流动,这就不可避免地将流动教师置于强制之下,教师流动是被动性的。于是,教师流动就丧失了内在动力,流动教师的积极性不高,应付心理严重。从而,流动教师就可能会产生怨恨之情,出现消极怠工状况;更有甚者,可能会采取各项措施,诸如以装病、离婚等借口来"拒绝"流动。结果,教师流动的效果就会大打折扣,最终失去流动的意义。

2. 教师的柔性流动

对教师柔性流动的理解,一种主要的观点是从流动教师与其人事关系角度进行解读,认为教师柔性流动就是指教师不带人事关系的流动。教师柔性流动"是指参与流动的教师其聘任合同关系不变,仍保留在原来的派出学校,在法律关系上,其身份仍然是原派出学校的教职工,只是在流动期间全职任教于流入接收学校的一种教师流动模式"。②"教师柔性流动是指县城或乡(镇)中心小学的骨干、优秀教师到农村偏远地区中小学支教,并指导学校的教学与科研、定期开设示范课等,但其编制、待遇和岗位在原学校保留不变。教师柔性流动不受户籍、档案、人事关系等因素的制约,其核心是把人事关系与才能使用分开,用人单位主要是用其才智,不强调人事、户口等关系的同步转移"。③ 另一种观点则强调了市场和教师在流动中的地位,即"教师的柔性流动模式是指以市场为导向的,以区域内优秀、骨干教师为主体,为实现自身专业发展,以原有学校为依托,直接受聘、兼职、客座或以脱产、半脱产的形式开展'走班式'科研指导与教学服务,实现区域教育资

---

① 吴玉琦.上海市义务教育学校教师流动现状调查报告[J].上海教育科研,2010(7):14.
② 郝保伟.教师流动政策的合法性缺失及其重建[J].中国教育学刊,2012(9):6.
③ 薛正斌,刘新科.中小学教师流动样态及其合理性标准建构[J].陕西师范大学学报(哲学社会科学版),2011(1):163.

源的共享,促进薄弱学校教育质量的提高"。①

上述两种对教师流动的理解都存在一定问题,教师的人事关系确实是教师柔性流动的关键部分,但仅强调这一点,自然无法完全说明教师柔性流动所包含的完整内涵。强调市场和教师在流动中的地位,关注的是教师流动的动力和主体问题,显然仍不够完善。本文认为,教师柔性流动是指:从流动教师的需要出发,以教师的发展为重要目标,以市场力量为主导,以行政规定进行鼓励、引导和规范,教师人事关系不发生变更的教师流动方式。

教师柔性流动体现出以下几方面显著特点:首先,教师自愿是柔性流动的根本出发点。教师柔性流动形式把教师看作是流动的主体,充分尊重教师的流动意愿,把教师的积极性和主动性看作是流动成功与否和效果好坏的重要标准。其次,市场力量和行政力量并重。教师柔性流动的主导力量是市场,要尊重市场的规律,以市场来调节教师流动的基本需要。但这并不意味着行政力量毫无作为,教育行政部门可以充分利用行政手段的优势,在教师流动中发挥作用,但行政手段发挥作用不是强制性的,而是鼓励教师流动,引导教师流动,同时规范教师流动。再次,教师流动的重要目标是教师发展。教师流动的最终目的是实现教育资源均衡配置,保证教育公平的实现。要做到这一点,教师流动的具体目标就要以教师发展为中心。因为只有教师发展了,才能最终实现高水平、高质量的教育均衡发展。故教师发展与教育均衡作为教师流动的追求,并不矛盾,本身就是一回事。最后,教师人事关系不变更。柔性流动是一种灵活性较大的教师流动,教师不受档案、户籍等人事关系的约束,强调对教师才智的实际利用情况,而不是外在的相关条件。

教师柔性流动去除了教师刚性流动的强制性,具有重要的积极意义。教师成为流动的主体,教师在流动中的意愿和需要受到关注,保证了教师在流动中的合法权益,调动了教师参与流动的积极性、主动性和创造性,为教师流动效果提供了保证。不过教师柔性流动也存在着明显的缺陷:过于强调教师的"自愿"和"主动",使教师流动充满了浪漫主

---

① 孙海红.区域义务教育师资均衡配置的路径选择[J].山东行政学院学报,2012(1):34.

义的理想性,在实际实施中的可行性和实效性难以保证;人事关系不变的教师流动,使流动教师对流动学校难以形成归属感,对流动学校的忠诚度有限,从而影响流动的实际效果;过分强调市场在教师流动中的作用,可能会使市场的无序性和自发性对教师流动产生负面效果,引起流动的混乱;行政力量被削弱,行政部门可能对应承担的责任放松,教师流动的真实效果无法保证。

(二)教师单向流动和双向流动

1. 教师单向流动

对教师单向流动的理解,一种观点认为:教师单向流动是指优质学校或城镇学校的骨干教师流动到普通学校或农村学校,而没有反向流动。这种理解强调了优秀教师向薄弱学校的单方向性。事实上,教师的单向流动更多的是优秀教师从贫困地区和薄弱学校向发达地区和优质学校流动。由此,教师的单向流动可以理解为,教师资源在不同地区间朝着某一单一方向的流动。

教师的单向流动可分为两种情况:一是从薄弱学校和地区向优质学校和地区流动。这种流动又根据其动力机理不同,分为两种情况:一种情况是市场机制作用下的教师单向流动,主要表现为贫困地区向发达地区、经济条件差的地方向经济条件好的地方、偏远农村向发达城市、教育水平较低的地区向教育水平较高的地区流动,这种教师流动主要是教师个人基于追求更好的发展空间或更好的物质利益需求而进行的流动。另一种情况是行政运作机制作用下的教师单向流动,主要表现为教育行政部门定期或不定期,从薄弱学校抽取优秀的骨干教师到优质学校任教;二是从优质学校和地区向薄弱学校和地区流动,这种教师的单向流动,其作用机理基本上是行政手段干预所致,主要表现在政府为实现教育均衡发展和对教育公平的追求,而采取的政策性干预措施,促使优质学校和地区的教师向薄弱学校和地区流动。

教师的单向流动,不管是哪种形式,总的来说,不利于教师和学校的发展。教师从薄弱学校和贫困地区向优质学校和发达地区的单向流动,导致的直接后果,就是农村和薄弱学校大量优秀教师的流失,而城市和优质学校优秀教师过于集中,如此不但会导致"强者愈强,弱者愈弱"的教育格局,严重制约农村和薄弱学校的发展,而且还使城市优秀教师资源过于饱和而导致教师资源浪费,最终使城乡间、贫困地区和发达地区间教育差距拉大,造成了教育的严重不均衡发展,对教育的公平和公正造成巨大损害。

2. 教师双向流动

对于教师双向流动,一种观点认为:教师双向流动则是指优质学校或城镇学校的骨干教师流动到普通学校或农村学校的同时,普通学校或农村学校的教师也流动到相应的优质学校或城镇学校。双向流动实质是教师的"校校轮岗"、"顶岗交换"。这种观点把教师双向流动定位于"同时",并认为其实质是"校校轮岗"、"顶岗交换",本文认为这过于狭隘。要知道,教师双向流动中的"双向"并非是时间上的双向,即教师流动不一定在时间上是"同时的",仅强调时间上的同时,但能否取得预期的流动效果,是值得怀疑的。本文将教师的双向流动理解为:以教育均衡为目的,以教育行政干预为手段,不同地区或学校间教师以互通有无、互相学习、共同发展为追求的流动。

这种对教师双向流动的理解,突出了以下几方面特征:

第一,教师双向流动不是为流动而流动,而是有大的目的,即实现教育均衡。这意味着教师双向流动的长期性和恒久性,这是由教育均衡实现的长期性所决定的。也就是说,教师双向流动不是暂时的短期的带有交流、参观性质的流动,而是为解决教育资源配置差距所进行的一项长时间的流动。

第二,教师双向流动离不开教育行政手段的干预。教育行政部门可以通过采取一些强有力的措施,为长期进行教师双向流动提供坚实的保障,并能根据具体情况,适时调整教师双向流动的强度和频率,并防止流动流于形式。

第三,教师双向流动本质上是一种以教师间互通有无、互相学习、共同发展为追求的流动。"双向"在这里主要是指互通、互相和共同,而不是时间上的同步。教师双向流动,就是通过学校和区域间教师的相互流动,取长补短,共同交流,使流动教师在流动中得到发展。

教师双向流动总的来说是有利于教师发展和教育均衡目标实现的流动,通过双向流动,既能使薄弱学校的教师学到优质学校的先进经验,也能使优质学校的教师学到薄弱学校教师的长处,对实现教师的共同发展具有重要意义。而且,教师双向流动克服了教师单向流动的种种弊端,是一种符合教育长远发展需要的流动方式。不过,教师双向流动如果操作不当,也会产生一些问题,如流动时间过长会严重影响教师的生活,教师流动期间的相关待遇不能及时落实等。

(三) 教师合理流动与不合理流动

教师流动合理与否,需要一个判别标准。判别标准不同,教师流动的合理性也就不同。以教师个人需要和利益为标准,优秀骨干教师从农村大量单向流动,就是合理流动,而行政强制城市教师到农村流动,就是不合理流动。反之,以国家和社会需要为标准,优秀骨干教师从农村大量单向流动到城市,就是不合理流动,而行政强制城市教师到农村流动,就是合理流动。

所以,教师流动合理性的判别标准,不能单纯地从教师个人出发,以符合教师个人需要为判别标准;也不能单纯地从国家和社会需要出发,以符合国家和社会需要为判别标准。而是要根据不同时期的教育发展对教师流动的需要来确定标准。一般而言,理想状态的教师合理流动标准是,既能满足教师个人需要,又能满足国家和社会需要,实现教师个人与国家和社会的相结合。

问题是,在教育现实中,教师个人需要与国家和社会需要的结合,也需要根据具体教育状况,要区分出哪个为主导的问题。在农村和薄弱学校优秀骨干教师大量流向城市和优质学校,造成农村和薄弱学校优秀教师匮乏,严重影响其教育教学质量,恶化了这些学校的教育生态,造成严重的教育不公平和不公正的情况下,满足国家和社会需要就成为判别教师流动合理与否的标准。反之,当城市和优质学校教师被强制流向农村和薄弱学校时,不仅可能没有良好的效果,而且可能给流动教师带来严重的负面影响,或者完全不考虑教师个人发展需要,设置重重障碍,限制教师的流动,造成教师个人利益受到严重损害。这种情况下满足教师个人需要就成为判别教师流动合理与否的标准。虽然如此,但在任何时候,两个标准都不是绝对单独地在起作用,而是两者共存,一个为主导。也就是说,国家和社会需要与个人需要,不是零和游戏,纯粹地牺牲任何一方的利益和需要,都是不合理的,合理的教师流动,是以国家和社会需要与个人需要中某一个为主导,兼顾另一个。

以此标准判别，当前我国教师流动最大的不合理，就是大批教师从农村流向城市。这种流向有两种基本情况，一是纯粹市场机制的作用，教师个人的行为选择，为满足个人发展需要，教师从农村流向城市；二是行政机制的作用，通过教育行政手段，将一些优秀的教师从农村调到城市，这严重影响了农村正常的教育教学。这种情况下，教师合理的流动就是以满足国家和社会需要为主导，兼顾流动教师个人需要，使城市教师流向农村，但又要充分考虑流动到农村教师的个人需要和利益。

（四）教师的区域内流动和跨区域流动

教师的区域内流动是指，教师在一个教育行政管辖权范围内的学校间进行流动。教师的跨区域流动是指，教师在不同教育行政管辖权范围内的学校间进行流动。

教师的区域内流动具有以下优点：首先，在同一区域内，教师所面临的基本生活风俗习惯、文化氛围相同，教师也相对了解本区域内不同学校的基本情况。对流动教师而言，能够较快地适应不同学校间的环境，流动教师能够很快适应流动学校，从而保证一定的流动效果。其次，教师在同一区域内流动，流动的空间距离相对较近，在流动过程中教师要面临的交通困难以及生活上的难题相对较小，同时也不会出现家庭的牵绊；再次，同一区域内流动的教师，在工资、福利、待遇等方面，差距不会太大，流动教师不会有太大的物质上的落差，教师流动起来阻力会小很多。

教师的跨区域流动，较为典型的主要体现在援边、援疆等"对口支援"的教育举措中。如2003年《国务院关于进一步加强农村教育工作的决定》提出，要"建立和完善教育对口支援制度"，开展"东部学校对口支援西部贫困地区学校工程"。可以看出，这种在不同的教育行政管辖区域之间进行大范围的教师流动，由于距离较远、生活习俗习惯差异较大、生活和生存条件相差也较大等等，流动教师所面临的困难和问题也就较为突出，这在很大程度上制约了流动教师的积极性。但跨区域的教师流动能够使优质的教育资源到最需要的地方去，对边远落后地区教育的发展有着重大意义。

（五）教师系统内流动和系统外流动

教师系统内流动就是教师的流动不超出教育系统，在教育系统范围之内的流动;反之,教师系统外流动就是教师的流动超出了教育系统,在教育系统和其他系统之间的流动。

教师系统内流动,无论是从薄弱学校流向优质学校,还是从城市学校流向农村学校,流动教师的身份并未改变,仍然是教师。就某一个区域内而言,教师系统内的流动并未改变教师的总体数量,改变的只是教育系统内局部教师的数量。因此,教师在教育系统内流动会导致教育的不均衡,如农村优秀教师大量流入到城市。当然,教师在教育系统内流动,也会促使教育均衡,如城市优秀教师向农村流动。而且,教师在教育系统内流动,对教师个人而言,有利于教师找到更适合自己的岗位,对教师个人才能的发挥非常有利。当然,通过教师系统内的流动,对教育资源形成最佳配置也十分有利。故教师系统内流动,往往会导致教师资源配置的均衡或不均衡问题。

教师系统外流动包括两方面,一是教师从教育系统流动到其他系统。这种情况下,教师彻底脱离了教育系统,教师的身份发生了根本的变化,教师已经不再是教师了。因此,教师流出教育系统实际上等同于教师的彻底流失,它可能会导致教育系统内部教师数量的严重不足。二是教师从教育系统外流入到教育系统内。从教育系统外流入到教育系统内又分为两种情况,一种情况是从教育系统外正式流入教育系统内成为教师,这种情况一般是教育系统外部人员,获得教师资格证后,经过正式的招聘考试,进入教育系统内当教师;另一种情况是非正式进入教育系统内成为教师,为了弥补教师数量的严重不足,一些教育系统外部人员没有教师资格证,也没有经过正式的录入程序,以非正式的途径,流入教育系统,暂时缓解教师数量不足的问题,如农村的代课教师。

(六)教师全职流动与兼职流动

教师全职流动是指,教师从一所学校完全流入到另一所学校,全部承担流入学校的教育教学工作,而不承担流出学校的任何工作。作为全职流动的教师,其用人合同仍然是和流出学校签订,只不过在一定时期内在流入学校全职工作,流动教师虽然不再承担流出学校的工作,但仍然是流出学校的员工。也就是说,流动教师与原单位签订合同的情况下,同时与流入学校再签订短期的岗位聘任书,在聘任期内就不再承担原单位的任何工作,而只作为现任单位的一员。教师全职流动,有利于参与流动的教师全身心投入到流入学校的教育教学工作中,使流动教师能够更快、更好地熟悉和适应新的工作、生活环境,也更容易产生较好的流动效果。

在我国,教师全职流动在北京市东城区最早推行。早在2009年,东城区委教育工委就下发了《东城区教育系统人力资源共享实施意见》,其中明确要求:"干部在与原单位签订聘用合同的同时,要与接收学校签订为期一学期或一学年的岗位聘任协议书,人事关系仍保留在原单位,原则上享受原单位相应岗位的各项工资福利待遇,由原单位发放,期满后回原单位工作。""要求各校中层以上干部3学年内至少完成一人一学期的学区全职跨校交流任务,同时,各校还要保证在3年内派出15%的区级以上骨干教师完成一学年的交流任务,使教师跨校教研、跨校带徒、跨校送课等流动形式成为常态"。[①] 东城区的全职流动主要有三种教学形式:学科水平相当的教师,在跨校交流后可以彼此交换教学环境,互相切磋;资历较浅的教师如交流到名校,可以留在骨干教师身边做助教,以学习为主;经验丰富的骨干教师到普通校不具体任课,而是当"老师的老师",通过组织年级教学、上观摩课等形式,带动整个学科团队发展。

教师兼职流动是指,流动教师除了要在流入学校从事一部分教育教学工作外,仍然在原学校从事相当部分的教育教学工作。也就是说,流动教师既承担流出学校也承担流入学校的教育教学工作,在两个学校同时任职。相较于全职流动,教师兼职流动无疑将增大流动教师的工作量,且要经常奔波于两个学校间,对流动教师的精力是个巨大考验,也不利于教师专心致志地从事教学工作。当然,兼职流动的教师可以在流入和流出学校之间建立沟通的桥梁,且在不影响原有教育教学工作的情况下,将自己的教育教学经验和理念传递给流入学校的教师,对流入学校的教育教学工作无疑是有益的。

在我国,宁波市在2003年就启动了教师兼职流动,推出了"骨干教师跨校兼课兼职制,即骨干教师可以接受不超过两个学校的跨校聘请

---

① 中共北京市东城区委教育工作委员会.东城区教育系统人力资源共享实施意见[N].中国教育报,2011-01-24.

进行跨校兼课或跨校兼职。该市47位省特级教师、市名教师、省名教师培养人选、市教研员和骨干教师将不再仅仅受聘于一所学校。"①宁波市教育局规定,聘请学校(单位)可以直接与受聘教师联系,经所在学校(单位)同意后,在不影响原单位正常工作的前提下,受聘教师可接受第三方聘请,但在每周工作时间内,外出兼课(职)时间不得超过两天半。一位教师同时接受聘请的学校(单位)不得超过三个,聘期可长可短。

---

① 严红枫.宁波市推出骨干教师跨校兼课兼职制[N].光明日报,2003-09-05.

第二章　教师流动的理论基础

教师流动是一个十分复杂的现象,对此现象的理解不能停留在现象层面,而需要从理论上进行深度理解。因此,与教师流动相关的一些理论,就成为解读教师流动的基础。通过这些相关理论来看教师流动,不但能够提供更多理解教师流动的视角,以及为教师流动提供坚强的理论支撑,而且能够为实践中教师流动问题的解决提供新的思路和解决路径。

第一节　教师流动的人才流动理论基础

人才流动是指人才在岗位、行业、地区等方面的变动,是调整人才社会结构,充分发挥个人潜能和价值的关键环节。教师流动属于人才流动的一种,必然受人才流动理论规律的制约。当前国内外人才流动理论的研究,大致可分为三个层面,即个体层面、组织层面与社会层面。其中,个体层面主要包括勒温的场论、库克的创造力曲线理论、中松义郎的目标一致理论、奥尔德弗的 ERG 理论以及卡兹的组织寿命曲线理论;组织层面主要包括马奇和西蒙模型理论、普莱斯模型理论和莫布雷模型理论;社会层面主要包括配第-克拉克定理。这些理论分别从个人进步、组织创新、社会发展等角度,给教师流动提供了新的理解和视角。

一、个体层面的人才流动理论与教师流动

(一) 勒温的场论

库尔特·勒温(Kurt Lewin),德裔美国心理学家,拓扑心理学的创始人,社会心理学的先驱,被后人称作"社会心理学之父"。20世纪20年代,勒温形成了他心理学思想的两大主题——结构与动力,分别提出了"心理紧张系统"和"生活空间"两大概念,后其将这两个概念结合起来,形成了著名的场论。① 勒温场论的提出,对预测个体的动机行为,提供了新的途径和方法。"场"一词是勒温从物理学中借鉴的概念,依据爱因斯坦"场是相互依存事实的整体"的说法,勒温把场作为一种分析关系起因和建立科学体系的方法。勒温场论基本主张是:"任何一种行为,都产生于各种依存事物的整体,而且这些相互依存的事实具有一种动力场的特征。"②

"心理紧张系统"和"生活空间"是勒温场论中最基本、最突出的思想。心理紧张系统是"从概念的水平上对人的行为根源所进行的动力分析,其中紧张和需求是两个最基本的术语"③。勒温认为:"人的内部只要产生某种心理需求,就会处于一种紧张状态的系统,紧张状态的释放能够为心理活动和行为提供能量和动力,从而成为影响个体内在心理活动和外在行为表现的潜在因素。"④勒温认为,想要充分理解"心理紧张系统",还需要将"心理紧张"放在一个系统中。也就是说,要想正确地把握场论中的动力性,还必须将其放到一定的"动力场"中,而这种"动力场"就是勒温场论中的另一重要概念——生活空间。

"生活空间"表示各种可能事件的全体,是在一定时候决定个体心理活动和行为表现的全部事实的总和。勒温指出:"为了理解和预测行为,就必须把人及其环境看作是一种相互依存因素的集合。我们把这些因素的整体称作该个体的生活空间,并用 $B=f(P,E)=f(LS)$ 来表

---

① 叶浩生.世界著名心理学家:勒温[M].北京:北京师范大学出版社,2013:62.
② Lewin, K. Fieid. Theory in Social Science. Harper&Brother Publishers,1951:25.
③④ 申荷永.充满动力的生活空间[M].武汉:湖北教育出版社,1999:32、306.

示"①,其中,B 表示个体的行为,P 表示行为主体,E 表示所处环境,LS 表示生活空间。生活空间包含个体及环境,而个体的行为又是发生在生活空间中。因此,该函数既是生活空间的函数,也是人与环境的函数。也即是说,生活空间的内涵可以通俗地解释为:个体的行为会随着个体与环境的变化而变化,同一个体对于不同环境,可以产生不同的行为表现,同一个体在不同情况下,对于同一环境也可能产生不同的行为表现。此外,生活空间给人的启示是:"人的行为是个体与其周围环境相互作用的结果,凡是涉及个体的行为,不仅要考虑行为主体,也要考虑所处的环境,既要考虑个体曾经的经验,同时还要考虑行为发生时个体的心态。"②

勒温的场论具有重要的应用价值。现代管理学中,常常把勒温的场论作为研究人员流动的基础理论之一,认为一个人所能创造的绩效,不仅和他的能力与素质有关,而且与其所处的环境有密切的关系,三者之间满足 $B=f(P,E)$ 的函数关系。一般情况下,个人对环境往往无能为力,环境通常也不会因为少数人而改变。因此,当一个人处于不利环境中时,很难取得成绩,改变的方法就是离开这个环境,转到一个适度的环境中去,从而导致人员流动。勒温的"场论"从一定层面上解释了环境对"人员流动"的影响,同时也从人员能力和创造力发挥的角度,证明了"人员流动"的必要性。

勒温的场论对理解教师流动具有重要意义。从教师流动层面来说,无论是学校的内部环境,还是学校的外部环境,都可能会造成教师的流动。当环境不利于教师发展时,教师就会离开这种不适合自己发展的环境,流动到对自己更有利的发展环境中去,从而谋求更好的机遇和更大的发展空间。勒温的场论从维持教师能力发展和创造力发挥的角度上,给教师流动的必要性提供了合理的解释和参照。

(二)库克的创造力曲线

美国著名学者库克(Kuck)通过对研究生参加工作后创造力发挥情况的统计,绘制出一条曲线,被称为库克创造力曲线,简称库克曲线

---

① Lewin,K. Fieid. Theory in Social Science. Harper&Brother Publishers,1951:539.
② 申荷永.充满动力的生活空间[M].武汉:湖北教育出版社,1999:43.

(如图2-1所示①)。库克曲线显示了研究生创造力发挥程度的变化,从怎样更好地发挥人的创造力的角度,证明了人员流动的必要性。②

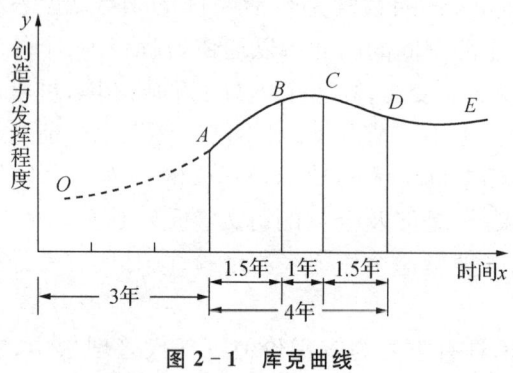

图2-1 库克曲线

调查发现,一名研究生从毕业到参加工作,其创造力会先后经历导入期、增长期、高峰期、衰退期和稳定期等五个时期。分析图2-1可以看出:

OA段是创造力的导入期。这个阶段表示研究生在3年学习期间创造力的增长情况。

AB段是创造力的增长期。这个阶段是研究生在毕业后参加工作的初期,他们刚刚成为单位的员工,对新环境、新工作、新同事的新鲜感,对所承担工作的责任感,以及对所完成任务的成就感,都极大地促进了其创造力的快速增长。

BC段是创造力的高峰期。这个阶段是创造力发挥的峰值区,也是创造力的成熟期。这段时期一般维持在1年左右,在这段黄金时期内,员工所获成果最多。

CD段是创造力的初步衰退期。这个阶段一般维持在0.5～1.5年左右,员工的创造力会在这段时期继续下降。

DE段是创造力的衰退稳定期。这个阶段员工的创造力继续下降,最后稳定在一个固定值,如果现有的工作环境和工作内容不能得以

---

①② 张德,曲庆,王雪莉.人力资源管理[M].北京:中国发展出版社,2007:80-81.

改变,员工的创造力将在此低水平上徘徊不前,原先非常有创造力的员工不会再有所突破,因而应及时改变工作环境和所从事的工作内容,通过人才交流,从而再次激发员工的创造力。

库克曲线各阶段创造力呈现不同变化的原因主要为:[1]

OA 阶段平缓增长,该阶段处于研究生在校学习期间,由于理论知识的积累,创造力随之增长,但由于尚未从事具体工作,创造力的发挥程度相当有限。

AB 阶段加速增长,该阶段研究生刚参加工作,成为一名组织的员工,其对新工作充满新鲜感与好奇心,工作兴趣大,信息来源大,接受新知识的能力强,对工作的认同感高,因而这段时期,员工的创造力呈快速上升状态。

BC 阶段保持最佳,该阶段员工已经在单位工作了一定的时间,对工作的环境、合作的人员、工作的内容都已经非常熟悉,自己能够发现工作中的问题,并积极地寻找解决问题的途径。因而这段时间员工的创造力处在最大值,并保持1年左右的时间。

CD 阶段逐步下降,该阶段员工在单位已经工作了2年多,对工作的兴趣开始下降,解决问题时习惯性依赖以往的经验,不去寻求新的方法,创造力下降。

DE 阶段降至稳定,该阶段员工对任职兴趣非常低,如不改变环境和工作内容,他们的创造力将在低水平上徘徊不前。

总结以上分析,可以得出以下结论:"第一,员工到一个新的工作环境中工作,创造力较强的时间大致有4年,即 AD 阶段;第二,员工创造力发挥有一个最佳时期,即 BC 阶段,超过这个时间段,员工的创造力就会进入衰减稳定期;第三,当员工的创造力进入衰减稳定期,如果不改变其现有的工作环境和工作内容,他们的创造力水平将会在这个阶段一直维持下去。此时,企业为了激发员工的创造力,需要及时调动岗位上的固定员工,变换他们的工作部门、工作岗位或工位内容,通过进行人才流动,来改变当前创造力整体低下的局面;员工为了自身发展,也需要通过流动,进入一个新的工作环境,来激发自己的创造力。因而

---

[1] 叶金松,吴存凤.库克曲线与中国人力资源管理[J].经济与管理,2007(1):56-57.

库克曲线实际上是一条 S 型曲线,员工通过不断开辟新的工作领域,来激发和保持自己的创造力,即走完一个 S 型曲线,再走下一个 S 型曲线。"①

库克的创造力曲线对教师流动的理解具有重要价值。通过库克的创造力曲线,可以认识到,教师的创造力也处于这样的 S 型变化中,教师的发展同样需要经历增长、稳定、衰落的变化周期。因此,要使教师的创造性水平保持在一个良好的状态,就需要在一定的时间段内,采取积极的措施,不断激发教师们的创造热情。如果教师对现有的工作环境产生了倦态,失去兴趣,或现有工作环境已经无法满足教师的需要,对教师的创造力已经产生了抑制作用,那么,促进教师进行流动就变得十分必要。教师进行合理、适度的流动,不但能够重燃教师的工作激情,开阔教师的教学思路,而且能够激发教师的创新能力,使教师朝向良性循环的方向发展。

(三)中松义郎的目标一致理论

日本著名学者中松义郎在其《人际关系方程式》一书中指出,个人发展方向与群体发展方向之间存在着密切的关系。他认为,处于群体中的个人,只有在个体方向与群体方向一致时,个体能力才会得到充分发挥,组织群体的整体功能和利益也才会最大化。反之,如果个人目标和组织群体目标不一致,个体在缺乏外界条件或者心情抑郁的压制状态下,就很难在工作中充分展现个人才华,发挥自己的潜能。个体的发展途径也不会得到群体的认可和激励,尤其是在个人方向与组织群体方向不一致的时候,整体工作效率也会因此受到影响而损失,群体功能水平就会下降,导致利益受损。中松义郎认为,个人潜能发挥与个人和群体方向是否一致之间,可以用一种量化的函数关系表示,以此为基础,他提出了目标一致理论。②(如图 2-2 所示③)

---

① 周险峰,谭长富等.教师流动问题研究[M].武汉:华中科技大学出版社,2010:41.
② [日]中松义郎.人际关系方程式——用公式开拓你的人生[M].李相哲,郭美兰译.桂林:漓江出版社,1990:15.
③ 谢晋宇.雇员流动管理[M].天津:南开大学出版社,2001:38.

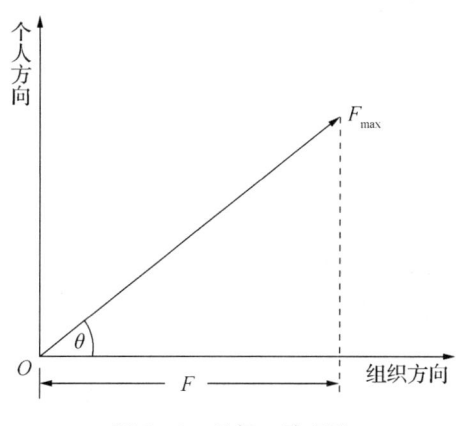

图 2-2　目标一致理论

F 表示一个人实际发挥出的能力,因而 F_{max} 表示的是一个人潜在的最大能力。θ 代表的是个人方向与组织群体方向之间的夹角。三者之间的关系可以用公式表示为:$F=F_{max} \cdot \cos\theta(0°\leqslant\theta\leqslant90°)$。

通过分析,可以得出以下结论:当个人方向和组织方向完全一致时,即个人目标与组织群体目标完全相同时,θ 为 $0°$,$\cos\theta$ 值为 1,此时 $F=F_{max}$,即取得最大值,个人的潜能得到了充分的发挥;当个人方向与组织方向不同时,即个人目标与群体组织目标存在不一致,$\theta>0°$,$\cos\theta<1$,此时 $F<F_{max}$,即个人的潜能受到了抑制,没有充分的发挥。针对此问题,中松义郎在他的目标一致理论中提出了两条解决路径[①]:

一是个人目标主动向组织群体目标进行靠拢,或者组织群体目标向个人目标靠拢,努力使两者趋于一致。这需要个人和企业之间的共同努力。首先,作为个人,要从自己实际出发,有意识地改变自己的行为方向,引导自己向群体方向靠近,主要体现在个体的兴趣和志向上,并努力使二者最终趋于一致。而作为企业一方,应该积极对个人进行引导和业务指导,促使个体向组织群体方向转化。但是,这种做法难度非常大,阻碍因素很多,如:个人和组织在价值观上的差异、个人在人际

---

① 谢晋宇.雇员流动管理[M].天津:南开大学出版社,2001:38.

关系上的矛盾,以及业务努力方向等等。因此,通过这种途径来解决问题的可能性不是很大,毕竟在短期内,个人目标与组织群体目标之间的差距很难消除。

二是通过人力资源的流动,即人员通过流动到与个人目标较为一致的新单位或岗位中去。在新环境中,个人的目标方向与组织期望的目标方向比较一致,个人的积极性、创新性就可能得到充分发挥,个人的发展途径也会受到组织群体的认可与激励,形成一种良性循环。这种方法是通过资源的重新配置与优化来解决问题,相较第一种更具有可行性。

中松义郎的目标一致理论,论证了人才流动对个人成长和群体组织发展的必要性,对教师流动的实践具有重要参考价值。目标一致理论从教师个人潜能发挥程度的层面,论证了教师流动的必要性和合理性,为理解和实施教师流动提供了理论基础。当教师的个人目标与学校目标不一致时,教师在教育教学工作中就很难充分展现其个人才华,充分挖掘其个人潜能。教师的发展也很难受到学校的认可和鼓励,相应地,教师的工作效率就可能会极其低下,教学水平也难以提高。在这种外界条件下,教师的教育教学工作也很难有所创新和突破。倘若这种局面短时间内难以改变,教师适时进行流动,或许就成为一个很好的选择,这也是教师尽可能发挥自己价值的一条路径。

(四)奥尔德弗的 ERG 理论

美国耶鲁大学教授克莱顿·奥尔德弗(Clayton Alderfer)在 1969 年出版的《人类需要新理论的经验测试》一书中,修正了马斯洛需要层次理论的部分观点。在进行了更接近实际经验研究的基础上,奥尔德弗提出了新的人本主义需要理论。这种新人本主义需要理论认为,人有三种最核心的需要,即生存(Existence)的需要、关系(Relatedness)的需要和成长(Growth)的需要,故这种新人本主义需要理论可简称为"ERG"理论。奥尔德弗的 ERG 理论是在马斯洛需要层次理论基础上提出的,他用三种需要替代了马斯洛的五种需要,但这三种需要并不严格按照从低级到高级的顺序进行,人在同一时间内可能受多种需要的作用。

奥尔德弗的 ERG 理论中三种需要的主要内容为：①生存需要是与人们基本物质生存有关的需要，包括衣、食、住及工作组织为使其得到这些因素而提供的手段。生存需要涵盖了马斯洛的"生理需要"和"安全需要"；关系需要是发展人际关系的需求，它通过工作中的或工作以外与其他人的接触和交往得到满足，相当于马斯洛需求层次理论中的感情需求和部分尊重需求。成长需要是个人自我发展和自我完善的需求，它通过发展个人潜力和才能得到满足，相当于马斯洛需求层次理论中的自我实现需求和尊重需求。

奥尔德弗的 ERG 理论中三种需要的相互关系为：②首先，需要并存。人在同一时间内，可能受到不止一种需要的作用，有时会有三种需要同时起作用。其次，需要升级。较低层次的需要越是容易得到满足，它的重要性就会减低，对较高层次的需要就会越来越渴望。但与马斯洛需求层次理论不同，它并不严格遵循序列性上升，ERG 理论中的需要升级可以是跳跃式的。再次，需要受挫。当较高层次需求不能得到满足时，就会退而求其次，对满足较低层次需求的欲望就会加强，以求得心理上的平衡，并基于此提出了"受挫—回归"的观点。（如图 2-3 所示③）

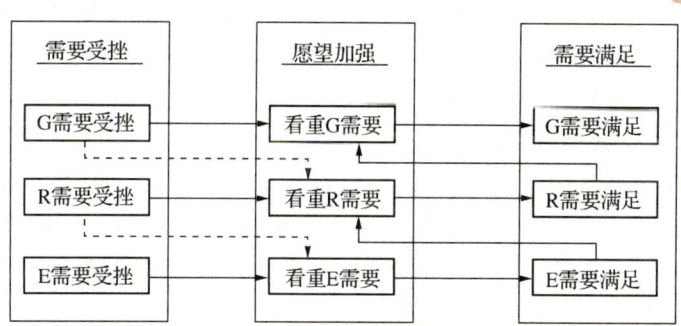

图 2-3 奥尔德弗的 ERG 理论模型

---

①③ 郑国铎.企业激励论[M].北京：经济管理出版社，2002：47-49.
② 殷智红，叶敏.管理心理学[M].北京：北京邮电大学出版社，2011：71.

通过以上分析可以得出结论:个体在家庭背景、认知水平、受教育水平以及个体的价值方面,都存在差异,因而某种需要对某个特定个体的重要程度或产生的驱动力是不同的。不同文化修养的人,对于各需要层次重要程度的认识,也可能不尽相同。各个层次需要得到的满足越少,这种需要越为人们所渴望。个体在较低层面的需求得到很大满足的基础上,对较高层次需求的渴望,也就愈加强烈;对较高层次的需求不能得到很好的满足,对较低层次需求的渴望也就愈加强烈。

奥尔德弗的 ERG 理论,可以应用到教师流动中去。教育行政部门要想真正使流动教师展现出好的行为和表现,首先就要完全了解教师们真实的需求,包括需求的内容、强烈程度、实现情况等,然后再采取积极的相关措施,这样就会对教师产生良好的激励效果;同时教育行政部门也应注意满足流动教师更高层次的需要,避免"受挫—回归"现象的发生。也就是说,教育行政管理者要真正清楚,教师在不同时期的需求不同。要针对教师各个阶段需求的不同,积极创造各种条件促进教师需求的实现,并不断引导教师追求更高层次的需要。如果教师的某种需要无法得到满足,如:因学校地处偏远贫困地区,教师的生存需要无法得到较好的满足;因同事之间关系紧张,无法使教师的关系需要得到满足;因学校限制教师的发展空间,无法实现教师的成长需要等等。教师在这些情况下,往往会选择进行流动,流动到能够为实现自己的需求提供优越条件保障的学校中,促进自己各种需求的实现。

(五)卡兹的组织寿命曲线

美国著名学者卡兹(Karz)在进行科研组织寿命的研究时,发现组织寿命的长短,与组织内的信息交流水平及获得成果的数量和质量有关。他通过大量的调查统计,绘制出了一条组织寿命曲线,即卡兹曲线。(如图 2-4 所示①)

卡兹曲线表明:组织成员在一起工作的时间,不到 1.5 年和超过 5 年的时间段内,组织成员间的交流水平较低,获得成果的质量和数量也较少。在 1.5 年到 5 年的时间段内,组织成员间的信息交流水平较高,获得成果的质量和数量也较高。之所以如此,是因为,不到 1.5 年,组

---

① 张德.人力资源开发与管理[M].北京:清华大学出版社,2012:137.

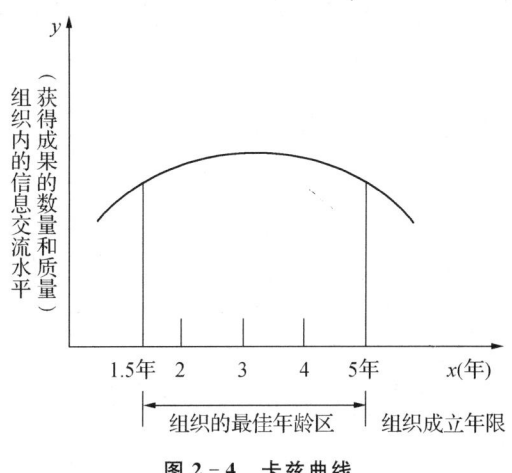

图 2-4 卡兹曲线

织员工不能很好地熟悉和交流,成果自然不能令人满意。5年以外,组织成员则太过熟悉,可供交流的信息不多,思维和行为固化,创新力不足,成果的数量和质量也就随之而大幅下降。由此可知,组织的发展过程要经历成长期、强盛期和衰老期。在组织进入衰老期时,要想保持组织的活力,就需要进行人员的流动,对组织进行改组,通过人员的流动来提高组织的效率。当然,组织人员的流动不能过快和过频,要根据具体情况而定。

对教师流动而言,卡兹的组织寿命学说具有重要参照价值。学校作为一种重要的教育组织,作为其成员的教师,也要随着学校组织的发展,而经历成长期、强盛期和衰老期。在进入衰老期时,教师普遍存在职业倦怠等问题,严重影响了教育教学质量。因此,教师需要进行适时的流动,以保持自己对教育教学工作的活力,从而激发自身工作的积极性和创造性,不断增进学校的活力和生机,使学校组织克服衰老期带来的种种弊病。因此,卡兹的组织寿命曲线理论,从保持教师队伍组织活力的角度,为教师流动的必要性提供了证明。

二、组织层面的人才流动理论与教师流动

(一)马奇和西蒙模型理论

美国学者马奇(March)和西蒙(Simon)在《企业论》一书中,提出了

关于员工流失的模型——马奇和西蒙模型,也称作"参与者模型"。马奇和西蒙试图将个体行为和劳动力市场结合起来,以考察和研究员工流失。马奇和西蒙模型由两个模型共同组成,一个模型分析员工所能感觉到的从企业流出的合理性(如图2-5所示①),另一个模型则分析员工感觉到的从企业流出的容易性(如图2-6所示②)。

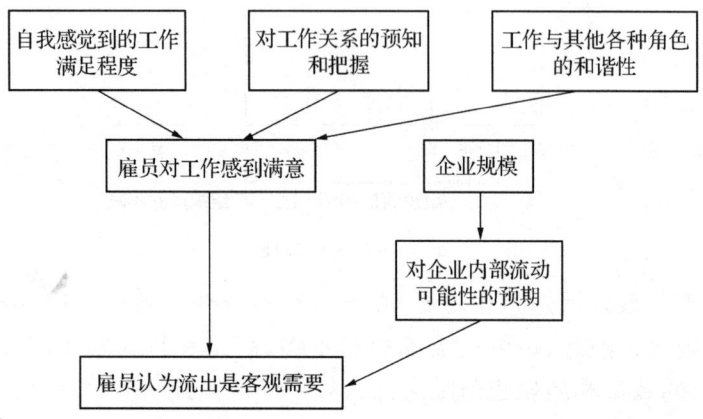

图2-5 决定员工流出合理性的因素

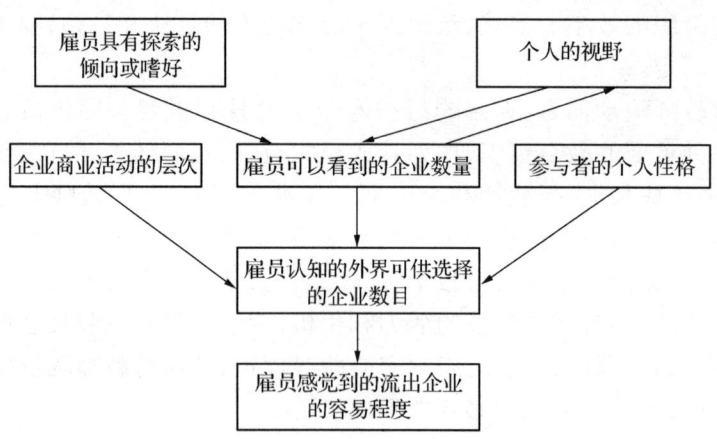

图2-6 决定员工感到的流出容易程度的因素

---

①② J. G. March and H. A. Simon. Organizations[M]. New York:Wiley,1958:99.

图 2-5 模型给出了员工所能感觉到的从企业流出合理性的因素：员工对工作的满意度和对企业内部流动可能性预期。其中，员工对工作的满意度主要由三方面所决定，即自我感觉到的工作满足程度、对工作关系的预知和把握、工作与其他各种角色的和谐性。而企业的规模则决定对企业内部流动可能性的预期。

图 2-6 的模型给出了员工感到的流出容易度的因素，即员工认知的外界可供选择的企业数目。它分别由企业商业活动的层次、雇员可以看到的企业数量和参与者的个人性格所决定。通过分析可以看出，员工的流失行为是由员工对工作的满意感和劳动力市场共同决定的。但这个模型存在几点假设前提[①]：第一点，员工对现在的工作是充分胜任的；第二点，外在可供选择的企业数量，是员工工作或职业能力的函数；第三点，员工参与的能力及性格，包括年龄、性别、社会地位、工龄以及专业特点等；第四点，员工可以看到企业的数量。

马奇和西蒙模型是最早将劳动力市场和个体行为变量，引入到对员工流动因素研究中的尝试。员工的许多心理机制是一个枢纽，这个枢纽把员工的流失行为与经济、组织以及人口等变量联系起来。这一模型也有其缺点和不足，最重要的是它缺乏充分的实证和经验性调查研究，马奇和西蒙采用了大量以往的研究成果来支持他们的假设。

马奇和西蒙模型为解释教师流动现象提供了理论支撑。教师对工作的满意度及其对学校内部流动性的预期，是教师流动的合理性因素。从教师方面来讲，教师自我感觉到的工作满足程度，对工作的预知和把握，工作与其他角色的和谐性，都直接影响到教师对工作的满意度。如果某一方面存在缺失，就会导致教师对工作的满意度下降，从而直接影响教师的工作状态和效果，不利于教师个人和学校组织的发展。如果这种局面不能及时得到改变，教师流动的可能性就会逐渐增大。同时，有流动意向的教师，可以通过认知外界可供选择的学校数目，来判断进行流动的难易。如果此时可供选择的学校数目很多，则教师会感觉到流动较为容易，就没有后顾之忧，更倾向于进行流动。

---

① 谢晋宇.雇员流动管理[M].天津：南开大学出版社，2001：215.

(二) 普莱斯模型理论

美国学者普莱斯(Price)是对员工流失问题研究卓有成就的专家。他建立了有关员工流出的决定因素和干扰变量的模型——普莱斯模型,并将企业变量和个人变量结合起来探讨员工流出问题(如图2-7所示[1])。

普莱斯模型定义了决定雇员流动的五个主要因素:[2]工资水平、融合性(员工在首属关系和次属关系中的参与程度)、基础交流(直接影响员工所担当的角色)、正规交流(通过正规办公渠道进行的交流),以及组织的集权化(权力集中的程度)。其中的前四种影响因素和员工流出呈现正相关,组织的集权化行为与员工流出呈现负相关性。同时,在流失影响因素和流失行为中间,有两个中介变量:工作满意度和工作选择机会。工作选择机会与流失呈正相关,工作满意度和流失呈负相关。

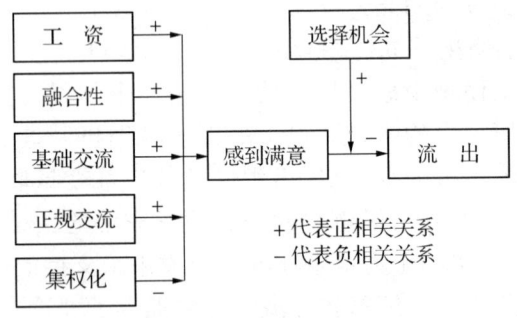

图2-7 普莱斯模型

普莱斯模型存在一定的前提条件:当员工的满意度下降,而工作的选择机会很高时,流失才会发生;如果员工的满意度下降,却没有可供选择的工作机会,流失就未必会发生。也就是说,工作满意度和工作选择机会之间,具有一定的相互作用关系。

普莱斯模型首次尝试将企业因素和个人因素结合起来探讨员工流出问题,克服了以前理论的局限。然而,这一模型仍存有缺陷,它不能明确回答个人是如何认知和估计流出的影响因素和改变工作机会的,即:此模型是以假设雇员能够衡量各种决定因素后果为基础,这种假设

---

[1] James, Price. The Study of Turnover[M]. Iowa State University Press, 1977.
[2] 谢晋宇.雇员流动管理[M].天津:南开大学出版社,2001:218.

忽略了个体衡量过程的差异性。

普莱斯模型对系统研究教师流动问题具有重要指导作用。根据普莱斯模型理论,可以知道影响教师流动的五个基本因素:教师的工资、融合性、基础交流、正规交流和学校的集权化行为,这些都会使教师的工作满意度受到影响。其中,前四个因素的提高,会增加教师的工作满意度,这种情况下,教师流动现象就基本不会发生。反之,如果教师在这四方面表现得不是很满意,如教师觉得工资过少,与自己的劳动付出不成比例等,就会直接导致教师工作满意度下降,教师流动的机会就会大幅增加。而选择机会的多少则直接影响教师的流动,教师在工作满意度不高的情况下,加上外在工作选择机会的增多,就更加愿意选择进行流动,流动到各方面条件都能满足自己需要的学校中去。学校的集权化行为恰好相反,若学校存在严重的集权化行为,就会促使教师更多地选择离开。

(三) 莫布雷模型理论

1. 莫布雷模型

美国经济学家莫布雷(Mobley)通过研究认为,虽然员工的工作满意度与其流失行为呈负相关,但这种相关系数却小于0.4。因而,在工作满意度和员工流失之间,存在一些中间步骤的缺失。莫布雷指出,应该对员工工作满足与实际流出之间的行为和认知过程进行研究,以此代替对工作满足程度与流出关系的简单复制。由此,莫布雷在吸收了"马奇和西蒙模型"、"普莱斯模型"优点的基础上,将这些中间步骤进行整合,提出了"莫布雷中介链模型"(如图2-8所示)。

莫布雷中介链模型,把在工作满意度和员工流失之间的中间步骤,主要划为以下几步:[①](1)员工出于对工作的不满意,而产生辞职的想法;(2)他们会积极为自己的辞职想法寻求评价;(3)在此基础上衡量其他可行的选择方案,并对各个选择进行衡量对比;(4)产生辞职的意图,准备选择流动;(5)最后就是决定流动。员工在每个环节做出选择之前,都会进行反复的琢磨、详细的考虑、及时的反馈。

---

① 谢晋宇.企业雇员流失——原因、后果与控制[M].北京:经济管理出版社,1999:124.

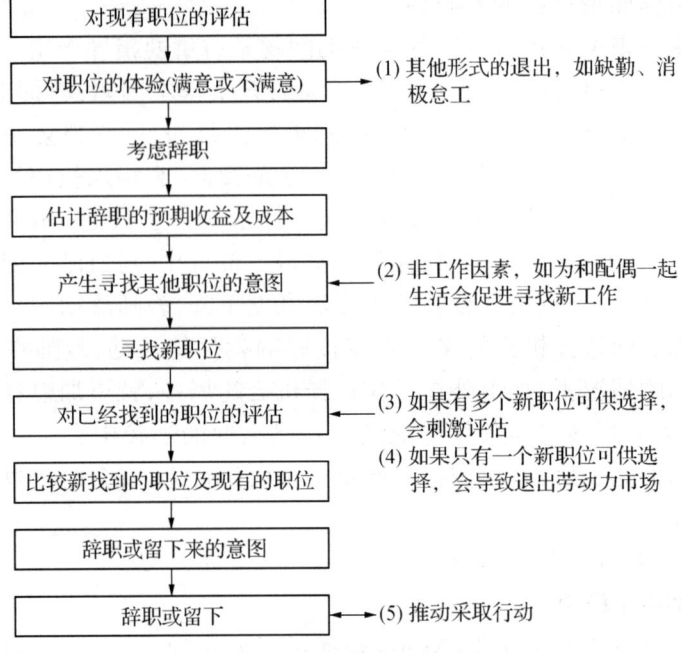

图 2-8 莫布雷中介链模型

莫布雷中介链模型的主要理论假设是：员工打算辞职的意图这一变量，才是可能立刻导致员工流出的因素，而不仅仅是对工作的不满足。也就是说，员工内心所产生的流出的想法，才是其流出的最好预示，其准确性要远远高于其过程或行为变量中流出的其他预测。

莫布雷中介链模型也存在着一些缺陷：第一，影响员工流失的影响因素，除了工作满意度外，还有其他影响因素，比如工作绩效和组织承诺等；第二，该模型过分地重视流失过程的分析，很少考虑影响该过程的因素；第三，模型中各个阶段的变量划分不明确；第四，缺乏员工流失的反馈机制。

莫布雷中介链模型将劳动力市场和企业变量相结合，解释人员的流失行为，证明了个人产生流失意图是流失的直接前因变量。但是，许多研究者对这一模型提出了不同的见解，认为该模型对员工的流失行为不能完全地做出解释。这一点，莫布雷本人也充分意识到了。因此，他在此基础上，提出了"扩展的莫布雷模型"。

2. 扩展的莫布雷模型

扩展的莫布雷模型尽可能全面考虑各个因素对员工流出的影响,通过图表法,将影响员工流出的多重变量结合起来,形成更为科学和全面的理论模型(如图 2-9 所示①)。

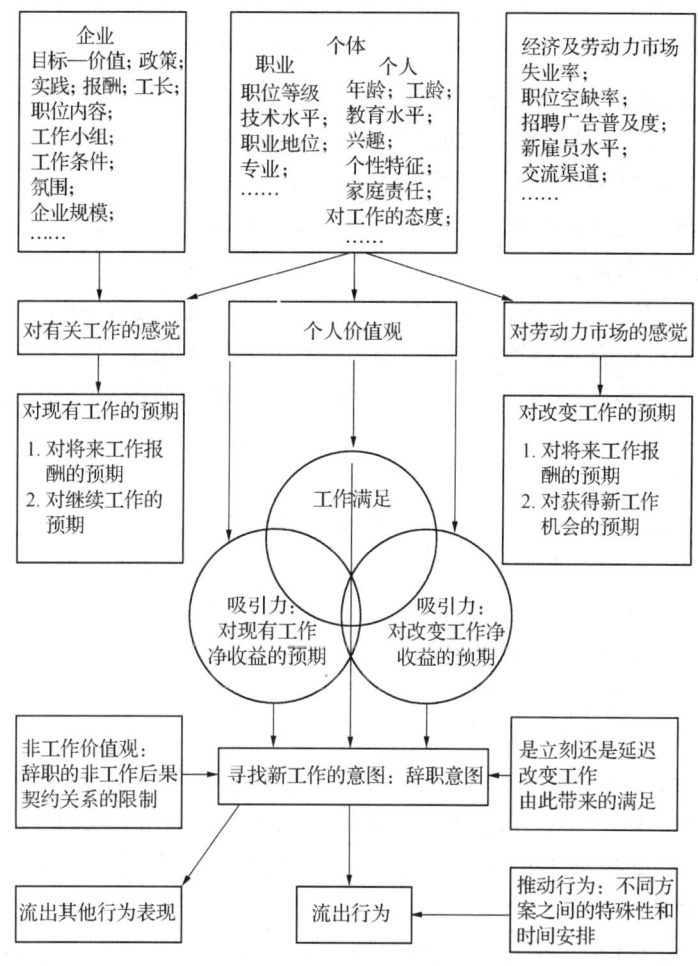

图 2-9　扩展的莫布雷模型

---

① W. Mobley, R. Griffeth, H. Hand and B. Meglino. Review and Conceptual Analysis of the Employee Turnover Process. Psychological Bulletin, 1978: 517.

扩展的莫布雷中介链模型认为,员工产生离职意愿并随之从企业流动的过程,主要受四个基本因素决定:[①](1) 工作满足与否;(2) 对在企业内改变工作角色收益的预期;(3) 对在企业外面改变工作角色收益的预期;(4) 非工作价值观及偶然因素。

扩展的莫布雷中介链模型中各元素的影响方式表现为:

第一,工作满足。工作满足可以理解为,员工在比较现有工作的综合价值,以及对可能获得工作的综合价值进行评估后,对目前工作的积极定位。当员工认为当前的工作能够提供自己所看重的价值时,工作满意度就会增加,流动的可能性就小。反之,如果员工认为,当前所从事的工作,不能提供自己所看重的价值,工作满意度就会随之下降,流动的可能性增加。

第二,对在企业内改变工作角色收益的预期。通常由员工的个人价值观和对现有工作所持有的预期所决定。如果员工对目前所拥有的工作不是很满意,但对工作的收益预期很高,那么他就可能不会选择流动。如果他对工作满意度很高,而对工作的收益预期不高,也有可能会选择流动。

第三,对企业外其他工作角色收益的预期。对在企业外部改变工作角色收益的预期,是由个人的价值观和改变工作的预期所决定的。同样道理,当员工对现在所拥有的工作满意度不高时,他对于改变工作的预期很低,就不会做出流动的决定。当员工对目前的工作满意度很高,但由于对改变工作的预期也非常高,那么他就有可能会选择流动,进入到对他更具诱惑力的单位中。

第四,非工作价值观及偶然因素。这主要是指员工对待家庭和生活的态度、个人偏好、宗教信仰、文化等与工作无关的个人因素和社会因素,由于这些因素也影响个人的价值观,因而也会对员工的流出产生间接影响。

扩展的莫布雷模型与莫布雷模型相比,有很多突破,它更加全面和直观地分析了员工的流出行为,尤其是在解释影响员工流出因素中,加

---

① 谢晋宇.企业雇员流失——原因、后果与控制[M].北京:经济管理出版社,1999:125.

入了非工作价值观及偶然因素,为员工流失研究拓宽了视野。但是,扩展的莫布雷模型涉及因素过多,显得复杂,并缺乏一定的实证研究支持,没有经受实践的检验。

莫布雷模型理论同样适用于对教师流动的研究,能够比较全面分析教师流失过程中的各个影响因素。教师在流动过程中,不可避免地会受到其对现有工作的满意度、对现有工作的收益预期、对改变工作的收益预期以及教师个人的非工作原因等因素影响。这些因素相互关联,并不是其中某一个因素就会直接导致教师流动,而是多个因素的共同作用。在多数情况下,教师对所在学校工作感到十分不满意,认为该工作的报酬偏低或待遇偏差,对工作的预期不高,教师选择流动的可能性就随之增加。在这种情况下,教师对改变工作的收益预期很高,就加速了教师流动现象的发生。另外,莫布雷模型还提出了影响员工流动的非工作因素和偶然因素,在教师流动中,这些因素也起着重要的作用,它们都直接或者间接地影响了教师对工作的满意程度和对工作的预期,增加了教师流动的可能性。

三、社会层面的人才流动理论与教师流动

社会层面的人才流动理论主要代表是"配第-克拉克理论"。英国古典政治经济学家威廉·配第(William Petty)是产业结构理论的奠基者,他在1691年出版的《政治算数》一书中指出,随着社会经济的不断发展,产业中心会逐渐从有形物质生产转向无形物质生产。劳动力也相应地由农业领域转向工业领域,再由工业领域转向商业领域。产生这种转变的原因在于:工业往往比农业、商业往往比工业所获得的利润要多。这种行业间收入的相对差异,是劳动力在产业间流动的真正原因。配第这一针对英国实际情况的观察发现,在三个世纪后得到了理论和实践上的印证。[1]

英国经济学家科林·克拉克(Colin Clark)在继承前人研究成果的基础上,在《经济发展条件》一书中,提出了"三次产业划分理论"。其中,第一产业是指以自然存在物为对象进行生产活动的,如农业;第二

---

[1] 王静.经济学基础[M].北京:科学出版社,2009:41.

产业是指以自然生产物为对象的加工活动,如建筑业;第三产业是指服务业,如商业。按照年代的推移,克拉克搜集和整理了若干国家劳动力在第一、二、三产业间移动的统计数据,得出结论认为:随着人均国民收入的提高,社会劳动力首先由第一产业向第二产业转移;当人均收入进一步提高后,劳动力便向第三产业转移。劳动力在产业间的分布表现为:①第一产业人力、人才资源所占比重不断降低;第二产业人力、人才资源所占比重不断上升;第三产业人力、人才资源所占比重终将超过第一、二产业。克拉克指出,劳动力移动是与经济发展中各产业间出现的收入相对差异相关联的,这与配第的观点不谋而合。克拉克认为,自己的观点只是印证了配第的观点,因此将它称为"配第定律"。后来人们便把克拉克的发现称为"配第-克拉克定理"。

"配第-克拉克定理"从社会层面论证了人才流动的合理性,具有重要的理论意义。对于教师来说,由于工作本身的服务性特质,它理所当然地属于第三产业。随着经济的发展,第三产业的劳动力比重不断上升,流入教师职业的人员也相应地会越来越多,教师队伍也就可能愈来愈壮大,教师队伍内部竞争由此加剧,从而不可避免地会造成教师流动。同时,相较于其他第三产业的职业,教师的收入总体不是很高,尤其是农村教师的收入还相当低,与第三产业的其他很多职业相比,收入差距较大。因而,从事教师职业的人员,就会选择向与第三产业相关其他收入更高的职业流动。如:贫困山区的优秀教师,由于工作环境简陋、工资待遇微薄,往往选择进行流动,或流向各方面条件更好的学校,或流向收入更为丰厚的其他行业。可见,"配第-克拉克定理"对揭示教师流动具有重要的理论意义和价值。

第二节　教师流动的人力资本理论基础

20世纪60年代,美国经济学家西奥多·舒尔茨(Theodore Schultz)提出了著名的"人力资本理论",舒尔茨因此被誉为"人力资本理论之父"。人力资本理论自舒尔茨提出以来,"人力"和"资本"成为联

---

① 杨治.产业经济学导论[M].北京:中国人民大学出版社,1985:40.

系起来看问题的视域,使人们对"人力"的理解出现了革命性的变革。教师作为一种重要的人力资源,也是一种重要的资本,教师流动就是资本的流动,人力资本理论必将为教师流动带来新的理解和启示。

一、人力资本理论的产生与发展

美国经济学家舒尔茨从20世纪50年代开始,就致力于人力资本理论研究。到20世纪90年代,他先后发表了多篇有影响的人力资本理论文章,尤其是在1960年发表的《人力资本投资》一文,引起了美国学术界的震动。舒尔茨研究了二战后一些经济恢复和发展较快的国家,发现这些国家之所以发展较快,人力资本是决定性因素,并以此为基础,提出了具有划时代意义的"人力资本理论"。舒尔茨的"人力资本理论"较为全面地论述了人力资本投资、人力资本投资与经济增长的关系、教育的作用、人才的有效配置以及人力资源迁徙、劳动者的健康等问题,开启了人力资本理论研究的新纪元。

美国当代著名经济学家加里·S·贝克尔(Gary S. Becker)是人力资源理论的另一位代表人物,为人力资本理论的发展做出了突出的贡献。贝克尔1964年发表的《人力资本》一书,被西方学术界认为是"经济思想中人力资本投资革命的起点"。贝克尔致力于人力资本的微观经济分析,弥补了舒尔茨只重宏观的缺陷。其研究方法和研究成果具有开创性,为人力资本理论的进一步发展奠定了基础。

美国经济学家丹尼森(Edward Fulton Denison)是人力资本理论发展进程中另一位重量级学者,他对人力资本要素的作用做出了计量分析。丹尼森通过精细的分解计算,论证出了美国1929—1957年这个时间段内的经济增长中,有23%的份额要单独归于美国教育事业的发展,即对人力资本的投资积累。丹尼森的这一研究成果在很大程度上影响了20世纪60年代西方各国对教育经费的大幅度增加。

继舒尔茨、贝克尔和丹尼森之后,现代人力资本理论得到了进一步发展。许多学者都投入到人力资本理论研究中,以卢卡斯、罗默尔为主要代表人物。卢卡斯和罗默尔构建了以人力资本为主要核心的新经济增长模型,对人力资本的研究更加的具体化,成为人力资本理论在该时期所取得的又一重要成果。

二、人力资本理论的主要内容

舒尔茨是人力资本理论的开创者,他对人力资本理论的研究影响最大。舒尔茨的人力资本理论,主要观点有四个方面:

第一,舒尔茨把资本总体上分为物质资本和人力资本两大部分。[①]其中,人力资本是存在于人身上的一种资本类型,主要表现为知识水平、技能水平、工作能力、体力以及个人健康状况等方面价值的总和。舒尔茨认为,一个国家的人力资本,可以通过劳动者的数量、质量以及劳动时间来度量,它对社会进步起着决定性的作用。

第二,舒尔茨提出人力资本是投资的产物。他把人力资本的投资渠道分为五种[②]:(1)医疗和保健,它包括了影响一个人的寿命、力量强度、生命力、耐久力、精力的所有费用;(2)在职人员培训,主要包括企业所采用的旧式学徒制;(3)正式建立起来的初中、高中和高等教育;(4)不是由企业组织的那种为成人举办的学习项目,包括那种多见之于农业的技术推广项目;(5)个人和家庭适应与变换就业机会的迁移。舒尔茨认为,这些投资一经使用,就会产生较为长期的影响,即是说,投资所形成的劳动者素质提高,将在很长时期内对经济增长做出贡献。

第三,舒尔茨认为人力资本是决定经济增长的主要因素。舒尔茨肯定了人力资本投资是效益最佳的投资方法,这是因为:首先,人力资本投资的收益,远远超过了物力资本投资的收益。人力资本作为生产要素,在生产发展和经济增长中的作用十分重要,人力资本含量的提高,能够直接导致劳动者本身生产效率的提高,改善生产要素的使用效率,提高组织的管理水平,推动经济增长呈现收益递增的状态,这些都是物力资本所不能比拟的。[③] 其次,舒尔茨之所以认为人力资本投资是促进经济增长的主要途径,还源于人力资本在各个生产要素之间发挥着相互替代和补充的作用。在舒尔茨看来,随着当今经济的高速发

---

① 张建国,夏青.新编人力资源管理[M].成都:西南财经大学出版社,2012:36.
② [美]舒尔茨.论人力资本投资[M].吴珠华等译.北京:北京经济学院出版社,1990:9.
③ 张风林.人力资本理论及其应用研究[M].北京:商务印书馆,2006:401-404.

展,仅仅依靠自然资源和人的体力劳动,已远远不能满足社会的需求,必须提高体力劳动者的智力水平,来代替原有的生产要素,因而由教育形成的人力资本,会在经济增长中代替许多其他生产要素。最后,舒尔茨通过估算一段时期内美国经济增长中由教育所形成的人力资本的贡献份额,并结合具体数量化的计算,进一步证实了人力资本积累是经济增长的主要源泉。

第四,舒尔茨认为人力资本最为重要的部分是教育投资。"教育能够明显地提高人力资源的质量,使之作为人力资本而大大提高生产的效率,而且教育对于提高人力素质来说,不仅仅限于经济方面,它会带来长期的满足。"[①]教育除了能够促进经济的增长外,还在均衡个人收入的社会分配方面,起着重要作用。舒尔茨认为,教育可以提高个人的知识和工作能力,影响个人收入状况和个人收入的社会分配,从而减少社会分配不平衡现象。舒尔茨指出,随着各阶层学校升学率的提高,个人间的收入差异也会相对减少,这也促进社会分配趋于平衡。舒尔茨指出,加大对人力资本投资的同时,就会相对减少对其他各个方面的投资,这有利于人们收入趋于平等化。

舒尔茨的人力资本理论一经提出,便震动了经济学界。他颠倒了传统经济学家普遍强调物力资本是促进经济增长的主要因素的观点,强调了人力资本的重要性,指出人力资本是促进经济增长的最重要的因素。这一理论对社会具有划时代的意义。

三、人力资本理论与教师流动

从人力资本理论的内容来看,其所提出的观点对理解教师流动具有重要的意义和价值。一方面,教师流动是教师进行人力资本投资的一种途径。舒尔茨在《论人力资本投资》中提出了人力资本形成的五种渠道:医疗和保健投资、在职人员培训投资、各级教育投资、学习项目投资和个人及家庭适应与变换就业机会的迁移投资。其中个人和家庭适应与变换就业机会的迁移投资,属于劳动力的迁徙投资,对于个人来说,流动是人力资本形成的一种途径。通过医疗保健和教育投资等所

---

① 张建国,夏青.新编人力资源管理[M].成都:西南财经大学出版社,2012:36.

形成的人力资本价值的实现和增值,往往要通过劳动力流动来完成。对于教师而言,不断的流动就是一种投资手段,通过不断的流动投资,教师的人力资本就可能会实现更好的增值。

另一方面,教师流动是优化人力资源配置的一种手段。教师作为人力资源,通过流动进行迁徙投资,其结果不仅会给教师个人带来收益,更重要的是,还会对流动前后所在的学校和地区产生较大的影响。教师进行流动会给流入学校注入新的人力资源,带来新的教学方法和管理方法,为学校的发展增添活力。学校也可以通过教师流动,得到所需要的各种紧缺人才,解决学校由于人力资源匮乏而带来的一系列问题,使学校能够得到更好地发展。更重要的是,如果流动的教师是原有学校的"剩余"人员,那么通过流动,这部分教师就会促进原有学校人力资源的更新,实现人力资源的最佳配置。反之,倘若流动教师也是原学校所急需的,那么教师流动就会造成该校优秀人力资源流失,从而影响学校的整体发展,进而促使这些学校采取措施,引进优秀教师。

与物力资本相比,人力资本具有多重特殊的属性,如无形性、社会性、时效损耗性、依附性、耐久性、增值性和流动性等。人力资本的这些属性中,有一些对理解教师流动具有重要启示。从人力资本的流动性来看,资本只有通过流动才能产生效益,因而人力资本也必须通过流动,才能使效益达到最大化,人力资本的流通是否顺利,直接影响人力资本的运营效益。对教师而言,要使教师这种人力资本的效益达到最大化,产生更大的效益,进行合理有效的流动就显得必不可少。

人力资本具有时效损耗性。随着人体的衰老,凝聚在人身上的人力资本,会随着时间而产生损耗,同时也会随着人所掌握的知识、经验、文化的老化而发生损耗。因而,对于人力资本的利用,应该适时而且恰当,对于人力资本投资,应该连续不断地进行,从而减少人力资本的消耗。人力资本的这一属性同样对人才流动造成了影响,人才一般趋于流向那些能够量才用人,能够发现人的才能,并且能够进行连续的人力资本投资的组织。对于教师来说也是如此,如果在一所学校不能实现"物尽其用、人尽其才",选择及时进行流动,到一个能够为自己的资本不断进行增值进行投入的学校,无疑是最为明智的选择。

第三节　教师流动的耗散结构理论基础

耗散结构理论是世界著名物理学家、比利时布鲁塞尔大学教授普利高津(Prigogine)于1969年在世界理论物理和生物学国际会议上提出的,这一理论掀起了科学领域一场"哥白尼"式的革命。"耗散结构理论作为一门新兴学科,其理论、概念和方法不仅适用于解释自然现象,同时也适用于社会现象,具有重要的理论意义和方法论价值,被称为20世纪70年代最辉煌的成就之一,普利高津本人也因此获得了1977年的诺贝尔化学奖。"[①]耗散结构理论的精神实质在于,它指出了系统在与外界环境进行物质和能量交换的过程中,从无序向有序转换的机理、条件和规律。根据耗散结构理论,系统只有不断地与外界进行交流,才能获得自身的稳定与发展。而学校作为一个复杂的动态开放系统,只有不断地与外部体系进行信息与人才交流,才能维持健康、稳定的状态。从耗散结构理论角度来看,教师作为学校的一种重要资源,教师流动能促使教师不断走向卓越。

一、耗散结构理论产生的背景

耗散结构理论的提出,具有深厚的科学思想背景。在20世纪之前,针对物理和化学等自然学科的研究,主要集中在研究物质处于平衡状态下的结构规律。对于平衡状态来说,物质系统是封闭的,过程是可逆的。然而随着克劳休斯的热力学第二定律和达尔文生物进化论的提出,这种传统的研究范式被打破,各种理论观点之间产生了尖锐的矛盾,形成了不可逾越的鸿沟。矛盾对立的焦点主要表现在以下两个方面:[②]

第一,牛顿力学的可逆性与热力学不可逆性的对立。在牛顿的动

---

① 蔡绍洪.耗散结构与非平衡相变原理及应用[M].贵阳:贵州科技出版社,1998:1.
② 孙飞,李青华.耗散结构理论及其科学思想[J].黑龙江大学自然科学学报,2004(3):76.

力学中,如果用时间符号$-t$替换t,方程不变。时间是独立于物质的,它不具有方向性,只是描述物体运动状态的外在参量,与物质的性质没有内在联系。牛顿力学中的时间是可逆的、对称的,给定一个状态,我们就可以推测它的过去与未来。热力学第二定律则揭示了一切实际自然过程的不可逆性,如热量可以自发地从高温物体传向低温物体,但不会自发地反过来进行。时间出现了对称破缺,显示出不可逆的特性,系统总是朝着某一方向进行演化并最终达到平衡状态。这两种观点就可逆与不可逆,即有无时间箭头问题产生了重大间隙。

第二,物理系统的退化论与生物系统的进化论的对立。热力学第二定律说明,一个孤立的系统要朝向均匀、简单、消除差别的方向发展,该过程实际上是一个趋向低级运动形式的退化过程,克劳休斯把这一观点推广到全宇宙,得出了"热寂说"的悲观结论。按照"热寂说"的观点,宇宙万物最终达到均匀状态后,各种物理差异不复存在,宇宙将进入死亡、寂寞的世界,且一旦到达,就再没有"活"过来的可能。[①] 而达尔文的进化论则指出,生物界物种的起源和进化,总是沿着由低级到高级、由简单到复杂、从无序到有序的方向进行。人类社会也是朝着这一方向发展,这是一种名副其实的进化过程。这两种观点实质上就是对时间箭头指向问题产生了完全不同的见解。

解决上述矛盾,从一般的平衡状态中不可能得到令人满意的答案,必须从非平衡态中去寻求解决方法。因此,普利高津通过对远离平衡状态的物理现象进行 20 余年的研究,终于在 1969 年创立了耗散结构理论。耗散结构理论解决了物理学、生物学和热力学的矛盾,对自然和社会进化进行了说明,成为系统科学发展道路上的重要里程碑。

二、耗散结构理论的主要内容

普利高津在对非平衡系统线性区研究的基础上,开始探索非平衡热力学系统在非线性区的演化特征。在研究中,普利高津发现,当系统离开平衡态的参数,达到一定的阈值时,系统就会出现一个"行为临界点"。当系统越过这个临界点后,就会离开热力学的无序分支,发生突

---

① 宋毅,何国祥.耗散结构论[M].北京:中国展望出版社,1986:8-9.

变,继而进入到一个稳定有序的状态。在这种情况下,如果将系统继续推向远离平衡状态的地方,系统就有可能出现更多全新、稳定、有序的结构,即耗散结构。简单来说,耗散结构主要研究的是:①一个远离平衡的开放系统,可以是力学的、物理学的、化学的、生物学的,乃至社会的、经济的系统,通过不断地与外界交换物质和能量,在外界条件的变化达到一定的阈值时,可能从原有的混沌无序的混乱状态,转变为一种在时间上、空间上或功能上的有序状态。这种在远离平衡情况下所形成的新的有序结构(自组织),就是"耗散结构"。

耗散结构理论可用熵变方程进行解释。开放系统的总熵变用方程表示为:② $ds=dis+des$;其中,dis 是系统内部不可逆过程引起的熵变,叫熵产生,dis 不可能为负;des 是系统和外界环境交换物质和能量所形成的,叫熵流,des 可正可负,大于零时叫"正熵流",小于零时叫"负熵流",等于零时叫"零熵";ds 是系统总熵,它由熵产生 dis 和熵流 des 两部分组成。根据玻尔兹曼和克劳修斯的熵理论,总熵增大即意味着系统陷入无序状态,因此一个与外界有熵交换的系统的进化与否,主要取决于系统的熵产生 dis 和熵流 des 的代数和。但在不同的系统中,熵流 des 的正负情况有所不同,主要表现为以下四种情境:③ 第一种,在孤立的系统中,$des=0$,系统的 $ds>0$;第二种,在热力学平衡态的开放系统中,$des>0$,系统的 ds 增大;第三种,在线性非平衡态的开放系统中,$des\approx0$,系统的 $ds>0$;第四种,在非线性平衡态的开放系统中,$des\leqslant0$,系统的 ds 逐渐变小。一个系统要从无序状态向有序状态转换,必须符合 $des\leqslant0$,负熵流 des 抵消系统内的熵流 dis,使系统总熵减少,系统才能走向充满生机与活力的耗散结构。基于这个条件的原因,耗散结构理论也被称为"负熵流理论"。

耗散结构的形成必须同时具备以下四个条件:

首先,耗散结构的形成必须是开放的系统。所谓开放系统,就是能

---

①③ 申维.耗散结构、自组织、突变理论与地球科学[M].北京:地质出版社,2008:1、3.

② 王兆强.两大科学疑案:序和熵——系统主从律[M].广州:广东教育出版社,1995:258.

够自由与外界进行物质和能量交换的系统。一般来说,开放系统具有自组织能力、抗干扰能力、不断复杂化和完善化的演化能力,这些特点决定了它在系统演化中的特殊地位和作用。任何一种耗散结构,只有在开放条件下才能形成,也只有在开放条件下进行物质与能量的交换,才能产生负熵流,继而维持系统的生存和发展,开放的系统是耗散结构形成的首要条件。

其次,耗散结构的形成还必须远离平衡。普利高津指出,一个开放系统可能有热力学平衡态、线性非平衡态以及远离平衡态三种存在方式。[①] 系统处于平衡态不能导致有序,在离平衡态不远的近平衡态,虽与外界有能量和物质的交换,但其自发趋势仍会回到平衡态,不能产生耗散结构。只有当系统远离平衡态,才能产生足够大的负熵流,抵消掉熵产生,从而提高系统的有序程度,并最终形成有序结构。因此,普利高津得出"非平衡是有序之源"的结论。

再次,耗散结构的形成还必须存在涨落。"开放性和非平衡性,主要是指形成有序结构的外部条件。但系统演变真正达到质变,还需要有其内部条件,同时,外部条件只有通过内部条件才能发挥作用。耗散结构理论指出,产生有序结构的内部诱因就是涨落。"[②]所谓涨落,指的是一个由大量子系统组成的系统,其可测的宏观量,是众多子系统的统计平均的反应,但系统在每一时刻的实际测度,并不都精确地处于这些平均值上,而是或多或少地存在偏差,这些与平均值的偏差就叫做涨落。系统内的涨落,由于非线性作用的放大,形成巨涨落,对体系形成触发的作用,推动耗散结构的形成。

最后,系统内存在非线性的相互作用。系统内只有通过非线性相互作用,才能使系统的各个要素之间产生协同作用和相干效应,才能使系统从无序变为有序,从而产生耗散结构。如果系统内不存在非线性的作用,即使系统处于开放和非平衡条件下,也不可能产生耗散结构。

---

① 湛垦华.普利高津与耗散结构理论[M].西安:陕西科学技术出版社,1998:156-157.

② 颜泽贤.耗散结构与系统演化[M].福州:福建人民出版社,1987:72-77.

总体来看,这四个条件密切联系、相互支持。其中,开放性是基本前提,远离平衡是必要条件,存在涨落是发展诱因,非线性作用是推动要素。

耗散结构系统具有区别于其他一般系统的结构特征,主要表现在以下方面[①]:第一,耗散结构只能在开放的系统内产生;第二,耗散结构只有在控制参数达到一定临界值时才会突然出现;第三,耗散结构具有时空结构,即对称性低于临界值前的状态;第四,耗散结构虽然是旧状态下的产物,但一旦产生,就具有相当的稳定性,不会被任何外界微小扰动所破坏;第五,相对于稳定有序的平衡结构的"死"结构,稳定有序的耗散结构是一种"活"的结构,它不断在时间或空间中呈有规律的周期性变化,是一种动态变化着的有序。

三、耗散结构理论与教师流动

耗散结构理论适用于对教师流动现象的分析。学校作为一个复杂的动态开放系统,具有耗散结构的特征。而耗散结构的形成,必须同时满足处于开放的系统、远离平衡态、非线性作用以及存在涨落四个条件。有效调节这四者间的关系,能够使耗散结构更加完善,使学校系统朝向更为健康、持续、稳定的方向发展。从满足耗散结构形成条件入手进行分析,可以对教师流动进行理解和说明。

第一,从开放系统来理解教师流动。在开放的系统中,外界可以自由地进行物质、能量和信息的交换,并依靠通过外界供给而获得的物质和能量来维持自身生命的活力。同样,分析普利高津建立的熵流模型可知,只有开放性的动态系统,才能通过负熵流不断增加来减少系统总熵,以此来维持系统内部的稳定结构。即系统需要不断通过和外界的交换过程来减少系统内部的混乱,从而建立一种全新的、稳定的、有序的结构。基于这样的理论,"就一个部门、一个单位来说,为了使本部门、本单位的人才队伍系统能充满动力和活力,显得生气蓬勃,稳定而有序,无疑就必须与外界自由地进行物质和能量(及信息)的交换,不断地形成负熵流,从而将系统总熵减少到最低限度。"对于学校系统而言

---

① 申维.耗散结构、自组织、突变理论与地球科学[M].北京:地质出版社,2008:8.

也是如此,学校所要进行的物质和能量的交换,除了要引进先进的教学观念、教学设备、教学策略和教学管理方法外,还要引进年轻的、有学识的、富有激情和能力的教师,这一过程可以通过学校间进行优秀教师流动来实现。在这种情况下,教师流动就具有重要意义。

第二,从远离平衡态来理解教师流动。只有远离平衡才会产生足够大的负熵流,抵消掉熵产生,从而提高系统的有序程度,并最终形成有序结构。由此,要使学校系统更加有序,教师流动是不可或缺的。只有学校内部教师不断进行流动,系统处于资源更新中,才能维持非平衡状态。如果学校教师不进行流动或很少进行流动,各个学校的内部系统会趋于平衡状态,就不能形成耗散结构。因而教师流动对于学校系统来说,有着重要作用,教师通过流动实现自身的价值,而学校也通过教师流动,引进了教师资源,更新了教师队伍,提高了管理水平,推动了学校的有序发展。缺乏适当的教师流动,就会造成学校系统的平衡与封闭,在这种情况下,学校就会在教学、管理等各个方面出现问题。

第三,从存在涨落来理解教师流动。尽管有时涨落非常微小,但它也会对原来的现状产生偏离,偏离不断放大,就会发生质的变化。如果教师不进行流动,长期处于一个相对平衡和封闭的环境中,这样的系统就不属于耗散结构,在这个系统之中也不会存在涨落,系统内永远不会产生质的变化和飞跃。而通过教师流动,增加学校系统的开放程度,增强耗散结构的完善性,则会发生涨落现象。进而通过涨落,使学校内不断地发生质的变化,产生新的成果,促进学校的不断更新进步。当这些质的变化达到一定程度时,就会促使学校发生飞跃式发展,因而,教师流动对学校来说是不可缺少的。

总的来看,耗散结构理论从促进学校系统良好发展的角度,说明了教师流动的价值和意义。有序的教师流动可以促进学校的教学方法、观念、思想、管理以及取得的成果等各个方面不断发展,使学校充满生机和活力。普利高津的耗散结构理论为教师流动提供了理论基础,也证实了教师有序流动的合理性。

第四节　教师流动的社会流动理论基础

"社会是一个变动着的有机体,各种因素都处在不断变化的过程中,在变化着的各种社会因素的共同影响下,处在社会中个体的社会生活和社会关系也在发生不断的变化,社会正是由于这种不断变化而充满了活力。教师作为生存在社会中的个体,其流动不仅是一种职业流动,更是社会流动的表现。教师流动不论作为是在不同学校、不同地域间的位置移动,还是以人才流动为特征的向上性职业流动,它都会因个人社会地位的变化而给教师带来职业角色的转换和社会关系的重建。"[①]因此,从社会流动理论来解读和认识教师流动,将有助于对教师流动有更加深刻的理解。

一、索罗金的社会流动理论与教师流动

美国著名的社会学家索罗金(Pitirim A. Sorokin)是社会流动理论的创始人,他于1927年出版的《社会流动》一书,被社会学界公认为是第一部用现代观点论述社会流动的著作。索罗金第一次提出社会流动的概念,并将社会流动与社会分层联系起来进行探讨,奠定了社会流动理论研究的基础。

索罗金对"社会流动"的概念和造成流动的原因,进行了周密而系统的分析。索罗金将社会流动定义为:"社会流动意味着个人或社会的事物及价值,即有人类活动所创造的或改变的一切事物从一个社会位置向其他社会位置的移动。"[②]索罗金还阐述了造成社会流动的原因,主要有三大类:[③]第一是人口特质;第二是环境的改变尤其是技术的变迁;第三是父母与子女之间天生能力的不一致。

索罗金提出了两种基本的社会流动类型,即垂直流动和水平流动。垂直流动是指社会成员在社会分层结构中,跨越等级界限的位置移动。

---

① 周险峰.教师流动问题研究[M].武汉:华中科技大学出版社,2010:45.
② [日]安田三郎.社会流动研究[M].东京:东京大学出版社,1971:37.
③ 齐港.社会科学理论模型图典[M].北京:经济管理出版社,2012:237.

根据流动方向的不同,可分为向上流动和向下流动。而水平流动是指社会成员在同一等级不同位置之间的横向流动,这种流动不会造成人们社会等级序列地位的改变。索罗金指出,社会不平等是一种不可避免的现象,它具有社会性、永久性和全球职业性,这是其思想的中心论点。索罗金认为,垂直流动对社会发展具有积极的影响和作用,它能够为处于较低地位的社会人员,提供改变当前制度和局面的动机和机会。同时较高的社会流动率,可以作为一种社会安全阀,释放较低阶级的不满,起到稳定社会的作用。

索罗金对传统社会和工业社会的社会流动进行了细致比较。他指出:①社会系统按照社会流动的普遍性与密集性的不同,可分为开放型与封闭型两种类型。在开放的社会系统中,垂直流动较为频繁;在封闭的社会系统中,各阶层之间的界限比较严格,跨越等级界限的垂直流动,会受到各种因素的阻碍。社会流动与社会发展之间存在着正相关关系,社会发展越快,社会流动率越高。任何社会群体又有等级分别,个体在不同的社会组织和群体中的分布是一种必然,并且被各种社会制度强制性控制。

索罗金的社会流动理论,开创了社会流动研究的先河,对社会学研究有着重要的意义。直到今日,他对社会流动的理论解释仍是历久弥新的,能够为人员流动行为提供理解的坚实理论依托。教师流动作为一种社会流动,其流动过程的各个环节,都能以索罗金的理论进行分析解读。索罗金的垂直流动和水平流动理论,可以为教师流动提供分类理解的视角,有助于更好地把握教师流动的基本状况,以及不同类型流动的问题,并分析其原因,为找到不同的解决对策服务。索罗金的"社会流动与社会发展呈正相关关系"的见解,可为当前教师流动规模不断扩大进行原因分析。一方面,教师流动行为的日益频繁,正是和我国社会高速发展所密切相关的。另一方面,在流动过程中,教师由于受种种强制性制度的约束和控制,流动多以水平流动为主,即教师个人的社会价值和等级地位没有发生改变,只是在同一等级的不同学校之间进行横向移动。

---

① 关晓丽,关大伟.社会阶层结构演变新视点[M].长春:吉林大学出版社,2007:138-139.

二、李普塞特和本迪克斯的工业社会流动理论

美国社会学家李普塞特（Lipset）和本迪克斯（Bendix），1959年在他们合著的《工业社会的社会流动》一书中，提出了"工业社会流动理论"。这一理论别具特色，重视利用调查获得的经验资料，来验证社会流动理论，并在探讨社会流动的基础上，试图说明社会结构变迁与社会流动之间存在的关系。

李普塞特和本迪克斯把社会流动研究主要概括为四个步骤：[①]第一，先研究个人生涯起点，与其目前所达到的地位之间的关系，即将个人所继承的位置，与当前位置进行比较，但他们认为这类数据的价值不大；第二，研究社会继承与流动方式之间的关系，主要探讨个人出身对受教育程度和获得劳动技能的决定作用，个人出身对处于社会结构中不同层次人员的交往、智力、寻求较高位置的动机等的影响；三是社会流动的过程分析，主要研究个人当前位置和起始位置的关系；最后是社会流动的结果分析，主要对社会流动的过程、方向、流动量大小做出判断。这四个步骤中，对社会流动结果的分析是研究的重点。

李普塞特和本迪克斯指出影响社会流动的五个因素：[②]

第一，个人可获得的空间数。一般来说在既定的阶层中，空间数量通常并不是恒定不变的。如在工业化国家，由于需要越来越多的人从事管理、分配、服务及运转等类型的工作，导致专业人员、管理人员、办公人员等白领位置均呈现上升趋势，而非技能劳动工作的比重不断下降。

第二，不同的出生率。在工业社会，经济不断增长，各个职业等级都留有工作岗位，为地位较低者提供向上流动的机会。但是由于人口的出生率与经济收入呈相反趋势，所以工业化国家的人口出生率一般都很低，这影响了社会流动率的变化。

[①] 许欣欣.当代中国社会结构变迁与流动[M].北京：社会科学文献出版社，2000：56-57.

[②] Lipset. S. M. and R. Bendix. Social Mobility in Industrial Society. Berkeley：University of California Press，1959：57.

第三,职业等级的变化。在迅速变迁的社会中,有些职业会失去社会声望,有些职业则会获得社会声望,因此,一个人可能在不改变工作的情况下流动到令人瞩目的位置,可见职业等级的变化能够影响社会流动。

第四,可继承的地位—位置数变化。在工业化国家,能够被继承的社会位置数不断减少,因此,只有靠个人努力才能实现向上流动的愿望。可见,可继承的地位数的变化,影响了社会流动的方式。

第五,关于潜在机会的法律限制方面的变化。在工业社会,随着限制人员流动的相关法律的取消,人们能够完全自由选择职业,为社会流动创造了条件。

此外,李普塞特和本迪克斯还围绕以下问题进行了讨论:

第一,工业化水平对社会流动的影响。在当时普遍流行着这样一个观点,认为工业化水平和社会流动成负相关,即工业化水平的提高会导致社会流动率的降低。但是他们二人却提出,即使社会工业化水平达到一定的高度,社会流动水平也不会下降,仍会维持在一个相当高的水平,这是因为社会工业化程度增加,就必定会产生大量新的职位,必定会造成大量社会流动。

第二,教育与职业获得之间的关系。他们认为来自贫困和地位较低家庭的孩子,留在学校接受教育的机会较小,更容易产生流动;学历低的人多从事体力职业,学历高的人则从事非体力职业;体力劳动从事者的儿子也多从事体力劳动职业,只有经过学校教育,才能使其进入中等阶级职业;家庭背景与子女的受教育程度,是影响子女职业生涯的重要因素。[①]

第三,社会流动与政治稳定之间的关系。他们认为,在一个动荡的社会里,导致社会不稳定的关键因素,是类似继承性等级这样的流动障碍,即我们所说的垂直流动。如果领导者是灵活的,就会允许充满抱负和能力的人,从较低的职位直接垂直晋升;相反,如果他的能力与职位相背离时,就会破坏社会均衡,出现革命或暴乱,最终导致

---

① 谷中原.社会学理论基础[M].长沙:中南大学出版社,2004:251、253.

社会秩序紊乱。①

李普塞特和本迪克斯的工业社会流动理论为教师流动现象提供了理论解释的参照。李普塞特和本迪克斯关于社会流动的四个步骤,可以用来研究、分析教师流动,尤其是教师流动结果的分析,可以为教师流动的过程、方向、流动量大小做出判断。李普塞特和本迪克斯指出影响社会流动的五个因素,为分析教师流动影响因素提供了借鉴。另外还可以从教师流动与社会发展、教师流动与社会稳定的角度,对教师流动进行思考,为教师流动提供了新的理解视野和角度。

三、布劳和邓肯的社会流动理论

美国社会学家布劳(Blau)和邓肯(Duncan)于1967年出版了《美国职业结构》一书,该书无论是在概念界定,还是分析方法上,都非常严谨和系统,被社会学家公认为是一本研究社会流动的权威著作。

布劳和邓肯利用路径分析方法,研究了美国社会流动现象,建立了著名的"地位实现模型"(如图2-10所示②)。这一模型同时涵盖了个人代内流动和代际流动。布劳和邓肯认为,个人职业地位的获得,要受先赋因素和自制因素的共同影响。其中,先赋因素是指和个人出生背景相关的一系列因素,包括父亲的教育程度($X1$)、父亲的职业和单位($X2$)。自制因素是指个人通过后天努力和经历所获得的,包括本人的受教育水平($X3$)、本人的初职($X4$)、本人的现职($X5$)。布劳和邓肯认为,个人社会地位的获得,一方面要受家庭背景的影响,另一方面也受个人后天努力的影响。在现代社会,先赋性因素对人的影响越来越小,而地位获得更多依赖个人的能力和努力。在农业社会,先赋性因素在社会地位获得方面占主要地位。换句话说,社会的工业化程度越高,先赋性因素的影响就越小。

---

① 海云志.政治稳定的社会条件探析[J].广西社会科学,2005(5):3.
② 谷中原.社会学理论基础[M].长沙:中南大学出版社,2004:251、253.

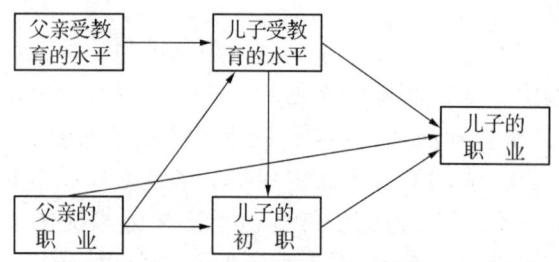

图 2-10 布劳和邓肯提出的地位实现模型

布劳和邓肯还给出了影响人们职业地位获得的五种因素的因果顺序:X1,X2—X3—X4—X5。在对美国职业结构和流动的研究中,对个人职业地位影响最大的因素是 X3,其次为 X4。而 X1 对儿子职业的直接影响,比 X3 和 X4 要小得多,最多只起到间接影响作用。在此基础上得出结论:上一代人的社会不平等现象,可能全部或部分在下一代中体现。

虽然布劳和邓肯的社会流动理论,在社会流动研究中具有划时代的意义,但也存在不足之处。首先,这种社会流动理论表现出一种过分依照统计分析技术的倾向,因而得出的结论经不起推敲。其次,随着统计方法的精细化,社会流动研究的实质性领域在逐渐减小。更为严重的是,随着现代统计技术的发展,特别是计算机的普及,许多更为复杂和新的路径分析模型及数学分析模型出现,完全背离了社会流动研究与社会分层研究不可分割的逻辑原则,使社会流动研究成为一种纯粹的数字游戏。①

布劳和邓肯的社会流动理论同样能够为教师流动提供理论支撑。它突出了教育在个人社会地位获得中的重要作用,说明了不同的社会类型对职业地位获得的先赋因素与自制因素之间的影响关系,并特别强调地域流动对个人职业地位上升具有正面影响,"对于当代职业生活来说,选择过程的重要性在移民方面表现得最明显,移动的人一般来说都能达到比不移动的人更高的职业地位,不论这种移动涉及的是离开出生地还是在 16 岁以后离开所生长的地区。可以肯定地说,移民毫无

---

① 汪开国.深圳九大阶层调查[M].北京:社会科学文献出版社,2005:36.

例外地、普遍地具有这种优势"。① 教师流动也同样具有这种特征,教师通过流动,使自己在技术、能力、见识、观念方面都会有所收获,并且也能通过流动来获得更高的声望地位、经济地位以及权力地位。可见,教师进行流动是教师为获取更好社会地位的一种选择。

四、帕金和吉登斯的社会流动理论

自20世纪60年代开始,许多社会学者将目光转向了社会主义国家阶级、阶层流动研究,在众多对社会主义社会分层与流动研究的成果中,以英国学者帕金(Parkin)和吉登斯(Giddens)的观点最具代表性。

帕金特别关注社会主义国家中意识形态对社会流动的影响。帕金认为,以往的研究中,社会主义国家和资本主义国家,在体制和意识形态方面的差异被低估了。帕金指出:"在社会主义国家中,意识形态对流动的影响,要大于技术和经济的作用,这一点也是社会主义国家中社会选择体系特殊性的根本所在。"②在社会主义国家,代际间传递的经济资本,对社会成员的社会流动的影响,要远远小于资本主义国家,文化资本的作用也远远小于资本主义国家。由于受意识形态作用,社会主义与资本主义社会的社会奖励体系有很大不同,这一点表现在体力劳动者与非体力劳动者的收入十分相近这一点上。由此导致了社会主义国家流动形态与资本主义国家流动形态截然不同:"资本主义社会中的大多数流动跨越幅度较小,多为处于邻近阶级或阶层边缘的流动;而社会主义国家中的流动往往跨越幅度较大,有的甚至是跨越整整一个阶级的流动。"③吉登斯也注意到了这种流动形态上的差异,认为在社会主义社会,体力劳动者向非体力劳动者的流动更可能是"长距离流动",而在资本主义社会,只能是几个"短距离"的相加。

吉登斯认为,社会主义国家与资本主义国家在地位优势代际传递方面,也有着根本差别。他通过对社会主义和资本主义精英集团的精

---

① Blau and Duncan. The American Occupational Structure. New York: The Free Press, 1967:408.
②③ 关晓丽,关大伟.社会阶层结构演变新视点[M].长春:吉林大学出版社,2007:142.

英流动进行对比研究,指出:在资本主义国家,由于财产具有私有性,由此带来的权利和优越性是可以传递给下一代的;而在社会主义国家则不行,如一些领导所享有的对一些集体财产控制权优势,是不能直接传递给下一代的,社会主义社会的地位优势,只能通过教育优势的继承来运行实现。

帕金认为,最重要的、具有政治意义的社会安全阀就是社会流动,因为社会流动可以维持社会和政治的稳定。针对如何利用社会流动来实现社会稳定问题,帕金研究了社会向上流动的重大政治意义。帕金通过对西方国家有关数据的研究发现,出身于劳动家庭的有 1/4~1/3 的人,最终会步入到中产阶级队伍中。这种社会向上流动的现象,就给目前处于社会下层阶级,但却有能力和勇气逃离这一阶层向上发展的人,提供了一种可能的途径,既弱化了处于低层阶级的内部固化程度,也减轻了因社会不平等而造成的社会紧张感,减少了阶级冲突的机会。[1]

帕金还提出了"社会文化缓冲带"的理论。他认为中产阶级和工人阶级之间,存在一个"社会文化缓冲带",这个缓冲带由大量处于低层阶级职业群体的人构成,同"政治安全阀"一样,都具有稳定社会和政治的作用。正是由于社会文化缓冲带的存在,社会才不会因为社会流动而发生动乱。社会中人员向上流动和向下流动,不会直接进入上一层或低一层的社会中去,而是先进入社会文化缓冲带,在缓冲带中,他们不会感到由于自身的行为模式、所认同的社会符号等,会与周边形成太大差距,从而解决了因流动而产生的不适应感,可以使流动更加有效地进行。

帕金和吉登斯对于社会流动的研究有着重要的价值。他们探讨社会主义国家社会流动与资本主义国家社会流动间的异同,有助于理解不同意识形态下的社会流动,提供了意识形态因素对社会流动影响的成果。这有助于根据我国具体情况理解我国教师流动。我国作为社会主义国家,有我国的具体国情,在进行教师流动借鉴时,要充分考虑到意识形态因素的作用,才能使先进的教师流动理论更好地服务于我国

---

[1] 李春玲.中国城镇社会流动[M].北京:社会科学文献出版社,1997:36.

的教师流动。而且,我国地域广阔,各地实际情况差异较大,教师流动除了受一些有形因素影响之外,还要充分考虑到诸如意识形态等无形因素的影响,这样才能更好地针对当地情况制定出教师流动的良好措施。帕金提出的"政治安全阀"概念,把社会流动作为维持社会稳定的关键所在,这对教师流动有着重要意义,教师流动要从维护教育整体安定和稳定的角度来理解。而"社会文化缓冲带"更是在我国得到了众多研究者的追捧,许多学者都致力于从"社会文化缓冲带"理论出发,来研究解决中国社会流动带来的一系列相关问题。在教师流动过程中同样应该经历"社会文化缓冲带",这对于缓解教师因流动造成的不适应感有很大帮助。一些处境较差,却充满能力和上进心的教师,可以通过社会文化缓冲带的过渡,进入到更好的教育环境中,有利于这些教师充分发挥自己的聪明才智。

六、马奇和韦索罗斯奇的代际间传递资源理论

1982年,美国学者马奇(March)和韦索罗斯奇(Wsolowski)在其合著的《社会流动与社会结构》一书中,将在研究社会流动中经常被人们遗漏,却具有很强代际传递效应的重要资源概括为三种:资本、权力和文化。

马奇和韦索罗斯奇对这三种资源的资本的代际传递效应做了细致的研究。他们认为,资本也就是经济资源,尤其是稳定的经济资源在代际之间的传递,对个人的社会地位、职业、社会流动都有很大影响。家庭经济资本对子女未来的社会地位或职业地位产生影响的途径主要有两种:①第一,通过家庭经济资本的直接流通,即子女通过继承上一代的财富,来改变当前的社会地位;第二,是对子女培训和教育的投资,这是经济资本在代际间的间接传递。大多数情况下,通过代际传递所获得的资本稳定性,比之任何其他的职业流动都更加重要。

在文化资源方面,文化资源被认为是一种获得"象征性财富"的手段,文化资源对处在不同地位的人,提供的"服务"是不同的。一般来说,个人所处文化背景不同,其继承的文化资本也就不同。这种资本可

---

① 李春玲.中国城镇社会流动[M].北京:社会科学文献出版社,1997:52-53.

以创造并传递给下一代,具有积累性,对人们的流动机会,以及阶层或群体的流动机会产生影响。针对文化资源对社会不平等的作用,布迪厄(Pierre Bourdieu)提出了"文化再生产理论",认为学校教育是一种暴力符号,并且通过这种暴力符号来实现文化再生产。

关于政治权力资本,指的是一定权力资源的积累,它有利于经济资本和文化资本的积累,而这三种资本之间的相互转换,也同样为政治权力资本的发挥提供了途径。政治资本与流动的关系,可以通过三种方式反映出来:第一,在阶级阶层社会中,政治组织可以作为一种特殊的流动途径;第二,政治资本对拥有职业资本者的子女获得职业机会,会产生明显影响;第三,拥有政治资本可以更容易获得其他资本。

可传递资源理论拓展了社会流动的研究领域,具有重要的理论价值。可传递资源理论认为,上一代人的社会不平等现象,可能全部或部分在下一代中继续体现,这种资源的代际传递,必然会对人员的社会流动产生影响。对于大多数教师来说,其流动的真实原因也在于此。一部分教师,由于自身某种资源的不足,会试图通过流动来获取更多的有利资源。如:有的教师通过流动来获得更高的经济收入,有的教师通过流动获得更好的工作环境,有的教师通过流动来获得更好的工作职位等。但更多的教师则是出于为子女的发展考虑而选择流动,试图通过变换生活环境和工作环境来获得更多资源,尽可能减少在子女身上的不平等现象,为子女的发展提供更多的代际传递资本。这就要求,教师流动政策不能仅体现在对流动教师的物质和精神激励,更要考虑流动教师为子女发展的需求,在流动教师子女上学、就业等方面给予优惠。

第三章 教师流动的影响因素

人员流动受众多因素的影响。美国人口学家李(E. S. Lee)在他提出的"推拉理论"中指出：①人口流动是"推力"和"拉力"共同作用的结果，流动者会受几种力的综合作用，而不仅只是局限于某一种力量。教师流动作为人员流动的一种，影响流动的因素众多，按照因素来源的不同，可划分为内部因素与外部因素。通过内部因素分析，可以掌握影响教师流动的根本原因和动力。通过外部因素分析，可以明确哪些外在条件能够促进或制约教师的流动行为。通过内外因素的综合探讨，可以更为系统、全面地探析教师流动的各个环节要素，能够更好地把握和理解教师流动。

第一节 教师流动的影响因素分析

根据内外因理论，事物的运动和变化，既是它本身所固有的内部因素引起，同时又与一定外部条件密切联系。对于教师来说，其流动行为的产生，同样是内外因素共同作用的结果。其中，内部因素是教师流动的根据和动力，在教师流动中起主导作用。外部因素是教师流动的外在条件，通过内部因素起作用，但外部因素的作用亦具有一定的独立性。

---

① E. S. Lee. A Theory of Migration . Demography, 1996: 47 - 57.

教师流动属于人才流动的一种,分析影响教师流动的内外因素,首先应借鉴人才流动的相关理论与已有的相关研究成果。从国外人才流动理论来看,已有的研究主要是从个人、组织、社会三个层面进行的,如勒温的场论、卡兹的组织寿命理论、库克理论、目标一致理论、奥尔德弗的 ERG 理论,都是从个体层面研究人才流动现象的;马奇和西蒙模型、普莱斯模型、莫布雷中介链模型,是从组织层面来进行探讨的;配第-克拉克定律、人才结构调整理论、效率性人才流动理论等,是从社会层面进行分析的,即认为影响人才流动的因素主要有社会因素、组织因素、个人因素。国内研究在借鉴国外研究的基础上,对影响人才流动的原因提出了一些有益的观点,如有学者提出"社会协同论"来解释人才流动现象,认为人才流动是个人因素、组织因素和社会因素共同作用的结果。[①] 有学者提出了人才流动的基本模型,指出影响流动的主要因素为外部环境因素、组织因素和个人因素,外部环境因素和组织因素为外部因素,个人因素为内部因素。[②] 还有学者提出了影响教师流动的内外因模型,认为影响教师流动的因素有内部因素和外部因素两方面。内部因素为教师的个人因素,外部因素为学校因素、社会因素和政府因素。个人因素包括教师的性别、年龄、学识水平、工作能力、价值观念等;学校因素包括学校的文化环境、学校管理、物质环境等;社会因素包括社会经济状况和社会习俗观念等;政府因素包括教育政策的制定与落实等。

以上述研究为基础,可以建立一个教师流动的内外因模型(如图 3-1 所示)。

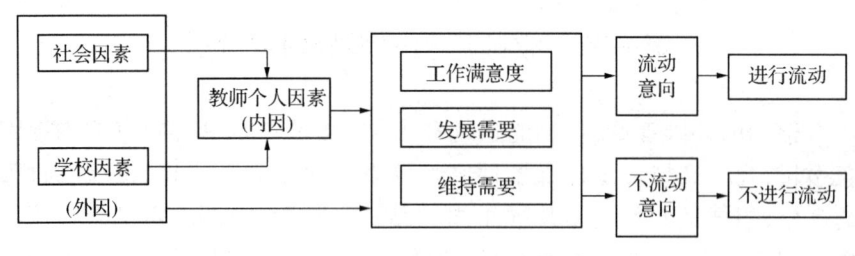

图 3-1 教师流动内外因模型

---

① 孙建敏.人才流动的"社会协同论"[J].中国人才,2004(9):57-58.
② 武博.当代中国人才流动[M].北京:人民出版社,2005:57.

可以将影响教师流动的外部因素归纳为两点：

一是社会因素。从宏观层面来看，社会因素是影响教师流动的主要因素。教师首先存在于社会之中，社会为教师提供教育教学生活的外在客观环境，教师不可避免地会受到社会各方面因素的影响，其思想和行为会随着社会发展而发生相应的改变。对于教师流动而言，社会中的诸多因素，如：社会经济发展状况、社会文化观念、社会市场需求、社会产业结构、社会职业认同、社会关系以及社会制度、政策都会对教师的流动意愿产生影响，从宏观物质、精神、环境层面上决定着教师的流动状况。

二是学校因素。从微观层面来看，学校因素是影响教师流动的关键因素。学校作为教师职业生活的主要场所，属于一个特殊的社会组织，具有高度的自治性与组织性，内部人员活动频繁，关系相当复杂，相当于一个小型的"社会"。与外部社会宏观因素的影响相比，学校内部各方面因素对教师思想与行为产生的影响，更为直接和有力。学校的环境条件、管理机制、文化氛围、工资待遇等，都会从根本上影响教师职位的满足度，决定教师的专业发展能力，关系到教师自我价值的实现，通过影响教师内在需求的满足程度，而决定着教师的职业流动。因而学校因素同社会因素一起，从外在宏观与内在微观层面，共同构成影响教师流动的影响因素。

教师的个人因素是教师流动的内部因素。相较于外部因素的客观存在，内部因素具有主观性，因人而异，且对不同教师行为产生的影响不尽相同。对于每个社会成员来说，影响其流动的个人因素是多方面的，如莫布雷扩展模型中就指出，个体的年龄、工龄、教育水平、工作兴趣、个性特征、家庭责任、对工作的态度等，都会对其流出行为造成影响。对教师而言，其流动行为的实施和完成，首先受到教师个体特征的影响，这些个体特征既包括先天性的，如性别、年龄、生理因素等，又包括后天性的，如文化程度、婚姻状况、专业特点等。其次，还牵涉到教师的价值观念，正所谓思想决定行为，教师的职业观、利益观、竞争观、道德观的改变，是造成近年来教师流动潮的主要动因。此外，根据美国心理学家马斯洛（Maslow·A）的需求层次理论，教师对于各种需求的满足，是推动其流动的内在动力。其中，教师内在感受到的工作压力、教师的个人家庭因素、教师的职业预期和抱负以及教师的自我价值追求，分别影响了教师的生理需要、归属与爱的需要、自我价值实现需要，也从根本上决定教师流动行为的产生。

由此，影响教师流动的外部因素可归结为社会因素与学校因素，内部因素可归结为教师个人因素。

第二节 教师流动的外部影响因素

教师流动的外部影响因素包括社会因素和学校因素。社会因素是教师流动的宏观因素，主要包括社会经济状况、社会习俗观念以及社会制度、政策等。而学校作为教师工作的主要场所，其内部的环境条件、管理机制、文化氛围、工资水平及福利待遇等也都对教师产生着最为直接的影响。社会因素与学校因素相互结合，共同影响教师流动的进行，并决定其流动的方向、规模与速度。通过对外部因素的分析，了解影响教师流动的外在条件，能够对教师流动有一个更为全面的理解与把握。

一、影响教师流动的社会因素

社会行动理论认为，作为社会中的一员，人员的社会行动并不是随意的，而是受到社会条件和规范的制约，受到外在社会因素的影响的。教师流动作为社会行动的一种，是教师在不同地区、不同学校之间的流动，其流动也必将受到社会因素的影响和制约。总体而言，影响教师流动的社会因素，主要包括社会经济状况、社会习俗观念、社会制度和政策等几方面。

（一）社会经济状况与教师流动

社会经济状况主要是指国家或地区的经济发展状况，它与社会流动有着密切的关系。有学者指出：①国家或地区的经济发展状况，是影响人员流动的重要外部因素，主要包括经济发展速度与经济发展效益两方面。国家的经济发展速度越快，对人才的要求越高，人才流动的可能性越大；经济发展效益则用通货膨胀的指标来测试，高通货膨胀情况

---

① 武博.当代中国人才流动[M].北京：人民出版社，2005：60-61.

下，人才的供给量增加，组织选择范围扩大，员工对薪水的要求提高，流动率也就随之增加。

教师职业流动同样受到国家和地区的经济发展速度与发展效益的影响。国家经济高速发展，要求人才具有更高层次的知识、技能，具有更为良好的素质，能够更加适应时代变化，一些教师由于不能适应时代要求而被淘汰。同时，对人才的高要求推动了教育事业进一步发展，教师队伍优化配置程度提高，这些必然会加速教师流动。国家经济快速发展促进了一些先进科学技术的产生，反映到教育上，就是推动一些新的学科产生，一些旧的学科萎缩，这就要求重新对教师队伍进行配置，也就要求教师流动。例如，20世纪90年代，计算机信息科学技术兴起，计算机课程就被纳入学校的日常教学课程，相关任课教师出现供不应求的局面。各个学校为了争抢有限的教师资源，通过优厚的物质条件来吸引教师，造成计算机专业的教师发生频繁的流动。因此，经济的高速发展，会使教师产生较高的流动率。

高通货膨胀情况下，物价不断上涨，货币不断贬值，严重影响到一般公职人员和知识分子的生活，教师也不可避免。高通货膨胀下，更多的家庭成员为了增加家庭收入外出寻找工作，教育市场人才供给量供大于求，学校选择范围扩大，一些工作业绩不好的教师遭到解聘的可能性增加，他们出于生活的压力和需要，极有可能流动到各方面条件相对较差的学校。同时，高通货膨胀下，教师为了维持自己和家庭生计，不得不寻找更高薪水的工作，一部分教师流向教育系统外的其他单位组织，另一部分在教育系统内流动，流向工资水平、福利待遇更好的学校。

此外，各地区经济发展速度相差大，造成地域间经济发展不均衡，这也是目前影响教师流动最主要的因素之一。我国城乡二元化结构，使东部经济发达地区与西部贫困落后地区、城市地区与农村地区之间，在经济方面存在巨大差异，影响和制约了落后地区教育发展的规模与速度。据统计结果显示：我国东、西部人均基础教育经费差异已经近10倍，小学生人均经费从300元到3 000元，初中生人均经费从500元到4 100元。但从实际情况来看，许多农村学校的生均经费还要远远低于统计上来的数据。① 此外,地区经济发展不均衡,还导致地区之间、城乡之间教师工资和待遇十分明显的差别。东部经济发达地区教师的工资水平和福利待遇普遍较高,中西部地区教师的工资待遇较低,一些农村学校教师的工资待遇更低,所谓的津贴、福利也是名存实亡。如:北京师范大学《2003年中国中小学教师教育现状调研报告》中,对北京和宁夏两地教师的月收入情况的调查结果显示:北京地区小学专任教师月收入均值为2 085元,宁夏地区仅为999元;北京地区初中专任教师月收入均值为2 077元,宁夏地区仅为1 231元,两地区教师工资收入差异相当大。② 根据社会学的相关理论,教师作为社会中的个体,具有"经济人"的全部特征,具有追求自身利益最大化的强烈愿望和动机。而地区、城乡的经济差异,必然会促使教师从欠发达地区流向发达地区,从乡镇流往县城。

(二)社会习俗观念与教师流动

社会习俗观念与教师流动关系密切。作为一种社会文化的重要表现形式,社会习俗观念是一种得到社会认可的行为规范和内心行为准则,它能深刻影响人们的心理、思维方式、价值取向和行为,它传递着代表生活中某一特别意义的信息。对于教师来说,社会习俗观念中,以家庭本位观念、男性主义观念、城市中心观念对教师流动产生的影响最大。③

在我国,以家庭为主的文化习俗占有非常重要的地位。费正清在《中国:传统与变革》一书中写道,在中国"是家庭而不是个人、国家或是教会组成了中国最重要的单位。每个人的家庭是他经济资助、安全、教育、社会交往和娱乐的主要来源……中国的整个伦理体系更倾向于以家庭为中心而不是以上帝或国家为核心。"④家庭本位观念下强调家庭

---

① 范丽恒.教师期望效应研究[M].北京:中国社会科学出版社,2008:1-2.
② 顾明远,檀传宝.中国教育发展报告:变革中的教师与教师教育[M].北京:北京师范大学出版社,2004:27.
③ 张天雪,朱智刚.非正式制度规约下的中小学教师流动实证分析——以桐庐县为例[J].中国教育学刊,2009(4):39.
④ 费正清.中国:传统与变革[M].南京:江苏人民出版社,1992:15.

的整体利益和权力为先,个人作为家庭中的一员,其行为必须以家庭的利益和发展为前提。对于教师来说也是如此,教师流动往往是以"家"为核心进行的。如果流动对于家庭的稳定有利,能够更好地赡养家中老人、结束夫妻两地分居、照顾子女的生活与学习,则教师流动意愿表达就比较强烈,即使这种流动会给教师其他方面利益带来损害,教师也更倾向于选择流动。相反,如果进行流动会给照顾家庭带来不便,即使给予教师一定的经济、物质补偿,教师选择流动的可能性也不大。

男性中心观念是世界上大多数国家都曾存在的一种文化现象,是基于父权制性别文化基础发展而来的。这种传统的性别文化强调,无论是在政治、经济、法律、教育还是家庭中,男性都具有绝对统治地位,女性是男性的附属物,理应温柔、顺从,女性的价值与作用遭到忽视与限制。尤其在中国,传统文化意识和道德判断,强势地体现出"男尊女卑"的思想,认为女性是屈从男性的"第二性"、"他者",女性在社会发展过程中,处于严重的不平等地位。尽管随着时代更迭和社会发展,这种传统角色壁垒有所开禁,女性在职业发展中也体现出前所未有的独立与自我,但传统性别文化观念仍对人们的思想意识形态有着潜移默化的影响。对教师来说,男性中心主义观念对教师职业流动影响主要表现在以下方面:首先,在教师的招聘过程中,男性教师较之女性教师更容易得到学校的青睐。随着市场经济竞争的日益加剧和就业形势的严峻,女性在劳动力市场处于劣势,已经成为一个不争的事实,在这种大环境下,有些学校在招聘过程中人为地设置性别限制,导致男女教师在选择学校上的机会不均等。其次,男性中心观念对教师流动的影响,既体现在教师在不同学校、地域间的横向流动,同时更重要地体现在对以教师职务升降为特征的纵向流动上。在学校的管理结构中,男性占据着大多数领导岗位。人们潜意识里普遍认为,男性比女性更富有管理天赋,更具有领导能力,对各级组织中身居高位的女性说三道四,品头论足,对其能力充满怀疑与不信任。在学校里,这种以性别判断领导和管理者的传统信条,减少了部分女教师向上职务升迁的机会,影响了女性教师纵向流动的可能性。此外,传统文化中"男主外、女主内"的传统观念,也对教师流动具有潜在影响,制约着女性教师职业流动的发生。

城市中心观念是基于我国长期处于城乡二元化结构的社会背景下

产生的。二元化社会结构下,城市地区与农村地区,无论是在政治、经济,还是文化方面,都表现出巨大的差异。城市的经济发展速度、教育的发展规模高于农村地区,城市的工作岗位与就业机会多于农村地区,城市居民的生活水平与质量、所享有的社会资源及国家赋予他们的权利优于农村居民。这会在无形中使人们产生"城市优于农村"的观念,在这种观念的引导下,个体流动多呈现出"单向性"特征。对教师来说,同样会把"城市"作为流动的首要选择,从物质层面来看,城市学校的经济待遇、教学设备、社会保障要优于农村地区;从精神和文化层面来看,城市学校的文化氛围、学术气氛,更有利于教师的专业发展;从身份认同和心理感受层面来看,作为"城市人"往往会给人带来一定程度的满足感。这种城市中心观念是促进教师不断流向城市学校的潜在原因,同时也直接或间接地造成了我国义务教育特别是城乡教育的非均衡发展。

(三)社会制度和政策与教师流动

制度和政策是由国家政府机关和各级地方行政部门制定并颁布实施,自上而下对社会成员的行为起监督、控制、约束和引导作用的规则法令。现代社会能够进行有序的管理,就依赖于制度化的运作。同样,对于社会流动而言,其规模大小、速度快慢、能否多样化,则无疑也受到各种规章制度和政策条例的牵制。①

在不同体制的社会中,各级部门的政策、制度对社会结构变化、个人社会位置变化,都起着一定的影响作用。在我国,国家政策和制度也对教师流动起着最直接的影响,决定着教师流动的规模与速度。例如,20世纪80年代,国家相关政策的制定执行,就使我国东部师资力量大规模西移。此外,长期以来,很多国家和地区也根据自身发展需要,颁布了一系列政策与制度,以明确的形式促进教师流动的有序进行,优化教育资源的合理配置。如日本从二战后颁布《关于地方行政组织及营运的法律》,推动了公立基础学校教师定期流动制度的顺利进行,规定一名教师在同一学校连续工作时间不得超过5年,从而保证各地师资力量的相对均衡,并通过政府机构对教师轮换制度进行调整,使教师能

---

① 钱朴.教师流动中的社会学问题探讨[J].上海教育科研,2006(11):4.

够在同一市、町、村之间流动,同时又可以在跨县一级的行政区域之间流动,在均衡各学校师资力量的同时,又加强了各学校之间的经验交流。① 在我国,以前由于受计划经济体制影响,教师的任职与流动都由国家统一调控,教师流动受制度因素的阻碍极大,受人事编制、人事档案、户籍制度、福利保障制度等因素的严重制约。近年来,我国相继颁布了一系列相关法律法规,改革了原有人事制度、户籍制度,实行教师资格制度与教师聘任制度。一些地方政府也出台一些鼓励教师流动的政策,实行教师支教制度、教师转会制度、教师定期轮岗制度,都为教师流动的畅通进行提供了制度保障,从而加速了教师流动的进行。

从我国教师流动的实际情况来看,相关政策法规、社会人事制度、社会保障制度是影响教师流动最为重要的三个因素。

首先,在相关政策法规方面:有学者指出,法治是现代社会的重要标志,昭示着社会发展的现代性。市场经济是法治经济,因此,教师流动作为市场人才流动的突出表现形式,也必须纳入法治化的轨道。② 近年来,我国相继颁布的一系列政策法规,都为教师自主选择学校提供了法律依据,明确了促进教师良性流动,优化教师资源配置的方向。例如,《劳动法》第三条规定:劳动者享有平等就业和选择职业的权利、取得劳动报酬的权利、休息休假的权利;《教师法》第十七条规定:学校和其他教师与机构应当逐步施行教师聘任制。教师的聘任应当遵循双方地位平等的原则,由教师和学校签订聘任合同,明确规定双方的权利、义务和责任;《中小学教师队伍建设"十五"规划》中指出:建立教师转任交流制度,鼓励和组织城镇教师到农村学校或薄弱学校任教。有条件的地区,先通过试点,逐步实现教师交流定期化、制度化。城镇中小学教师原则上要有一年以上在农村学校或薄弱学校任教的经历,方可聘任高级教师职务;《中华人民共和国民办教育促进法实施条例》第四十三条规定:教育行政部门应当会同有关行政部门建立、完善有关制度,保证教师在公办学校和民办学校之间的合理流动;《关于大力推进城镇教师支援农村教育工作的意见》中指出:各地依据意见的规定,结合本

---

① 彭新实.日本教师的定期流动[J].中国教师,2003(6):59.
② 周险峰.教师流动问题研究[M].武汉:华中科技大学出版社,2013:89.

地的教育实际情况,积极实施支教制度。积极做好组织大中城市学校教师到农村支教,组织县域内城镇教师定期到农村任教,实施教师特岗计划,鼓励高校毕业生支援农村教育工作,组织师范生实习支教,积极开展多种智力支教活动,确保城镇教师支援农村教育工作取得实效。可见,我国很重视从政策和法律层面引导和提倡教师进行适度流动,教师流动的速度和频率也随之提高。

需要引起注意的是,我国目前没有统一的、操作性较强的、专门针对教师流动的法律和政策。上述的诸多法律条令和教育政策,只是从宏观上提出引导教师进行城乡之间的合理流动,以及加大城市教师对农村的帮扶等,在具体的政策实施上,并没有给出细致的实施步骤。这些政策可以对教师流动起到引导作用,但是没有真正、详细的政策法规,可以被流动教师所依循,致使我国教师流动呈现出一种无法可依、无章可循之态,甚至造成教师在流动过程中,与校方发生严重纠纷,进而对教师流动产生阻碍作用。因而,制定独立的教师流动法律规范,扭转教师流动真空状态,才能从根本上促使教师流动更加合理、有效、有序地进行。

其次,教育人事制度方面:我国传统的教育人事制度,实行的是教师任命制,随着我国经济社会的发展,这种教育人事制度已不能满足教育事业发展的需要。体现在:教师管理过于僵化、过于集中统一,教师被单位严格控制,教师只能一辈子待在一所学校里,想离开又无能为力。教师彻底成为一潭不流动的死水,这大大挫伤了教师工作的积极性和创造力,工作效率极其低下。对教师来说,这种教育人事制度不利于自身专业发展,也从根本上断绝了其在不同学校之间进行职业流动的可能性。

2000 年,中共中央组织部、人事部颁布了《关于加快推进事业单位人事制度改革的意见》,其中规定:"事业单位在用人上,全面推行聘用制度。破除干部终身制,引入竞争机制,实现事业单位人事管理由身份管理向岗位管理转变,由国家用人向单位用人转变。"在事业单位人事制度改革的背景下,教师人事制度也开始朝向聘任制度进行,教师与学校之间的关系也发生改变,由人事行政管理关系变为合同关系,使得教师队伍的人事关系由计划向市场转化。[①] 尤其从 2009 年始,教育部规

---

① 黄崴.校本管理:理论、研究、实践[M].广东:广州高等教育出版社,2007:164-165.

定全国中小学新任教师,全部由省级教育行政部门统一组织公开招聘考试,按照成绩择优录取,不再采取其他方式和途径来自行招聘教师,教师招聘制度得到进一步规范化发展,为教师的职业流动提供了更大的可能性与公平性。教师聘任制的实行,为学校和教师双方提供了更大的选择空间,学校择优录取,教师择良木而栖,结束了传统人事管理对教师的禁锢。初步建立了教师队伍的竞争机制,打破了以往的平均主义,教师工作的积极性被激发,教师出于对工资、福利待遇、工作环境、个人职业发展的考虑与追求,流向其他学校的可能性增加。

如果说教师聘任制多从积极方面推动教师进行合理流动,那么教师编制制度更多地从消极方面对教师流动产生影响。2001年教育部、财政部颁布《关于限定中小学教职工编制标准的意见》,规定了中小学教师的编制应按照在校学生数量进行核定,在初中阶段,农村学校的师生比为1∶18.0,县城学校为1∶16.0,城市学校为1∶13.5;在小学阶段,农村学校的师生比为1∶23.0,县城为1∶21.0,城市学校为1∶19.0。按照这种比例配置教师,会导致农村地区教师大量匮乏,农村教师所承担的工作量和工作压力是城市教师的数倍,然而获得的各种津贴却远远少于城市教师,造成农村学校骨干教师流动到城市学校。同时,教师是否拥有学校编制或处于何层级编制之下直接影响到教师的工资和待遇水平,一份来自中国西部农村代课教师发展现状调查显示:学校在编专任教师的工资显著高于代课教师,是代课教师工资的3.3倍,在编教师中最高月工资是代课教师最高月工资的2倍,是代课教师中最低月工资的50倍。[1] 教师编制制度的不合理,无形中成为教师流动的推动力,而这种教师流动更多的是一种消极的影响,使师资本已匮乏的农村地区教师大量流失。

第三,社会保障制度方面:教师的社会保障制度主要包括两个方面:[2]一是由国家和地方政府法律规定的带有强制性的社会保险,以及按照规定享受失业、医疗、基本养老等保险待遇;二是学校自主设立的补充保险,除寒暑假外,还包括家属和子女的补充医疗和养老、进修与

---

[1] 安雪慧,颉俊祥.西部农村代课教师现状调查[J].教师教育研究,2008(1):67.
[2] 周险峰.教师流动问题研究[M].武汉:华中科技大学出版社,2013:90.

就业、产病假等内容。近年来,我国许多地方陆续出台了针对教师养老保险、失业保险、医疗保险等方面的改革举措,这对于促进教师流动,实现资源优化配置,推动教育健康发展起到了极大的作用。但总体来看,目前我国教师的社会保障仍有欠缺,其优越性也没有得到充分体现,甚至成为教师职业流动的障碍。现有教师社会保障制度的种种疏漏,增加了教师流动的风险,提高了教师流动的成本,许多教师往往出于对流动后保障缺失的考虑,而不敢轻易选择流动。具体来讲,现有社会保障制度的受益范围不广。尽管民办学校要求加入社会保障的呼声很高,但由于国家没有出台相关的政策法规,民办学校教师一直没有纳入事业单位保障范围,导致了公办学校和民办学校教师之间享受的社会保障不同。此外,教师的工作单位仍然是教师社会保障的承担者,如福利、社会统筹、医疗保险、失业保险、退休金等待遇,许多地方还是由学校单独提供。教师一旦离开原来的单位,就意味着一些待遇的失去。①以教师的住房公积金为例,教师住房公积金的便携性、可转移性差,省内可以转移,省际间完全不可转移。当教师从一个有住房公积金的单位,流动到省内一个没有住房公积金的单位时,公积金既不能提取,也不能随教师转移,只能留在原单位,教师流动因此受到了极大的牵制。而在广大农村地区,教师的社会保障与城镇地区相比还存在着较大差距,农村教师往往受城镇地区良好社会保障的吸引而发生单向流动。

二、影响教师流动的学校因素

学校是教师的职业生活场所,为教师提供外在的工作环境,是影响教师成长和专业发展的主要外在因素,它也在很大程度上决定和影响着教师的职业流动。学校的各方面条件,无论是学校外在环境条件、内在管理机制、学校文化氛围和工资待遇等,都会对教师职业流动产生重要影响,促进或制约教师流动的进行。一般来说,学校各方面综合条件越好,对教师的吸纳能力就越强,对教师职位满足程度就越高,教师进行职业流动的可能性也就越小。相反,学校各方面条件越差,不能满足教师的各种需求,则教师流出或流失的可能性也就越大。如教师的专

---

① 陈坚,陈阳.我国城乡教师流动失衡的制度分析[J].教育发展研究,2008(Z1):35.

业发展要求学校给予一定的外部环境和物质支持,但一些学校由于自身科研水平不足、资金短缺,无法支持教师的专业发展,限制了教师的发展空间。为了自身发展的需要,教师通常就选择进行流动。

(一) 学校的基础条件

"学校的基础条件既包括学校外部的环境条件,又包括学校内部的工作条件,学校基础条件的优劣对教师流动意愿有着直接的关系。从某种角度来看,人才流动是市场经济中价值规律在人力资源配置领域的反映,人才总是流向那些提供优厚待遇、良好工作条件和创业环境的组织和地区。"[①]教师亦是如此,出于自身发展的考虑,教师往往选择流动到环境、工作条件更好的学校。从已有的研究结果来看,学校地理位置、办学规模、发展能力以及学校的办公住房条件、生源基础等,是影响教师流动意愿较大的几个因素。

1. 学校地理位置

教师所在学校的地理位置与教师生活、工作有着直接的联系,不仅关系教师日常所接触的群体、所接受的思想观点、所获得的信息程度,还牵涉教师经济收入的高低。同时,学校所处的地理位置在一定层面上,决定了学校的整体教学能力、师资水平、生源基础、教育经费以及学校的发展空间。不同的地理位置为教师提供了不同的工作、生活环境,对教师产生的影响也各不相同。根据劳动力推拉理论,优越的地理位置往往形成一种拉力,吸引劳动者进行流动;而恶劣的地理环境则是劳动力进行流动的一个推力,推动劳动力流动到其他地区。学校地理位置与教师职业流动意愿有着较强的联系,一般来说,处在经济发达地区的学校,其基础设施、教学水平、工资待遇、学术交流水平都相对较高,能够满足教师生活需要和自我实现需要,教师对职位的满足程度高,流动的可能性小。相反,处在不发达地区或农村地区的学校,由于教育经费投入有限、办公住房环境较差、信息交流水平较低、交通不方便等原因,致使部分教师不能安心工作和充分调动自身工作的积极性,结果有大批教师选择离职,流向城市学校或发达地区一些生活、工作条件相对较好的学校。这一点在我国农村中小学学校中,表现尤为明显,如来自

---

① 武博.当代中国人才流动[M].北京:人民出版社,2005:序10.

北京师范大学教育学院"中国教育发展报告——变革中的教师和教师教育"课题组的调查结果,就印证了这一点:①农村教师比其他地区教师的流动愿望更强,相较于县城教师和乡镇教师,农村教师有22.92%的人有"打算调到其他学校"的意向,远远高于县城教师10.49%和乡镇教师17.56%的数据。可见,学校地理位置对教师流动行为确实具有一定影响作用。

2. 学校办学规模

学校办学规模是指学校所具有的规格、格局、形式、大小和范围。学校办学规模决定着学校的组织结构,办学的形式、方式以及学校基础力量的强弱和师资、生源队伍的大小。当然,学校的办学规模在一定程度上也决定着教师的职业流动,一般情况下,规模较小的学校教师流动的可能性要比中等或者大规模学校的教师流动的可能性大。办学规模较小的学校,往往管理模式单一,学校基础设施相对落后,教师团队不够壮大,学生生源难以保障。教师在这样的学校中,往往有一种没有达到"人尽其才,物尽其用"之感。学校没有能力为教师职业发展提供足够的物质基础和环境支持,教师发展空间受到极大限制,职位成就感偏低,难以实现教师的自我价值追求。小庙留不住大和尚,对于那些具有较高职业预期和抱负的教师来说,进行流动是最好的选择。中等或者规模大的学校,对教师有一种无形的吸引力。人们受潜在观念的影响,往往认为进入了规模较大的学校,就意味着有更好的经济收入、发展空间和职业前景。并且,这些学校确实能够为教师职业发展提供较大的平台和更多的机会,为教师自我价值追求提供了更为有利的外在条件。教师各方面需求的满足程度较之规模较小的学校,有了很大提升,教师的职业流动意愿也相对较弱。

3. 学校发展能力

学校作为教师的工作场所,其发展能力在一定程度上决定着工作在其中的教师的发展能力。学校发展能力主要由学校基础教育设施、学校整体教育教学水平以及学校生均日常教育经费等方面共同决定。

---

① 顾明远,檀传宝.中国教育发展报告:变革中的教师与教师教育[M].北京:北京师范大学出版社,2004:33.

学校发展能力与教师职业流动之间有着密切的联系,二者相互依存,相互影响。一方面学校发展能力越强,对教师的吸引力就越大,教师职位满足程度就越高,教师流动的可能性就越小,学校通过自身的选拔机制,对现有教师进行筛选,精益求精,师资力量更加强大。另一方面,学校优秀教师资源的增加,也强化了学校发展能力,使学校发展形成良性循环。相反,学校发展能力较弱,基础设施落后,不能为教师职业发展提供环境和资金支持,教师发展能力受到限制,教师流动的可能性也随之增加。教师在进行职业流动选择时,往往把学校发展能力与自身发展空间联系在一起。学校基础设施能够为教师专业发展提供物质支持,学校整体教育教学水平能够带动教师工作的积极性,增强其竞争意识。学校教育经费更是为教师的专业发展提供了必不可少的经济支持。在发展能力较强的学校工作,能够更容易实现自我发展的职业目标。

4. 学校其他条件因素

除了上述学校地理位置、办学规模、发展能力对教师流动的影响外,教师职业流动还受到学校办公住房条件、学校生源基础等条件的影响。一般来说,学校的办公住房条件越好,对教师的吸引力越大,教师生活需要的满足程度就越高,流动意愿较小;相反,学校办公住房条件简陋,教师就难以安心工作,其流动意愿也就相对较大。此外,学校生源基础也对教师流动有着重要的影响,对教师而言,学生是其工作的对象和精神寄托,同时也是其教学成果体现的载体。教师在农村学校,生源相对较差,总会感觉到工作做不出成绩,花费了大量的时间与精力,所取得的成绩与生源基础好的"重点校"相比,仍有很大差距,教师的教学热情受到打击,工作成就感普遍偏低,因而教师就更倾向于流动到好学校中去。

(二)学校的管理因素

美国管理学家彼得·德鲁克(P. F. Drucker)认为:[①]管理是一种工作,它有自己的技巧、工具和方法;管理是一种器官,是赋予组织以生命的、能动的、动态的器官;管理是一门科学,一种系统化的并到处适用

---

① [美]彼得·德鲁克.管理:任务、责任和实践[M].张正平等译.北京:华夏出版社,2012:1-4.

的知识；此外，管理还是一种文化。良好的管理对于组织的有效活动、健康发展起着最为关键的作用，组织也只有通过有效的管理才能实现自身的目标。对于学校组织而言，良好的管理有助于学校工作的有序进行，有助于提高学校成员的凝聚力，有助于更好地吸引优秀的师资和生源。相反，管理不善则会引起学校各方面矛盾的激化，导致学校教学工作陷入无序的困境。同时，学校管理机制与教师职业流动也有着密切的关系，一个好的管理制度能够形成学校蓬勃的精神气，形成教师之间的良好人际关系，让教师对学校有家的感觉。当教师得到同事和领导的认可和尊重时，日久天长，他们对学校就会有很深的感情，这样自然不会轻易地想着要离开学校。相反，学校在管理方面存在的各种问题，都会直接影响到教师的流动意愿。倘若学校管理模式简单落后、管理中民主性欠缺、忽视人性关怀、学校教学评价体系单一、激励机制不健全、职称评定混乱等，那么就难免会影响到教师工作的积极性，造成教师离职，流动到其他学校。可见，学校管理机制的优劣，不仅决定了学校的发展状况，还会影响到学校教师队伍的稳定性，是教师流动的主要诱导因素。

1. 学校管理理念方面

学校管理理念主要是指学校管理主体在实践、思维活动及文化积淀和交流中所形成的学校管理的价值取向与追求，是人们对管理活动的理性认识。由于社会不断变化发展，因而管理理念也是动态和不断完善的。学校管理理念的陈旧与不合理，往往会对教师专业发展造成阻碍，影响到教师工作的积极性。如在一些学校，受传统管理观念影响，教师往往被视为取得教学成绩的"砝码"与"工具"，学校忽视教师渴望被尊重、被理解的心情。在一些农村学校，学校管理者不仅不同程度存在着重关系、轻人才，重使用、轻培养，重奉献、轻待遇的观念，并且还对教师的管理实施层级分明的等级结构，采取"命令与统一，权威与服从"的管理方式，①强调学校的权威性，忽视对教师的人文关怀。在这样的学校中，教师往往是被动的被管理者，工作充满压抑，职业发展需要得不到满足，教师更加倾向于进行流动。而在倡导"以人为本"管理

---

① 周险峰.教师流动问题研究[M].武汉:华中科技大学出版社,2013:116.

理念的学校中,主张"人既是发展的第一目标,又是发展的终极目标",以教师为本,把教师发展放在首要位置,把满足教师职业发展需要、提升教师主体地位和尊重教师的个性化教学,作为学校管理理念的核心。注重教师的情感、个性、能力等因素的培养,教师的发展空间更为宽广,自身的价值追求更容易实现,教师对于学校的归属感强烈,流动的意愿自然不明显。

2. 学校管理模式

学校管理模式与教师职业流动之间也存在着联系。死板、陈旧的管理模式,过度强调自上而下的命令式管理模式,都会加速教师职业流动的进行。在学校中推行严格的等级管理方式,就会注重上下级间的等级关系,强调教师对领导的绝对服从。学校集权化程度严重,缺乏民主的管理意识。正如普莱斯的研究所指出,企业的集权化程度越强,雇员的流动水平也就越高。教师属于中高级人才,民主意识更加强烈,对学校的民主程度要求也相应更高,希望自己能够更多参与到学校管理中。如果这一点无法得到满足,就会导致教师不满,流动就会频繁发生。当教师参与学校决策的意识很强烈,但机会较少,受重视的程度不够,学校管理由领导一人说了算的时候,教师的归属感薄弱,流动的可能性也就相对较大。

3. 学校管理制度方面

学校管理制度涉及多个方面,特别是与教师切身利益相关的管理制度,最能引起教师关注,主要涉及职务晋升、福利待遇、考核奖励、进修机会等方面的制度。学校的这些管理制度在执行过程中,最容易引起冲突,其原因就在于制度建设的不健全与乏力,从而引发教师"公平感"缺失,这同样也是造成教师流动的主要原因。学校管理制度的不健全与乏力主要表现在:管理程序的不规范、操作过程的不透明、评价机制的不民主等方面,这往往会造成学校教代会形同虚设、教师参与面小,学校管理执行不力,管理效率低下、秩序混乱。在学校组织中,倘若教师的利益分配不是掌握在自己手中,而是由学校的管理者全部决定,虽然管理者会通过制定相关制度,以求达到最大的公平公正,但在具体实施和操作过程中,难以做到一视同仁,极易导致分配不均。一些学校缺少对管理者的有效监督,校长往往根据个人喜好,任人唯亲,剥夺了许多青年教师锻炼的机会，挤压了他们发展的空间，使教师产生了强烈的抵触情绪。在学校的教师聘任过程中，经常出现"关系聘任"、"人情聘任"、"权力聘任"的现象，造成许多不合理、人为的被动流动。此外，学校为了提高自身的教学影响力，致力于打造"骨干教师"、"精英教师"，年轻教师的培训、进修机会很少，培训质量不高，发展空间狭小。而在学校的职称评定、考核奖励方面，论资排辈现象更是盛行，相关制度形同虚设。年轻教师在这样的学校中，工作成绩得不到领导认同，锻炼机会少，没有发展空间，无可奈何只有选择流动。

（三）学校的文化氛围

良好的学校文化氛围能够深刻影响教师的生活情致、事业理想和人际关系，构建教师的行为方式、构建学校制度和学校环境，形成师生员工的认同感与归属感，使个人的思想观念、感情信念、行为方式与整个学校有机地统一起来，形成稳固的文化氛围，凝聚成一种无形的合力，指向学校的共同目标。民主、自由、宽松、积极、上进的学校文化氛围，能够使教师彼此之间更加亲密，相互之间更加尊重，学术交流更加频繁，从而促进教师的自主发展，形成积极、开放、合作的学校文化。教师渴望、需要这种积极的学校文化氛围，并将其视为获得自身发展的不可或缺的基本条件。相反，一些学校在长期发展过程中，部分教师对学校发展和自身工作，形成了消极的行为方式和态度，抱着"能过且过"、"随大流"的心态，认为学校不过是个"凑合过"的地方。当他们面对出类拔萃的教师时，就会觉得扎眼、另类，往往采取孤立、排斥、对抗的方式来对待，形成了消极的学校文化。工作、生活在这种消极文化氛围中，教师会感到压抑、失落、彷徨，对学校发展前景和个人职业前途感到迷茫与困惑。教师不能认同学校的这种文化，缺乏个体的文化归属感，就会主动选择进行流动。如：2004年中国教育发展报告中的数据就显示，2003年我国中小学教师流动的人数占教师总数的2.6%，其中，因为工作因素选择主动辞职的教师占到了全体流动教师的23%。而在这些导致离职的工作因素中，有将近一半涉及学校文化认同因素，尤其是一些工作业绩好的"骨干"教师，并不是因为学校的环境、待遇不满意而选择流动，而是因为不能适应和认同学校的消极文化。可见，学校文化氛围也是影响教师流动的重要因素。

(四) 学校工资水平及福利待遇

经济因素是一般普通民众选择职业时的首要考虑因素,也是影响社会职业流动的重要因素。在市场经济体制影响下,人们文化价值观念发生了改变,习惯于用经济来衡量职业价值的高低,人才总是朝向经济利益高、供不应求的地方流动,以实现资源的优化配置。对教师而言,其流动虽然不同于一般的人口流动,但同样离不开对适宜的物质生活环境的追求,尽管这种追求有时会因更高层次的追求而居于次要地位,但仍不能否定这种追求的基础性,而且这一动机甚至被部分教师认为是流动归根到底的缘由。学校工资的稳定增长有助于稳定教师队伍,大多数流出者是为了谋求更好的福利待遇。同时,学校的工资水平及福利待遇的高低,也决定了教师流动的方向,促使教师在不同学校之间或在不同区域之间进行流动。如2004—2005年度美国公立和私立中小学教师流动起因调查结果显示:在公立学校离职的教师中,有14.2%的人声称他们是为了获得更好的工资和福利待遇,而在私立学校中,这一比例更占到21.8%。而在2000—2001年度的调查结果中,这一比例在公立学校和私立学校分别占到20%和28%。可见,学校的工资水平及福利待遇是影响教师职业流动的主要动因。[1] 在我国20世纪80年代,由于学校工资报酬少、福利待遇差、社会保障低、经济条件较差等现实状况,致使大批教师选择跳槽,流向了非教育行业,教师流动呈现出单向外流的特征。到了20世纪90年代,随着教育事业的发展,学校工资待遇水平不断提升,教师流动又呈现出新的特征:教师为了追求更好的物质生活而流向提供更高工资和更好福利待遇的学校,流向经济更为发达的地区。可以说,不管是任何时期、任何国家和地区,学校工资与福利待遇都是影响教师流动的共性因素。

从我国目前不同行业之间的情况来看,大部分中小学教师的工资、福利待遇水平不是很高,尤其是在贫困落后地区、偏远农村地区学校。尽管《教师法》规定,中小学教师的工资不应低于公务员工资水平,但在这些地区的学校,由于教育经费投入不足,学校工资要比当地企事业单

---

[1] 项亚光.当今美国学校教师流动的新动向——基于国家教育统计中心学校教师调查的分析[J].外国中小学教育,2008(5):35.

位少很多。而且,除了这些微薄的工资外,基本没有其他福利待遇可言,这与教师的辛苦劳动很不相当,无法满足教师的生活需要。虽然近些年教师待遇有所提升,但没有很大起色,教师为了寻求更好的经济收入,改善家庭经济状况,而选择流动到工资水平更高、福利待遇更好的学校是很常见的现象。

第三节 教师流动的内部影响因素

教师流动的内部影响因素主要是指教师的个人自我因素。相对于外部因素的客观存在,影响教师流动的内部因素具有较强的主观性,因人而异,对教师的影响和作用效果也不尽相同。影响教师流动的个人因素主要表现为:教师的个人特征、价值观、工作压力、家庭因素、职业预期和抱负,以及对工作满意度等几个方面。通过对这些内在因素分析,能够对教师流动现象有一个更深层次的理解与把握。

一、教师的个人特征

教师流动行为的实施和完成,深受其个人特征的影响。个人特征是一个人与其他人之间显著差异的表现,教师的个人特征主要包括教师的年龄、性别、教龄、个性特点、专业特点、工作业绩、文化程度、教师职称与婚姻状况等。这些特征既包括先天性的,如年龄、性别、生理等因素,又包括后天形成的,如专业特点、文化程度、婚姻状况等因素。这些因素综合起来,对教师的行为习惯养成和改变产生着影响,对教师的流动行为起着推动或抑制作用。

(一) 教师的年龄

年龄是影响员工职业流动意愿的一个重要特征。美国学者汉姆和格里夫斯(Han and Griffeth)在研究影响员工流动的因素时指出,劳动者的年龄是与流动率密切相关的因素;[1]肯尼迪和福斯特(David J. Kennedy and Mark D. Fulford)在随后的研究中指出,影响员工流动的

---

[1] Peter W. Hom, Rodger Griffeth. Employee Turnover[M]. South-Western College Publishing Company,1995:47.

因素有明显因素和不明显因素之分,年龄属于影响流动的明显因素。①我国亦有学者同样认为,员工流动受年龄因素的影响较大,不同年龄阶段的员工流动原因存在差异,如处于20到30岁的员工更多重视工作兴趣、工作的新颖及工作经验的积累;30到45岁的员工流动的原因多半是待遇和事业发展的进取性;至于45到55岁的员工流动的原因,多为开拓第二事业的博弈性。②

对于教师而言,年龄因素与其流动行为之间存在着密切的关系。格林斯玛和科比(Grissmer and Kirby)的研究发现,教师年龄影响教师流动,且二者之间呈现负相关关系。即年轻、经验少的教师流动率比较高,年龄大、资历老的教师流动率比较低,教师到了退休年龄,流动率再次增加。总体上看,教师的流动率随教师的年龄增长而呈现出"U"型变化趋势(如图3-2所示)。在后来有关美国特殊教育教师流动的研究中,也证明了年龄与教师流动倾向之间确实存在的"U"型变化关系。③

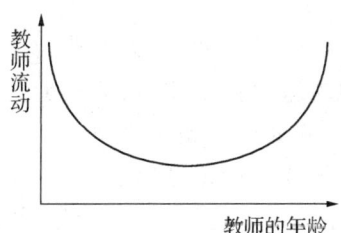

图3-2 教师年龄—流动关系示意图

对于年轻教师而言,他们刚刚参加工作,精力充沛、工作热情高,对工作抱有极高的期望,对教师职业抱有不切实际的幻想,对"自我价值"的追求欲望强烈,没有家庭负担,不用考虑子女问题,流动的成本相对较低。因此,年轻教师的流动性较强、流动的几率也比较大。对于老教

---

① David J. Kennedy. On the move: management relocation in the hospitality industry [J]. the Cornell Hotel and restaurant administration quarterly,1996,40(2):60-68.
② 王淼,孙小丽.关于企业员工流动问题的探讨[J].商业研究,2004(2):89.
③ 秦立霞,栗洪武.美国特殊教育教师流失状况分析及其对策研究[J].中国特殊教育,2007(7):67.

师而言,他们工作时间较长,早已习惯了现有的工作环境,对工作的投入也比较多,获得了一定的职业地位和工作业绩,家庭和子女因素制约较大,流动成本就会显得很高,流动的可能性也随之大大降低。随着教师年龄的继续增加,到了法定的退休年龄,教师就必然会离开自己的工作岗位,导致教师流动率的再次增加。

(二)教师的性别

性别因素对人的流动具有重要影响。长期以来,受我国传统文化的影响,男性与女性之间的社会角色定位表现出巨大差异,形成了男性社会角色较重,女性家庭角色较重的认同观。对男性来说,其社会角色要求其具有事业心、重视工作和自身的发展,具有强烈的家庭责任感,充当家里的顶梁柱,为家庭提供经济支持。同时,男性也更喜欢富有挑战性、潜力性的工作,从而实现自身的价值追求。因此,男性往往通过职业流动来获取更好的工作机会、工作收入与工作环境。对于男性教师而言,其在流动方面也表现出极大的积极性,有着较强的愿望,很容易产生流动。

对大多数女性而言,由于长期受"男主外、女主内"社会传统观念的影响,往往在潜意识中规避自我主体性,偏重于从家庭方面实现自我价值,忽略了自己在社会、职业中的价值实现。女性往往会认为,男性在工作能力、思想行为方面要远远超过自己,因而在工作和生活中会产生依赖和顺从男性的思想。尤其是对已婚女性,往往把大多数时间和精力放在家庭上,照顾好孩子,支持丈夫的工作、事业发展。故而,女性更渴望一份安稳的工作,很少发生流动。对于女教师而言,由于女教师承担了妻子、母亲、家庭主妇等多重角色,既要"主内",又要兼顾教学工作,负担沉重,常常会顾此失彼,因此,为了更好地承担家庭责任,一些女教师不得不放弃职业发展的机会,放弃进行职业流动。

(三)教师的教龄

教龄是指教师参加教学工作连续累计的时间,它与教师流动有直接关系。一般情况下,教师教龄长短与教师流动几率呈现负相关关系,即教师的教龄越短,流动可能性就越大,教师教龄越长,流动的可能性就越小。

教龄长的教师在已有教师岗位上,度过了自己职业生涯的很长一段时间,在这段时间里,他对于自己的职业岗位倾注了极大心血,付出了诸多努力,进行了很大的感情投入与资本投入,有的已经获得了一定的职业地位和工作成绩回报。并且,经过长期工作,教师已经熟悉了他长期服务的职位,习惯了工作的环境,并在工作圈子中与他人建立了友谊,形成了良好的人际关系网。这些对于教师的吸引力极大,是教师难以割舍的,因而教龄长的教师选择流动到其他工作岗位的几率很小,但在教育系统内部流动的机会很大。对于教龄短的教师,他们在从事教师职业的早期阶段,往往会对未来工作产生较高的期望、对教师职业抱有不切实际的幻想,工作热情高涨,期待有所作为。在工作了一段时间后,实际工作情况往往和预期存在着较大落差,教师对现有的岗位表示不满,并希望通过自身的努力来获取机会进行流动。教师的教龄长短不同,教师的流动几率就不同。根据教师的教龄,教师流动会出现三个高峰期:①一是刚刚工作一到两年的教师,流动的可能性较大。教师在刚参加工作时,由于对工作不适应,对环境感到陌生,对其他教师不熟悉,工作效率表现低下,往往会选择流动。二是工作六七年的教师,流动的可能性也较大。以卡兹的组织寿命理论分析可知,工作超过五年,教师在学校的信息交流水平就会降低,需要通过教师流动来对学校进行改组。库克曲线理论也可以得出相同的结论,教师在工作四年后,其创造力就会进入稳定的衰退期,要再次激发教师的创造力,流动是教师可以选择的重要路径。三是工作十一二年的教师,流动的可能性较大。教师此时已经积累了相当丰富的教学知识与经验,属于骨干教师,工作进入到"瓶颈"阶段,为了寻求事业上的突破,使自我价值得到进一步实现,就需要通过流动来寻求改变。

(四)教师的个性特点

教师的个性特点是指:教师所特有的、稳定的和本质的心理倾向和心理特征的综合。教师的个性特点是决定教师独特行为和思想的个人内部身心系统动力组织。每个人都有不同的个性,一旦形成,就具有稳定性特点。心理学家的研究表明,根据大多数人在处理人际关系时的倾向表现,可归纳出四种基本个性类型:即分析型、主导型、温和型和表

---

① 周险峰.教师流动问题研究[M].武汉:华中科技大学出版社,2013:62.

达型。其中,属于分析型个性的人,比较精确仔细,有所保留,避免冲突,在决策时需要更多的细节信息;属于主导型个性的人,往往表现出较强的竞争性和自主性,比较强势,自尊心强烈,自我推动力强;属于温和型个性的人,通常具有较强的依赖性,对新鲜事物谨慎有备,比较保守,与世无争,容易和他人相处;属于表达型个性的人,比较冲动,感情用事,精力充沛,感召力强。

对教师来说,其行为的产生也受到自身个性特点不同程度的影响和制约。具有不同个性的教师,其流动意向表现出很大的差异。属于主导型个性的教师,更趋于流动;而温和型教师,则更期望安定。主导型个性教师往往有较强的自尊心,希望得到社会认可,希望得到学校领导尊重;有较强的成就感,竭力追求学术上的成就,不断探索学术上的未知领域;拥有较强的行为自主性,有较强的能力和自信,希望独当一面进行工作;并且具有较强的求知欲,希望不断学习、充实和更新已有的专业知识结构。因而,主导型个性教师流动的可能性就比较大。而温和型个性教师往往对环境、人事的依赖性很强,对工作岗位具有极大的感情,和同事、领导之间拥有良好的人际关系;思想比较保守,不求有大作为,只求工作的安定与保障;对于新鲜事物和环境具有一定心理压力,逃避承担不可知的风险,满足于现状。因而,温和型个性教师更趋于稳定,流动的可能性很小。

(五)教师的专业特点

从教师的专业特点来看,不同学科教师的流动几率不同。和升学考试直接相关的"主科"专业的教师,流动的可能性较大。学校中"主科"教师流动的几率,大大高于"副科"教师。受现行考试制度的影响,学校、家长和学生一般将课程中不参加毕业考试、升学考试,或极小部分参加这类考试的科目定义为"副科",一般指的是音乐、美术、体育、历史、地理和生物这些科目,而把语文、数学、英语、物理、化学定位为重要的"主科"内容。[①] 往往重视"主科"内容,而忽视"副科"教学。"主科"教师的个人价值得到充分体现与重视,教师具有更高的职业期待、渴望

---

① 张松祥. 我国中小学"副科"悖论的误导及其弊治[J]. 教育理论与实践, 2013(11):3.

更高的职业成就,因此流动的可能性比较大。而对于"副科"教师来说,流动对于改变其职业现状的意义很小,在新学校中,"副科"的地位不会有所改变,因而其流动的可能性较小。

另外还有些热门专业的教师,流动的可能性也较大。这些热门专业教师的流动,是由教育市场的供求关系所决定的。随着近年来教育改革的推进实施,一些新兴学科逐渐纳入到各级学校的考试范围,这些学科教师的需求量也随之急速增加,出现供不应求的局面。各学校之间为了争抢师资,不断提高教师工资待遇,造成该科教师在不同学校间的流动。而相对于这些学科而言,其他一些供求相对平稳的学科专业,其教师流动的可能性就相对较小。

(六) 教师的工作业绩

一般而言,教师工作业绩与教师流动具有正相关关系。也就是说,工作业绩好的教师,其流动的可能性就较大,反之,工作业绩差的教师,其流动的可能性就相对较小。对于工作业绩好的教师,他们教学成绩优异,工作突出,已经获得了一定的荣誉,这使他们对自身价值的追求,有了一个更高的期待目标,对事业发展有着更高的追求层次,希望通过不懈努力,来完成自己的梦想,实现自身的价值。一旦所在的学校不能满足其发展需要,教师就会出于自身考虑而选择离开。如业绩好的教师追求知识专业化发展,这要求学校给予外部的环境和物质支持,但一些学校由于自身科研水平不足,资金短缺,无法支撑教师专业发展的平台,限制了教师的发展空间。教师为了更好的发展前景,通常选择流动到条件更好的学校。而且,业绩好的教师也是各学校争抢的目标。业绩好的教师往往是一所学校的"骨干"教师,是学校的学科带头人。他们知识精深广博、业务熟练精通、教学经验丰富、师德高尚、管理能力强,是学校教书育人工作所依靠的中坚力量,容易被其他更好的学校看中,通过高工资、好待遇、高职称等一系列物质条件,来吸引教师进行流动,跳槽到自己的学校,教师的流动意愿因此而增加。尤其是对于农村优秀教师来说,流动的可能性更大。一份来自甘肃、宁夏、贵州三省的调查报告结果就显示:区域内优秀教师流动现象严重,调查中有43.9%的教师有意到别的学校工作。优秀教师的流失,直接导致优秀生源的流失,导致教师队伍的不稳定。①

(七) 教师的文化程度

文化程度一般用来表示劳动者的正式教育状况,是影响个人职业获得的一个重要的后天因素。教师的文化程度与其流动行为有着密切联系,二者之间呈现负相关关系,即文化程度越高的教师,流动的可能性越大;反之,文化程度越低,流动的可能就越小。在当今的就业市场中,学历是选拔人才的一个重要标准。一般而言,学历高的教师具有较高的文化水平和素质,是各学校争抢的主要目标。高学历教师拥有较高的职业流动资本,有更多的流动机会和选择空间,获得职位的可能性较大,流动后的职业收入更高,因而更容易产生流动行为。相较之下,学历低的教师往往担心"找不到更好的工作"或"因为流动而失去原有工作"等原因,更加倾向于不进行流动,或对流动抱着"无所谓"的态度。有学者对河南农村中小学教师流动进行了调查,结果显示流动的教师中,拥有本科学历的占54%,专科学历的占43%,而中专学历的仅占3%。又一项对民办教师流动的调查结果显示:流动教师中有4.2%的人具有硕士学位,87.5%的人具有本科学位,仅有8.3%的教师持有大专文凭。这些数据证明了高学历教师的高流动率。而且,文化程度高的教师,往往还具有较高的能力和自我实现的愿望,期待自身得到更好的发展,对教育事业有更高层次的追求。这就要求教师不断进行职业流动,优化自身知识结构,寻找适合自己的环境,流动到能够满足自身发展需要的学校中去。从总体上来看,多方面因素共同导致了文化程度高的教师更趋于进行流动。

(八) 教师的职称

教师职称对教师而言,是一种至关重要的无形资本。从教师的职称结构来看,高职称的教师更容易流动,低职称或无职称的教师,流动意愿较小。首先,高职称教师往往具有较为丰富的教学经验,不需要经过培训就可以马上投入到教学工作中,为学校节省了大量时间和培训经费,教师个人的高资本为其流动增加了可能性。

---

① 王嘉毅,丁克贤.高中负债严重:西部农村学校遭遇发展新瓶颈[N].中国教育报,2009-05-04.

其次,随着社会对人才需求层次的提高,各学校都在努力吸引高层次人才。高职称教师具有较高的声望与威信,能够增强学校的整体教学影响力,增加学校的竞争力,吸引到更多优秀生源,提高学校整体教学水平。因而,大多数学校都愿意为高职称教师敞开大门,并给予优厚的物质待遇来吸引这些教师。高职称教师的流动在不发达地区和农村地区表现尤为明显,一份来自江西经济欠发达县区的教师流动调研结果显示:流动教师中具有中、高职称的占到了70%以上。① 农村地区高职称教师的高流动率,直接导致了农村教师职称结构的不合理——"农村和乡镇小学教师以初级职称为主,达60%以上,副高以上职称的教师很少,农村小学则根本没有副高以上职称的教师"。②

（九）教师的其他个人特征

教师流动还受到教师的生理因素、婚姻状况、工作兴趣等个人特征的影响。身体是革命的本钱,通常来说,身体素质好的教师更容易产生流动,有更高的职业期待;而身体素质差的教师,往往力不从心,流动的意愿较小。婚姻状况也从一定程度上决定了教师的流动行为,调查结果显示:未婚教师往往流露出较强的流动意愿,希望趁着自己年轻到处闯闯,寻找一条更适合自己发展的道路;而已婚教师、离异教师、丧偶教师多受家庭等因素牵制,倾向于不进行流动或对流动抱着"无所谓"的态度,女性教师在这方面表现尤为明显。此外,工作兴趣也影响教师流动,工作兴趣高的教师往往更容易产生流动,有兴趣才会有动力,才能不断追求事业的进步与发展,才会不断寻找更能实现自身价值的工作岗位;而工作兴趣弱的教师,往往对工作内容提不起精神,抱着"得过且过"的态度,流动意愿较小。

二、教师的价值观

教师的价值观是教师基于角色本身,对教师工作的价值、职业判

---

① 张和平.中部地区农村教师流失情况的调查与思考[J].江西教育科研,2005(9):34-36.

② 顾明远,檀传宝.中国教育发展报告:变革中的教师与教师教育[M].北京:北京师范大学出版社,2004:27.

断、道德规范所持有的评价性看法和观点。教师的价值观对教师行为具有指导作用,是激励、指引教师做出决策和采取行动的动力因素。有研究表明,教师职业观、教师流动观以及教师竞争观等价值观,都会影响到教师职业流动。不同年代、不同地区的教师,由于受制于社会生产力等诸多因素,对事物持有的价值观不同,导致了其流动观出现了巨大差异。如传统农业社会,人们倾向于墨守成规,即使再贫困,也能知足常乐而不思迁移;到了现代社会,人们的价值观表现为不满现状,开拓进取,接受挑战。而近年来教师流动潮的出现,更是教师价值观根本转变的表现。①

（一）教师的职业观

教师职业观是教师对职业的认识和态度,是教师价值观在职业上的具体展现,教师职业观对其流动起着重要的影响。改革开放前,受国家计划经济与人事制度影响,教师的选拔、录用都受国家统一调控,教师职业具有稳定性,从事教师职业就意味着端上了令人羡慕的"铁饭碗"。大部分教师都把教师职业作为自己为之奋斗的终生事业,充满了对工作的责任感。社会上尊师重教风气浓重,教师被誉为"人类灵魂的工程师"。因此,选择流动的教师只占很少一部分,教师的流动也局限在公立学校之间。

随着改革开放的推进和市场经济的发展,"人们对事业的追求逐渐变为对职业的追求,对成功、有所作为的理解更接近于职业的理想化与实现自身价值"。② 一些教师的职业观发生了改变,教师职业更多被视为一种谋生的工具。在市场经济影响下,一些经济收入不佳的教师不再安贫乐道,他们愿意通过各种途径来实现自身的价值,只要能够获得更好的待遇和发展,他们愿意流动到私立学校。此外,部分教师把自己的劳动视为商品,根据获得报酬的多少而选择付出劳动的多少。一些教师已不再那么热爱自己的职业,仅仅认为这是一种生存方式,学校也仅仅是一个让自己生存的地方。因而当自己对教师工作感到乏味倦

---

① 钱朴.教师流动中的社会学问题探讨[J].上海教育科研,2006(11):5.
② 彭礼,周险峰,周益霞.农村教师流动研究三十年:背景、历程与趋势[J].教育探究,2011(1):84.

怠,对学校的环境和待遇感到不满失望时,就会轻易地选择离开。

(二)教师的竞争观

教师的竞争观是指教师对为了获得某种优势、达到某种目的,而采取一定的措施,相互超越现象的基本看法。教师的竞争观对教师的思想和行为有很大影响,直接决定了教师流动行为的发生。在改革开放前,我国教师在地位、工资、待遇方面,都相对均衡,"大锅饭"、"铁饭碗"的观念让教师竞争意识薄弱,更趋于稳定的工作岗位。改革开放后,随着市场经济体制改革,人们的思想观念也在不断发生变革。学校开始破除教师职务"终身制",实行充满竞争性的聘任制,对教师整体素质要求提高,不同教师的工资、待遇有了很大差距。教师的竞争观较之以前有了大幅改变,竞争意识明显增强,希望通过自身努力,得到更好的工作岗位,获取更好的工作待遇,享受更好的工作环境,得到更好的职业发展。教师竞争观的改变,使教师流动成为一种必然。同样在学校中,竞争意识强的教师,流动频率就相对较高。反之,没有明显竞争意识的教师,则更倾向于安于现状。

(三)教师的利益观

教师的利益观是指,教师对于利益的总体看法与根本态度,是教师面对利益时,行为的指导观念。教师的利益观在根本上决定着教师的思想与行为,对教师流动起着重要影响。利益对人们的行为有着最为直接的驱动力,正所谓"人之熙熙,皆为利趋;人之攘攘,皆为利往"。但由于受社会因素的制约,不同时期人们的利益观表现不同,对人们行为产生的影响也不同。改革开放之前,教师任用受国家统一调控,教师职业具有稳定性与终身性,经济收入较之其他行业具有一定优势与保障;同时,受平均分配原则的影响,教师间的工作收入、福利、待遇相对均衡,学校间未表现出巨大的差异。此外,受集体观念影响,教师往往把集体利益放在个人利益之前,把集体利益作为首要考虑因素。因而,教师更倾向于留在教师队伍里,留在现有的学校中,不进行职业流动。而改革开放后,随着市场经济体制的推行,分配制度也随之改变,"按劳分配"原则使教师收入拉开了差距,教师更加注重的是自身利益而非集体利益。学校间为了吸引、争抢优秀师资,往往在竞争过程中附加优厚的经济利益,教师为了追求劳动价值的最大利益化,而选择进行流动,于是就有了公立学校教师向私立学校流动,或教师转行到其他行业的现象的发生。

(四) 其他价值观念

教师流动还受教师择业观、道德观等价值观念的影响。教师择业观是教师在选择工作时的观点与态度。以前大部分教师在选择工作时,都以"稳定"为基本价值取向,公立学校往往成为教师的第一选择。现在教师在选择职业时,更多考虑的是"待遇"、"发展机会"与"发展前景",只要各方面条件满足自己的需要,无论是公立学校和私立学校,教师都愿意选择。随着近些年私立学校的迅猛发展,私立学校无论是在工资、待遇方面,还是在学校发展前景上,都比公立学校表现出更加强劲的势头,教师流动率也随之增加。

教师道德观的改变与教师流动行为存在着重要的联系。在我国传统道德观念影响下,教师被人们称为"人类灵魂的工程师",应具备无私奉献的精神,"春蚕到死丝方尽,蜡炬成灰泪始干",便是这一精神最生动的写照。而随着市场经济的发展,教师开始对"无私"精神进行重新认识,一份来自某学校青年教师价值观取向的调查结果显示:有48.4%的教师选择了"真诚善良",35.5%的教师选择了"公正坦荡",16.1%的教师选择了"诚实守信",却没有教师选择"无私奉献"与"艰苦奋斗",教师的道德观发生了明显的改变。[①] 教师更倾向于追求个体的经济利益,通过经济提升来实现自身价值,这就导致了教师比较容易选择流动行为。

三、教师的工作压力

美国学者舒勒(Schuler)把压力定义为一种动态的条件,在这种条件下,个人面临着一种机会、一种限制或者是一种要求,他必须进行他希望进行的工作,但是他还不知道进行这一项工作或解决这一问题的方法,而他又知道这无论如何都将导致重要的结果。换句话说,压力是看不见、摸不着的,但它确实对身处职场的每个员工产生重要影响,压

---

① 洪发明.中外合作办学青年教师价值取向个案调查及分析[J].山东文学,2009(6):50.

力是工作本身、人际关系、环境因素给我们造成的一种紧张感。工作压力对人们的影响是双面的,既可以导致积极影响,又可导致消极影响,且这些影响不是一成不变,在一定条件下可以相互转化。对教师来讲,工作压力主要分为工作负担压力、人际关系压力、竞争性压力、环境压力、升迁压力等。如果教师工作压力在其承受范围之内,则教师工作压力表现出积极的影响,教师工作压力与其流动意愿之间呈现负相关的关系,即教师的工作压力越大,教师流动的可能性越小。但是当教师工作压力超过了其承受的范围,就更多地表现出消极影响,此时教师的工作压力与其流动意愿之间呈现正相关的关系,即教师的工作压力越大,教师流动的可能性也随之增大。这种变化关系的原因在于:当教师的工作压力在其承受范围之内,教师的工作压力越大就意味着教师工作的挑战性越大,需要教师在工作中投入更多的时间、精力和感情,教师个人价值实现的程度就越高,教师流动的可能性就越小。而当教师的工作压力超过一定限度,工作压力会给教师的心理和生理同时带来不良影响,严重阻碍教学工作的顺利进行,唯一的办法就是进行工作调整或流动,因而教师流动的可能性就增大。教师工作压力中,以教师的工作负担压力、人际关系压力、竞争性压力对教师流动影响最大。

(一)工作负担压力

教师工作负担压力是由教师承担的工作量过大而产生的,是造成教师职业倦怠的主要原因。在一些学校中,师生比例失衡,一名教师要承担几个班级、多门课程的教学任务,教学量大,工作时间长、管理事物多,工作负担压力随之增加。另一些教师承担升学考试科目的教学任务,从早晚自习到周末补课,休息时间很少,高负荷工作使教师难以承担。还有一些教师家庭距离所在学校路途遥远,每次上下班都需要很长时间,在无形中加重了教师负担。当教师工作负担压力超过了教师的承受范围,教师对工作所带来的压力不堪重负,身心俱疲时,教师的工作效率和质量就会大打折扣,进行流动就成为教师的重要选择。

(二)人际关系压力

教师的人际关系是指教师为了满足某种需要通过交往形成的彼此之间比较稳定的心理关系。一般来说,教师的人际关系包括教师与学校领导、教师与教师、教师与学生、教师与家长等之间的关系。① 教师的人际关系既是推进教师发展的动力,同时也是教师人际交往过程中不可缺少的压力。教师人际关系压力通常以关系失调的方式表现:教师与领导之间往往由于个人利益、工作方法、管理方式等而发生矛盾;教师与教师之间由于缺乏信任、竞争岗位、争抢机会等而产生冲突;教师与学生之间由于教学方法、行为方式、言语态度等而发生摩擦;教师与家长之间由于教育目标、教育手段、教学态度等而产生误解。当教师的人际关系压力达到一定限度,就会对教师的日常工作造成影响,阻碍教学的顺利进行。教师要花费大量时间与精力处理人际关系,对工作投入的时间减少,不利于自身发展。因而,在面对过重人际关系压力时,教师通常选择流动,为自己更换一个和谐的工作氛围。

（三）竞争性压力

竞争性压力对教师流动的影响也不容忽视。教师在学校中无法避免会和其他教师之间进行职称、学历、成绩、升迁等方面的竞争,教师在这方面承受压力很大。评职称,学校指标限制非常严格,要综合考虑教师各方面表现;学历,不仅是教师知识含量的一种表现,同时还是教师经济收入的有效保障,是提升教师职业地位的有效手段,教师为了在竞争中脱颖而出,通常要参加各种学习与培训;教师还在教学成绩之间存在竞争,班主任教师之间比班级的整体成绩,任科教师之间比单科成绩,希望自己的教学和管理成果比他人优秀,教学付出得到肯定。升迁压力也是影响教师流动的主要原因,尤其是近年来,一些学校开始引进评聘分离制度,教师职称评定和岗位聘任分离,导致教师升迁压力不断加重。同时,学校每年都会有新教师加入,对原有教师造成冲击,原有教师只有不断努力,充实和提升自己,才能在学校中站稳脚跟。对教师来说,一定的竞争性压力,可以促进教师不断进取,但压力过重,就会对教师身心产生不良后果,影响教师的教育教学工作,导致教师产生流动,以缓解压力。

---

① 雷小玲.现代教师人际关系的认识与思考[J].现代教育论丛,1999(3):41.

四、教师的家庭因素

家庭环境是教师专业发展的生活场所,它通过教师个体的生活状态来影响教师的职业流动。尤其是在中国,"家本位"的思想对人们影响至深,"家"的概念深入到人们生活的每个角落,渗透于人们的"骨髓和血液"之中。人们在日常生活中做出各种决定时,都会将"家庭"因素作为重要的考虑因素。对教师流动而言,"家"也往往是考虑的重要因素。作为家庭一员的教师,无论是单身教师还是已婚教师,他或她都处于一种特定的家庭关系之中,受到家庭各种关系的制约。对未婚教师来说,要面临组建家庭,家庭因素是其进行流动时考虑的潜在因素。如果教师目前所在学校及周边环境不能为教师未来家庭组建提供必要的物质支持,那么教师就会通过进行流动,来寻求更为适合的外部环境。对于已婚教师来说,他们会更多从家庭稳定与子女发展方面来考虑,如果通过流动能够为家庭带来好处,他们就会表达出较强的流动意愿;相反,如果流动会给家庭带来各种不便,教师就更倾向于留在原来学校。总体来看,教师的家庭因素对已婚教师流动的影响更加明显,并主要表现在家庭成员对其流动的影响上。家庭成员是教师生活中最为亲密的,家庭成员的认可与支持,能够为教师专业发展扫除后顾之忧,同时也从根本上影响着教师流动行为的产生。其中,父母的赡养、夫妻异地工作、子女教育问题都是影响教师流动的关键因素。

(一)父母的赡养

我国自古崇尚孝道,提倡"反哺之情"与"跪乳之恩",认为照顾年老的父母是每个子女应尽的责任与义务。虽然我国已经实行了相关老年人社会保障制度,对老年人进行包括经济、医疗以及社会养老等诸方面的社会保护与救助措施,但受传统观念影响,多数老年人还是习惯依靠子女照顾这种家庭养老模式来安度晚年。因而家中是否有要照顾的老人,就成为影响教师流动的一个因素。城市青年教师,他们大多数是家中独生子女,没有人帮其分担赡养老人的责任,在做出流动选择时,必须充分考虑"照顾父母"这方面因素,选择留在或流向离家更近的学校;而农村教师,大部分都有兄弟姐妹,可以共同承担照顾父母的任务,从理论上分析不会对教师流动意愿有太大影响。但从实际情况来看,大部分农村教师在选择是否进行流动时,仍然考虑了"家中有老人需要赡养"这方面因素。

(二)配偶的工作

教师的配偶与教师流动意愿之间也有一定联系,主要表现在教师配偶的工作地点、工作性质对教师流动的影响上。一般而言,配偶在本地工作的教师,其工作心态比较稳定,流动意愿较弱。配偶在外地工作的教师,尤其是女性教师,可能出于家庭团聚、支持丈夫事业、给予子女更好家庭生活等目的,而选择流动的可能性较大。如果教师配偶的工作性质比较稳定,工资待遇很好,教师流动的可能性就更大。相反,那些配偶没有工作或工作不稳定的教师,流动的可能性就相对较小。这是因为教师在做出是否进行流动的选择时,首先考虑到的是家庭稳定因素,而经济因素往往会影响到家庭稳定——如果教师进行流动后的家庭收入,较之流动前减少了很多,则会给家庭稳定带来隐患,加重家庭负担,其流动的意愿也就大大减弱。

(三)子女的教育

在中国的家庭中,孩子占据着特殊的地位,是家庭的绝对核心,可以说父母的一切行为,都是基于为子女考虑。作为为人父母的教师,同样会出于对子女未来生活、学习、发展的考虑,而选择是否进行流动。随着近年来社会的发展与进步,人们对子女教育问题投入了更多关注,子女教育问题也成为影响教师流动的重要因素。

子女的教育主要包括子女家庭教育与子女学校教育。家庭是孩子受教育的第一场所,父母是孩子的第一任教师。尤其是年龄较小的孩子,不仅需要父母在身边照顾,更需要父母给予早期的家庭教育,通过家庭氛围熏陶,完成子女的初步个体社会化过程。从教师自身考虑,由于工作学校离家距离较远,回家次数较少,和孩子待在一起的时间很短,无法对子女日常生活和学习给予应有的关注。因而许多教师出于照顾、教育子女的考虑,选择流动到离家比较近的学校工作。

相对于子女家庭教育,子女学校教育的需要对教师的流动产生的作用,更加直接突出,是影响教师流动的主要因素之一。一些教师为了给子女创造出更好的学习环境与升学机会,也会选择流动到教育比较发达的地区工作。有调查结果显示,子女就读于幼儿园的教师,流动意愿最强烈,而子女就读于大学或已经工作的教师,流动意愿相对较弱,就是因为教师希望通过流动,为子女从小创造一个更加良好的求学环境。可见,子女是教师做出流动抉择时必须考虑的因素。

此外,教师的家庭因素还通过制约教师专业发展来影响教师流动。一些教师家庭负担很重,他们要花费大量时间与精力照顾家庭,用于自身专业发展的时间和精力大大削减,自我实现的愿望也会随之减弱,流动意愿表现不强。而家庭状况较好,且家庭成员对教师工作非常认可与支持的教师,则可以全身心投入到专业发展中,没有家庭的后顾之忧,能够充分发挥自己的创造力,得到快速发展。家庭因素为他们追求职业发展提供了强有力的支持与保障,这些教师选择流动的可能性比较大。

五、其他内在影响因素

教师流动还受到教师的职业预期与抱负、教师自我价值追求、教师的职位满足程度等内在因素的影响。每个教师都具有为教育事业做贡献的抱负,每个教师也都有自己的理想和追求。教师对工作有着自己的憧憬和打算,希望通过自身努力,在工作岗位上实现自己的理想抱负,施展自己的聪明才华。教师要实现这种抱负,就需要有一定的外在发展条件。这种外在条件在不同地区、不同学校之间存在很大差异,当一所学校的各方面条件不能满足教师需要时,教师往往通过流动,来追求能够实现自己职业预期和抱负的发展环境和自我实现平台。

在需要层次理论中,马斯洛(A. H. Maslow)将"自我实现需要"定义为最高层次的需要。教师自我价值实现的状况,在很大程度上取决于教师的专业发展水平。一般来说,教师专业发展水平与学校所在地的教育发展状况、学校管理模式、教师专业发展意愿、教师个人从教经历等因素关系密切。教师为了提升自身的专业发展水平,往往选择从"平淡"的一般学校流入到充满竞争的重点学校,从资源匮乏的乡镇学校流入到条件优越的城市学校。教师通过流动,在新环境中不断挖掘自我潜能,在新的岗位上不断实现专业成长,进而追求更深层次的发展与进步。

教师职位满足程度是由教师个人期望与实际提供情况之间的差距

所决定的,也包括教师在价值观上存在的差异和对学校的感觉等。根据传统组织行为学的观点,影响教师职位满足程度的因素,可以细分为教师对报酬、工作内容、提升、管理和工作条件的满意感。[1] 教师对职位满足程度往往在很大程度上决定着教师的流动行为——教师职位满足程度低的教师,往往流露出强烈的流动意愿,而教师职位满足程度高的教师,则更倾向于留在原来的工作岗位上。

---

[1] 武博.当代中国人才流动[M].北京:人民出版社,2005:69.

第四章　我国教师流动的历史变迁

新中国成立后教师流动的历史考察分为三个时期,每个时期都有各自特定的历史特征。1949 年新中国成立至 1966 年是我国教师流动的第一个时期,该时期教师流动多为行政指派;1966 年至 1976 年,"文化大革命"对教师进行错误批判,众多教师被迫流向其他行业,教师流动出现了高峰,1978 年改革开放对我国经济、政治、教育产生了巨大影响,教师得到应有的尊重,同时教师"经济人"特性也逐渐显现,教师"下海"、"经商"成为一股潮流;2000 年以后,随着政治、经济、文化事业高速发展,人才市场更加开放,户籍制度进一步改革,城乡界限被打破,城乡间教师流动更为频繁。

第一节　新中国成立后至改革开放前的教师流动

新中国成立后我国教师流动大致分为两个阶段:一是从 1949 年到 1966 年 17 年间教师的流动;二是"文化大革命"这个特殊时期的教师流动。17 年期间的教师流动整体上体现出强烈的政治性,教师之所以流动与政治需要密切相关。"文化大革命"时期是一个特殊时期,各项事业遭到严重破坏,教师流动也呈现出混乱的状态。

一、1949 年至 1966 年：教师的政治性流动

1949 年至 1966 年期间，教师流动主要可分为：行政指派、硬性规定与教师流动，教育援藏与教师流动，军队流动与教师流动，代课教师、民办教师与教师流动等几个方面。

（一）行政指派、硬性规定与教师流动

作为上层建筑的教育，在任何时期都必须体现经济发展的需要，新中国成立后这种教育指向性尤为明显。新中国成立初期，长期战争致使国民经济严重受损，为迅速摆脱贫穷落后面貌，实现工业化，我国参照苏联经济发展模式，大力发展重工业，实行计划经济体制。为适应经济发展，这时的教育也呈现出整齐划一的特点。1949 年 9 月中国人民政治协商会议第一次全体会议通过《中国人民政治协商会议共同纲领》，其中第五章"文化教育政策"作出了如下规定："中华人民共和国的文化教育为新民主主义的，即民族的、科学的、大众的文化教育。人民政府的文化教育工作，应以提高人民文化水平，培养国家建设人才，肃清封建的、买办的、法西斯主义的思想，发展为人民服务的思想为主要任务"。同年 12 月第一次全国教育工作会议重申了《共同纲领》制定的文教政策，提出教育目的"是为人民服务，为当前的革命斗争与建设服务"，"教育工作的发展是普及与提高相结合"。这些方针政策表明，当时教育工作的目的是为新中国建设服务。新中国为实现国家稳定，首要任务是恢复经济发展，重点发展城市经济，这种经济发展政策对教育领域产生了重要影响，主要表现为教育资源向城市倾斜，致使教育经费和教师大量投入城市学校，对农村学校的投入相对较少。在政府严格计划与调控下，城乡教师无论在数量还是质量上，均存在较大差距。教育领域内并没有建立起合理的人员流动管理思路和政策体系。束缚教师城乡之间流动的因素，除了人事管理制度、户籍管理制度外，还有从这些制度派生出来的诸如城市就业、住房等问题。

新中国成立初期至 20 世纪 60 年代，我国教师在人事身份上，属于干部即公务员身份，这样的教师人事制度与教师流动有着密切联系。在职教师填写干部履历表，有公费医疗等国家福利，教师日常管理和档案保管由人事部门负责，学校领导干部由组织部门管理，与机关干部人

事管理制度相似。复杂的人事管理制度下,除少数计划内流动外,教师自发流动几乎处于空白。教师入职分配是通过国家按照计划统一配置,入职后按照学校计划进行岗位安排,教师一旦进入任何一所学校任职,在某种程度上便成为学校的附属品。教师实际上就从属于学校,由国家在学校领域内进行配置。这样的人才统一配置方式,在计划经济时代有其必然性。但是,这种行政指派和硬性规定的计划配置方式,存在明显的缺陷:一是使教育事业需要的人才与国家计划配置不一致,农村极度缺乏教师,城市教师资源则出现过剩,造成教师资源的极大浪费;二是没有考虑到人才的复杂性,计划性行政指派和硬性规定,缺乏激励机制,不能充分调动教师的积极性,使我国教育事业蒙受损失。[①]

另外,我国的户籍制度也给教师流动造成了一定束缚。1958年,新中国第一部户籍制度《中华人民共和国户口登记条例》正式颁布,把我国人口按照户口划分为农业户口和非农业户口,由户籍而产生的城乡二元体制也随之产生。这种城乡二元管理体制表现为"成员—规则—机制"三方面。这一阶段教师流动的管理"成员",主要是以公安和学校为主体的管理部门。"规则"是把城乡人口割裂开来的户籍制度,以及与之配套的城市劳动就业制度、基本消费品供应的票证制度、排他性的城市社会保障和福利制度等;运行"机制"是自上而下的政治性推动,国家计划经济和特定意识形态相联系的政府垄断管理。[②]

在这些制度制约下,教师首先不能离开其所在学校或者人事管理部门,进而影响了教师的就业、住房、医疗和子女受教育等。因此,在新中国成立初期,大力发展重工业,努力实现工业化的过程中,教育政策和资源偏向城市,城乡间的差距越来越大,除了计划内的行政指派外,基本上城乡之间教师处于隔离状态,严重束缚了教师的流动。

(二)教育援藏与教师流动

1951年西藏和平解放后,中共中央对西藏的建设给以高度重视,分别从政治、经济、教育、科技、医疗卫生等诸多方面,对西藏的进步和

---

① 江波.社会转型与干部人事制度变迁[N].中国人事报,2007-11-09.
② 尹德挺,苏杨.新中国成立六十年流动人口演进轨迹与若干政策建议[J].改革,2009(9):25.

发展进行支援。援藏工作主要分为三个阶段：一是西藏和平解放至"文革"结束之初的智力援藏，动员全国各地的力量全面对口支援西藏教育事业；二是十一届三中全会至1989年重点援藏；三是1990年至2002年的对口援藏。其中第一阶段的教育援藏对改革开放前的教师流动具有重要意义。

据不完全统计，1951年西藏和平解放时，西藏地方政府官办学校约有20所，私塾约有95个，在校生约为3 000人左右。① 即使这样，包括官办学校在内，教育内容仍然是以佛教经文为主，教育形式和教育内容都很不正规。面对西藏落后的教育，中共中央多次发出指示，要求从政策上长期照顾和帮助西藏地区。1951年《中央人民政府和西藏地方政府关于和平解放西藏办法的协议》（简称《十七条协议》）第九条规定：依据西藏实际情况，逐步发展民族的语言、文字和学校教育。随后，中共中央和教育部相继颁发文件，从教育上全面支援西藏。1956年11月出台《关于内地支援边疆地区小学教师的通知》，通知要求四川、陕西等省，对于接邻的边疆省、自治区需要外地支援的师资要有较多的支持。四川、陕西等省纷纷选派小学教师支援西藏。这一举措极大缓解了当时西藏民族教育发展中，小学师资和设备缺乏的矛盾。为了缓解拉萨、日喀则、昌都等地中学师资的严重缺乏，1956年，教育部又发出《关于抽调初中、师范教员和教育行政干部支援西藏的通知》，从北京、天津、河北、四川、云南、贵州、甘肃、陕西、广西、辽宁等省市区，抽调40名教师和辅导员，赴藏支援西藏教育事业。民主改革后，教育部从华东师范大学、西南师范学院、四川师范学院等师范院校，选拔了一大批大中专毕业生进藏从事教育工作。从1960年至1966年有400余名师范毕业生进藏任教。在以后的几年里，又陆续从教育较发达的省、市选派了一大批中小学教师和教育行政干部，进藏长期支援西藏的教育事业。②1974年，上海、四川等6省市再次选派389名教师，奔赴西藏地区，支援西藏的民族教育事业。这些援藏教师，给西藏带去了先进的教学经验和教学管理方法，极大地促进了西藏现代教育事业的发展。

---

①② 严庆，白少双.国家发展西藏教育政策回顾与评析[J].西藏民族学院学报，2009(2)：40、42.

（三）军队流动与教师流动

20世纪五六十年代，红色的国旗、绿色的军装几乎成了一个时代的记忆，当一名光荣的军人几乎成了当时所有年轻人的梦想。1955年7月，第一届人大二次会议通过的我国第一部《义务兵役法》规定：每年12月31日以前，年满18周岁的男性公民，都必须依法服兵役。不少教师也纷纷走出学校，换上军装，参与到轰轰烈烈的应征入伍中。从学校到军营成为教师流出教育系统的重要途径。以下是两篇关于教师从军的记述，反映了当时教师向军营流动的状况。

记述一：

"1955年秋，刚满20岁的我从江苏省玉山师范学校毕业，被分配到余江县邓家埠镇的一所小学里当教师。3个月后，征集义务兵工作就开始了。这是实行《中华人民共和国兵役法》后的第一次征兵。此前，在长期的革命战争年代，人民解放军是靠动员群众自愿参军补充扩大兵员的。参军之后长期在军队服役。对于这次征兵，邓家埠镇政府十分重视，群众被广泛地动员和发动起来。经上级安排，我与学校的几个青年教师到公共场所宣传我国实施义务兵役制的政策和重大意义，鼓励青年响应国家号召，积极报名应征。就在进行宣传工作时，我情不自禁地想：我也是中华人民共和国的公民，有义务去保卫祖国服兵役，如果我用实际行动报名应征一定比口头宣传更有说服力。回到学校后，我把自己的想法告诉了黄校长。黄校长听后立即表示支持，并表扬了我。随后，我报了名，并参加了体检，不几日，我报名应征的消息就在学校传开了，学校中符合年龄的同学都学我的样子，纷纷报名应征，出现了应征参军热。"[1]

记述二：

"1950年广州解放初期，我在团市工委担任学校团委书记。1950年10月，当时的广州团市工委书记陈恩来找我，提到朝鲜可能有动作。而不久之前（9月30日），周恩来总理代表中国政府庄严声明："中国人民决不能容忍外国的侵略，也不能听任帝国主义者对自己的邻邦肆行

---

[1] 徐余友.从小学教师到新中国第一代义务兵：一位老兵的自述[J].国防，1997(10).

侵略而置之不理。"但是怎样才算是不置之不理呢？当时国际上对此反应强烈，因为不置之不理的形式有很多，如发表声援、提供武器装备之类，但其中最核心的问题就是中国会不会出兵赴朝鲜前线战场……

没过多久，市委会议召开，陈恩出席此次会议后，回来给我们开了一次会议——青委会，也就是团市工委的常委会，正式传达国家准备要出兵打仗的通知。会议期间，陈恩向我们提问，如果发生战争，那我们要做些什么工作呢？当时我们还不是很清楚形势，只知道应该先从内部干部的思想教育、内部宣传做起。再者，中央也还没下达具体的政策措施。10月25日我们正式出兵，中国人民志愿军跨过鸭绿江了。

抗美援朝开始之后，大概临近1951年之时，我们接到了中央关于招生去军干校的通知，实质上就是动员群众报名参军参干，就是招人去做军事干部了。当时最主要的动员对象是各大学校的学生与教师。

我们起初并无太多计划，就暂且将中大附中作为试点，先进行一番探索。可没想到的是，我们去中大附中开展发动工作时，发现师生们都很激动，并且自发地、热烈地唱起苏联歌曲，唱苏联卫国战争时期的那些歌曲。唱完歌之后，师生们又纷纷写决心书，写"我志愿参军参干"、"我参加军事干部学校"，贴满了墙壁。经过体检后，只要合格的师生都被录取。结果有1 000多人去了空军，其他有的去了海军，有的去当通信兵等等。"——《轰轰烈烈的参军参干运动》[1]

可以看出，教师流动到军营，是和当时国家的特殊需要有关，教师流动更多的是响应国家号召，教师到军营是一项政治上光荣的事情。

（四）代课教师、民办教师与教师流动

所谓民办教师，是指受聘于国家或集体举办的普通中小学(义务教育机构)，履行受聘职责，享受国家补助，由学校所在集体支付工资或劳动报酬，持有县级以上行政部门发放的"民办教师任用证"，并承担部分其他劳动获得生活补贴的农村公民。[2] 从代课教师与民办教师的定义来看，二者存在着以下的区别：代课教师并无编制，而民办教师则属于

---

[1] 黄蕊华口述.轰轰烈烈的参军参干运动[EB/OL]. http://gess1968.blog.163.com/blog/static/59945412201332317220357/.

[2] 王献玲.中国民办教师始末[M].北京:知识产权出版社,2008:5-10.

民办教师编制;从劳动报酬的支付来看,代课教师主要从聘用学校支取报酬,而民办教师则由国家补助和集体支付工资;从福利待遇方面来看,代课教师一般没有福利,而部分民办教师享有民办教师福利基金;从职称评定方面来看,代课教师无职称评定,民办教师则依照各地政府所制定的教师职称评定标准,来进行职称评定。

  我国代课教师和民办教师,是中国特殊历史条件下形成,并区别于其他国家的特殊教师群体,他们的招收和解聘对于教师队伍流动同样具有重要作用。新中国成立后,国民经济的恢复需要培养大量适合我国经济建设的人才,国家对教育事业极度重视,制定了一系列措施稳定已有的教师队伍。1949年至1952年,国民经济经过三年恢复和发展,社会主义事业建设奠定了初步的基础,工业生产总值和农业生产总值都有大幅度增长。随着国家"一五"计划的顺利实施和社会主义改造的基本完成,国民经济取得重大成效。经济方面的持续发展,促使国家对教育事业投入加大,对人才的渴望加强,现有的公办学校已经不能满足广大群众要求子女入学接受教育的需求,在国家鼓励群众办学的指导方针下,民办学校如雨后春笋般纷纷成立,教师需求量骤然大增。1951年10月13日,《人民日报》社论《稳定和发展小学教育,培养百万人民教师》提出:今后教育工作中最严重的问题就是各级学校的师资不足,估计在1957年全国缺少小学教师将近一百万人,工农业余学校缺少专任教师约二十万人,中等学校缺少师资约十三万人,高等学校缺少师资一万余人,幼儿园的教养员最少要几万人……现有的师范教育基础却很弱……这样的师范教育已远不能适应现在规模的中等和初等学校师资的要求,当然更不能应付发展的需要。为解决初等教育和中等教育师资力量与群众教育需求之间的矛盾,国家除了发展已有的正规中等师范教育之外,还采取了各种短期培训的方法来迅速培养师资,民办教师和代课教师应运而生。

  除了教师供需矛盾的原因,小学教师工资待遇低、社会地位不高导致公办教师流失也是代课教师、民办教师出现的原因。1949年至1966年期间,并没有专门关于代课教师政策的文件,其中提到代课教师的只有《教育部、铁道部关于加强铁路职工子弟中小学教育工作的通知》以及《关于解决中小学民办教师和代课教师的副食品和生活用品供应问题的通知》(以下简称《供应问题的通知》)。两个政策所体现出来的特点主要有:一是承认代课教师的存在,如在《供应问题的通知》中,提出了"在同一个中、小学校内,教师有三类,包括公办教师、民办教师和代课教师"。二是提高代课教师待遇,在《供应问题的通知》中规定:"县(市)级以上教育行政部门批准的中小学代课教师,在代课期间的副食品和生活日用品供应标准和公办教师相同"。

总之,代课教师与民办教师流入教育系统,补充了各级各类学校教师队伍,缓解了教师供小于求的压力,稳定了学校正常的教育教学秩序。

二、1966年至1976年:"文化大革命"与教师流动

1966年到1976年"文化大革命"期间,各级学校先后进行了所谓的"政治化运动",学校纷纷停课,进行所谓的"革命"。一些中小学教师也被遣回原籍,另一些则被调动到其他学校任教,甚至有教师索性改行从事其他职业。当停课闹革命的浪潮结束后,教育部为弥补教师空缺,大量增加民办教师,在一些教师缺失严重的地区,则从工人和机关干部中挑选有知识的人员充实教师队伍。另外,"文革"期间还有被称为"对流"的城市中小学教师轮换制度。如1970年苏州市向阳小学下放18名教师,到该市染料厂接受"再教育",而厂方则抽调18名优秀工人到小学教课。[①] 1966年至1968年,很多教师都遭到了红卫兵不同程度的冲击,教师们既是批判的对象,又是清理阶级队伍的重点,教师们不断接受批斗和检查,并被"流动"到农村接受监督进行劳动改造,从此离开教学讲台。总之,"文革"时期的教师虽然在流动,但这确是一种不合理的异常"流动",它带给教师的只是痛苦的"流动"记忆。

三、新中国成立初期教师流动的特点

新中国成立初期教师流动总体上体现出计划性强,以朝向农村的向下流动和追求奉献精神为主要特点。

第一,教师流动主要为计划流动。新中国成立后我国教育主要参

[①] 郑谦.被"革命"的教育:"教育革命"始末[M].北京:中国青年出版社,1999:114.

照苏联教育模式进行,教师流动体现出明显的计划性烙印,教育部通过行政计划统一部署进行教师流动。通过有组织、有计划性的教师流动,可以对教师资源进行统筹规划,实现较为合理的配置,从而在最大程度上发挥教师资源的作用,从而获得较好的教育效果。

第二,教师流动主要为"向下"流动。一般来说,教师流动既包括从农村流动到城市的向上流动,也涵盖从城市流动到农村的向下流动。改革开放前,我国广大农村地区教师极其短缺,为弥补农村教师资源的极度不足,国家通过各种政策,号召知识分子和广大城市教师赶赴农村,为农村教育的发展贡献力量,出现了城市教师向农村流动的潮流。

第三,教师流动追求奉献精神。教师流动不是以物质回报为追求,而主要是出于奉献精神,是这一时期教师流动的显著特征。为响应党和国家的号召,广大教师离开物质丰厚的城市到条件艰苦落后的农村任教,他们不追求物质获得,在农村艰苦的环境中坚守教育,体现出的完全是纯粹的无私奉献精神。

第二节 改革开放后的教师流动

新中国成立初期的计划体制,导致教师流动的被动性和计划性,使教师流动缺乏主体性和自由度,教师流动几乎完全是在外在力量的主导下进行,教师本人的流动意愿被忽视。这时期的教师流动虽然从整体上对国家有利,但教师的个人利益被忽视和牺牲。改革开放后,随着市场经济体制的建立,市场导向的教师流动开始出现。教师流动的主体性和自由度大大提高,教师个人利益在流动中得到充分的尊重,出现了和新中国成立初期完全不同的教师流动状况。

一、改革开放后的教师流动

新中国成立至十一届三中全会前,我国实行计划经济体制,与之相配套的人事管理模式为高度集中的计划行政管理模式。各个地区、各个行业甚至各个岗位上的人才,均是经过国家统一调配,在这种基础上的劳动人事管理制度使得人才难以实现流动。改革开放后,我国人才流动管理模式经历了由严格控制到逐渐放松,再到服务型的流动管理模式。我国教师流动也与其他人才一样,经历了从控制到放松,再到支持的过程。人才流动制度、教师人事管理制度、户籍管理以及社会保障制度的变迁,使得教师流动可能性大大增加。

(一)人才流动管理制度的转变

自新中国成立以来,我国政府一直致力于对人才流动政策的不断探索。新中国成立六十多年以来,我国人才流动轨迹大体经历了五个阶段:① 1949—1977 年的政治性流动及控制阶段;② 1978—1983 年的严格控制阶段;③ 1984—1988 年的允许流动阶段;④ 1989—1999 年的控制人口盲目流动阶段;⑤ 2000 年至今天的社会融合起步阶段。①

1958 年,《中华人民共和国户口登记条例》正式实施,这是我国第一个以法律形式限制城乡人口自由流动的法令。条例规定,"公民由农村迁往城市,必须持有城市劳动部门的录用证明,学校录取证明,或者城市户口登记机关的准予迁入的证明。"这种严格控制人才流动的管理制度,对年轻的新中国起到过积极的作用。它稳定了农村劳动力,为城市发展起了保障作用,改变了新中国成立初期贫穷落后的面貌。然而,这种消极的人口流动管理制度也有其不利影响,它造成农村和城市人口相互隔离,形成两种完全不平等的公民身份,城市人口享有较高的社会地位和各种资源,拥有优越的社会保障;农村人口地位相对较低,几乎享受不了任何社会保障和福利。社会由此割裂为两种地域、两种社会心理、两种价值观念和两大等级的二元社会。

改革开放后,市场经济发展对劳动力的需求迅速膨胀,导致人口流动由新中国成立初期的小幅流动转变为大规模的人口流动,流动人口管理模式也由控制型转变为服务型,与之配套的户籍制度、社会保障制度等公共服务能力也随之进行改革。改革开放 30 多年以来,我国有关部门和地方各级地方政府为促进人才合理流动,相继制定和颁布一系列行政法规、政策性文件以及地方性行政法规,为人才流动提供法规和政策依据。

1983 年 7 月,我国第一个人才流动行政法规《国务院关于科技人

---

① 尹德挺,苏杨. 新中国成立六十年流动人口演进轨迹与若干政策建议[J]. 改革,2009(9):24 - 36.

员合理流动的若干规定》[国发(1983)111号]出台,标志着我国第一次通过法规肯定了人才流动;1984年1月,劳动人事部发出《关于做好招聘工作的通知》;1985年3月,中共中央发布了《中共中央关于科学技术体制改革的决定》;1986年7月颁布《国务院关于促进科技人员合理流动的通知》,都对人才流动提出了指导性意见,促进了人才合理流动。另外,地方政府制定的各项规章制度,也对人才流动起到了积极的促进作用,包括上海、广东在内的一些省市形成了人才市场管理以及失业保险等与人才流动相配套的法规体系。

1990年9月,人事部下发了试行《全民所有制事业单位专业技术人员和管理人员辞职暂行规定》,这是新中国成立以来有关辞职问题的第一个全国性专门法规,引起了各方的关注。1992年10月,人事部《全民所有制事业单位辞退专业技术人员和管理人员暂行规定》正式出台,这和前者形成了很好的配套。这两个规定的出台,使流动者和用人单位都享有在法制前提下的自主权,为人才自主流动提供了制度上的保障。

2003年,中共中央、国务院在全国人才工作会议上围绕人才做了相关报告,随后发布《中共中央、国务院关于进一步加强人才工作的决定》,明确提出建立和完善人才市场体系,促进人才合理流动。并且提出:"根据完善社会主义市场经济体制的要求,全面推进机制健全、运行规范、服务周到、指导监督有力的人才市场体系建设,进一步发挥市场在人才资源配置中的基础性作用……进一步消除人才流动中的城乡、区域、部门、行业、身份、所有制等限制,疏通三支队伍之间、公有制与非公有制组织之间、不同地区之间的人才流动渠道等措施,保证人才流动的开放性和有序性。"

2005年,《中央人才工作协调小组2005年工作要点》提出,要"健全完善人才市场体系,促进人才合理流动"。人事部《2005年人事工作要点》提出:"把握人才市场发展的现状和规律,建立和完善人才市场机制,充分发挥人才市场在人才资源配置中的基础性作用,不断完善机制健全、运行规范、服务周到、指导监督有力的人才市场体系"。

经过几十年的发展,我国对于人才流动的管理,无论从理念上,还是从制度上,较之计划经济时代都有了巨大的改观。国家通过统筹规划,有步骤地对个人信息、资格审查和公共服务三个方面对人才流动管理实施有效管理。但长期存在于我国的人才流动管理难题和矛盾,并没有得到根本解决。对于人才流动管理客体来说,存在着组织弱、就业差、管理难、融合低等问题;对于人才流动管理主体来说,存在着主体意识不清、效率不高、信息不明、队伍不足等问题。[①] 人才流动管理客观存在的问题主要表现为:目前人才流动与就业的岗位之间存在偏差,与国家经济发展总体水平之间不能同步,即人才流动表现出一种无序状态。人才流动管理主体存在的问题则表现为"四不":一是诸多公共服务的统筹协调处于缺位状态,政府有关部门难以找到一个改善人才流动的公共服务枢纽平台;二是诸多政府部门的流动人才服务管理机构之间缺乏交流,不能形成改善流动人才公共服务的合力;三是流动人才的基本信息一直处于"散、乱、旧"的状态,各地、各部门调查登记获得的信息不能实现交换和共享;四是流动人才管理的基层队伍力量单薄,队伍配合不力。[②]

(二)教师人事管理政策的演变

1. 1978—1984 年:教师人事管理政策的初始阶段

新中国成立初期至改革开放前,我国教师人事管理方式遵循高度集中的计划体制,与之相应的劳动人事制度限制了教师流动。我国师范毕业生基本上由国家统一调配,一旦分配进了某所学校,一干就是一辈子,直到退休,很少有流动到其他学校的情况。这构成了新中国成立初期教师较少流动的主要原因。

1978 年至八十年代初期,是我国教师人事管理改革的初始阶段。随着计划经济体制转向市场经济体制,人才资源配置方式内在地要求适应市场经济体制,以市场为导向灵活配置人才资源。为适应不断发展的经济水平和教育事业,我国相继制定了一系列有关教师人事管理的政策和制度,逐步实现教师人事管理的灵活性。

1980 年 12 月 3 日中共中央、国务院出台的《关于普及小学教育若干问题的决定》,对社会转型时期教师的选拔和任用做出详细规定。

---

①② 尹德挺,苏杨.新中国成立六十年流动人口演进轨迹与若干政策建议[J].改革,2009(9):24-36.

《决定》规定:"教育部应从速制定《中小学教师工作条例》,就教师工作的性质、条件、职责、任用、进修、考核、晋升以及奖惩等问题作出规定,切实提高教师的荣誉感和责任感。"《决定》还指出:"为了充实和加强教师队伍,对过去改造做机关工作的教师,各地应采取措施使他们归队。城市待业青年适合做教学工作的,经过训练合格也可到农村小学任教,有的还可以到农村初中任教。目前,有些地区以实现干部知识化为由,从中小学抽调教师,甚至把一些富有教学经验的教师也抽去做一般行政工作,这种做法必须严格禁止。"《关于普及小学教育若干问题的决定》对教师的选拔、任用以及调动做出了详细的规定,为此后我国教师管理政策的制定奠定了基础。

1983年6月5日,中共中央、国务院出台《关于加强和改革农村学校教育若干问题的通知》。《通知》对人才培养和规划做出规定:"建立一支稳定、合格的教育队伍,是办好农村学校的关键。各级党政领导必须认真落实知识分子政策,以极大的热情关心教师,提高教师的政治地位、社会地位和工资待遇,注意改善其工作条件和生活条件,在全社会形成尊重教师的良好风尚。教育部应从速制定中小学教师的职称制度,在整顿教师队伍的基础上经过试点逐步推开。要采取措施,鼓励教师终生从事教育事业,由国家计委、财政部、劳动人事部会同教育部提出方案,先从小学教师开始,实行教龄津贴制度。为鼓励教师到农村,特别是到老、少、山、边、穷地区任教,除荣誉鼓励外,要适当增加生活补贴,还可保留城市户口,定期轮换。对坚持在上述地区任教二十年以上、业务水平高的教师,各地在可能条件下,还可给予某些特殊照顾。对民办教师应逐步实行社会统筹工资制,有条件的地区还应建立民办教师的福利基金,消除他们的后顾之忧。根据国家财力物力的状况,每年安排一定的劳动指标,在考核合格的民办教师中,转一部分为公办教师。""各级党政领导应采取坚决措施,使合格教师进得来、留得住,不合格的另行安排。中小学教师和各级教育事业编制人员的管理、调配、自然减员的补充和高、中等师范院校毕业生的分配,应由县以上教育行政部门负责。要保证师范院校毕业生分配到中小学任教,不得任意截留。""当前,可选调一部分科技人员担任专职或兼职教员;也可将部分教师经过培训,改任或兼任专业课教师;还可由学校教师与农村的能工巧匠结合起来进行教学,还要从大专院校和中等专业学校分配一定比例的毕业生,到农村各类中等学校任教。"《关于加强和改革农村学校教育若干问题的通知》提出了对艰苦地区教师进行生活补贴和特殊照顾,首次提出了教师的定期轮换制度,对当时教师队伍的建设起了极大的稳定作用,也对后期进行教师管理与教师流动具有借鉴意义。

1984年11月10日,针对各地任意抽调中小学干部和教师到其他部门任职,从而给中小学教育造成影响的情况,中共中央组织部、中共中央宣传部、中共中央教育部党组织发出了《关于制止不适当地抽调中、小学干部和教师问题的通知》。《通知》指出:"由于十年动乱的影响,教师队伍受到严重破坏,教师被任意抽调和外流,教学骨干力量大大削弱,合格教师补充不足。各级党政领导机关在机构改革中,选拔中青年干部进领导班子,应统筹兼顾,全面安排。但是,不适当地大量从学校抽调中青年骨干,特别是从中、小学任意抽掉干部和骨干教师到县级以下单位的做法,应当坚决制止。"该文件对中、小学教师的抽调进行严格规定,提出中、小学教师以及教育管理人员的管理、调配,必须经过县级以上教育行政部门的研究和批准。

这一时期,国家落实了知识分子政策,提高了教师的地位和待遇;针对行政部门任意抽调骨干教师的做法,严格规定了抽调教师程序;首次提出了教师定期流动,以及对边远地区教师的补贴制度。

2. 1985—1992年:教师人事管理政策的发展阶段

1986年5月19日,为了调动和发挥小学教师的工作积极性,中央职称改革工作领导小组转发了《中小学教师职务试行条例》。《条例》规定:"中、小学教师职务实行聘任制或任命制。聘任或任命都必须经过教师职务评审委员会评审,由学校或县级以上教育行政部门进行聘任或任命。"

1988年1月,全国高教工作会议决定,从当年起,教师职务聘任与晋升工作将逐步变为经常性工作。往后,学校可以根据需要和上级审定的教师职务结构比例,在国家允许的增加工资幅度内,每1—2年有计划地增聘与晋升一定数量的合格人员担任相应职务,学校因自然减免、人员变动等出现缺额时,可根据需要随时进行正常补缺。

1991年7月,国家教委、人事部下发《关于当前做好中小学教师职务聘任工作的几点意见》的通知。《通知》提出:"为顺利实现教师队伍的新老交替,教育行政部门和学校要积极为优秀中青年骨干教师的成长创造长件。当前,要认真注意选拔在德育工作方面做出显著成绩的教师和思想政治条件好、工作成绩突出的中青年骨干教师担任高一级职务,要注意薄弱学科的教师队伍建设。"

随着我国改革开放进程的加速,这一时期我国教育事业蓬勃发展,教师人事管理也进入了发展期。1985年起确定每年的9月10日为"教师节",极大地提高了教师的社会地位。规定教师流入实行聘任制或任命制,规范了教师的准入程序,保证了教师队伍的稳定和教学质量的提高。

3. 1993—2000年:教师人事管理制度的深化阶段

1993年2月31日,中共中央、国务院下发《中国教育改革和发展纲要》,对学校内部管理体制以及人事制度、分配制度进行一系列改革。"在合理定编的基础上,对教职工实行岗位责任制和聘任制,在分配上按照工作绩效拉开差距。改革的核心在于,运用正确的政策导向、思想教育和物质激励手段,打破平均主义,调动广大教职工积极性。"在人事劳动制度方面也进行了相应的配套改革,"中小学逐步实行教师资格制度和职务等级制度。为鼓励各级各类学校毕业生到农村、边远地区、艰苦行业工作,各地要制定津贴和奖励政策"。在教师队伍建设方面,《纲要》提出:"进一步扩大师范院校定向招生的比例,建议师范毕业生服务期制度,保证毕业生到中小学任教。采取多种形式促进教师和社会的密切联系,聘请实际工作部门有较高水平的专家到校任教,加强教师间的相互交流。"在改革教育系统工资制度方面,《纲要》提出要提高教师工资待遇,逐步使教师的工资水平与全民所有制企业同类人员大体持平。"要贯彻按劳分配原则,克服平均主义、论资排辈的倾向,使贡献大的、教学质量高的教师有更高的工资收入。改革过于集中统一的工资管理体制,在国家宏观调控的前提下,使地方、部门和学校享有自主权。学校具有调整内部工资关系、增加工资和学校基金分配的自主权"。在"民转公"教师管理上,《纲要》指出:"各地要改进民办教师工资管理体制和统筹办法。师范院校要定向招收部分民办教师入学深造,每年划拨一定数量的劳动指标,从优秀民办教师中选招公办教师。"

1993年10月31日,中华人民共和国第八届全国人民代表大会常务委员会第四次会议通过《中华人民共和国教师法》。《教师法》第三条规定:"教师是履行教育教学职责的专业人员";第七条规定教师享有"按时获取工资报酬,享受国家规定的福利待遇,对学校教育教学、管理工作和教育行政部门的工作提出意见和建议,参与学校民主管理"的权利;第十条规定:"国家实行教师资格制度";第十七条规定:"学校和其他教育机构应当逐步实行教师聘任制度,教师的聘任应当遵循双方地位平等的原则,由学校和教师签订聘任合同,明确双方的权利、义务和责任";教师待遇"平均水平应不低于国家公务员的平均工资水平,并逐步提高,建立正常的晋级增薪制度","中小学教师和职业学校教师享受教龄津贴和其他津贴","地方各级人民政府对教师以及具有中专以上学历的毕业生到少数民族地区和边远贫困地区从事教育教学工作的,应当予以补贴"。《教师法》的出台,明确了教师身份,为教师享受权利和履行义务提供了法律支撑,也为学校和教师进行双向选择和适度流动提供了依据。

1995年9月1日《中华人民共和国教育法》的实施,对教师管理又提出了一系列规定。第四章"教师和其他教育工作者"章节规定:"教师享有法律规定的权利,履行法律规定的义务;国家保护教师的合法权益,改善教师的工作条件和生活条件,提高教师的社会地位,教师的工资报酬、福利待遇,依照法律、法规的规定办理;国家实行教师资格、职务、聘任制度,通过考核、奖励、培养和培训,提高教师素质,加强教师队伍建设。"

1998年11月2日,教育部颁布《关于加强大中城市薄弱学校建设,办好义务教育阶段每一所学校的若干意见》,对薄弱学校建设、领导班子和师资建设进行了相应的规定。《意见》规定:"要积极争取各方面的支持,调动和发挥各方面的积极性。从干部、师资、经费等各方面的政策和措施,向薄弱学校倾斜。鼓励重点学校和办学水平较高学校的领导到薄弱学校担任领导职务,可以实行学校领导干部校际之间定期轮换任职的办法。""要加强对薄弱学校教师的业务指导,可以通过选送薄弱学校的教师,到办学水平较高的学校去挂职工作的方式,帮助薄弱学校培养学科带头人。""拓宽师资来源渠道,要鼓励高等学校优秀毕业生到薄弱学校去任教,或每年安排一定比例的优秀毕业生充实薄弱学校的师资队伍。采取措施鼓励和安排优秀、骨干教师到薄弱学校通过长期任课、兼课或示范教学、推广教育教学经验等方式,帮助学校提高整体教育教学水平。也可面向社会招聘具有教师资格的优秀人才到薄弱学校任教。在国家机关机构改革、人员分流的过程中,要认真挑选适合到学校工作的优秀干部到薄弱学校去工作。"《关于加强大中城市薄弱学校建设,办好义务教育阶段每一所学校的若干意见》以国家政策形式提出了"实行学校领导干部校际之间定期轮换任职"和"骨干教师到薄弱学校长期任课、兼课或示范教学、推广教育教学经验"以及"通过选送薄弱学校的教师,到办学水平较高的学校去挂职工作的方式,帮助薄弱学校培养学科带头人",以交流的方式解决薄弱学校教育发展问题,为以后实行优质学校与薄弱学校建立一对一帮扶工程、对口支援等等诸如此类众多兄弟学校的建立提供了政策支持,为广大薄弱学校的建设和发展提供了巨大的支持。

1998年,教育部下发《面向21世纪教育振兴行动计划》,提出了实施"跨世纪园丁工程,大力提高教师队伍素质"。《计划》规定:"大力提高教师队伍的整体素质""重点加强中小学骨干教师队伍建设,1999、2000年,在全国选培10万名中小学及职业学校骨干教师,开展本校教学改革试验和接受外校教师观摩进修等活动,发挥骨干教师的带头和辐射作用。""实行教师聘任制和全员聘用制度,加强考核,竞争上岗,2000年前后,要通过提高生师(包括职工)比、分流富余人员等途径,优化中小学教职工队伍。同时,要向社会招聘具有教师资格的非师范类高校优秀毕业生到中小学任教,改善教师队伍结构。""认真解决边远山区和贫困地区中小学教师短缺问题。要进一步完善师范毕业生的定期服务制度,对高校毕业生(包括非师范类)到边远贫困农村地区任教,采取定期轮换制度,并享受倾斜政策。"《面向21世纪教育振兴行动计划》明确提出提高教师队伍素质,优化教师队伍结构,吸纳具有教师资格的社会人员进入教师队伍,完善师范生定期服务制度,教师人事管理得到进一步深化。

1999年6月13日,中共中央、国务院颁布实行《关于深化教育改革,全面推进素质教育的决定》。《决定》指出:"继续完善基础教育主要由地方负责,分级管理的体制,加大县级人民政府对教育、教师管理的统筹权。""建立优化教师队伍的有效机制,提高教师队伍的整体素质。全面实施教师资格制度,开展面向社会认定教师资格工作,拓宽教师来源渠道,引入竞争机制,完善教师职务聘任制,提高教育质量和办学效益。中小学根据学校编制聘用教师,可面向社会公开招聘,经县以上教育行政部门审批;高等学校依法自主聘任教师,吸引优秀人才从教。继续关心和改善教师的工作条件和生活待遇。""加强编制管理,精简富余人员,富余人员原则上在教育系统内部进行培训和安排。各地要认真做好各级各类学校转岗教师的管理服务工作,进一步建立和完善人才流动的社会化服务体系,搞好人才供求信息的收集和发布工作,开展转岗前职业培训,协调和促进教师的合理流动。地方各级人民政府的人事、劳动和社会保障、财政部门要提供必要的政策指导和经费支持。""合理配置教师资源。各地要制定政策,鼓励大中城市骨干教师到基础薄弱学校任教或兼职,中小城市(镇)学校教师以各种方式到农村缺编学校任教,加强农村与薄弱学校教师队伍建设。城镇中小学教师原则上要有一年以上在薄弱学校或农村学校任教经历,才可聘为高级教师职务。采取优惠政策,吸引和鼓励教师到经济不发达地区、边远地区和少数民族地区任教。经济发达地区和城市也要采取多种形式,帮助少数民族地区和农村提高教师队伍水平。"

教师人事管理制度进入深化期,国家出台了更多法律法规,《中华人民共和国教师法》与《中华人民共和国教育法》从法律上保障了教师的权利、义务和待遇;《关于加强大中城市薄弱学校建设,办好义务教育阶段每一所学校的若干意见》从教育经费和师资方法层面提出要对薄弱学校进行政策倾斜;《面向21世纪教育振兴行动计划》主张要发挥优秀教师带头人作用,以"优"带"弱";《关于深化教育改革,全面推进素质教育的决定》提出要合理配置教师资源,引导师资向经济不发达地区和边远地区流动,整体提高教师队伍的素质。

4. 2001—目前:教师人事管理制度的完善阶段

2001年,《国务院关于基础教育改革与发展的决定》中提出深化人事制度改革,大力加强中小学教师队伍建设。在加强骨干教师队伍建设方面,要"培养一大批在教师工作中起骨干、示范作用的优秀教师和一批教育名师,在教育对口支援工作中,援助地区的学校要为受援助地区的学校培养、培训骨干教师";在中小学人事制度改革方面,提出"全面实施教师资格制度,在录用师范院校毕业生任教的同时,注意吸收具有教师资格的其他高等学校毕业生,推行教师聘任制,建立激励机制,健全和完善考核制度";在调整优化教师队伍方面,提出"严格教师资格准入制度,坚决辞退不具备教师资格的人员,逐步清退代课人员,精简、压缩中小学非教学人员"。同时又提出了城乡教师要以"对口支援"方式,来对援助地区的学校进行教师的培训。

2002年,教育部出台《中小学教师队伍建设"十五"计划》。《计划》分析了中小学教师队伍建设面临的形势、中小学教师队伍建设的指导思想和主要目标以及中小学教师队伍建设的政策措施。在新的历史条件下,我国教师队伍面临着"结构性矛盾突出,学段分布与学科结构不合理,区域性结构失衡,城市教师局部超编与广大农村尤其是边远贫困地区教师严重紧缺并存,余缺难以互补,教师资源配置亟待优化,教师补充渠道单一,适应教育改革要求的新的学校用人机制尚未形成,教师和校长管理体制尚待理顺,教师待遇仍然相对偏低"。

在教师队伍建设的工作重点方面,要"依法全面实施教师资格制度,广开渠道吸引优秀人才从教。实施教师资格制度与中小学人事制度改革、实施教师聘任制度等相结合,将不具备教师资格的人员调整出教师队伍,面向社会招聘具备教师资格的优秀人才从教"。在师资配置方面,提出了要建立教师交流制度:"鼓励和组织城镇教师到农村学校或薄弱学校任教。有条件的地区,先通过试点,逐步实现教师交流定期化、制度化。城镇中小学教师原则上要有一年以上在农村学校或薄弱学校任教的经历,方可聘任高级教师职务。通过教师交流制度,加强农村学校和薄弱学校的建设与发展,缓解农村边远地区中小学教师不足的矛盾,改善薄弱学校合格师资及高水平师资缺乏的状况,促进教育系统内部人力资源合理配置,提高教师资源的使用效益。"

对于交流教师的补贴方面,提出:"要根据各地实际情况建立农村艰苦边远地区中小学教师津贴制度。根据农村学校所在位置的生活、交通条件、医疗卫生和邮电通信条件确定若干个地区类别,分别按教师职务工资和津贴之和的一定比例向在农村地区任教的教师发放农村教师津贴。有条件的地区要因地制宜,积极采取措施,不断提高教师待遇。"

实施东西部教师对口支援方面,规定:"按照东西部学校对口支援方案,东部沿海省市及其学校选派教学水平高、经验丰富的教师到西部地区进行短期讲学、讲课。每年从西部地区大中城市抽调千余名热爱基础教育工作、政治思想素质好、有培养前途和发展潜力的中青年教师到东部沿海城市,由支援学校选派学科带头人和骨干教师带教半年或一年,为西部地区培养高质量的骨干教师和学科带头人。在西部省(区)内,就近就地、梯次开展农村学校教师培训工作,从农村贫困地区抽调热爱农村教育工作的乡村中青年骨干教师到城市学校,挂职培训半年或一年。"

在教师交流的配置服务体系方面,建立了人员流动服务体系和相应的激励机制。"教育行政部门可设立教育系统人才交流中心,开展政策咨询、转岗培训、教育系统人事代理、人事托管等服务工作,并与政府人事部门所属人才交流机构积极配合,引导和协助落聘人员转岗再就业,推动校际、区域之间教师的合理流动。鼓励落聘人员进入人才市场,面向社会跨行业流动,支持落聘人员自谋职业。""坚持财政统一发放教师工资的制度,保证教师工资按时足额发放。研究改革中小学教师工资制度,逐步建立与聘任制度相适应,能够体现教职工岗位职责、工作绩效和实际贡献的工资保障和激励机制。实行向骨干教师倾斜的分配政策,有条件的地区和学校可以对在教学、管理等方面做出显著成绩和突出贡献的人员,给予优厚的工资待遇。"

《计划》提出了城乡中小学教师交流的原则。城乡中小学教师交流必须遵循"坚持开放、流动、竞争、有序的原则,正确处理流动与稳定的关系"。城乡中小学教师交流重点是"建立教师转任交流制度","中小学人事制度改革在更大的广度和深度上进行,全面推行中小学教师聘任制,依法理顺教师和校长管理体制,努力形成适应基础教育改革和发展要求的中小学师资和人事管理新模式"。随后,建立合理的城乡教师交流制度成为人们关注的焦点。

2003年,《国务院关于进一步加强农村教育工作的决定》进一步提出了城乡中小学教师交流制度。"积极引导鼓励教师和其他具备教师资格的人员到乡村中小学任教,各地要落实国家规定的对农村地区、边远地区、贫困地区中小学教师的津贴、补贴。建立城镇中小学教师到乡村任教服务期制度,城镇中小学教师晋升高级教师职务,应有在乡村中小学工作一年以上的经历。""各地(市)、县教育行政部门要建立区域内城乡'校对校'教师定期交流制度,增加选派东部地区教师到西部地区任教、西部地区教师到东部地区接受培训的数量,国家继续组织实施大学毕业生支援农村教育志愿计划。"

2005年5月25日,为进一步拓展城乡教师流动的形式与渠道,统筹教师资源,加强农村学校和城镇薄弱学校师资队伍建设,教育部印发《关于进一步推进义务教育均衡发展的若干意见》。该意见指出:"要采取各种有效措施,建立区域内骨干教师巡回授课、紧缺专业教师流动教学、城镇教师到农村学校任教服务期等制度,积极引导超编学校的富余教师向农村缺编学校流动,切实解决农村学校教师不足及整体水平不高的问题。要采取有力措施,实现同一区域同类教师工资待遇基本相同,并逐步提高农村中小学教师在高级专业职务聘任和表彰奖励中的比例,努力改善在农村地区工作的教师待遇。"文中不仅要求建立"教师巡回授课"、"服务期",丰富拓展城乡教师流动的形式和渠道,并且也要求"同一区域同类教师工资待遇基本相同;努力改善在农村地区工作的教师待遇",这就为广大的流动教师提供了配套保障,有利于教师队伍的稳定和城乡教师流动的开展。

2006年,全国人大通过了新修订的《中华人民共和国义务教育法》,其中第32条明确规定:"县级人民政府教育行政部门应当均衡配置本行政区域内学校师资力量,组织校长、教师的培训和流动,加强对薄弱学校的建设。"这是我国第一次以法律的形式明确规定教育行政部门均衡配置学校师资力量,组织教师流动。使得加强教师交流逐渐地法律化、制度化,做到有法可依,以国家的强制力量来保障这一政策的实施。

2007年的《国家教育事业发展"十一五"规划纲要》提出,我国教育事业主要目标之一要达到"城乡、区域教育更加协调,义务教育趋于均衡",任务之一是要加强教师管理制度。"进一步改革完善教师职务聘任制度，制定和完善吸引优秀人才从教的政策措施，建立吸引优秀人才到农村任教的机制……建立区域内公办学校之间中小学教师和校长定期交流和轮岗制度。"为了提高农村义务教育师资水平，《纲要》提出："实施农村学校教师特设岗位计划，实施农村学校教育硕士师资培养计划，实施大学生志愿服务西部计划，引导大学毕业生到农村基层学校任教。加大城镇教师服务农村教育工作的力度，推进师范生到农村学校顶岗实习支教，使之成为经常性制度。完善农村中小学教师工资经费保障机制，确保工资按时足额发放。改善贫困边远地区农村教师的生活条件，努力解决贫困地区骨干教师流失问题。"

2008年10月12日，《中共中央关于推进农村改革发展若干重大问题的决定》中指出，要繁荣农村文化教育，促进农村全面发展，大力办好农村教育事业。"大力扶持贫困地区、民族地区农村教育，鼓励人才到农村第一线工作，对到农村履行服务期的毕业生，在研究生招录和教师选聘时优先。""保障和改善农村教师工资待遇和工作条件，健全农村教师培养培训制度，提高教师素质。健全城乡教师交流机制，继续选派城市教师下乡支教。发展农村学前教育、特殊教育、继续教育。加强远程教育，及时把优质教育资源送到农村。"

2010年，党中央、国务院出台《国家中长期教育改革和发展规划纲要》，其中再次强调要加强教师队伍建设，尤其是要重点提高农村教师整体素质，创新农村教师补充机制。"完善制度政策，吸引更多优秀人才从教。积极推进师范生免费教育，实施农村义务教育学校教师特设岗位计划，完善代偿机制，鼓励高校毕业生到艰苦边远地区当教师。"其一，不断提高教师地位和待遇。不断改善教师的工作、学习和生活条件，吸引优秀人才长期从教、终身从教。依法保证教师平均工资水平不低于国家公务员的平均工资水平，并逐步提高。其二，落实教师绩效工资。对长期在农村基层和艰苦边远地区工作的教师，在工资、职务（职称）等方面实行倾斜政策，完善津贴补贴标准。建设农村艰苦边远地区学校教师周转宿舍。研究制定优惠政策，改善教师工作和生活条件。关心教师身心健康。落实和完善教师医疗养老等社会保障政策。国家对在农村地区长期从教、贡献突出的教师给予奖励。其三，实行政策倾斜。"要实行县（区）域内教师、校长交流制度""建立城乡一体化义务教育发展机制,在财政拨款、学校建设、教师配置等方面向农村倾斜。率先在县(区)域内实现城乡均衡发展,逐步在更大范围内推进。""建立健全义务教育学校教师和校长流动机制。城镇中小学教师在评聘高级职务(职称)时,原则上要有一年以上在农村学校或薄弱学校任教经历"。

1993—2000年新的历史时期,针对教育与教师之间的城乡差距,国家出台的一系列教师管理政策,主要着眼于均衡城乡之间教育资源,使城乡教育协调发展。这一阶段,国家针对基础教育城乡教师交流,提出了"定期交流"、"对口支援"和"轮换机制"等政策法规,旨在为城乡教师交流提供法律支持和政策依据,保证行动的顺利实施和完善,使各地区灵活地展开学校间流动工作,着眼促进教育公平,实现教师资源均衡分配。

二、改革开放后教师流动的特点

改革开放以来,我国教育立法进入了平稳、快速发展阶段。在教育立法的指导下,我国中小学教师流动也呈现出时代特征。

(一)教师流动法规数量大幅增多,但立法机制不够完善

纵观改革开放30多年来我国教育立法中关于教师流动的政策法规,可以分为四个阶段:教师流动立法奠基期(1978—1984)、教师流动立法的启动发展期(1984—1992)、教师流动立法的深化期(1993—2000)、教师流动立法的平缓期(2000—目前)。

改革开放为我国的教育法制建设提供了广阔的平台,教师流动立法在这一时期得到了充分的酝酿、准备和发展。1982年《中华人民共和国宪法》特别突出了民主与法治精神,为以后的教育法令起到指导作用。1980年《关于普及小学教育若干问题的决定》、1983年《关于加强和改革农村学校教育若干问题的通知》、1984年《关于制止不适当地抽调中、小学干部和教师问题的通知》等政策法规,落实了教师的知识分子身份,提高了教师的地位和待遇问题,并且严格规定了抽调教师的程序,首次提出了教师流动问题,为以后教师流动的立法起了奠基作用。在教师流动立法的启动发展期,1986年和1991年相继颁布《中小学教师职务试行条例》、《关于当前做好中小学教师职务聘任工作的几点意见》。教师流动立法的深化时期,我国出台多项法规促进教师流动,如

1993年《中国教育改革和发展纲要》、1993年10月颁布《中华人民共和国教师法》、1995年《中华人民共和国教育法》、1998年《关于加强大中城市薄弱学校建设,办好义务教育阶段每一所学校的若干意见》、1998年《面向21世纪教育振兴行动计划》、1999年《关于深化教育改革,全面推行素质教育的决定》等。该阶段大量教育行政规章的出台,为我国教师流动的规范化作了充分的准备。教师流动立法平缓期,我国相继颁布《国务院关于基础教育改革与发展的决定》、2002年《中小学教师队伍建设"十五"计划》、《国务院关于进一步加强农村教育工作的决定》、2005年《关于进一步推进义务教育均衡发展的若干意见》、2007年《国家教育事业发展"十一五"规划纲要》、2008年《中共中央关于推进农村改革发展若干重大问题的决定》、2010年《国家中长期改革和发展规划纲要》等,教师流动立法数量之多、范围之广、质量之高是前所未有,改革开放至今我国教师流动立法取得了重大成就。

  我国教师流动立法取得了一定成效,形成了基本框架法规体系,但从教师流动实际需求和结构而言,我国教师流动立法还存在着法域不全、配套滞后等不完善问题。首先,各项法律、法规、规章对调整不同关系的认识不够清晰,导致部分教育立法层次不太恰当,一些教育法规间的关系也不尽合理。① 其次,我国教师流动立法机制不完善还体现在理论指导方面。30多年来,我国教育立法的发展进步首先源于教育实践的强烈需求,具有十足的"摸着石头过河"、"成熟一个,出台一个"、"宜粗不宜细"等色彩。② 由此可以看出,我国教师流动立法的理论指导严重不足,具体表现为教师流动立法的预测和规划工作力度欠缺;教师流动立法与实践未能相互促进。

(二)教师流动速度加快、流动单一

  随着户籍制度、人才流动管理制度以及教师人事管理制度的深化改革,限制我国中小学教师流动的种种束缚得以解除,教师流动比例迅

---

① 袁兆春.教育改革与发展:我国教育法体系的完善[M].山东:山东人民出版社,2009:6.
② 高金岭.关于中国教育法制建设的思考[J].广西师范大学学报,2004(3):76-78.

速扩大,速度得以加快。

我国中小学教师流动方向的单一性表现在流动途径。村—镇—县—市、西北—东南、一般—重点的流动方向是目前中小学教师流动的基本特点。雷万鹏在其《中国农村教育焦点问题实证研究》中对中西部6省农村教师做了相关统计:2004—2005年期间,农村教师的流动主要为校际间流动和农村教师向省内县城、乡镇学校流动,87%的农村教师在校际间流动,流向乡镇的教师占27.1%,流向县城的教师占52.4%。①

(三) 教师流动影响因素多元化

影响我国中小学教师流动的因素呈现出多元化特征。主要有经济因素、制度因素、文化因素、管理因素、个人因素等。

经济因素被大多数学者认为是影响教师流动的最主要因素。教师职业工资整体偏低,地区之间、城乡之间、校际之间教师待遇差异呈现不断拉大态势,城乡教师之间福利和社会保障方面存在明显差异是引起农村教师流向城市的重要原因,有学者将其概括为"经济理性人"的趋利性流动。

教师流动的制度因素可以细化为:缺乏全国性的中小学教师流动法律制度、长期存在于我国的城乡二元结构的社会制度、不健全的社会保障制度、不完善的教师人事管理制度等,这些制度上的缺陷是影响教师流动的重要因素。

教师流动的文化因素主要指教师的文化适应性,它包含了学校组织文化和教师文化。教师的学校文化生存状况与教师的职业发展之间存在着密切的关系,教师个体的文化认同和主体的文化归属感是影响教师流动的重要因素,无论是教师外流还是教师回流,某种程度上是教师遭遇学校文化生存困境而进行抉择的行为。②

教师流动的管理因素主要指学校行政管理和教师管理。我国中小

---

① 雷万鹏.中国农村教育焦点问题实证研究[M].武汉:华中科技大学出版社,2007:15-20.

② 韩淑萍.我国教育均衡背景下教师流动问题的研究述评[J].教育导刊,2009(1):12.

学行政管理实行的是校长负责制,1985年《中共中央关于教育体制改革的决定》提出:学校逐步实行校长负责制度。1993年《中国教育改革和发展纲要》明确作出规定:"中等及中等以下各类学校实行校长负责制。"校长负责的学校行政管理一方面强化了行政指挥功能和提高工作效率,①但另一方面,容易滋生领导集权,在教师的管理上缺乏民主,忽视了教师的个性需求,教师的晋升、评价机制也得不到好的改善,在这种情况下教师往往选择流动。

教师的个人因素也是影响教师流动的重要原因。"教师的个人特征包括教师的年龄、教龄、性别、个性特点、生理因素、专业特点、工作兴趣等。"②教龄短的年轻教师、骨干教师、高学历教师、男性教师在流动的教师中占有较大的比例,一定程度上也反映了教师流动中个人因素对教师的影响。另外,教师的个人压力也是导致教师流动的因素之一。

三、教师流动的展望

(一)认识教师流动深远意义,实现教育资源均衡发展

教育资源均衡发展是教育公平的内在要求,体现了我国义务教育法的精神实质,具有重大意义。正确认识教育均衡,才能合理配置公共教育资源,缩小城乡教育差距,促进教育公平。我国的均衡理念可谓是历史悠久,早在先秦时期,孔子在他的治国方略中就提出"不患寡而患不均,不患贫而患不安。盖均无贫,和无寡,安无倾"的均衡理念;《国家中长期教育改革和发展规划纲要》关注教育均衡发展,明确提出:"推进教育的均衡发展,把均衡发展作为义务教育的重中之重",教师资源是公共资源的核心要素,教师资源均衡很大程度上决定了教育均衡的进程。因此,要坚持不懈地实行教育均衡,同时也要坚持不懈地促进教师资源的均衡发展,从目前教师流动的态势看,以中东部带动西部,以城市促进农村,形成点面结合的城乡教师流动均衡机制,最终以教师资源的均衡发展实现教育的均衡发展。

---

① 苏渭昌.中国教育制度通史第8卷——中华人民共和国(公元1949—1999年)[M].济南:山东教育出版社,2000:246.

② 孟令熙.教师流动规律及其对教师管理的启示[J].中国教师,2004(6):52.

(二)调整教师流动实际状况,促进我国教师流动平衡

以往的教师流动实践暴露出一些弊端,需要及时做好修正工作。理论上,我国教师流动应该是按照实际情况,根据教育发展需要而制定流动政策,然而随着时代发展和教育改革的不断深入,目前我国教师流动的市场化机制得到了一定的完善,教师流动的渠道日益畅通,但在教师流动过程中也出现了一些不合时宜的问题。教师流动在地区间和校际间严重不均衡,具体表现为由中西部向东部地区流动,由普通学校向重点学校、示范学校流动的单向流动格局。根据这种教师流动现状,应当及时重视这些不合时宜的教师流动现象,加以认真修正,消除教师不合理流动带来的矛盾与混乱,使教师流动系统化、合理化。

(三)借鉴国外教师流动经验,努力加强我国教师流动

我国教师流动经过 30 多年的实践与探索,总结了大量的经验,同时也应吸收、借鉴国外发达国家教师流动的经验教训。国外一些发达国家教师流动历史较长、教师流动政策较为完善,如日本的教师定期流动制度、韩国的教师轮换制度,美国、英国、法国这些老牌资本主义国家中小学教师流动的经验成果等,对我国中小学教师流动具有重要的借鉴意义。将国外有效的教师流动经验引入到我国中小学教师流动的尝试中,有助于改进我国教师流动中的弊端,提高我国教师流动质量。

第五章 教师流动的国际视野

在世界范围内,教师流动成为世界各国实现教育资源均衡配置的重要手段。一些发达国家从本国实际出发,采取了适合本国情况的教师流动,取得了十分卓著的成效,为教师流动积累了成功的经验。日本从二战时期开始实行教师定期流动制度,对流动教师的选择、教师流动的形式和教师流动的实施程序形成了一套成熟的体系。韩国实行教师轮换制度,对解决严重的"择校风"、实行基础教育均衡发展、实现教育公平起了积极的促进作用。美国、英国和法国等西方发达资本主义国家,在应对教师短缺和教师流动方面,也都制定了成效显著的改革措施,起到了良好的效果。

第一节 日本的教师流动

始于二战初期的日本教师定期流动制度,有着深刻的历史背景。日本进行教师流动,一是为消除教育的地区差异,实现教育均衡发展;二是为了改变教师因长期在同一所学校工作所产生的消极倦怠,保持教师的工作热情,而加强教师沟通交流;三是为了打破学校和地区间相互封闭所造成的择校问题,保持学校同步发展。以此为基础,日本于二战初期开始实行教师定期流动制度。

一、日本教师流动概况

早期,日本教师归属于市、街、村一级教育主管部门管理范畴,轮岗范围较小,推行难度较大,并没有取得理想的效果。直到20世纪50年代以后,日本先后出台相关法律,将教师人事管理统一移至县一级教育行政管理部门,教师定期流动制度才得以真正实行。20世纪60年代以后,教师定期流动制度正式形成,取得了良好的效果。

(一) 日本教师定期流动制度中流动教师的选择

日本实行教师全员流动制度,对流动教师有着详细的政策规定。各都道府县的公立学校教师,原则上都要进行流动。具体流动对象的选择,以东京为例来说明。东京《实施纲要》对教师定期流动制度的对象有以下几方面的规定:① 凡是在一校连续任教10年以上及新任教师连续任教6年以上者;② 为解决定员超编而有必要流动者;③ 在区、市、街道、村范围内的学校及学校之间,如教师队伍在结构上(专业、年龄、资格、男女比例等)不尽合理,有必要调整而流动者。① 同时,对于那些任教未满3年的青年教师,即将退休的老教师和正处于妊娠期、产假期的女教师,日本教育主管部门并没有对其进行定期流动的要求。实行定期流动的除了一线教学的教师外,日本中小学校长也有义务进行定期流动。日本文部省根据近年来教师平均流动率推算,全国公立基础学校多数中小学校长一般3—5年就要轮换一所学校,每一名校长从上任到退休,一般要流动两次以上。②

(二) 日本教师定期流动制度中教师流动的形式

日本教师定期流动主要有两种形式:一是在同一市、街区和村之间的流动;二是跨县一级行政区域的流动。在这两种流动形式中,前者所占比例超过了后者,因为教师既可以在同级同类学校中流动,如从小学流动到小学,初中流动到初中或高中流动到高中,也可以在各类学校中进行流动,如从义务教育阶段的中小学流向特殊教育学校等。跨县一级行政区域教师流动率远低于同一市、街区、村之间教师流动率,这说

---

① 彭新实.日本的教师培训和教师定期流动[J].外国教育研究,2000(5):49-52.
② 汪丞.中日中小学教师流动之比较及启示[J].比较教育研究,2005(11):66.

明日本中小学教师定期流动,主要集中在距离较近的区域内。偏远地区和特殊学校之间的教师流动大致相当,说明了教师流动整体上比较规范。

(三)日本教师定期流动制度中教师流动的实施管理机关

从二战初期初步探索至20世纪60年代逐渐成熟,日本教师定期流动制度历经半个多世纪,已经形成了一套自上而下的完整管理体制。即政府为主体,分别下设文部省、都道府县教育行政部门、市町村教育部门和教师所在学校。

文部省:全称文部科学省,是日本中央政府行政机关之一,负责统筹日本国内教育、科学技术、学术、文化及体育等事务,有国立学校、国立特殊教育综合研究所和国立教育研究所等施设机关。文部省是教师定期流动制度的总体规划机关。

都道府县:都道府县为日本的行政划分区域。日本的都道府县是包括市町村的广域地方公共团体,其基本功能涵盖处理涉及广域团体的事务及市町村相关事务。都道府县处理的基本事务中包括教育,因此它也是教育中心和教育事务所。

市町村:是日本基础地方公共团体的总称,包括"市"、"町"和"村"。依次相对于我国城市、镇、村。市町村所负责的教育事务相当于我国市、县教育部门。主要负责本范围内包括教师管理在内的教育事务。

教师所在学校:整个教师定期流动实施机关中最基础的一环,是教师教育教学第一线,也是教师定期流动开始实施第一线。

(四)日本教师定期流动制度中教师流动的实施程序

日本教师定期流动制度有着严格而缜密的实施程序。日本公立中小学教师身份属于教育公务员,教师定期流动因而反映出公务员人事流动的政府主导和调控性质。具体做法如下:一般从每年的11月上旬开始,县一级教育委员会根据上一年教师流动情况,来制定和发布下一年度教师定期流动的实施方案。内容包括时间、地区的指定,有关决策、要求和内容等;全体教师都要填写一份调查表,其中包括流动意向;随后在充分尊重本人意愿的基础上,由校长决定人选,并报上一级主管部门审核;最终由县(都道府)教育委员会教育长批准,到来年的4月新学期前全部到位。① 中小学校长流动主要由教育长直接任命,本人也可以按照意愿主动提出申请。一般说来,在教师定期流动政策制定过程中,原则上要充分考虑市、町、村之间,偏远地区与非偏远地区学校间的差异性,流动教师在学历、职称上的合理性问题。现以日本某县 2006 年教师流动实施方案为例,说明日本基础教育阶段中小学教师流动的实施程序:

表 5-1 日本某县 2006 年教师流动实施方案

序号	时间	决策	参与	内容
1	11月1—30日	县教育委员会	县域内全体教师	发布 2007 年的教师定期流动的实施要旨
2	12月1—31日	县教育委员会	县域内全体教师	填写包括教师自身状况、在本校工作情况以及流动、单身等内容
3	1月1—31日	县教育委员会	校长	在充分尊重本人意愿并为其解决后顾之忧的条件下,上报人选至县教育委员会进行审核
4	2月1—28日	教育委员会教育长	本年度流动教师	批准进行流动的人选
5	3月1—31日	县教育委员会	流动教师及学校	流动教师与流出学校交接工作,准备流动
6	4月新学期	县教育委员会	流动教师及学校	进行交流的教师全部到位

日本中小学教师定期流动制度取得了非常好的效果。这项制度提高了教师工作热情和专业成长;合理配置了教师资源;均衡发展了城市地区和农村地区学校发展水平;为日本实现义务教育全民化和基础教育公平起了重要作用;对日本教育现代化起了加速作用。

二、日本中小学教师定期流动的特点

(一)政府主导、立法保障,促进教师定期流动

日本教师定期流动制度由政府主导,并且以立法形式来确保教师

---

① 郁琴芳.日本教师"定期流动制"对我国教师流动的启示[J].中小学管理,2003(8):52-55.

流动。日本政府先后颁布多项教师流动制度相关法律法规,如《国家公务员法》和《教育公务员法特例》对中小学教师身份进行了规定,将日本中小学教师定性为国家公务员,中小学教师定期流动属于公务员人事流动范畴。另外,日本《关于地方教育行政组织及营运法律》、《行政不服审查法》、《国家公务员法》、《教育公务员特例法》等相关法律,对教师定期流动义务性、教师流动年限、流动待遇等都进行了规定,促使日本中小学教师定期流动制度逐步实施并日益完善。

(二)全员流动、多向流动,稳定教师定期流动

日本中小学教师基本上实行全员流动。按照规定,除了那些任教未满3年的青年教师、即将退休的老教师和正处于妊娠期或产假期的女教师,不做定期流动要求外,其他满足以下条件的教师有义务进行流动:凡是在一校连续任教10年以上及新任教师连续任教6年以上者;为解决定员超编而有必要流动者;在区、市、街道、村范围内的学校及学校之间,如教师队伍在结构上(专业、年龄、资格、男女比例等)不尽合理,有必要调整而流动者。

日本中小学教师定期流动可谓是多层次、多类别和多方向。教师可以在同级同类学校间流动,也可以在不同类别学校流动,还可以在不同级别学校间流动。如从中学流动到中学,从小学流动到小学,或者从高中流动到特殊学校等。日本中小学教师流动方向和流动形式的多样化,不仅可以丰富教师各个领域的知识和技能,使青年教师得到迅速成长,而且在骨干教师带领下,师资薄弱学校与师资雄厚学校差距得到缩小。

(三)程序严格、管理规范,保障教师定期流动

日本中小学教师定期流动制度具有严格的程序和规范管理。能在全国范围内有秩序施行,成功实现基础教育均衡化,成为其他国家的效仿,原因之一就是日本政府从上而下实行严格而规范的教师流动程序,来保证教师定期流动。首先,负责日本教育、科学和文化的文部省,在教师定期流动程序中充当总指挥,对教师定期流动做总体规划;都道府县以及市町村分别负责对教师流动进行具体实施;各级教育行政管理部门相互配合,一定程度上保证了教师定期流动制度在施行过程中的贯彻执行,最终使教师定期流动制度始终能够均衡发展。

(四) 尊重意愿、政策倾斜,发展教师定期流动

日本教师定期流动具有政策强制与尊重个人意愿相结合的特点。日本政府以法律形式规定中小学教师具有流动义务,具有一定强制性;而在政府主导、法律法规保障的前提下,日本中小学教师定期流动也充分尊重教师的流动意愿。每年 11 月,都道府县一级教育部门公布教师流动实施规则以后,全体教师都要填写一份调查表,调查表中包括了流动意愿。全体教师可根据自己实际情况,填写流动意愿。教师所在学校的校长与教师沟通交流以后,在充分尊重教师个人意愿的基础上,确定每年流动人选,并报给上一级教育主管部门。最后由都道府县教育委员会教育长批准,校长由教育长直接任命换岗,本人也可提出申请。

日本实施全国范围内的教师定期流动制度,除了法律法规的制度保障,还有相关待遇方面的支持。在日本,根据法律规定,从事义务教育的教职员工工资高于公务员工资,偏僻地区教职员还会获得各种补贴,如偏僻地区补贴、寒冷地区津贴、单身赴任津贴等。[①] 参与定期流动的教师,不论流动到何种级别、何种类别的学校,其工资待遇都不会受到任何影响。

三、我国教师流动与日本教师定期流动的比较

我国教师流动制度与日本教师定期流动制度在流动目的、流动程序、流动形式和方向、流动教师管理制度、流动教师待遇等方面既有不同之处,亦有相同之处。

(一) 中日教师流动目的比较

二战后,日本致力于恢复在战争中惨遭重创的教育事业,教师定期流动制度是在这样的背景中提出并开始实施。日本教师定期流动目的为:"提高教师的工作热情和创新能力,增加教师多重经验积累;合理配置人才资源,保持学校之间教育水平的平衡;打破教育的封闭状态,使学校办学始终充满活力。"[②]

我国实行教师流动制度的目的是:其一,促进教师队伍整体发展。

---

① 汪丞.中日中小学教师流动之比较及启示[J].比较教育研究,2005(11):65.
② 彭新实.日本的教师培训和教师定期流动[J].外国教育研究,2000(5):49-52.

实行教师流动制度,使教师流动呈现良性动态平衡,在逐步实现各校师资力量均衡的基础上,整体提高教师质量。其二,实现教育公平,解决各地择校问题。我国《教育规划纲要》提出,切实缩小校际差距,着力解决择校问题,实行县(区)内教师、校长流动。缩小校际差距,就要实现教育公平。教育公平体现在教育投入公平和师资分配公平。其三,实现师资力量均衡发展。师资力量分布不均,容易产生为择校而引发的腐败问题,影响教育公平。要真正实现每个人充分享受到平等接受教育的权利,就要保证学校间师资力量均衡发展,实行教师流动制度,以实现教育可持续发展。

可以看出,中日教师流动目的都是为了实现教育资源均衡,促进教师发展。不同之处在于中日两国有各自国情,我国师资流动在解决择校和教育公平方面的目的更加突出。

(二)中日教师流动程序比较

日本中小学教师定期流动制度,从计划到实施,有着一整套成熟而严密的程序。首先,文部省、各都道府县以及市町村上下配合与合作,将教师定期流动制度置于良性轨道中运行。其次,为确保教师定期流动制度有效实施,日本政府建立完备的制度保障体系,先后出台了《国家公务员法》、《教育公务员制定法》和《行政不服审查法》等相关法律法规,地方政府也颁布与之相适应的教师流动法规。这一系列法律政策以强制形式规定日本中小学教师流动的对象、程序、基本原则以及有关待遇津贴等,确保教师流动能够顺利进行。

我国教师流动从总体上看,并未形成一套严密规范的法律法规体系,教师流动大多是自发进行,且处于无序状态。尽管一些省市参照日本中小学教师定期流动制度,制定了本省市教师交流、教师支援等教师流动的具体实施措施,但是从国家宏观层面并没有系统而严密的法律法规对教师流动进行规范,教师流动体系欠缺严重影响教师队伍的稳定性,加重了教育不公平现象。

(三)中日教师流动形式和方向比较

日本中小学教师流动形式和方向具有多方向性和多样化,使教师在各级各类学校中选择流动成为可能。这一方面促进了同级别教师之间的交流与合作,同时对于不同类别学校间教师相互成长具有积极作用,因而容易得到日本中小学教师的支持与肯定,使得日本中小学教师从内心认同,并乐意接受定期流动。我国中小学教师流动要么是政府强制性行政指令,要么是市场导向的自由流动。前者使教师流动处于被动地位,教师在流动中的意愿被忽视,教师流动的效果大打折扣。后者则会导致出现教师流动的盲目无序状态,使农村优秀教师资源大量流失,优质资源从非重点学校流向重点学校,出现与我国实现基础教育均衡发展目标背道而驰的局面。

(四) 中日教师流动管理制度比较

日本《国家公务员法》和《教育公务员制定法》明确规定,教师属于公务员,教师定期流动属于公务员定期人事流动。将教师身份定义为公务员,由政府直接主导、参与和调控教师流动,减少了教师流动的盲目性、单向性和向上性,避免了出现大量骨干教师集中到同一所学校的现象。[①] 我国中小学教师身份为事业单位编制,教师人事制度隶属于教育行政部门。负责教育的相关部门根据学校的办学规模分配教师,教师招聘和调动由政府主管,部分学校可以在向教育部门提出申请并得到批准后,根据本校实际情况进行教师招聘、管理和任用。教师"单位人"、"学校人"的身份,受到人事管理制度的牵制,没有教育部门的审批,根本无法进行流动。繁琐无比的调动程序,极大地阻碍了教师流动。因此,相对于日本全国范围内的中小学教师定期流动,我国教师流动更可能出现盲目性、滞后性和无序性。

(五) 中日教师流动待遇比较

根据日本相关法律规定,日本中小学教师工资高于公务员工资,参与定期流动的中小学教师各项工资待遇保持不变,流动到偏远地区的教师还会获得各项补贴。这种对流动到偏远地区教师的各项补贴,解决了流动教师的顾虑,平衡了流动教师因环境差异产生的抵触心理,使教师们能在新学校安心教学。我国中小学教师流动同日本一样,也对流动教师有各种奖励性的补贴。不过需要注意我国中小学目前所实行的绩效工资制度对教师流动的影响。我国教师的实际工资,相当于基

---

① 李朝辉,李海瑛.中日中小学教师交流制的比较及启示[J].当代教师教育,2010(9):42-48.

本工资与绩效工资之和。我国各个地区教师基本工资和绩效工资的规定略有不同,东西部之间、城乡之间、区域之间也会有一定的差异。即使在同一区域内,重点学校与非重点学校之间,由于学校级别差异,教师工资待遇也会产生差异。因此,在实行教师流动过程中,待遇好的学校教师为了维持原有待遇不受到流动制度的损害,而拒绝流动;薄弱学校和农村学校教师则会纷纷涌至城市学校。绩效工资对我国教师流动的影响是日本教师流动所没有的。

需要指出的是,日本教师流动虽然有很多优点,对我国教师流动具有一定借鉴意义,但考虑到我国的具体国情与日本不同,在借鉴日本中小学教师定期流动制度时,需要与我国具体国情相结合。一是日本义务教育阶段中小学教师属于教育公务员身份,并无职称高低之分,教师待遇高于公务员,且不存在校际差距,因此,教师流动并不会影响到其工资福利。二是日本《教育基本法》中规定了义务教育公平化,人人享有平等接受教育的机会,因此,日本中小学教育设施和学校建设都是标准化,无论是在繁华的东京,还是在偏远的农村,都有标准化建设的游泳馆、图书馆等。三是日本义务教育阶段,学生就近入学,没有重点学校与非重点学校之分,教师和学生的初始配置都相当均衡,丝毫没有"择校"存在的土壤。

总之,日本在义务教育阶段中小学教师的定期流动,是在日本教育已经具有一定公平性基础上提出并实施的,故日本基础教育均衡与教师定期流动制度能够相辅相成、相得益彰。而在我国,长期存在的城乡二元结构,使我国城乡之间、地区之间、校际之间教师待遇方面相差巨大,如果生硬地照搬日本教师定期流动模式,就可能会出现水土不服的问题。

第二节 韩国的教师流动

韩国的教师流动主要是一种轮岗流动。韩国之所以采取轮岗式的教师流动,一是因为韩国教师拥有较高的社会地位,以及严格的准入制度,使韩国合格教师人数偏少;二是韩国学校规模日渐缩小,学校数目增多,各校之间师资竞争加剧;三是韩国城乡之间学生学业差距不断拉大,城乡学校教育发展极其不均衡。20世纪六七十年代,随着韩国中小学间教育质量差异逐渐拉大,中小学形成了一流学校、二流学校和三流学校,出现了十分严重的择校现象。为此,韩国政府出台了一系列教育政策,以缓解教育发展的不均衡,其中中小学教师轮岗制度便是其中一项重要的教育政策举措。

一、韩国教师轮岗流动的背景

韩国目前在中小学实行教师轮岗制度,产生这种制度有着深刻的实施背景,主要体现在以下方面:

首先,韩国教师较高的社会地位和严格的教师准入制度,致使韩国合格教师数量严重不足。在韩国,公立学校中小学教师职位是最稳定、待遇最好的职业之一。从20世纪九十年代起,韩国相继提出高达80条教师政策改革提议,内容涉及教师地位提升、待遇提高、政治决策地位等。1991年,韩国国会通过《教师地位特别法》对提升韩国教师社会地位进行了明确规定,并且特别指出要保护教师免于校园意外。1992年,韩国政府颁布《关于进一步改进教师地位的谈判和协商的规章制度》,提出教师的薪水和福利待遇是政府工作的重点。2000年,韩国教育部再次出台《教师优惠待遇准则》。而且在韩国,教师属于公务员身份,其权利和地位备受政府重视。《教育公务员法》第43条明确指出:教育权必须得到尊重,教师不受任何使教师的专门地位和身份受到影响的不正当干涉。韩国职业能力开发院于2007年,对15 000名中小学生进行调查显示,教师在"将来最希望从事的职业"排名中名列第一。[1] 韩国教师准入制度极其严格。为了保证教师质量,韩国对教师进行严格资格审定和录用政策。韩国师范类大学毕业生取得了教师资格证,并不意味着一定能进入教育行业从事教师职业,还得进行公开的教师招聘录用考试。所有参加录用考试的人员经过调查之后,择优录取。由此,韩国教师的高社会地位和严格的教师准入制度,使韩国正式合格的教师数量远远不能满足教育的需要,由此造成韩国优秀教师的分布存在严重的不均,使教育公平受到严重损害,这是韩国进行教师流

---

[1] 姜英敏.韩国基础教育教师职业吸引力保障制度分析[J].比较教育研究,2012(8):25.

动的重要初衷之一。

其次,韩国学校数量的增减,使教师资源分配极其不均衡。20世纪七十年代后,韩国政府增加农村学校数量,以解决适龄入学儿童零星分散的问题,使很多学校规模较小,同时教师需求量直线上升。随着韩国学校数量增多,教师数量出现了明显的不足,这样使一些偏远学校的教师负担加重。如何缓解这些学校教师不足,进行教师流动轮岗就成为一种选择。

最后,城乡学生学业质量差异加大。韩国农村学校规模缩小,数量增加,导致教师紧缺,直接影响了农村学生接受义务教育的效果,进一步拉大了城乡学生的学业水平差距。2003年PISA结果显示,韩国学生平均成绩明显高于OECD的其他国家,相应各科分数分别为:数学524和500;阅读534和494;科学538和499;问题解决能力550和499。而在韩国人口少于3 000的地区,农村学生的成绩远低于OECD其他国家的农村学生,各科成绩分别为:阅读454和473;数学447和477;科学439和474;问题解决能力469和474。[①] 从这些数据可以看出,韩国城乡之间学生成绩差距极为明显。而教师质量差异是造成学生学业成绩差距的重要原因,为了使城乡教师资源更加合理配置,缩小城乡教育的差距,进行教师流动就成为一条可行的路径。

二、韩国教师轮岗流动概况

韩国政府采取多项措施解决城乡教师差异,防止农村中小学长期落后于城市学校,建立教师轮岗流动制度是其中重要的举措。教师轮岗流动制度实际是人事管理系统,它要求每一位教师都必须经过城市—农村的轮换。

(一)教师轮岗流动制度的对象

韩国公立学校中小学教师、校监和校长,属于公务员人事范畴内的人事流动,因此具有全员流动性。对于一些特殊教职员,韩国政府也作了具体规定:学校有体育竞赛、科学教育、英才教育等办学特色,教师具

---

① Im Youn-Kee. Issues and Tasks of Rural Education in Korea[J]. Journal of Educational Administration,2007,25(4):570.

有特长并有工作实绩,校长需要教师留任,教师可以提出申请,经道教育厅教育长批准可暂不流动;夫妻双方都是教育公务员,其中一方已经在艰苦地区工作,其配偶可以不流动;父母、配偶、子女或自己精神身体有残疾者可以不流动。[①]

(二)教师轮岗流动制度的教师流动年限

韩国没有全国统一的教师流动年限,各个道(相当于我国的省)、市根据实际需要,制定教师定期流动年限。如大邱市规定中小学教师4年须流动一次,庆尚北道规定的流动年限为5年。一般而言,韩国教师每隔2至4年,就要在本地区学校间流动换岗一次,以确保城乡学校教师资源的均衡配置。但在特殊情况下,如果出于某种工作上的需要,校长可以在征求教师本人同意的情况下,向教育部门提出申请,申请延长教师在学校任职的时间,但最多不能超过8年。

(三)教师轮岗流动制度的教师流动范围

韩国各道教育部门负责制定和实施中小学教师的流动。因此,韩国中小学教师轮岗流动范围,一般在各道、市、县的行政区域范围内,一般距教师居住地不会超过90分钟的车程。韩国政府将学校按行政区域位置,也即人事管理区域按各地经济发展水平划分为Ⅰ—Ⅴ五个区域。其中,Ⅰ级区域是城市经济发展水平最高,教师流动意愿最高,因而也是竞争最激烈的区域,Ⅴ级区域是经济发展水平最低,教师流动意愿最低的区域。通常,教师轮岗流动要充分考虑在同一所学校的工作年限,一般情况下,在同一所公立学校的教学期限是5年,Ⅰ级区域的教师教学工作年限被限制在8年;Ⅱ级区域的教师工作期限可以延长至10年。Ⅰ级区域和Ⅱ级区域的教师,可以轮换到第三级区域或更低区域。当教师完成了从Ⅰ级区域、Ⅱ级区域轮换到Ⅳ级区域、Ⅴ级区域后,他们返回到Ⅰ级区域和Ⅱ级区域的工作年限被限制为2年;当教师轮换到Ⅲ级区域,再恢复到原来的Ⅰ级区域和Ⅱ级区域的工作年限为3年。

---

① 薛正斌,刘新科.日韩中小学教师管理与流动对中国的启示[J].宁夏社会科学,2009(2):143-147.

(四)教师轮岗流动制度的教师流动程序

韩国中小学教师的轮岗流动制度,有着严谨的流动程序:中小学教师、校监和校长,向教育主管部门提出申请,并且提交申请材料。材料包括申请意愿和希望轮岗的学校,每位流动教师可以申请4所意向学校。然后,教育主管部门会根据"教师流动分"与教师个人意愿,决定教师轮岗学校。韩国政府根据教师最近几年的工作情况,划定出"流动分"这一指标。"流动分"是教育主管部门制定教师流动的主要依据,由工作经历分、工作业绩分和特殊加分三部分组成。工作经历分又分为一般经历分和特殊经历分两部分。一般经历分来自地区分(不同地区学校有不同地区分,这由各道教育厅规定)乘以教师任教年限,特殊经历分是指教师担任班主任工作、从事特殊教育或超工作量的得分。工作业绩分由考核分和另加分两部分组成。考核分是教师的年度工作评价,由学校考核打分,分优秀、良好、合格和不合格4个档次。学校或教师本人受到上级部门的表彰奖励,教师还可以获得另加分。特殊加分来自于以下情况:家里有70周岁以上父母的;配偶曾是教育公务员现已死亡的;配偶没有工作需要抚养的。①

(五)教师轮岗流动的制度保障

韩国政府为确保教师流动顺利进行,采取一系列制度保障措施,包括对偏远贫困学校政策倾斜、教师福利待遇保持不变、流动教师补偿机制等。

第一,贫困学校政策倾斜。韩国政府根据各地区经济发展程度不同,采取不同的资金投放政策,优先将资金投入到偏远贫困地区,用于该地区学校教育。为保证义务教育在偏远贫困地区同样得到发展,韩国政府专门制定了《偏僻、岛屿地区教育振兴法》。

第二,流动教师待遇保障。韩国教师流动后,工资待遇保持不变,并且随着工作年限的增长,工资待遇相应得到提高。另外还规定,在偏僻、岛屿地区任教的中小学教师,享有特殊待遇,如优先参加研修,根据任教地区的不同,享受不同级别的岛屿、偏僻地区津贴等。

---

① 夏茂林,冯文全,冯碧瑛.日韩中小学教师定期流动制度比较与启示[J].教师教育研究,2012(3):93.

第三,流动教师的补偿机制。韩国中小学教师轮岗流动尽管属于公务员人事流动,但韩国政府在这种刚性流动中,增加了对轮岗教师的补偿机制,以补偿教师流动所造成的经济和精神损失。一是物质补偿。韩国政府把中小学教师轮岗流动产生的成本相关事项放在了政府工作的重要位置,对教师轮岗流动做出了经济的补偿。二是精神补偿。教师工作环境和岗位变动,不仅给教师带来经济得失,而且还有教师心理和精神得失,因此,对流动教师在精神方面制定了补偿规定。韩国教师人事管理制度规定,教师晋升、加薪和进修,必须严格执行教师轮岗流动制度。韩国在对教师进行人事评价时,通常会综合三个维度对教师能否加薪和升职进行考评。首先,是教师的经历评定。主要是指教师的从业年限,韩国政府根据教师从业年限长短来进行评分。教师只有达到一定分数,才能得到晋升和加薪的机会。其次,培训成绩评定。韩国中小学教师进修和培训,在升职中占有重要比例。进修和培训经历较多的教师,更容易得到升职和加薪。最后,加算点评定。是指对从事过特殊教育经历或有专业特长的教师,在进行教师评价时额外所加的分数,从事特殊教育经历包括是否参与中小学教师轮岗流动制度。韩国中小学教师的升职和加薪,以上述三个方面为基础进行,对流动教师增加额外分值,就是对其精神上的补偿。因此,流动教师有更多机会得到升职和加薪。

三、韩国教师轮岗流动的效果

韩国教师轮岗制实施几十年以来,取得了较好的成效,受到了来自学校和流动教师的广泛好评。韩国教师轮岗制有效缓解了教师公务员制带来的消极影响。韩国教师属于国家公务员身份,一旦通过了教师聘用考试,便获得了终身教师资格,不存在年限的问题。但是,韩国教师的公务员身份,也给教师终身从教带来了消极影响,一些教师常年在同一所学校、同一个岗位任职,容易产生消极怠倦现象,即职业怠倦。韩国政府实行教师轮岗流动制度,很好地缓解了这一问题。《教育公务员任用令》第13条第3项明确指出:为防止任用者或任用提请者所属教育公务员在同一职位或地域上长期出勤而引起的懈怠,通过实施人事交流计划,可以有效率地履行教师的义务。

对学校来说,韩国教师轮岗制有利于实现校际间师资均衡,使教师结构趋于合理。韩国以法律形式规定教师流动的义务性,使全国教师基本上处于流动状态;并且辅之以一系列配套措施,操作上公平、公开且透明,完备的教师轮岗流动制度保证了韩国教师的均衡分布。教师流动可以融合各个学校先进的教育教学理念和方法,在轮岗流动的平台上得到交融与汇合,对于学校间共同发展有着重要现实意义。

对教师本身来说,韩国教师轮岗制可以保持教师对工作的新鲜感,避免长时间在同一环境、同一岗位带来的倦怠感。教师在不同学校和岗位流动,能够加快教师吸收新知识、新技能的速度,对于教师专业成长起着促进作用。同时,又最大限度地增强了教师应对新环境的能力,挖掘了教师深层次的潜能。

从学生角度来看,韩国教师轮岗制可以让学生接触不同类型的教师,对学生全面发展和个性发展起到了促进作用。通过教师流动,学生可以接触到来自其他学校所特有的教学方法,对提高学生成绩、培养综合能力和教育公平均有积极意义。

韩国教师轮岗流动制度对于学校、教师和学生都有一定的积极意义。但我们也要看到,韩国教师轮岗流动制度这一硬性规定,也会带来一些不利影响。教师一直处于动态结构,不利于建设一支稳定的教师队伍。因此,如何在教师流动过程中保持教师相对稳定,成为吸收借鉴韩国教师轮岗流动经验中需要注意的环节。

第三节　美国的教师流动

在美国,中小学教师拥有庞大的数量规模,约占其劳动人口的4%。美国教师流动有其特殊性,这种特殊性就是美国教师流动与教师短缺密切相关。在美国,师资不均衡的重要表现是薄弱地区教师数量短缺,无法满足教育教学要求。统计数据表明,超过90%的新聘教师,用于补充非退休原因教师流失所造成的职位空缺,由此,教师短缺问题主要是教师保留或教师流动的问题。[1] 2004年10月,美国联邦政府教

---

① Ingersoll, R. M. The Teacher Shortage: A Case of Wrong Diagnosis and Wrong Prescription[J]. NASSP Bulletin, 2002, 86(631): 16-31.

育部向经济合作与发展组织,递交了名为《吸引、发展与留住有效教师:美国教育发展报告》的报告,该报告指出,尽管美国基础教育教师人数呈整体上升趋势,但离高质量的教师队伍建设仍然有一定差距,其中重要的一点就是严重的教师流动现象。由此,教师流动便成为了美国中小学教育领域里最热门的研究问题之一。

一、美国教师流动概况

(一)美国教师流动的历程演变

美国中小学教师流动经历了不同的发展阶段,在每一个阶段,教师流动呈现出不同的特征。大致而言,美国中小学教师流动可划分为四个阶段:缺乏政策保障的教师无序流动阶段、成本核算基础上的实证研究阶段、政府干预为主导的帮扶与补偿流动阶段、市场主导的教师流动阶段。①

在缺乏政策保障的教师无序流动阶段,教师无序流动的主要动因是工资待遇,过低的工资待遇水平使很多优秀教师生计难以维持,不得不流动到其他收入较高的行业去。"流动到其他行业的先前教师多对职业更换后的环境感到满意,且他们中的绝大多数都承认,如有机会再次做出选择,他们也绝对不会再回到薪水可怜的课堂上去兜售所谓的知识"。②

在成本核算基础上的实证研究阶段,教师流动给美国教育带来了众多消极影响,为了消除这些消极影响,美国加大了对教师流动相关的投入。但如何使有限的教育经费投入能够发挥更大的作用,真正解决因教师流动带来的危害,在美国教师流动方面,以流动成本分析为基础的实证研究开始介入。该研究对美国教师流动进行精密的成本分析,以使美国教育能够在较低成本投入的基础上,使师资得到最优。

在政府干预为主导的帮扶与补偿流动阶段,为了解决美国教师不断流出教育领域,导致优质教师资源匮乏的问题,美国联邦教育部于20世纪80年代中后期,逐步加强了对教师流动的宏观调控,设立了全国教师流动委员会(NPTM),通过对教师帮扶和补偿性流动,以解决教

---

①② 高佳.美国中小学教师流动的历史嬗变[J].外国中小学教育,2014(2):42.

师流动危机。同时,新教师的筛选和招聘不断加强,使大量优秀的教师进入教育领域。最终,使美国教师资源获得了有效配置和合理使用。

市场主导的教师流动阶段,市场意味着对教师个人自由选择的尊重和承认,教师有权选择自己的职位,教师可以完全按照市场价值的逻辑,对自己的工作职位进行选择和流动。市场对教育资源的调控不以人的意志为转移,教师流动必须遵循市场规律,美国教育机构必须尊重市场对教师资源的调控。为此,这个阶段,美国各学校都在不断强化自身对教师的吸引力,使学校最大程度地得到教师的认可,从而通过市场的调节作用,吸引优秀教师流入学校,使本校教师队伍更加稳定和优质。

(二)美国教师流动的现状

美国教育统计中心(NCES)代表美国联邦政府,主办了学校与教职人员调查(SASS)和教师追踪调查(TFS),对美国中小学教师进行调查。这两项调查提供了大量有关教师聘用和教师专业发展方面的数据,为更好地了解美国公立学校和私立学校教师和教职人员的变动情况提供了很好的依据。根据2008—2009学年 TFS 的最新报告,结合其他相关研究的数据,可以大概看出美国教师流动的基本现状。

从学校性质来看,美国的公立学校教师离开教师职业的流动比例呈现不断上升的趋势,从"1987—1988年的5.6%、1994—1995年的6.6%、2000—2001年的7.4%上升到2004—2005年的8.4%"。[①] 与公立学校相比,私立学校教师的流动比率更高,"与公立学校8.4%这一数字相比,私立学校教师离开教学岗位的比例高达13.6%"。[②] 从教师流动年龄年限来看,教龄低、年纪轻的教师更愿意流动。一般而言,教师教龄在10年以内,年龄在30岁以下的教师,更愿意频繁流动,"教龄低于10年的公立和私立学校教师流入另一所学校的可能性更大。在这两类学校流动教师的年龄特征上,年龄在30岁以下的教师流动的可能性更大"。[③] 从教师的工资收入来看,低收入是教师流动的重要原因,随着教师收入的升高,教师流动的比率会逐渐降低。根据调查报告

[①②] 项亚光.当今美国学校教师流动的新动向——基于国家教育统计中心学校教师调查的分析[J].外国中小学教育,2008(5):34.

[③] 许立新.当前美国中小学教师流动状况概览[J].中国教师,2005(30):17.

所提供的数据,2008—2009 年度流动的教师群体当中,年收入少于 3 万美元的教师占 19.74%;年收入为 3 万—5 万美元的流动教师占 17.17%;而收入在 5 万—7.5 万美元之间的流动教师占 14.64%;基本年收入高于 7.5 万美元的流动教师比例仅为 10.17%。从流动的族群来看,少数族裔的黑人和亚裔籍教师流动比率较高。从资料显示结果来看,2008—2009 年度,美国流动教师的比例中,白人流动教师占 15.59%,黑人流动教师比例为 20.23%,亚洲籍流动教师比例达到 21.18%。从流动的地域结构来看,除岛屿地区外,美国各地教师流动比率虽有差距,但总体而言,差距不大,流动的地域性特征并不明显。美国东北部流动教师所占比例为 14.71%,美国中西部流动教师比例为 13.78%,美国南部流动教师占 18.55%,西部为 16.01%,而来自夏威夷和太平洋群岛的流动教师比例高达 30.63%。

二、美国教师流动的原因

美国教师流动,除教师短缺是主要原因外,工资待遇和工作条件也是造成教师流动的重要原因。

(一)教师短缺是美国中小学教师流动的主要原因

美国中小学合格教师短缺主要表现在四个方面:中小学教师的数量不足;数学、自然科学与信息技术学科教师奇缺;区域性教师短缺;少数族群教师比例偏低。[1] 美国教师的门槛较高,能真正从事教育行业的教师,必须经过严格选聘。全美教育协会(NEA)主席雷格·韦弗在《21 世纪美国教师的五大趋势》的报告中指出,在过去的几十年里,美国教师职业发生了显著变化,全国 300 万中小学教师中,至少拥有 1 个硕士学位的占大多数,只有本科文凭的教师仅占 43%,参加与所教学科和年级相对应职业发展课程的教师超过了 75%。教师门槛之高,直接导致合格教师人数的短缺。美国师资短缺在一些学科中表现尤为突出,最为紧缺的是自然科学与信息技术。由于自然科学与信息技术学科的特殊性,此类学科的大学毕业生更容易获得在工业和政府部门就

---

[1] 王淑娴,张民选.美国联邦政府的期望:吸引、发展与留住好教师[J].全球教育展望,2005(11):66.

职的机会,已经从事教学的这类学科教师,也更容易更换其他职业。由此便造成了诸如自然科学与信息技术这类学科教师的严重短缺。区域性教师短缺主要体现在贫困地区教师不足。美国私立学校获得的教育资源相对较多,工作环境较好;而一些地区的公立学校工作环境差,学生学业水平低,政府的教育投入较少,很难吸引到优秀的教师。由此,缺乏合格教师就成为影响美国中小学教师流动的主要原因。

(二)工资待遇是美国中小学教师流动的关键原因

美国学者西尼斯卡尔科在《世界教师队伍统计概览》一书中指出:"教师工资水平影响高素质人才选择从事教师职业,也影响着现有教师的保持率。因此,教师工资的相对水平很大程度上影响着教师队伍的结构和质量,影响着教育系统能否吸收优秀人才从事教育工作并留住优秀教师。"[①]教师工资水平高低对教师流动的重要影响不言而喻。美国中小学教师的工资待遇,据福布斯报道,美国政府新近公布的职业与工资评估数据为:2008年,美国共有135 185 230名就业人员,平均年工资42 270美元。美国工资最高的5个职业是(从高到低):外科医生206 770美元、麻醉师197 570美元、牙医194 930美元、妇产科医生192 780美元、整形外科医生190 420美元,公交车及校车司机、地铁司机和其他勤务人员的平均年薪是6万美元左右。在教育系统中,学前教育教师为26 610美元、小学教师为52 240美元、初中教师为52 570美元、高中教师为54 390美元。最高工资的外科医生工资是学前教育教师工资的7.7倍,美国教师职业的工资报酬确实无法令人满意。近几年来,美国政府虽已经意识到教师工资收入低下会引起教师流动,也大幅度提高了教师的工资收入水平,但教师工资增长速度远远跟不上美国经济增长速度,教师工资增长仍处于较低水平,与其他行业人员相比处于较低地位。由此,总体偏低的工资收入,使得大量优秀的教师流动到其他工资更好的行业中,造成教师短缺。

(三)工作条件是影响美国中小学教师流动的重要原因

《21世纪美国教师的五大趋势》一书中显示,除了教师工资较低这

---

① [美]西尼斯卡尔科.世界教师队伍统计概览[M].上海:华东师范大学出版社,2007:37.

个关键原因外,工作条件不尽如人意,也是引发教师流动现象的重要原因。在美国中小学的流动教师当中,37%的教师将原因归结为薪水较低,还有20%的教师则因为对工作条件不满意,而不愿继续从事教师职业。

工作条件包括教学工作环境、对学校管理者的满意度、教师获得教学的机会以及校园安全。2004—2005学年度,在公立学校教师所提供的流动原因中,38.1%的流动教师表示是为了获取更好的教学岗位机会,32.7%的流动教师对教育管理人员提供的教学支持感到不满,有32.7%的流动教师表示对工作环境不满,还有18.3%的教师表示对改变工作方式或职责的不满。[1] 在对私立学校教师的调查中,教师也将获得更好的教学岗位,以及对管理者不满作为流动的重要原因。因对管理者不满而选择流动,在美国私立学校中表现得更为明显。由于私立学校中学校领导在尊重教师价值观和激励教师方面不重视,导致教师对学校管理者不满,造成教师流动。

工作环境较差也促使教师流动。在美国南部较偏远的农村地区,教师工作条件极其简陋,甚至连饮用水和日常用电都无法得到保障。另外,由于农村地区教师人数本身不够,有限的教学人员必须承担较大的工作量,不得不身兼好几科教学任务,工作压力极大。迫于工作环境压力,不少教师选择流动到其他学校或者离开教师岗位,以谋求更好的工作环境和更优越的职业。

三、美国应对教师流动的措施

面对教师流动导致教师短缺的现象,美国政府与学校为了吸引和留住高素质的优秀教师,采取了各种相关措施,主要有以下方面:

(一) 吸引毕业生和社会人士从事教师职业

为了缓解合格教师严重短缺的现状,美国一些州和学区制定了短期应对措施,以吸引师范毕业生和致力于从事教育的社会人士。货币激励政策与提供专业化发展机会是主要的措施,如采取签约津贴、免房

---

[1] 项亚光.当今美国学校教师流动的新动向——基于国家教育统计中心学校教师调查的分析[J].外国中小学教育,2008(5):33-36.

租、免除联邦学生贷款、给予奖学金、降低认证费用、给予房屋津贴、降低贷款利率或免息贷款、取消达到退休年龄教师养老金封顶政策等财政激励措施;系统的入职与辅导项目也成为了吸引新教师的举措之一。此外,各州、学区和学校,都尽可能地创造更好的工作环境与提供更多的发展机会来吸引教师。[1]

除了制定优惠政策吸引年轻的师范生,美国政府还制定了"选择性证书计划",作为吸引和培养非师范生从事教师职业的途径。1984年,新泽西州率先通过立法,将"选择性证书计划"作为培养师资的途径。"选择性证书计划"由当地教育机构主办,或由高等教育机构与当地教育机构联合主办,主要面向有一定工作经验,希望从事教育工作,但却不是师范毕业的社会人士。"选择性证书计划"的申请者,一般要求至少拥有学士学位,所申请教授的科目,必须与主修科目相同或相近,经过严格筛选后,在教学经验丰富的教师指导下接受培训。截至2004年,全美43个州和哥伦比亚特区,共设立了144个"选择性证书计划",全美已有近20万人通过该计划获得资格证并成为教师。[2] 事实证明,"选择性证书计划"有效缓解了美国教师流动导致的师资短缺问题。

(二)通过教师专业发展学校发展合格教师

美国教师专业发展学校(PDS)产生于20世纪80年代末期,是集入职前教师培养、在职教师培训和学校改革为一体的教师教育新模式。教师专业发展学校强调学校是教师专业发展的场所,以中小学为基地,关注大学与中小学的有效合作。在教师专业发展学校中,中小学教师既是学习者、合作者,也是项目参与者。在这个过程中,教师更愿意采用新的教学法,教授新的教学内容来应对新角色,也更愿意积极与大学教师平等对话和交流。教师专业发展学校促进中小学教师、大学教师、师范生共同学习和工作,让大学教师与中小学教师在教学中共同进行研究,在研究中促进教学进步。通过教师专业发展学校能够培养更多

---

[1] 王淑娴,张民选.美国联邦政府的期望:吸引、发展与留住好教师[J].全球教育展望,2005(11):67-68.

[2] 周红.美国特殊教育师资缺乏现状及其启示[J].中国特殊教育,2007(1):47.

的优秀教师,这样就可以弥补因教师流动而导致的教师短缺问题。

(三) 制定绩效工资激励政策留住优秀教师

留住优秀的教师也是政府、学校领导、学生与家长所关注的重点。美国政府和学校为了留住优秀的教师,采取了一系列激励措施。一方面,改变单一工资制度,实施差异工资。单一工资制是美国幼儿园、中小学各级学校里最为普遍的教师付薪方式,这种制度下教师工资发放,完全按照教师的工作年限,教师工作的数量和质量不被纳入工资考评范围。这导致了严重的平均主义,无法激励教师的工作热情,也是造成教师流动的重要因素。为此,美国政府制定了差异工资制度,为那些在贫困地区学校任教的教师,支付更高的薪酬,以挽留这些优秀教师。另一方面,制定绩效工资制度,根据教师个人实际工作绩效,即对学校贡献的不同,来支付教师报酬,从而使努力投入工作的教师获得高薪酬,以此避免优秀教师从学校流动出去。

第四节 法国的教师流动

法国是一个具有悠久历史文化,极为重视教育的国家。与其他发达国家一样,法国基础教育发展过程中,也出现了师资不均衡发展、教育质量参差不齐、教师质量良莠不齐等问题。20世纪80年代开始,法国政府开始颁布一系列相关教育政策,加强对教师流动的管理。

一、法国教师流动的分配

1989年法国政府颁布《教育方向指导法》,对教师流动进行了改革。《教育方向指导法》明确规定:在教师配额上应制定一项减少各学区和各省之间不平等的政策,以解决入学率有差距的问题,并改进各级各类学校中的师生比率。在对教师资源分配和流动的计划性上,法国政府依照教育部对全国的行政划分,规定全国中小学生按照就近原则,选择就近学区接受义务教育,中小学教师的分配和流动也按照学区,由教育部统一规划。

法国教育法规定,新入职教师、借调回岗的教师,必须参加教师岗位流动分配,其他教师可自愿申请,所有教师的意愿都将得到受理与考察,政府有责任每年公示评分标准,并保证整个过程遵循公平、透明、合理的原则进行,师资配置的结果,应保证国家教育的连续性、有效性、公平性,并向学生和家长负责。① 法国政府对师资的计划配置和流动,既包括新教师岗位分配,也包括在职教师的流动调整。一般来说,教师流动到其他学校,都是根据教师自己向学校提出流动的个人意愿,如想流动到省或大学区。有时候也有学校方面的原因:由于学生人数变化,需要调整学校的教师结构、削减教师职位,或由于教学任务调整而增加教学人员。

  法国中小学教师的计划流动存在着明显的弊端。法国中小学教师属于国家公务员,全国义务教育阶段教师在国家教育部的统筹下,服从统一分配和流动,但是流动过程中容易出现问题。一方面,集中统一的师资流动过程不够人性化。尽管在教师流动过程中,政府会尊重教师意愿进行调配,但在具体实施过程中,年轻教师的意愿往往不能得到足够重视,新入职教师大部分被调配到"特殊学区"或"问题学区";另一方面,教师岗位编制不能满足实际教学需要。各省、学区教育行政部门每年公布两年后的教师招聘人数,岗位编制超前于实际教学情况,在这两年期间各学区为应对教务教学中出现的师资需求,需要临时设定教师岗位。

二、法国教师流动的改革

  21世纪初,法国政府开始对教师流动分配体制进行改革,将教师流动和分配划分为"学区—省间"流动和"学区—省内"流动。② 教师的流动程序为:各学区学校将上年度入学率、师生比等情况上报教育部—教育部根据情况编制教师岗位—教师根据自己的意愿提出申请—学区长进行学区间和学区内的教师流动分配。

  法国政府为了促进教师流动,对教师培养规格、工资制度进行了相应改革。改革了小学教师由省级师范院校培养,中学教师由大学师范学院培养的教师培养模式。1992年开始对教师培养进行了一体化改革,实行"混合型教师培养模式",规定中小学教师都必须由大学师范学

---

①② 刘敏.以教师流动促进教育均衡——法国中小学师资分配制度探析[J].比较教育研究,2012(8):52.

院培养。法国中小学教师培养模式的统一,带来了教师规格的统一,为各学区间教师流动提供了可能。

法国政府对中小学教师实行单一工资制度,并且对"优先教育区"和"特殊教育学区"执教的教师提供岗位津贴。法国教师属于国家文职人员,不同级别的教师分属不同级别的公务员,如法国小学教师属于B级公务员,初中以上教师则属于A级公务员,中学教师工资高于小学教师。另外不同学区的教师工资并没有统一规定,这严重限制了教师流动。针对工资制度造成的教师流动困难,法国政府制定了中小学教师实行单一工资制政策。此外,还规定从1994年起,凡初次作为公务员身份被分配到难以招聘到师资地区任教的教师,每年可享受到12 594法郎(约等于16068人民币)的补贴。

三、法国教师流动的规则

法国教育法(1972年修订法第4条、1984年修订法第60条)对中小学教师的流动配岗做了具体规定:中小学教师的流动分为省际间流动和省内流动两个阶段,省际间流动又包括一般流动和补充流动。一般情况下,第一学期11月到12月为第一阶段,第二学期3月到4月为第二阶段。① 选择流动的教师,可以在教育部公布教师分配要求后,访问教育部的官方网站,并且提交申请报告(每位教师填报不超过6个志愿),打印的签名志愿,交付到每个学区所在公共检察官办公室,这是负责检查和处理信息并提交教育部的机构。在此期间,教师可以通过手机和网络,随时查询自己的申请处理进度。在跨省分配流动结果公示后,如果教师家庭成员出现严重疾病等情况,可以出具省级部门工作许可及其他证明文件,选择补充流动分配。

法国政府对符合流动要求的教师,做出了必须流动的规定,包括正处于实习阶段的年轻教师,离职或休假返回教学岗位的教师,外省流动进本省的教师,其他政策要求的教师。法国教育部对中小学教师流动分配进行评分,评分标准主要有:法律上的权利(如与配偶的

---

① 刘敏.以教师流动促进教育均衡——法国中小学师资分配制度探析[J].比较教育研究,2012(8):53.

距离)、个人和专业情况(工龄等)、家庭和孩子因素。具体评分标准如下:①

表 5-2 法国小学教师换岗流动评分标准表

标　准	条件及分数	条件及补充说明
靠近配偶	与配偶工作地点接近+150分;有未满20周岁的孩子需要照顾+15分;从第4个孩子开始每个孩子多+5分;由于工作原因与配偶分开1年的教师可以+50分,分居2年的可以+275分,3年以上可以+400分	第一志愿在配偶工作所在省(不包括仍实习期内的工作);如配偶的工作地址与家庭地址临近,教师也可以选择配偶家庭住址所在的省
工龄	截至每年8月31日工龄段递增+7分	1、2、3工龄段均+21分
岗龄	在岗时间每1年+10分;在岗时间超过4年的,每4年多+25分	通过职称考试后岗位得到晋升的教师,即使转变学科仍可计算连续岗龄
在加权岗位供职	在提出调动申请时,已在当前学校和岗位连续供职5年以上(含5年)+300分	该评分标准只适用于省际间教师流动,省内教师流动评分标准则由各省负责人制定;另外,长期病假、参加教师培训、服兵役和休产假的时间不计算进工作时间
完成实习的教师	完成实习后第一次提出流动申请时+50分	第一次申请应在实习结束3年内提出,该加分只能使用一次
申请到海外省	+1000分	
一级运动员	+50分	申请的职位与其从事的体育项目相关

教师流动分配岗位最终确定后,法国教育部会从财政支出中,为每位流动教师提供无息贷款和其他优惠政策,以解决教师流动到新地点的后顾之忧。

区别于小学教师的"省际—省内"流动,法国中学教师流动范围为"学区间—学区内"流动两个范围。在法国,凡具有普通中等教师资格

---

① 刘敏.以教师流动促进教育均衡——法国中小学师资分配制度探析[J].比较教育研究,2012(8):53.

的教师,均可以提出流动申请,但对于刚刚获得教师资格证书暂时还未取得教学岗位的教师,完成实习任务的教师,临时聘用的教师,以及国外交流的教师,必须参加每年一次的学区间流动。中学教师流动评分标准与小学教师评分标准大致相同,也包括法律赋予的权利、个人专业情况以及其他项目。

需要指出的是,法国中小学教师流动分配过程中,也存在着一些问题。首先,新入职教师较容易被分配流动到条件差的问题学区。每年约有27%的新教师,被分配到环境差、乱的学区;其次,相比起已婚教师而言,未婚教师较有可能被分配流动到问题学区。再次,中小学教师流动也存在着差异,中学教师较之小学教师流动更为频繁,年轻教师比年龄大的教师更容易流动。

第六章 教师流动制度

教师流动制度是教师流动理论的重要组成部分。俗话说,没有规矩不成方圆,教师流动也需要一定的规矩,才能成就教师流动的方圆。教师流动制度不是条条框框的规限,也不是惩罚,教师流动制度是一种教师流动的解放力量,其根本目的是为了教师更加自由地流动。教师流动制度能够将流动教师的智慧转化成流动管理的具体行为,促使教师流动持续、稳健地发展。教师流动制度能够使流动教师更好地了解教师流动,让教师更快地找准自己的位置,使工作更顺畅,使教师流动更加有效。教师流动制度能够提供更加公平、公正的平台,避免教师流动存在个人主观性和随意性,能够更有效地激励流动的教师。总之,通过教师流动制度,可以有效促进教师流动的有序进行,提升教师流动的质量,强化教师流动的保障水平,最终实现教师流动的高效进行。

第一节 教师流动制度的概念和类别

教师流动制度是指,为实现流动目标,而约束教师主体在流动中的行为,以公正性为根本价值取向的规则体系。教师流动制度的特征,可从本质特征和一般特征两方面理解。教师流动制度可按照其存在与发挥作用的模式不同、产生的路径不同、层次与作用的范围不同、权责视角不同,划分为不同的类别。

一、教师流动制度的概念

理解"制度"一词,是理解教师流动制度的前提。从词源上说,"制"、"度"二字,在《说文解字》中如此解释:制,裁也。从刀从未。未,物成有滋味,可裁断。一曰止也。度,法制也。从又,庶省声。对此,清代段玉裁《说文解字·注》云:制,裁也。衣部曰。裁,製衣也。製,裁衣也。此裁之本义。此云制,裁也。裁之引申之义,度,法制也。由此,"制"是会意字,本义是修剪枝条,引申义是指裁断、裁定、限制、控制等。"度"是形声字,本义为伸缩两臂量长短,引申义是指标准、程度、限度、法度等。

《辞海》对"制度"的解释为:"要求成员共同遵守的、按一定程序办事的规程或行动准则,如工作制度、学习制度,以及在一定的历史条件下形成的政治、经济、文化等各方面的体系,如社会主义制度。"这里将"制度"理解为一种规程、准则或体系。在《现代汉语词典》中,则将"制度"解释为行动准则或工作方式,即"关于整个社会组织或某一项的整套的行动准则或工作方式"。

在西方的文献中,制度一词的英文表述为"Institution"或者"System"。从词源上看,"institution"是"institute"的派生词,而"institute"源起于拉丁字(institutio),其词干(stem)是"stituere – tut＝statuere"表示"set up";该词在中世纪英语(Middle English)中意为"establish,arrange,teach"。"system"源于上古拉丁语(Late Latin)和古希腊语(Greek),其本义为"the established political or social order"。在现代英语中,Institution一般被译为体制,多指宏观意义上的制度体系,而System一般被译为制度、体系,多指微观层面上的、具体的制度和规则。除了这两个词之外,在一些西方文献中,Regime一词也被翻译为制度,与上两个词相比较,它更加强调制度的社会性和强制性因素。

"制度"一词,在我国古代汉语中约有以下几种用法:一是指在一定历史条件下形成的法令、礼俗等规范。如《易·节》:"天地节,而四时成。节以制度,不伤财,不害民。"①二是指制订法规。如《左传·襄公二十八年》:"且夫富,如布帛之有幅焉,为之制度,使无迁也。"②三是指规定、命令。如《后汉书·光武帝纪》:"帝之下书有曰:一曰策书,二曰制书,三曰诏书,四曰戒敕。制书者,帝者制度之命,其文曰制诏三公,皆玺封,尚书令印重封,露布州郡也。"③四是指规定品级的服饰。如丝弦戏《空印盒》第十场:"与他去了制度!"五是指制作。如王实甫《西厢记》第三本第四折:"桂花性温,当归活血,怎生制度?"④六是指制作方法。如朱彧《萍洲可谈》卷二:"东坡在黄州,手作菜羹,号为东坡羹,自叙其制度,好事者珍奇之。"⑤七是指规模、样式。如《史记·孝武本纪》:"上欲治明堂奉高旁,未晓其制度。济南人公玉带上黄帝时明堂图。"⑥八是指一定的规格或法令礼俗。如《东周列国志》第七十八回:"既至夹谷,齐景公先在,设立坛位,为土阶三层,制度简略。"⑦

不同学科对制度有不同的理解,不同学科内部不同学者从不同的视域出发,对制度亦有不同的理解。

社会学领域对制度的理解:日本学者横山宁夫把制度理解为,规范主体行为的外在约束,制度"是个人的行为受到来自主体以外的约束,并对个人的理念给予一定框框似的,是一种'规范性文化'"。⑧ 英格尔斯(A. Ingalls)强调制度的群体角色及行为:"正像社会行为可以聚集为习俗一样,一组组这样的行为也可以被聚集为角色,围绕着某个中心

---

① 孔颖达.周易正义[M].北京:中国致公出版社,2009:233.
② 左丘明.左传[M].北京:中华书局,2012:1024.
③ 范晔.后汉书[M].北京:中华书局,2007:13.
④ 王实甫.西厢记[M].上海:上海古籍出版社,1978:127.
⑤ 朱彧.萍洲可谈[M].北京:中华书局,2007:73.
⑥ 司马迁.史记[M].北京:中华书局,2009:108.
⑦ 冯梦龙.东周列国志[M].上海:上海古籍出版社,2012:578.
⑧ [日]横山宁夫.社会学概论[M].毛良鸿,朱阿根,曹俊德译.上海:上海译文出版社,1983:187.

活动或社会需要而组成更为复杂的角色结构也可以被聚集为制度。"①我国有学者强调了制度的正式规范性:"社会制度指的是在特定的社会活动领域中围绕着一定目标形成的具有普遍意义的,比较稳定和正式的社会规范体系。"②也有学者更强调风俗、习惯、道德等非正式形态的规范:"制度是人们在社会生活中自然形成和创造出来的决定人们行为的文化现象。"③

经济学领域对制度的理解:美国经济学巨匠、制度经济学鼻祖凡勃伦(Veblen)在其名著《有闲阶级论》一书中,将制度定义为:"制度实质上就是有关个人和社会的特定关系及特定功能的一般思想习惯。"④从思想习惯来界定制度,强调了制度的内在性,"凡勃伦对制度的理解,表明了个人将外在的作为规则的制度内化为个人心理特征的过程,为深入理解制度的本质,提供了心理学的参考"。⑤可以说,凡勃伦强调了制度的内在性和人的行为两者之间的内在契合。但对制度的这种理解,却弱化了制度的外在强制性。

美国经济学家、旧制度学派的代表人物康芒斯(Commons)认为,"我们可以把制度解释为集体行为控制个体行为"。⑥而关于集体行为是如何控制个体行为的,他认为:"为个人决定这些彼此有关的和交互的经济关系的业务规则,可以由一个公司、一个卡特尔……一个政党或是国家本身规定和实行……业务规则有时候叫做行为的规则。"⑦可以看出,康芒斯所谓的制度,无非是集体行动控制个人行动的一系列行为准则或规则。

诺贝尔经济学奖得主道格拉斯·C·诺斯(D. C. North)在《制度、制度变迁与经济绩效》一书中指出:"制度是一个社会的博弈规则,

---

① [美]英格尔斯.社会学是什么[M].陈观胜,李培荣译.北京:中国社会科学出版社,1981:99.
② 郑杭生.社会学概论新论[M].北京:中国人民大学出版社,1987:253.
③ 陈颐.简论以制度为学科对象的社会学[J].社会科学研究,1988(3):66.
④ [美]索尔斯坦·凡勃伦.有闲阶级论[M].蔡受柏译.北京:商务印书馆,1997:138.
⑤ 卢现祥,朱巧玲.新制度经济学[M].北京:北京大学出版社,2010:292-293.
⑥⑦ [美]康芒斯.制度经济学(上册)[M].于树生译.北京:商务印书馆,1962:89.

或者更规范地说,它们是一些人为设计的,形塑人们互动关系的约束"。① 在《经济史中的结构与变迁》一书中,诺斯进一步指出:"制度是一系列被制定出来的规则、守法秩序和行为道德、伦理规范,它旨在约束主体福利或效用最大化利益的个人行为。"②在诺斯看来,制度是一种"约束"的"规则",其对象主要是"人们互动关系"和"个人行为"。

日本经济学家青木昌彦关注制度的内生性要素,将制度理解为一种博弈的均衡,"制度的本质是对均衡博弈路径显著或固定特征的一个浓缩性表征,该表征被相关域内的几乎所有人所感知,认为是与他们的决策相关的"。③ 但这种理解掩盖了均衡背后的不公平要素,对强制性制度变迁缺乏合理的解释。德国学者柯武刚、史漫飞强调,"制度是人类相互交往的规则,它抑制着可能出现的机会主义行为和怪癖的个人行为,使人们的行为更可预见并由此促进着劳动的分工和财富的创造",④制度被理解为对行为约束以保障经济活动的规则。

政治学领域对制度的理解:美国著名政治学家罗尔斯(J. Rawls)认为:"制度是一种公开的规范体系,这一体系确定职务和地位及他们的权利、义务、权力、豁免等等。"⑤美国著名政治学家亨廷顿(S. P. Huntington)把制度看作是行为模式:"制度就是稳定的、受珍重的和周期性发生的行为模式。"⑥而且,亨廷顿在理解制度时,充分考虑了社会背景这一要素,认为制度的功能是在社会发展中不知不觉的状态下实现的,这种主张强调了制度的非实体性。我国有学者将制度理解为一

---

① [美]道格拉斯·C·诺斯.制度变迁与经济绩效[M].杭行译.上海:三联书店,2008:3.

② [美]道格拉斯·C·诺斯.经济史中的结构与变迁[M].陈郁,罗华平等译.上海:三联书店,1994:266.

③ [日]青木昌彦.比较制度分析[M].周黎安译.上海:上海远东出版社,2001:28.

④ [德]柯武刚,史漫飞.制度经济学——社会秩序与公共政策[M].韩朝华译.北京:商务印书馆,2002:35.

⑤ [美]罗尔斯.正义论[M].何怀宏,何包钢,廖申白译.北京:中国社会科学出版社,1998:50.

⑥ [美]塞缪尔·P.亨廷顿.变化社会中的政治秩序[M].王冠华等译.上海:三联书店,1989:12.

种文化现象:"制度是人们在社会生活中自然形成和创造出来的决定人们行为的文化现象。"①这种理解与亨廷顿的观点有异曲同工之妙。

以上述对制度的理解为基础,界定教师流动制度需要强调以下三个方面:首先,教师流动制度是教师流动行为的规范、是教师流动目标的保障和达成目标活动的具体承载者,若缺乏教师流动制度,教师流动行为将走向无序化和盲目化;其次,教师流动制度应是一个规则系统,由多项子制度构成,这些子制度相互影响、共同作用,从各个方面、不同角度共同保障教师流动的合理进行,形成有序的动态整体;最后,公正性是教师流动制度的基本价值取向。教师流动制度的存在,根本上是为了保障教师流动过程中的公平正义,不仅要求整体公正的实现,还要求能尊重教师的主体性,使教师在自主流动中达到自身价值的发展完满。由此,教师流动制度是指:为实现流动目标而约束教师主体在流动中的行为,以公正性为根本价值取向的规则体系。

教师流动制度的存在有其合理性基础。教师流动制度的合理问题是其内部的自洽性问题,是教师流动制度建构的基础和前提。从字面看,合理性就是"合乎理性"和"合理的特征"。黑格尔(Hegel)认为,合理性就是依据事物的普遍规律和原则规定自己的行动。② 哈贝马斯(Jürgen Habermas)认为,"合理性体现在总是具有充分论据的行动方式中"。③ 我国有学者认为,合理性就是合乎规律性、合乎科学的原理,它借助逻辑、概念符号及工具的技术设计来追究思想、知识和行动的明晰性和有效性。④ 对教师流动制度而言,合理性是一个规范性的概念,其内涵是"理由"与标准之间的关系,其外延指符合一定合理性标准的教师流动观念和行为。

教师流动制度合理性的基本内容主要是指,合规律性、合目的性与

---

① 陈颐.简论以制度为学科对象的社会学[J].社会科学研究,1998(3):66.
② [德]黑格尔.法哲学原理[M].范扬,张企泰译.北京:商务印书馆,1961:254.
③ [德]哈贝马斯.交往行动理论(第一卷):行动的合理性和社会合理性[M].洪佩郁,蔺青译.重庆:重庆出版社,1994:40.
④ 吴刚.知识演化与社会控制:中国教育知识史的比较社会学分析[M].北京:教育科学出版社,2002:266.

合规范性的统一。就合规律性而言,一方面教师流动制度的设计和安排,要依据教师流动制度本身的性质、特点和规律而展开;另一方面教师流动制度所具有的认识规律和评价方式,对于教师流动制度的建构和运行具有规范性的要求,要求教师流动制度的设计与安排要自觉遵循其规律。就合目的性而言,主要是指教师流动制度应当有自己的制度公平价值取向和发展目标,应当能促进社会公平正义的实现。就合规范性而言,主要是指教师流动制度的最终目的是规范教师的流动行为,指导教师的流动活动,并使之趋向合理化。

教师流动制度的存在还有其合法性基础。对合法性的理解有几种,一是在西方通常被作为政治分析的基本概念工具,一般被理解为是某种公共权力或政治秩序具有的权威性、有效性和正当性。二是把合法性理解为成员的信仰,即成员对某种系统的信仰。德国著名社会学家韦伯较早提出合法性的概念,他认为合法性表明秩序系统获得了系统成员的认同和忠诚。因此,一种秩序系统的存在,取决于它是否有能力建立和培养其成员对其存在意义的普遍信念。合法性的适用可能由行为者归于一种制度,基于价值合乎理性的信仰,基于现行的章程合法性的信仰。[①] 韦伯把以认同和忠诚为基础的信仰,看作是合法性的基础。斯夏(Schaar)也表明了同样的观点,认为合法性就是系统引发并维持某种信仰的能力。[②] 对教师流动制度而言,信仰亦成为其合法性的基石。也就是说,教师流动制度的合法性要基于教师的认同和忠诚,这种认同和忠诚进而引发教师对流动制度的信仰。教师流动制的合法性还在于流动制度本身的有效性、正当性和权威性,这也是流动制度合法性信仰来源的基础和内在依据。教师流动制度本身倘若无效、不正当、没有权威,那么对制度的信仰也就无法建立起来。

二、教师流动制度的特征

教师流动制度的特征是指:教师流动制度在单维时间和客观空间

---

① [德]马克思·韦伯. 经济与社会:上卷[M]. 林荣远译. 北京:商务印书馆,1997:66-67.

② SCHAAR J H. Legitimacy in Modern State [M]. New Brunswick:Transaction Books,1981:86.

中的概念界定及其修饰。所谓概念界定,就是对教师流动制度所有外延的抽象概括,在客观层面上尽可能地通达其内涵,在此基础上形成教师流动制度的本质特征。所谓修饰是指,在概念界定的基础上,寻求该概念所包含的外延区别于其他概念外延的共通特性,也即该概念可用修饰词所包含的内涵,形成教师流动制度的一般特征。

教师流动制度的本质特征:教师流动制度本质上是一种规则体系。作为规则体系,教师流动制度内在要求作为权力结构由强制力保证实施,外在要求其逻辑结构的形式正义。所谓权力结构,即通过权力设定界限、制定规范,并监督实施、有效制裁。权力在韦伯看来,是一种即使遭到反对也能贯彻自己意志的任何机会,不管这种机会是建立在什么基础之上。韦伯认为,人的社会行为总是基于一定的主观意图,没有任何一个人会成为没有自己的任何主观意义取向的、完全绝对服从他人意志的工具。但是社会生活中,又确实存在着一个人在遭遇别人反对的情况下,依然能一定程度上左右对方行为的现象。韦伯把这种现象中展现出的人的能力称作"权力"。韦伯进一步指出,权力并不是单向的力的概念,而是指一种关系,这种关系是由具有主观意义取向的行为主体有意识的社会行动构建起来的。在关系体系中,权力表现为一方根据自己的目的影响另一方,以造成符合自己目的的某种特定结果的力量,事实上是人的意志的体现。由此,权力关系表现为一种结构,既是一种命令服从的意志结构,又是一种通过占有关系体现出来的经济结构。

教师流动制度作为一种规则体系,要求强制力保障实施,在意志与物质两方面,对流动性为主体进行合理分配,权力结构是其存在与发挥作用的本质所在。这种结构便是教师流动制度的内在结构,是其逻辑结构的基础,正是权力结构决定了教师流动结构和教师流动行为,在多大程度上,被发现、选择和确立为教师流动制度的逻辑结构。对教师流动制度而言,其逻辑结构就是教师流动制度的存在形式,也是作为其本质的权力结构的外在表现,体现最起码的形式正义。教师流动制度的逻辑结构,标志着教师流动制度对教师流动的规则,在逻辑或形式上的合理性,是通过反映教师流动和组织协调教师合理有益流动而被发现和创造出来。

不仅显性的教师流动制度有其逻辑性,作为隐性教师流动制度的教师流动习俗,也体现着教师流动实践的逻辑。从教师个人来看,教师流动习俗是人们习以为常的流动取向规划模式,它暗藏无须明确意识的行动。教师流动习俗正如个人习惯一样,并不总是起着正向的作用,它有可能在与现实不相符时,对人们的选择产生误导。从表面上看,人们对教师流动习俗的遵循,是一种不假思索的、不证自明的选择,并没有深入的思考和原因分析。但是,教师流动习俗既然是教师流动制度的特殊形式,就必然有其内在逻辑,可以起着规则化和规范化的作用,只是因其已经内在化,并且简化为人们的本能倾向,才使得其逻辑化遵从成为多余,也使得教师流动习俗没有必要取得外在的逻辑形式。

教师流动制度的权力结构直接制约着其逻辑结构,决定了逻辑结构的基本范围、在什么程度上发挥作用,以及逻辑结构的意义、形式、效力和作用机制。要准确地看教师流动制度,就必须透过逻辑结构深入到本质性的权力结构,从形式和根源两方面进行把握。

教师流动制度的一般特征主要体现在以下三方面:

首先,教师流动制度具有相对的稳定性。教师流动制度在一定范围内,需要长期稳定地发挥约束教师流动相关行为的作用,为教师流动行为提供一定的规范。稳定性是教师流动制度得以存在和发挥作用的基本前提,失去稳定性的教师流动制度,必然陷入朝令夕改的混乱,制度也就形同虚设。但教师流动制度的稳定性并不是一成不变,而是一种相对性的存在,它必然会随着社会实践的变化和发展,而实现制度的变迁。教师流动制度的相对稳定性,一方面保证了教师流动制度能够合理存在和发挥作用,另一方面也为教师流动制度的设计和创新提供了重要的前提条件。

其次,教师流动制度具有相对强制性。作为权力结构的外在表现形式,为保障基本的形式正义,教师流动制度必然要有一定程度上的强制性。强制性有利于保障教师流动制度界限的稳定和有效,通过对允许与否的流动制度强制力区分,来界定教师流动行为发生与否和发生的尺度。但这种强制力又并非绝对,在保障形式正义的前提下,必须留有一定的自由选择空间,以相对选择权来保障细节的合理和相对利益的可持续增长。

第三,教师流动制度具有较强的科学性。教师流动制度不是只根据人的主观感觉就可以被制定出来,并能够有效实施,而需要对教师流动具体实践问题进行详实而有效的分析研究,并在研究的基础上,形成教师流动制度的基本理解。然后根据这些理解和理论制定出科学的教师流动制度。如此,才可能最大程度地保障教师流动制度有效发挥作用,并保证教师流动制度的被认可性和可执行性。

三、教师流动制度的分类

按照不同的划分标准,教师流动制度可以被分作不同的类别,主要有以下几种类别划分:

第一,按照教师流动制度存在与发挥作用的模式不同,可以把教师流动制度分为正式制度与非正式制度两种类型。美国经济学家诺斯(D. C. North)提出,制度可以分为正式制度和非正式制度,"正式制度是指这样一些规则与规范,以某种明确的形式被确定下来,并且由行为人所在的组织进行监督和强制力保证实施,如各种成文的法律、法规、政策、规章、契约等。非正式制度是指那些靠长时间的经验积累产生的、对人的行为不成文的限制,包括价值信念、伦理规范、道德观念、风俗习惯和意识形态等"。[①] 教师流动的正式制度是指以明确的形式确定的教师流动中必须遵守的规则和规范,并由组织进行监督和强制力保证实施。教师流动的正式制度具有稳定性和强制性特征。稳定性意味着教师流动正式制度一经制定,便能够在较长的时期内发挥作用,不会轻易进行变动。教师流动的非正式制度是指,在教师流动中长期形成的对流动教师不成文的约束和限制力量。教师流动的非正式制度具有内生性、非强制性、广泛性和延续性特征。

第二,按照教师流动制度产生的路径不同,可以把教师流动制度分为内在制度和外在制度两种类型。制度经济学派认为:"内在制度(internal institution)是从人类经验中演化出来的。它体现着过去曾最

---

① [美]道格拉斯·C·诺斯.制度、制度变迁与经济绩效[M].杭行译.上海:三联书店,2008:56.

有益于人类的各种解决办法。其例子既有习惯、伦理规范、良好礼貌和商业习俗,也有盎格鲁—撒克逊社会中的自然法。违反内在制度通常会受到共同体中其他成员的非正式惩罚。例如,不讲礼貌的人发现自己不再受到邀请。但是,也有各种执行内在制度的正式惩罚程序"。①教师流动的内在制度是指,教师流动中起作用的风俗习惯和伦理规范等程序,教师流动的内在制度以一种非正式的约定俗成的方式对教师起作用。"外在制度(external institution)是被迫自上而下地强加和执行的。它们由一批代理人设计和确立。这些代理人通过一个政治过程获得权威,比如司法制度。外在制度配有惩罚措施。这些惩罚措施以各种正式的方式强加于社会(如遵循预定程序的司法法庭)并可以靠法定暴力(如警察)的运用来强制实施"。②教师流动的外在制度是自上而下制定的、具有强制力的、教师必须执行的规则,教师流动的外在制度是一种正式的对教师起着强制性作用的规则体系。

第三,按照教师流动制度层次与作用范围不同,教师流动制度可被划分为宏观制度和微观制度两种类型。教师流动的宏观制度是指,对教师流动在总体层面发挥约束功能的制度,其关注的是教师流动的整体,关乎的是教师流动的总体秩序和规范,其制定者一般是国家或省级教育行政部门。教师流动的微观制度是指,对教师流动的具体细节上发挥组织协调作用的规范、规则,针对的是专门的、具体的教师流动行为活动,其制定者一般是基层的教育局。

第四,按照教师流动制度权责视角不同,教师流动制度可被划分为义务性制度、禁止性制度和授权性制度三种。教师流动义务性制度强调,通过制度要求流动教师必须为其不当行为承担相应的责任,接受相应的惩罚;教师流动禁止性制度是指,明确规定流动教师不得采取某种行为的规范;教师流动授权性制度是指,赋予流动教师有采取某些行为,即规定流动教师权利的规范。

---

①② [德]柯武刚,史漫飞.制度经济学:社会秩序与公共政策[M].韩朝华译.北京:商务印书馆,2000:36-37.

第二节　教师流动制度的功能和价值

教师流动制度的功能是指：制度对教师流动的功效和作用，它通过协调、控制教师流动的各个方面，使之更加有序，并获得最佳的效益。教师流动制度具有规范、激励、约束和形成秩序四大功能。教师流动制度的价值是指，教师流动制度所能够和应该发挥的效用和效益。教师流动制度的价值集中体现在：对教师流动行为的合理规范和制约，保障教师流动行为参与主体享有基本的自由、平等和正义。

一、教师流动制度的功能

"功能"在《辞海》中的释义是功效与作用，指某一事物或活动独立于人的主观愿望的客观后果。由此，制度的功能可以被理解为制度的功效与作用，指制度存在与运行所能带来的客观后果。在经济学的视野里，制度的功能主要是作为衡量和保证效率的标准，为市场中的经纪人提供有限及有效的信息，使其预期成为可能，从而获取经济效益。在社会学家那里，制度的功能主要在于使自然状态下相对复杂的人际交往过程变得易理解和可预见，通过协调不同个人、不同团体以及相互之间的关系，避免破坏性冲突，使人际环境更加有序。在法学界，制度的功能主要体现在通过合理的结构，控制由无序和专制带来的危险。剥离上述定义中的学科界限，可理解教师流动制度的功能为：制度对教师流动的功效和作用，它通过协调、控制教师流动的各个方面，使之更加有序，并获得最佳的效益。具体而言，教师流动制度具有规范、激励、约束、形成秩序的功能。

教师流动制度的规范功能有两方面指向，一是指教师流动制度是对流动教师的行为进行评价的尺度和标准，二是指教师流动制度作为尺度和标准对流动主体的行为进行评价。就前一方面而言，教师流动制度是一种自带价值评判的规则体系，体现了多数行为参与主体的事实行为和期待取向，以其存在和发展直接影响流动主体的行为方式。所谓规范功能，就是规定流动主体在面临具体的流动选择时应该如何行动的准则。就第二方面而言，教师流动制度在其运行的过程中，影响着流动主体的意识,调整流动主体的行为,并因此规范地发挥作用。流动主体若不愿自身流动行为违背该领域内的集体观念,以致损伤个人利益,就必须在流动行为的进行过程中尊重、认同和执行教师流动制度的规范性,将教师流动制度作为自身流动行为的标准。

  教师流动制度的激励功能和约束功能是以其规范功能为基础的。在制度明确规范的基础上,在制度作为规范的运行过程中,教师流动制度体现出对规范内行为的激励功能和对规范外行为的约束功能。所谓激励功能,是指规范内行为受到制度保护,能够获益,进而使流动主体更加遵守这种制度;所谓约束功能,是指流动过程中的规范外行为受到制度的惩罚及限制,不能获益,因而减少乃至消失。若在具体的流动过程中,规范外的行为未受到有效的约束,甚至在规范之外得以壮大发展,则说明该制度不合理或者不再合理,流动主体就会在规范外行为多次发生之下形成新的行为惯性,进而取缔旧的教师流动制度,发展出新的制度。因此,约束与激励功能实质上也是在实践过程中,对教师流动制度进行检测和合理更新。通过规范的确立和运行,教师流动制度的激励功能和约束功能得以发挥,教师流动制度就为教师流动行为明确了可行范围——合乎要求的行为将正当获益,超出范围的行为将受到惩罚进而减少,如此,整个领域内的行为将规范化和有序化。

  在教师流动行为领域规范化和有序化的基础上,教师流动制度的形成秩序功能得以体现。秩序对于以社会群落方式生存生活的人类来说,有着至关重要的作用,正如博登海默所言,"秩序在人类生活中也起着极为重要的作用。大多数人在安排他们各自的生活时都遵循某些习惯,并按一定的方式组织他们的活动和空闲时间"。① 可以说,秩序是人类社会发展的一个必要性前提条件,也是人类社会生活有序进行的重要保障。若缺乏有效秩序,必然导致人类行为的失范和公平正义的失落。具体到教师流动领域,缺乏秩序必然导致教师流动的混乱无序,以致个人和集体利益受损。形成运行规范,对主体行为进行约束和激励,最终目的是形成秩序。正如帕森斯(T. Parsons)所指出,"社会中

---

  ① [美]博登海默.法理学:法律哲学与法律方法[M].北京:中国政法大学出版社,1999:223.

存在着一种规范秩序;它是社会成员对社会的一致性理解,通过内化(主要是社会成员的社会化)过程,使成员得以共享这种规范秩序;当社会成员按照它规定的规则行事时,就避免了'失范'或'战争',从而产生了社会中稳定的事实秩序"。① 教师流动制度作为教师流动行为的规范,是教师流动行为主体对于教师流动的一致性理解和价值取向,通过对主体行为的激励与约束,使得理念内化,为行为主体所认同。当行为主体在流动过程中都能按其行事,就会避免流动过程的混乱无序和主体利益受损,从而产生了教师流动领域内稳定的事实秩序。

二、教师流动制度的价值

所谓"价值"是指"人们在认识和改造世界中形成的表明客体满足主体需要的一种特殊效用关系,是对象能够满足社会与个人的需要,给他们带来利益和好处的那些属性"。价值是一个应然性概念,客体对主体的价值应然地存在于该客体本质和主体需求中;由于某种主体需求的产生需要一定社会客观条件,因此不能因为某种客体未被主体需求而否认其价值存在;这种价值的现实表现,是一种价值实现或者价值外化,而不是价值本身。教师流动制度的价值,就是教师流动制度作为有一定强制力保障实施的规则体系,它所能够和应该发挥的效用和效益。教师流动制度的价值集中体现在,通过对教师流动行为的合理规范和制约,保障教师流动行为参与主体享有基本的自由、平等和正义。

首先,教师流动制度有助于保障教师流动的自由。在制度的保障下,教师有流动的自由,也有不流动的自由,并且有自主选择流动方式和流动方向的自由。若缺乏制度管理,则必将存在流动过程中利益的交叉重叠,并使部分流动不合理化,也无法保障人人享有适其所需的流动机会,教师流动只能走向无法自主自为的受限境地。与此同时,教师流动制度为教师流动行为提供了预见性,通过对制度条款与制度执行方式的解读,作为流动主体的教师,就能对流动行为中的风险有一定程度的预见。预见性意味着掌控性,掌控性的提高则与自由度的提升息息相关。但是,教师流动制度为教师流动行为划定界限,这其实也划定

---

① 杨善华.当代西方社会学理论[M].北京:北京大学出版社,1994:52.

了流动主体可享受自由的界限。在制度许可范围之外的流动,受到制度本身的限制,合理的限制是为了更大的自由。一方面,若教师流动失去应有的限制,不合理的流动行为必将增多,则将对合理流动者的利益造成巨大威胁;另一方面,若不遵守合理流动的制度界限,自身的流动行为将不受制度保护,流动的后果与风险也难以预料,造成事实上的不自由。

其次,教师流动制度有助于保障教师流动的平等。教师流动制度的平等价值在于,保障教师流动行为主体享有均衡的利益,并将这种保障均衡利益的分配方式作为制度理念,而为行为主体所尊重和认同。平等不只存在于流动教师个人对于自身行为的践行中,更重要的是体现在流动教师主体间的关系之中。前者要求教师流动制度不但能够使流动教师个人权利不受侵害,而且能够使每个流动教师,以正当的方式追求其应得的利益。而后者则要求每个参与流动的教师,在制度范围内享有相对均衡的流动权利与流动自由,并通过制度手段最大化地保障其在流动过程中享有相对均衡的利益。由于平等往往在人际互动中体现和发挥作用,因而有着极大的理念意义。平等作为一种制度理念贯彻于教师流动行为始终,有助于保障教师流动行为根源上的平等。

最后,教师流动制度有助于保障教师流动的正义。从根源上讲,"正义取决于事先存在的契约"。① 教师流动制度作为规范和协调教师流动行为的基本契约形式,建立于保障正义的基本理念之下。在实际运行过程中,教师流动制度通过基本的机会公正原则与差别原则的结合,保障教师流动过程中权利分配的公平正义。机会公正原则,即通过制度,首先使每个流动教师享有实践层面或理念取向上基本公正的流动机会和流动中受益机会。在此基础上,认清由于历史实践的差异,每个流动教师所处的位置与所享受的权利必然存在原初的差别,针对这种起点的不均,始终从最少受惠者的角度来考虑问题,采取补偿原则来对其进行矫正。

---

① [英]霍布斯.利维坦[M].黎思复,黎廷弼译.北京:商务印书馆,1985:115.

第三节 教师流动制度的现实困境

在现实层面,教师流动制度的建立和运行,对教师流动的运行起到了很好的规范和引导作用,为教师流动得以顺利进行提供了坚实的保障。不过,由于教师流动制度本身及其之外的种种原因,导致教师流动制度在运行中还存在一些问题,这些问题使教师流动面临一些亟待克服的困境,主要表现为:教师流动主体意愿与流动需求不匹配,教师流动制度体系不完善,教师流动主体参与性不足。

一、教师流动主体意愿与需求不匹配

教师流动制度在具体运行过程中,出现了教师流动主体意愿与需求不相匹配的状况,主要表现为两方面:一是教师个人流动意愿与其流动需求不匹配。即是说,教师本身有流动需求却放弃流动,或者本身不愿流动却勉强进行流动。二是教师流动个人意愿与学校、社会的整体流动需求不相匹配。意即教师个人无法把握学校、社会的现实需求,从个人主观臆断出发,进行不合理流动;或者学校、社会未能合理把握教师需求,从单一惯性理念出发,造成违背教师个人意愿的不合理流动。

从教师个人角度来讲,作为流动行为主体,教师有流动的需要,从而也愿意流动。但由于教师流动制度设计的原因,使流动教师无法从现行流动制度中获取必要的信息,无法预估流动成本,以至于更愿意相信惯性理念,保持现有状况不变,造成流动意愿违背流动需要,从而制约了教师的实际流动。与之相对应,另一部分教师可能并无现实的流动需求,却出于对制度理念的错误解读,罔顾自身需求而盲目流动,造成个人利益受损。

就教师意愿相对于学校、社会整体需求而言,一部分教师未能把握学校、社会的整体需求,对于需求满足过剩与需求供应不足的岗位,不能全面了解和整体把握,以至于制定自身流动规划时出现偏差,既未能达成自身目标,又导致整体利益受损。与之相对应,学校、社会作为整体,罔顾现实需要,从单一惯性理念出发执行教师流动制度。这主要表

现为:脱离教师个人需要和教师流动实际,通过制定一些从主观出发的强制性规定限制教师流动:"一是通过与学校教师签订劳务合同,明文规定,教师在一定期限内不得以任何理由提出离职请求;二是通过政策规定,对个别岗位的教师提出不允许继续深造;三是对学校教师的离职行为给予经济处罚,往往经济处罚的代价是流动教师难以承受的;四是通过一些强制性手段,扣留教师的人事档案关系,要求教师在进修或短期流动后必须回到原单位工作。"这种规定严重脱离了流动教师的实际需求,造成制度难以真正实行。

二、教师流动制度体系不完善

教师流动制度作为一个需要子制度相互作用、共同起效的规则系统,还存在一些不完善的地方,具体表现为:教师人才流动管理制度单一化、死板化,缺乏活性与机动性;教师人事管理制度存在着区块割裂、结构不合理导致的运行问题;教师薪资报酬制度在公平、合理方面做得还不够到位;教师流动保障制度还未能与教师流动制度相匹配并切实发挥其保障作用。

(一)教师人才流动管理制度僵硬死板

教师人才流动管理制度僵硬死板主要表现在对于优秀教师的单向选拔式流动方面。对于人才流动的管理缺乏活性与张力,一方面表现在教师个人能力并不能全方位地得到考察,多以学生成绩为主要导向,拥有其他方面优势的教师,可能在评价中被迫居于末流,影响其合理流动,直接制约了许多教师流向更合适的岗位的可能性,也使一些教师由于不能适应所处岗位而消极怠工,造成教师的隐性流失。另一方面,在现有的考察评价制度之下,将教师各种行为都纳入一定的制度框架内,以框架作为统一的衡量标准,各方面考核优异的教师会被选拔进入条件更好的学校任教,造成学校之间资源分配的更大不均衡。现阶段,受升学压力和城区社会的影响,教育行政部门僵硬死板地选择选拔考核优秀教师进入示范学校或重点学校,以保障这些学校的发展。如此一来,强者更强,弱者更弱,强弱固化,难以撼动,违背了教师流动制度保障师资均衡分配的初衷。

（二）教师人事管理制度运行不畅

教师人事管理制度运行不畅主要源于区块割裂以及结构不合理。一方面，教师属于特定的区块，在区块内流动尚且受到制约，遑论进行区块间宏观规划的流动；另一方面，现行的人事管理制度在看似公平合理的选聘制作用下，由于学校间的先天优势差异，造成事实上的结构不合理，带来学校与教师双方的公平都不能真正实现的问题。

所谓区块割裂，是指在现行的教师人事管理体制中，教师并不是真正意义上独立的"社会人"，也不属于完整的"部门人"（或系统人），而是实质上的"单位人"（或学校人）。我国《教师法》规定"教师是履行教育教学职责的专业人员"，将中小学教师排除在国家公务人员之外。因此，我国中小学教师的管理权限实质是在学校，许多学校把教师视为单位的内在附属品，禁止本单位教师合理流动。这种状况同时也极大地限制了地方教育行政部门根据实际情况对教师流动进行宏观管理，难以实现师资的合理调配。

所谓结构不合理，是指我国各地在推行聘任制度的过程中，条件好的城镇学校在聘任教师中遇到的困难少，而条件差的农村学校则难以聘用到优秀教师、骨干教师。各地还普遍存在着"教师选考制度"，即每当城市学校缺少教师需要补充（但并不一定是缺编）时，地方教育行政部门就会从农村学校选拔一部分优秀或骨干教师进入到城市学校。显然，这两种形式的教师聘任制度与教师流动制度所力图实现的城乡教师合理流动和均衡配置是背道而驰的。

（三）教师薪资报酬制度不够合理

由于现阶段城乡差距的客观存在，城乡教师的实际收入难以实现同工同酬，成为城乡教师定期流动制度建设的重要阻碍。《国家教育督导报告2008(摘要)》的调查显示，全国农村小学、初中教职工人均年工资收入分别仅相当于城市教职工的68.8%和69.2%。2006年与2005年相比，有13个省、自治区、直辖市的城乡教职工工资收入差距有所扩大。同时，调查还显示，近50%的农村教师和县镇教师反映没有按时或足额领到津贴、补贴。此外，由于中央和省级政府的转移支付本身透明度低,无法有效进行监督,以致挤占挪用农村教师工资的现象时有发生。① 而处于利益优势一端的城区教师,在享有较好生活条件、工作环境、子女入学条件的同时,还享有高福利收入待遇,他们不可能放弃这些优厚条件,而流动到农村。城区教师在薪酬福利、工作安排、人文氛围等方面与农村中小学校的实际差距,是阻碍城乡教师全员定期流动的现实障碍。

(四) 教师流动保障制度不完善

当前我国正逐步推行教师定期流动制度,以期实现教师资源区域间的平衡,但是这一制度缺乏其他配套的保障制度,也缺少相关政策和法律法规保证,没有明确教师流动的义务、期限、待遇等规定,使得教师流动缺乏保障,难以真正贯彻执行。一些地方的教师流动制度在运行中,还局限在鼓励性方面,难以发挥制度的长久有效性,在号召和鼓励城区教师流向乡村学校时,暴露出大量难以解决的问题。政府对建立教师定期流动制度大多仍停留在规划和研究中,孤立的制度更多地体现出理想化特征,缺乏保障其实施的其他相关配套制度支持。

配套的教师流动保障制度缺失集中体现在:教师社会保障制度向城区倾斜,农村教师的社会保障制度长期处于缺位状态。一方面,农村教育基本经费缺乏保障,严重威胁教师流动保障制度的运行。当前,各级政府虽然加大了对农村教育的投入,但整体上农村教育的投入仍然存在很大不足,农村教育整体投入的不足直接制约了农村教师的社会保障制度建设,使农村教师的利益得不到保障。另一方面,教师社会保障形式和筹资渠道单一,难以适应教师均衡合理流动的保障要求。我国实行封闭式的教师管理体制,教师的社会保障主要采取国家或学校统包的形式,在农村地区尤为如此。教师的保障完全由政府和学校决定,有些地区的农村教师即使享受了基本的养老保险,却享受不到课时津贴、住房补贴和公费医疗,甚至没有政策性调资。我国农村教师队伍主要由公办教师、民办教师和代课教师三部分组成。"据教育部统计,2007年,我国农村尚有36万名代课教师。一般情况下,代课教师的工

---

① 贾建国.我国城乡教师流动制度创建的制度阻力探析[J].教育科学,2009(10):34-37.

资只有公办教师的三分之一。在我国农村教师社会保障制度严重缺失的状况下,代课教师的合法权益由谁来保障成为一大问题。2007年,全国共有各级各类民办学校9.52万所。大多数民办学校的教师面临缺少社会保障和失业的高风险"。① 虽然近年来在政府与社会各界的努力下,许多地区民办教师问题得到一定程度的解决,但是随着民办学校新体制的出现与农村教师的大量流失,致使教师岗位吸引力下降,又会有新一轮的民办教师保障问题出现。各地在这一方面进行了大量探索性努力,但由于缺乏统一的政策指导和制度规划,使得本就有限的社会保障资金浪费严重,人为地增大了工作的难度。

另外,农村教师收入低,工资拖欠现象严重,社会保障资金严重缺位,严重阻碍城市教师流向农村的意愿。农村教师失业保险制度缺失,却又面临失业压力,也在很大程度上制约了教师流动制度的运行。

(五)教师流动评价制度有失人性化

现行的教师流动评价制度对于流动教师的评价,未能从作为主体的教师出发,全面考量教师需求和贡献,单以学生成绩为主要评价标准,忽视流动过程中影响因素的多样性,体现出不人性化的特征。流动教师作为流动的主体,也是流动评价的主体。然而,在教师流动实践中,流动教师只能作为被动的"被评价者",在评价过程中,流动教师对自己在流动中的表现没有发言权,完全是外在于教师的机构和人员对流动教师进行评价。这些评价方式都忽视了流动教师是作为主体的个人存在,而只物化地、片面地、武断地进行评价,显然并不能真正满足教师的需要,而且对流动教师的个人贡献率和教师流动的整体效益也缺乏全面的考量。

三、教师流动主体参与性不足

现行的教师流动制度在制定过程中,实际上将作为流动行为主体的教师排除在外。制度因人而设,由人而创,人是制度中的核心要素,

---

① 李江辉,李化树.努力构建完善的农村教师社会保障机制[J].辽宁教育研究,2008(11):100-103.

任何制度都是基于对人性认识前提下展开的实践活动,教师流动制度也不例外。此处的"人"指的就是作为流动主体参与进行教师流动行为的教师个人。然而,在实际的教师流动制度制定过程中,本应作为制定主体的教师却被排除在外,反而是由自身未曾参与教师流动行为的决策者和管理者,在缺乏参与性的情况下,多凭主观臆断进行流动制度的制定。

教师流动制度由不直接参与教师流动行为的权威机构制定,以自上而下的统一管理模式实施,整个制度的制定由各级教育行政部门和学校人事管理部门进行,教师只能被动地执行既定制度,其直接需要和切身权益无法进行表达。而且,在制度与教师需要出现矛盾冲突时,教师也缺乏合理的表达渠道和相关协调机构。这就造成了教师流动制度执行参与者与制度制定者的割裂,实际执行与参与的主体对于教师流动制度认同性不高,也难以真正理解和接受教师流动制度,更遑论通过制度为自身谋求利益并促进教师流动整体利益的提升。并且,制度制定者也无法直观感受到制度运行过程中的优势与劣势,无法从实践的层面真正有效地改善制度,难以使制度制定切实贴合于制度运行主体——流动教师的需求,更无法随流动教师需求的变化而及时调整与改善制度。

第四节 教师流动制度的困境归因

教师流动制度在实践中步履艰难,困难重重,究其原因主要有以下三方面:教师流动制度惯性理念的桎梏;教师流动制度的理论与实践脱节;教师流动制度的制定主体错位。

一、教师流动制度惯性理念的桎梏

出于认知加工简单化需要,人有形成惯性理念的本能。惯性理念形成之后,在遇到类似情境时,就可以省略其中的具体加工过程,而直接依据理念得出应对策略。但是,在惯性理念精简意识加工过程的同时,也带来巨大的负面影响,即无法根据现实情境合理分解理念外意识加工步骤,不能在具体的情境中寻求合适的策略用于解决问题。此时惯性理念就表现出桎梏作用。在教师流动制度的运行过程中,就流动教师个人而言,受其固有制度理念的影响,也可能出于对合理制度理念的未能全面把握,致使在实际流动过程中理念与实践脱节,造成个人利益受损。就学校、社会而言,体现出受封闭性理念影响,使得流动教师个人被动适应于学校、社会需要,缺乏主动性;学校和社会则采取不当的引导策略与执行方式。

就教师个人的流动意愿与其个人流动需求不相匹配的困境而言,教师本身有流动需求却放弃流动的原因是教师个人惯性制度理念的保守性,当事人采取相对保守的姿态应对个人流动需求,以至于制约自身发展。而教师本身不应流动却强制流动则是因为教师所遵循惯性制度理念的冒进性,以冒险突进为其行动特征,冒进性理念往往带来对流动后果预估不足、形成自身意愿范围之外的流动结果的后果。总而言之,教师个人的流动意愿与其个人流动需求,在具体的制度运行过程中不能相匹配,主要是由于作为流动主体的教师,在理解和形成制度理念时,未能从实际出发把握教师流动制度合理的界限和尺度,理性规划自身流动行为。而深化探求这两种状态的根本原因,则很大程度上是因为教师个人在面对流动制度运行的主导者时信息不对等。教师流动制度作为具有权威性和强制性的规则体系,个人如果希望获取足够的信息,形成科学的制度理念,最终有赖于制度本身理念的完善和运行的科学性。

就制度运行过程中个人意愿与学校、社会的整体流动需求不相匹配的困境而言,教师个人无法把握学校、社会的现实需求,是由于教师个人的惯性制度理念未能与制度发展趋势相一致,仍然处于被动性、服从性为主导的理念之下,不能及时、主动地了解教师流动整体运行环境,以致在实践中与学校、社会整体需求脱节。而学校、社会不能合理把握教师需求则是因为学校、社会对整体流动环境的不合理把握和对教师个人诉求的惯性忽视。作为教师流动行为的参与者,学校和社会未能贯彻制度理念,把握制度环境,促成合理的教师流动发生。同时,作为教师流动制度的主导运行者,学校和社会未能对教师负责,传达和引导教师形成科学的理念并使其运用于实际,也未能切实了解和照顾教师个人需求。

二、教师流动制度的理论与实践脱节

教师流动制度的各项子制度不够完善的根本原因在于制度作为社会意识相对于社会存在的滞后性。社会存在决定社会意识，社会意识是社会存在的反映。社会存在的性质决定社会意识的性质。教师流动实践的性质决定教师流动制度的性质，有什么样的教师流动实践，就应有什么样的教师流动制度与之相适应。社会存在的变化决定社会意识的变化，教师流动实践的变化决定着教师流动制度的变化。教师流动实践总是处于不断的变化发展中，与此相联系，教师流动制度也必然会相应地发生或早或晚、或快或慢、或大或小的变化。社会意识对社会存在具有能动的反作用。从质的方面看，不同性质的社会意识对社会存在起着不同性质的作用，亦即不同性质的教师流动制度对教师流动实践起着不同性质的作用。先进的、科学的教师流动制度对教师流动实践的发展产生巨大的促进作用。反之，落后的、非科学的教师流动制度对教师流动实践的发展起着严重的阻碍作用。

从量的方面看，无论教师流动制度对教师流动实践起什么性质的作用，都有程度深浅、范围大小、时间长短的不同。一般来说，作为流动主体的教师对先进的、科学的教师流动制度理解和把握的越多、越普遍，对教师流动实践的促进作用就越大。反之，对教师流动实践的促进作用越小。社会意识相对于社会存在有相对独立性，在一定时期可能滞后于社会存在发展。教师流动制度对于教师流动实践也有着相对独立性，在一定时期的构建可能不适应于教师流动实践的发展要求，体现出不完善的特征。这一问题在实践中产生，也必将在实践中得以解决。制度的最终完善将有赖于实践的参与和检验，在实践基础上，总结经验，形成认识，发展理论，进而将理论用于指导实践。

三、教师流动制度的制定主体错位

长期以来，我国教师流动制度的制定一直采取单一的官僚组织模式，通过自上而下的形式进行，自下而上的话语通路则处于封闭状态。上级组织和领导的权威被过分强调，膨胀成教师流动制度制定环境中唯一的话语权威，而教师的话语则被忽视。教师作为流动行为的主体，却无法参与制度制定,这实际上是教师流动制度制定主体出现了错位。

具体而言,一方面,我国教师流动制度通过自上而下的模式制定。受计划经济体制的影响,我国自新中国成立以来长期实行单一的集权制人事管理制度。在这种制度的影响下,教师只能服从上级人事管理部门的安排和分配,没有自主权和自由选择权。此后,尽管学校的人事管理制度有相应的调整,但尚未从根本上彻底根除这种管理模式的影响。在教师流动制度的制定过程中,就充分显示出这种人事管理模式的消极影响:教师必须严格执行已经制定好的制度,教师几乎无权表达自己的合理意愿。

另一方面,自下而上的话语通道处于封闭状态,缺乏多元化的沟通途径。各个学校的行政管理部门在执行教师流动制度时,往往会采取强制性的手段,以下命令的方式,要求教师对流动制度进行遵守。作为教师本身而言,已经习惯于这种制度制定和执行模式所形成的思维定势,常常只是习惯性地服从,而非主动地认同和试图改善。教师被动地接受和执行流动制度,没有话语通路能使其对制度的制定提供意见,或者对运行过程中出现的问题进行及时反馈,教师流动制度的执行主体与制定主体相分离,作为流动主体的教师处于一种无参与的失语状态。

第五节　教师流动制度的优化路径

在明晰了教师流动制度陷入困境原因的基础上,合理有效地解决教师流动制度存在的种种问题,需要从以下方面寻求有效的优化路径:完善教师流动制度理念和理念传达;健全教师流动制度合理有效的运行体系;强化教师在制度制定中的主体地位。

一、完善教师流动制度理念和理念传达

制度理念是在制度制定过程中生成,在制度运行过程中得以传播的,代表了一种制度在制定和运行过程中的理想化期待和价值导向,亦即代表了人们希望这种制度能够达成什么样的目的,并将这种目的固结于具体的制度之中。因此,要摆脱流动主体意愿与需求不相匹配的困境,走出教师流动制度惯性理念的桎梏,就要在制定过程中形成合理

的理念,并将之以恰当的方式传达给教师流动行为主体。

理念在一定程度上决定制度的基本内容,在制度的制定过程中,形成开放、自由、民主、科学的理念,有助于打破传统理念惯性的桎梏,探求建立合理有效教师流动制度的出路。开放、自由、民主、科学的制度理念,有助于对教师流动行为进行客观认识和理性评价。教师流动制度的完善是当前教师流动面临的一个重要问题,它是教育发展的必然,是教师有序流动的需要,更是在当前教育转型期所必须面对的一个问题。教师流动制度的主流价值观,应该建立在实践的基础上,通过具体的社会历史实践行为,将感性认识上升到理性认识,形成对教师流动行为的客观认识和理性评价。认识在形成之后一方面会发展上升为理论文化,另一方面会反过来指导实践,在实践中获得检验,以佐证主流价值观的形成,因而这一认识对于形成正确的主流价值观至关重要。

教师流动制度的转型需要是教育转型的必然结果。教师自由流动是教师个人能力发展和教育水平提升的重要前提,对其进行有效规制和调节,是我国教育发展中必须面临的一个重要问题。随着近年来市场经济下社会的转型和全社会人才流动的迅猛发展,教师群体的流动也出现了必然超越其旧制度的变化。与此同时,学校人事管理体制也在探求变革之路,作为与学校人事管理制度有紧密交叉的教师流动制度,也就必须随之作出相应的调整。教师流动制度的建立对于学校发展更是利大于弊。从短期看来,教师流动制度对于学校的影响具有双重性,既有积极的一面,也有相对消极的一面,这是一定历史时期教师流动制度尚不完善导致的必然结果。但是,从长远的角度来看,教师流动制度对于学校的发展来说必定是利大于弊的。一方面,教师流动制度促进了教师在校际、区际间的合理有序流动,推进教育教学交流,有利于各个学校的教育教学进步;另一方面,教师流动制度能够使教师在交流过程中体验到不同的校园文化和教学氛围,有助于教师个人水平的提升,进而有助于学校整体教育质量的提升。

理念的传达与制度的实施应当齐头并进。理念融合于制度本身之中,通过制度的运行,理念能够为流动主体所感知和接受认可。然而,这种感知毕竟有着效率低下、容易误解的缺陷,这就要求对教师流动制度理念进行主动传播。要使开放、自由、民主、科学的教师流动制度理念被认可和接受,一是要有效宣传教师流动制度的这些崭新的理念。教师流动制度主流价值导向是开放、自由、民主和科学,但这种价值理念的作用发挥,需要进行大量的宣传,使作为流动主体的教师对其有所了解,并且对其正向功能有合理预期,进而愿意参与到教师流动中去。二是增强教师流动制度管理的民主性和科学性。在以往的教师流动制度管理工作中,存在着很多刚性因素,表现为强权的决策话语、绝对的领导权威、鲜明的等级管理等等,这些因素在一定程度上,都抹杀了教师参与教师流动管理的热情。教师流动制度与教师个人密切相关,教师个人必须要有强烈的参与欲望才能使教师流动真正发挥效益,并真正使教师从流动中获益。因此,这就要求学校要在组织文化建设方面,深入广泛宣传教师流动制度的价值理念,鼓励教师了解教师流动的相关参与途径,提升教师参与流动的热情。

二、健全教师流动制度合理有效的运行体系

教师流动制度各个子制度的完善,需要探索多元化教师人才流动管理渠道,健全教师人事管理体系,建立合理公平的教师薪资报酬制度,配套实施教师流动的保障制度,实现对教师流动的人性化评价制度。

(一)教师人才流动管理制度多元化

要实现教师人才在区际、校际间自由流动,必须有强有力的宏观调控制度作为保障,立足于整体进行规划,分步实施,有序推进。打破僵化的教师人才流动观,探索多元化的教师人才流动管理出路,并建立有效的监督制度,保障其合理运行。

教师流动制度的制定应将促进区域教育均衡发展和缩小城乡教育差距作为出发点和最终目标。要达成这一目标,首先需要坚持由政府统一领导,宏观协调;其次要求相关部门通力合作,共同促进;再就是教育系统全体人员应当积极参与,共同奋斗,形成有组织、有序列的整体工作格局,打破常规思维模式,以大魄力促进教育改革有效进行。必须从宏观上协调教育改革,打破区域内和单位内的短视行为,提高整体意识和作为其中一员的积极参与意识,使近期目标服务于长远目标,使部分利益服从于整体利益,从根本上改变"人员能进不能出"、"城乡教师

无序单向流动"等现状。打破对偏远地区、薄弱学校的歧视,打破人才固化僵化的格局,采用多元手段、多元渠道,促进教师人才的合理有序自由流动。应当结合本区域社会经济发展的现状,坚持统筹规划、分步实施、有序推进,通过试点引路、全面推广的方式进行,完善区域城乡中小学教师定期流动制度。

  监督制度是执行教师流动制度的重要保障,是教师流动制度重要的辅助性制度组成部分。人有着天生的自利动机,要使教师流动制度有效运行,必须对人性中恶的一面有足够的了解和防范,整体责任的实现需要宏观的视界,不能单靠对个人道德的要求和对个人修养的正性期待,这就是教师流动监督制度产生的理论依据。另一方面,教育行政机构亦是由人组成,动机良好的制度在运行过程中,也可能因为人的执行因素而产生不利的影响,这就要求建立能够起到保障作用的监督制度。教师流动监督制度包括政府监督制度和社会监督制度。政府监督制度具有较大的强制性,约束力强,作用直接而显著,在一定意义上可谓是最为核心的监督。政府监督制度需要政府能够真正做到以法治代替人治,完善制度建设,并对那些拒绝或扭曲执行教师流动制度的人员给予严厉惩处。同时,通过制度化建设,实现区域内义务教育学校标准化,有效禁止诸如政绩性重点学校和窗口学校建设行为,以合理、合法、有效、严谨的制度,保障教育资源标准化的公平分配,杜绝倾斜和歧视,以此与教师流动制度的顺利推行互为依托。

  对于制度内的学校与教师来说,主要应从两方面对不利于制度有效实施的行为进行监督。一是本位主义行为,即出于私利拒不执行或扭曲执行教师流动制度,如学校拒绝优质师资流向他校;二是机会主义行为,即以投机取巧的方式,为自己谋求更大利益的行为,如有的教师借支教"镀金",以求谋得职位晋升,事实上并未对流入的学校作出应有的贡献。这些行为对教师流动制度的有效运行具有毁灭性影响,并有可能引发相关教师的不满情绪,进而导致教师流动的低效甚至无效。这就要求必须以合理有效的监督制度,对教师流动的高效实施进行监督。

(二) 完善教师人事管理制度

  要从根本上解决教师流动制度运行不畅的问题,必须探索建立有利于促进城乡中小学教师流动的教师人事管理制度,把教师从"单位人"变为"系统人"。形成社会整体性的教师人事管理制度体系,使得教师能脱离单位制约;落实聘任制,使教师能自由选择最有益于自身发展的流动方向,使学校能自由选择有益于其整体发展的教师。

要加快教师人事管理体制改革,必须探索建立将教师从学校制约中解放出来的制度。就当前具体状况而言,可以探索依据现有法律和相关政策,从当前现实出发,把中小学教师从"单位人"(学校人)转变成"系统人"或"部门人",实行"无校籍管理"的方式。即是说,将中小学教师的管理权限收回到地方教育行政部门,由地方教育行政部门统一聘任、统一管理人事、统一配置师资。新修订的《义务教育法》规定:县级人民政府教育行政部门应当均衡配置本行政区域内学校师资力量,组织校长、教师的培训和流动,加强对薄弱学校的建设。各地可依据自身具体情况,依据新修订的《义务教育法》,专门对城乡中小学教师定期流动作出具体的规定,明确规定区域内所有教师均为某级教育行政部门的"系统人"或"部门人",区域内所有中小学教师实行"同工同酬",由教育行政部门统一管理、统一调配、统一待遇、统一权利和责任,规定城乡教师流动的义务、对象、时间、保障措施和相关责任等。

以此为基础,全面落实教师聘任制。目前在各级各类学校中,教师聘任制还未能得到真正意义上的科学实施。要按照"按需设岗、合同管理、严格考核、择优聘用"的原则推进教师聘任制度,各级学校要从有利于自身整体发展、保障教师全面发展、促进教师整体有序流动的角度出发,实行教师聘任制,优化从教环境。同时,取消"教师选考制度",将农村教师向城市学校流动切实纳入教师流动制度之中。当有农村教师流向城市学校时,城市接受学校应该给予农村学校一定的经济补偿,用于农村学校培训其他在职教师。

(三)教师薪资报酬制度合理化

区域间、城乡间、学校间薪资水平的差异,是造成教师流动制度运行不畅的重要原因。在城乡教师薪资公平层面,不仅应当保障表面数额的平等,还应该考虑到艰苦地区各项资源不足、福利保障落后等状况,进行特殊补贴。因此,需要建立城乡学校教师"同工同酬"和农村地区教师的特殊补贴制度。

不同地区、学校教师实际收入差距的长期存在,是造成教师流动制度运行不畅的最大障碍,这一问题得不到解决,就难以真正有效地实施教师流动制度。因此,各区(县)的教育行政部门,必须在其他相关部门的配合下采取各项措施,统一配置区域内教育资源,全面综合考虑实际情况,逐步统一各校福利待遇标准,并通过建立一定的收入平衡机制,最终实现重点学校与普通学校、城市学校与乡村学校同级别教师实际上的"同工同酬",为实现教师流动创造经济基础。依据教师个人贡献量即业绩,而非所在地区、学校的普遍水准,分配酬劳,力争做到不管在哪一所学校工作的教师,在同等劳动贡献下,收入水平、福利待遇等大致相当。

从实践意义上讲,要协调教师流动制度运行过程中的利益矛盾和冲突,平衡各地区、学校之间的实际收入差,一个基本的选择就是对各利益主体正当利益的损失和不均,进行一定程度的补偿。利益补偿机制是在制度的科学性和约束力之上的润滑剂,以激励和引导的方式体现制度的人文关怀。实际上,只有进行有效的补偿,才能保证教师流动制度长久而有效地运行。也有地区试行通过高薪引导教师前往偏远地区工作,如在浙江省台州等地区,政府已试点性地对农村偏远地区教师发放特殊津贴,但效果并不理想,原因在于这些津贴并没有达到能使农村偏远地区教师实际收入与城市教师持平。因此,在教师流动补偿制度建立、运行的过程中,决策者应充分考虑到制度性流动可能带给教师的诸多不便,并采取不局限于物质的补偿手段,如对那些作出突出贡献的教师,在评定职称等方面进行倾斜的精神补偿。

(四)教师流动保障制度配套化

要保障教师流动的合理有序进行,需要建立起完善的保障体系。目前,我国社会保障体系明显滞后于人才流动的需要,而在教育领域,学校作为相对稳定的事业单位,表现出更大的制度惯性和难以打破的固性。目前在我国农村地区学校,大多没有实行社会化的事业单位养老保险、失业保险制度和医疗保险制度,中小学教师的工资性收入一般只占总收入的50%～60%,因此造成教师对工作单位的较强依附性,受制于单位整体政策和人事安排,自主流动的可能性处于相对较低的水平。要改变这一现状,必须加快社会保障制度的改革,使医疗保险脱离单位限制,实现社会化,变退休制度为退休养老保险制度。实现安置就业与社会福利、社会保障的分离,尽快建立起覆盖全社会的多层次的社会保障体系,实现社会化的统一协调管理,打破单位对教师的限制,降低教师流动的风险和后顾之忧,以促进城乡教师之间的定期流动。在此基础上,还应制定区域中小学教师全员流动实施办法及相关配套制度。通过制定相关政策,明确实行教师定期流动制度的指导思想、基本原则、流动对象、实施步骤、实施办法、配套措施、工作要求等。制定有关教师流动的系统的保障性政策法规,明确教师流动保障的具体操作办法及实施规划。

(五)教师流动评价制度人性化

教师流动最终是教师作为主体的人的流动。在制定教师流动的评价制度时,必须注意人性化的价值取向,以人为中心,建立起有利于发挥教师主动性和创造性的教师流动评价体系,切实考虑到教师个人的实际状况,满足发展性、全面性、多元性和可行性等原则。

人性化的教师流动评价制度要求满足教师的发展需要,将教师的参与、变化和发展过程作为评价的重要组成部分,使评价过程成为全体教师主动参与、终身发展提高的过程。人性化的教师流动制度要求全面性,既重视教师业务水平的发展,也重视教师职业道德修养和个人素质的提高;既要评估教师的工作业绩,又要重视教师的工作过程;既要体现教师的群体协作,共性发展,又要尊重教师的工作环境和个体差异。人性化的教师流动制度要求多元性,评价主体要多元化,突出教师的主体地位,建立以教师自评为主,学校领导、同事、家长、学生共同参与,多向沟通的教师评价机制;评价方法、途径多样化,建立以校为本,以教研为基础的教师岗位工作评价方式,使形成性评价与终结性评价相结合,定性评价与定量评价相结合。人性化的教师流动制度建设必须考虑到其可行性,既体现评价目标的共性要求,又考虑到地域环境和学校条件的差异,探索利于教师自评和他评的评价方法。

三、强化教师在制度制定中的主体地位

从教师流动制度制定的根本理念上来讲,教师流动制度"不是一个

选择的问题","不能靠预先的设计来建立",它"不是做成的,而是长成的"。① 教师流动制度制定应该是在教师流动的具体实践中,由作为流动主体的教师根据其实践经验逐步建立的,而非由单一的权威机构在预估的基础上设立。在哈耶克(F. A. Hayek)看来,制度作为一种"自发社会秩序",遵循的规则系统是"进化"。所谓"进化"的过程,即是一种"竞争"和"试错"的过程。任何社会中盛行的传统和规则系统,都是这一"进化"过程的结果,任何只依据预估的整体设计,最终都会破坏这一制度最终形成秩序的"创造性"。② 教师流动制度的制定也遵循这一规则系统。教师流动制度的制定者应当是教师流动行为的直接参与者,通过其流动行为直接影响教师流动制度的制定进程,最终生成与实践相关、符合自身需要和要求的,能在运行过程中不断进行调整的生长性的制度。

除此之外,关于制度制定有两种认识倾向,一种是基于自然主义的解释,持这种观点的人认为,制度的产生是在社会互动过程中,以人类活动被习惯化和相互理解的无意识方式为基础的;一种观点则认为,制度是能动者以自身利益最大化为原则进行的利益选择的过程。无论哪一种理解倾向,都阐述同一个事实,即制度是由行为主体建构生成的。这就要求在教师流动制度的制定过程中,决不能将教师流动的行为主体教师排除在外,一定要寻求各种方式使教师能够积极主动地参与进来,从而使教师流动制度的建立更加科学,更能反映和满足教师的需要。

---

① 秦德君.关于制度设计的思想论辩[J].复旦学报(社会科学版),2004(1):99-105.
② [英]弗毕德利希·冯·哈耶克.自由秩序原理[M].邓正来译.北京:生活·读书·新知三联书店,1997:134.

第七章 教师流动政策

教师流动政策是教师流动研究的重要内容。任何教师流动的研究、主张和观点,只有通过政策,才能真正得到落实和实现。教师流动政策直接影响着教师流动实施的结果。可以说,在整个教师流动实践过程中,政策是最具决定意义的一环。因此,从理论上对教师流动政策进行研究,并对教师流动政策在实施中出现的问题进行考察,找出解决这些问题的出路,对教师流动研究具有重要意义。

第一节 教师流动政策的本体研究

本体研究是研究教师流动政策的出发点和基石。只有从本体上真正把握教师流动政策,才能进一步深入思考教师流动政策步入实践的问题。可以说,教师流动政策的本体研究是理解其实践的前提。教师流动政策的本体研究主要包括:教师流动政策的概念与特征、教师流动政策的功能、教师流动政策的价值和教师流动政策的类型等。

一、教师流动政策的概念与特征

教师流动政策属于教育政策,要理解教师流动政策,前提是要明晰教育政策的所指。从现有的对教育政策的界定来说,主要有以下几种观点:

一是从公共政策的角度来理解。这种观点将教育政策看作是公用政策的一种,教育政策是"一个政党或政府为教育事业的运行与发展所制定的规划、方针和原则"。有学者则对教育政策进行了详细解释:"教育政策是在教育情景中,受教育主体或社会大众对教育体制运作不满或教育体制无法提供教育服务,因而让教育主体或社会大众感到困扰、不安,或者教育运作与教育目标和价值有相对性差距时,政府及其他社会团体所必须进行作为或不作为的活动,以解决问题,并达到教育目标的历程。"另有学者从本质上对教育政策进行了两个层次的理解:"首先,教育政策是一种有关教育的政治措施;其次,教育政策是有关教育权利和利益的具体体现。"[1]教育是一项公共事业,教育政策从公共政策角度进行理解,有其合理性。但仅把教育政策当作公共政策来看待,有一定局限性,毕竟教育政策有不同于其他公共政策的特殊性,这种特殊性是由教育事业的使命所决定的。

二是把教育政策看作是一种行为准则。教育政策是"政府在一定时期为实现一定的教育目标而制定的关于教育事务的行动准则"。[2]类似的观点还有:"教育政策是一个政党和国家为实现一定历史时期的教育发展目标和任务,依据党和国家在一定历史时期的基本任务、基本方针而制定的关于教育的行动准则。"[3]"教育政策是负有法律或行政责任的组织及团体为了实现一定时期的教育目标和任务而规定的行动准则"。[4] 教育政策本就是对教育行动做出的要求,也是教育行动必须遵守的规定。也就是说,教育政策的有关规定,就要对教育中的人划定应做什么或不应做什么、鼓励做什么或禁止做什么进行的限定。教育政策作为行动的准则,有着引导性和可操作性,有利于实现特定的教育目标。

---

[1] 张新平.简论教育政策的本质、特点和功能[J].江西教育科研,1999(1):37-42.

[2] 吴志宏,陈绍峰,汤林春.教育政策与教育法规[M].上海:华东师范大学出版社,2003:4.

[3] 张乐天.教育政策法规的理论与实践[M].上海:华东师范大学出版社,2002:20.

[4] 成有信.教育政治学[M].南京:江苏教育出版社,1993:201.

三是把教育政策当作了一种"活动过程"。这种观点认为，教育政策是教育主体为服务于教育目标，而采取的一系列活动，不仅仅是静态的文本，更是措施、办法等一系列的政策行为和决策行为。有学者指出："政策的执行是一个动态过程，是政策执行者通过建立组织机构，运用各种政策资源，采取解释、宣传、实验、实施、协调与监控等各种行动，将政策观念形态的内容转化为实际效果，从而实现既定目标的活动过程。"[1]美国政策学者卡尔·弗里德里奇(C. J. Friedrich)也认为："政策是在某一特定的环境下，个人、团体或政府有计划的活动过程，提出政策的用意就是利用时机、克服障碍，以实现某个既定的目标，或达到某一既定的目的。"[2]这种观点更倾向于教育政策是一种有目的的活动，而忽略了教育政策既是动态的过程又是一种行为准则的观点。

可以看出，全面地理解教育政策的内涵，需要把握以下几个重要方面：首先，教育政策不仅仅是静态的文本，更要看到它的动态的行动过程。其次，对教育政策的主体和客体进行界定，主体即教育政策的制定者，一般指直接或者间接地参与政策制定、执行、评估和监控的个人、团体或组织，包括国家、政府、各级教育主管部门和单位；客体即教育政策发挥它所有的价值和作用的对象，包括政策所要处理的教育问题、教育事务和所要发生作用的社会成员。最后，教育政策具有明显的利益相关性，即一种直接或者间接对社会利益进行分配的方案，协调与其他相关政府部门及有关的社会利益集团的关系。

以上述对教育政策的理解为基础，教师流动政策可以理解为：国家、政府或教育主管部门，在不同历史时期和不同经济、政治、文化等条件下，为了保证、引导和实现教育均衡的目标，为了实现教师科学、合理流动而制定的具体方案、依据和准则。它是一种有组织的动态发展过程，随着不同的环境进行不断地调整和完善。

从这个概念可以看出，教师流动政策制定的主体是国家、政府或教育主管部门，强调的是教师流动政策行政性力量的作用，反映了教师流

---

[1] 陈振明.政策科学——公共政策分析导论[M].北京：中国人民大学出版社，2003：260.

[2] Carl J. Friedrich. Man and His Goverment. N. Y：Mcgraw Hill，1963：79.

动政策的权威性和一定的强制性。教师流动政策运行的环境随着历史时间的推移,以及政治、经济、文化等条件的变化,不断随之而进行变化。教师流动政策的目标是为了实现教育均衡发展,这是制定教师流动政策的出发点和归宿,对教师流动政策具有决定性意义。教师流动政策本质上是一种方案、依据和准则,它为教师流动行为划定了范围,明确了教师流动行为的方向和实施范围。

教师流动政策中的政策的构成体系有两层,一是比较宏观的教师流动政策,一般是国家或省级层面制定的有关教师流动的政策,是具有较强指导性的文件规定。如《关于"九五"期间加强中小学教师队伍建设的意见》、《中共中央国务院关于深化教育改革,全面推进素质教育的决定》、《关于深化中小学人事制度改革的实施意见》、《2003—2007年教育振兴行动计划》等政策文件中对教师流动的规定。宏观的教师流动政策一般表明了教师流动的发展方向和改革方向。二是微观层面的教师流动政策,主要是对教师流动过程中具体的教师流动行为进行约束和管理的规定,是一种关注具体和细节的政策规定。主要由地方教育行政部门负责制定,是各个地方在国家宏观教师流动政策指导下,依据自己的实际情况而规定的教师流动的具体办法。

教师流动政策具有系统性、稳定性、合法性、权威性等特点。

首先,教师流动政策的系统性。系统性是指相同或相类的事物按一定的秩序和内部联系组合而成的整体。任何一项政策的颁布都会与其他很多政策相关,任何一项政策的出台都会有相关的背景和配套措施,政策不是孤立的,而是政策体系的有机组成。就教师流动政策而言,从横向来看,教师流动政策的系统性主要有两方面:一是教师流动政策作为一项公共政策,与其他公共政策相互作用、相互联系和相互影响,在社会政治、经济、文化中发挥着综合性作用;二是教师流动政策本身就是一个完整的体系,教师流动政策的整体功能,是以各单向政策的功能和作用为基础,各单向政策构成了教师流动政策要素,它们之间相互依存、相互制约和相互影响。从纵向来看,教师流动政策的系统性,一方面体现为中央教师流动政策与地方教师流动政策及其两者的关系;另一方面教师流动政策体现为在时间历史链中的过去、现在和未来。教师流动政策在不同的时期,由于受诸多错综复杂因素的影响,呈现出较大的变动性,但在整个大的教师流动政策体系内,各个时期的教师流动政策之间是有继承的发展关系,它们同属于一个政策大系统内。

其次,教师流动政策的稳定性。教师流动政策是按照国家的教育方针、教育规划而制定的具体政策,它的制定主体是政府及教育行政部门,教师流动政策在制定和出台后,有着极大的稳定性,不会随意改动。如果教师流动政策多变,缺乏相对的稳定性和连续性,就会丧失其严肃性和权威性,从而使人们对它产生不信任感,影响政策作用的发挥和政策目标的实现。当然,教师流动政策的稳定性又是相对的,可以理解为其也具有政策的开放性。如果教师流动政策作为一个系统,不与外界环境进行物质、能量和信息的交换,就谈不上根据外界环境条件的变化对自身进行调整了。"政策运作过程中的摩擦—协调—再摩擦—再协调是政策运行的规律",①当教师流动政策付诸实施后,必然会表现出与其他政策的不协调现象,这就要求教师流动政策适当做出调整,解决这种不协调性,才能增加它的协调程度,提高它运作的有序度,这样才更有利于保持教师流动政策的稳定性。

再次,教师流动政策的合法性。教师流动政策的合法性本质上是指,教师流动政策的价值选择符合普遍性的规则、规范,如法律、社会价值观、意识形态、传统典范乃至社会习惯等,并由此在社会范围内被承认、接受和遵守。教师流动政策合法性的内涵主要有两点:一是作为一种客观存在的政策事实,即教师流动政策本身符合一定情境的社会秩序、政治秩序和国家秩序的正当价值要求;二是公众的一种主观心理感受,即教师流动政策被社会承认、认可和接受的心理倾向和价值选择。合法性是教师流动政策被承认的基础。教师流动政策的合法性表明,教育政策价值选择的正当性、有益性和公正性,其本质就是要符合人们的需要和追求。教师流动政策的目的就是要达到教育公平和正义,这些价值选择决定了教师流动政策合法性的内容和主要表现形式。

最后,教师流动政策的权威性。教师流动政策的权威性主要包括两方面:一是依照教师流动政策主体的政治权威而获得的合法性权威;二是依照目标群体的主观认同而获得的合理性权威。教师流动政策的

---

① 江彦桥.我国对外教育政策研究[M].上海:华东师范大学出版社,2005:162-164.

权威性表现在它的实用性上,教师流动政策的各项内容,不是抽象的概念,而是具体的行为准则、规范,它告诉人们怎么做,而不仅仅是一些理论上的论证、解释和批判。教师流动政策的主体一般是党和政府,党和政府的行为决定了其所颁布的教育政策的合法性和权威性;教育政策的客体必须要严格遵守政策所作的具体规定。教师流动政策的完善是要经过合理的法律程序的,因此其权威性是建立在教师流动政策制定合法性的基础上。教师流动政策的权威性和合法性是紧密相连的,它们是一个问题的两个方面。既然政策的合法性是通过为大众所认可的合法化过程取得的,那么只要具有合法性,其权威性就必然有保障。

二、教师流动政策的功能

教师流动政策的功能是指教师流动政策所能发挥的效用或作用,这种效用或作用是教师流动政策本身所具有的客观作用。另外,教师流动政策的功能也可以定义为:政府赋予教育系统实现其对于教师流动能够保持稳定进行的良好秩序。具体而言,教师流动政策具有导向功能、协调功能和控制功能。

首先,教师流动政策的导向功能。任何政策的形成、决定和实施都有自己的价值追求和价值目标。教师流动政策的导向功能是指:教师流动政策引导教师流动对象的行为朝着制定主体所期待的目标方向发展。教师流动政策的这一功能,使复杂多变、相互联系的教师流动系统,归结到同一个明确的、统一的目标上来,使教师流动活动成为一种追求教育公平和公正的过程。

教师流动政策的导向功能,一方面是内容与目标方面的导向,在教师流动过程中告诉流动教师什么是该做的,什么是不该做的。另一方面是对人们观念的导向,引导与教师流动相关的人们对教师流动观念的改变,这种导向通过教育指导、统一认识和协调行动的方式进行,它告诉人们为什么要这样做而不那样做,怎样才能使教师流动做得更好。

虽然说政策制定者的期望大都是正面导向,但是在教师流动政策实施后,难免会产生负面导向。因为任何一项政策都不可能会完全符合所有人的利益,在保护了一些人利益的同时,就势必会伤害少数人的利益。比如规定国家颁布教师职称的晋升必须有在农村任教的经历,有些地方就出现把教师流动沦为部分教师获取名利的手段,并没有达到真正意义上帮助农村学校的目的,扭曲了教师流动的初衷,极大地伤害了教师流动的积极性。因此,在制定和实施教师流动政策的过程中,既要看到正面导向功能的重要性,也不可忽视导向功能的负面作用。

其次,教师流动政策的协调功能。教师流动政策的协调功能是指,教师流动政策在教师流动过程中发挥的调节和平衡各种流动关系的作用。教师流动政策本身是一个系统,系统内的各项政策之间只有纵横一致、相互配合、相互补充,而不是相互矛盾和抵触,教师流动政策才能很好地发挥其协调功能。教师流动政策的这种协调功能,很大程度上体现为协调教师流动过程涉及的各种利益关系上。教师流动政策体现了国家和政府对于教师资源分配的态度和意志,这种分配会引起与流动教师相关的不同利益群体对教师资源的争夺。在这种情况下,教师流动政策就要发挥政策的调节和利益整合作用。

教师流动政策在发挥其协调功能时应注意以下几个问题:一是教师流动政策协调的对象是多样性的,凡是与教师流动密切相关的利益方,都是教师流动政策协调的对象。二是教师流动政策在利益分配的过程中,要注意适度性原则,如何进行师资分配,怎样的师资分配是最佳的分配,要掌握利益需求的最佳满足界限,妥善处理好各种矛盾和利益关系。三是掌握教师流动政策协调功能的动态性,教师流动政策的协调是随着教师流动状况的变化而不断变化的,而且教师流动政策处于由不协调到协调再到稳定的不断转化过程中,教师流动政策也在动态的协调中,不断地进行调整和修正。

最后,教师流动政策的控制功能。教师流动政策的控制功能是指:在教师流动过程中为保证教师流动的正常进行而起到的制约或规范作用。教师流动政策的控制功能也可以理解为规范,即通过制定一定的教师流动政策,使教师流动的过程规范,其目的是维护教师流动的秩序。教师流动政策的控制功能分为两种:一种是直接控制,即在教师流动过程中对政策的执行进行有效的控制。教师流动政策的制定者对所希望的行为进行鼓励,对不希望的行为进行惩罚,进而实现对教师流动的控制。同时,教师流动政策的控制功能也是为了避免和纠正教师流动中出现的不规范行为,保障教师流动的正常进行。另一种是间接控制,即通过教师流动中相关信息的反馈,及时调整更新。随着教师流动实践的进行,会出现很多新情况和新问题,这就要求教师流动政策的制定者必须不失时机地做出调整,加强教师流动政策的控制功能。

教师流动政策的控制功能体现在两方面:一是教师流动政策控制的规范性。只有规范了教师流动的相关要求、内容和规定等,才会在思想上和现实中得到教师的认可。而且只有教师流动政策对教师流动进行规范,才便于接受各个方面的监督,而且在监督过程中,凡发现违背政策规范要求的,都要受到批评和纠正;凡是符合政策规范要求的,都会受到保护和鼓励。二是教师流动政策控制的惩罚性。教师流动政策有一定的强制性,在教师流动过程中,如果违反了教师流动政策的规定,就要受到相应的惩罚。

三、教师流动政策的价值

教师流动政策的价值可理解为:教师流动政策价值主体与客体属性之间满足与被满足的关系。教师流动政策的价值要素主要包括:教师流动政策的价值主体及其需要、教师流动政策的价值客体及其属性、教师流动政策的价值关系等三个方面。

教师流动政策的价值主体主要包括政府、教育行政部门、教育组织和个人。政府即是政策中的制定者,一般是代表国家进行教师流动政策决策,政府通过教师流动政策决策,追求教育资源均衡配置的国家利益和公共利益;教育组织是教师流动政策中的执行者,包括学校、教育研究机构等,教育组织的活动通过执行教师流动政策来实现教师资源的配置。个人是教师流动政策中的评价者,其主要活动是为了实现个人的利益。

教师流动政策的价值客体是指,教师流动政策的实践活动及其属性,它是以教师流动政策的主体需要为前提和条件的。教师流动政策的客体一般是教师流动政策问题和教师流动政策实践活动。教师流动政策的价值关系来源于政策问题的产生和解决过程中。在教师流动政策实施后,不同教师流动主体的需求及其利益交织在一起,面临着诸多矛盾和冲突。当出现了威胁或损害教师流动政策主体的利益时,便会产生各种流动政策问题,在解决这些问题的过程中,形成了教师流动政策需要调节的基本价值关系。

具体而言,教师流动政策的价值主要包括:教育公平价值、教育正义价值和教育民主价值。

首先,教师流动政策的教育公平价值。教师流动政策的基本价值追求是促进教育公平。教育公平包括教育机会公平、教育过程公平和教育质量公平,教育机会和教育过程公平相对容易做到,但教育质量的公平,即受教育者受到高质量的教育,并使受教育者有同样成功的机会,则较难做到。[①] 教师流动政策的公平追求就是要使受教育者受到高质量教育,并拥有同样的成功机会。它通过对教育资源中最重要的师资资源配置,力争为每一个社会成员提供相同量与质的教育,不论民族、性别、社会背景、家庭出身和个人条件,每个社会成员都能够接受机会均等的优质教育。教师流动政策的教育公平价值包括两个方面的内容,即教育权利平等和教育机会均等。教师流动作为一种重要的教育资源均衡的方式,国家在政策层面制定教师流动政策,就是通过对教师资源在城乡、地区、区域间进行均衡配置,来消除各地和各个学校间的教育差距,使受教育者能够更好地实现其所享有的平等的教育权利。当然,在获得平等的受教育权利的同时,对于受教育者来说,教师流动政策的实施,还可以使受教育者能够机会均等地享有较为优质的教育资源。

其次,教师流动政策的教育正义价值。教育正义是平衡社会成员对有限教育资源需求权利的一种追求,这种追求是为了解决教育权利与义务,以及教育中的利益与负担的合理分配,从而实现教育系统的和谐。教育正义是教师流动政策存在的合法性的前提和基础,是教师流动政策的基本价值追求。

教师流动政策的教育正义价值主要包括三个方面:一是在教师流动政策建立的程序中保持正义,这是政策正义性实现的前提与基础;二是教师流动政策的内容和实现方式中要保持正义,这是教师流动实践中最终产生正义结果的保障。三是教师流动政策实施主体行为的正

---

① 瞿葆奎,郑金洲.中国教育研究新进展[M].上海:华东师范大学出版社,2003:62.

当,"教育正义不仅指教育制度的内容和实践方式的正当,也是教育中的机体和个人行为的正当",①教师流动政策是靠人来实施的,所有参与实施教师流动政策的主体人,都要保持其行为的正当,这是教师流动政策正义价值的重要体现。

最后,教师流动政策的教育民主价值。杜威对于教育民主有两种主要的理解,一是"一个社会必须给全体成员以平等和宽厚的条件求得知识的机会,人人有受教育权,以维护和推广共同利益";二是"教育成员发展个人的首创精神和适应能力",发展人的个性能力以防止"由外部势力指挥的活动的成果将为少数人滥用"。② 由此,教育民主作为教师流动政策的价值追求,也体现为两个方面,一是教师流动政策通过对教师流动的政策规定,提供给城乡、区域和地区间各学校学生以平等的求知条件,使所有受教育者都能较为平等地享有其受教育权利;二是教师流动政策要充分发挥流动教师的主动性和创造性,让教师参与与自己相关的各项政策和规定的制定,避免出现外在权力决定一切的现象。

四、教师流动政策的类型

按教师流动政策所起作用的性质,教师流动政策的类型可分为指导型政策、鼓励型政策和限制型政策。

一是教师流动指导型政策:是指国家或地方教育行政部门,针对教师流动问题颁布的一些宏观的政策内容和规范准则。这种宏观的教师流动政策涉及范围广泛,不可能事无巨细地对教师流动进行规定,各个地方或具体部门,可以根据各地实际情况,采取适合本地或本部门的具体教师流动措施。因此,这种教师流动政策对实施部门来讲,更具有指导意义。具体的教师流动指导型政策,如1996年《关于"九五"期间加强中小学教师队伍的意见》,1999年《中共中央国务院关于深化教育改

---

① 金生鈜.教育正义:教育制度建构的奠基性价值[J].陕西师范大学学报,2011(40):158.

② [美]约翰·杜威.民主主义与教育[M].王承绪译.北京:人民教育出版社,1990:93.

革,全面推进素质教育的决定》等,都出台了合理配置教师资源的指导性政策。

二是教师流动鼓励型政策:是指教师流动政策的制定者为了使城乡、区域或地区间教育更均衡地发展,制定扶持或支持教师资源进行流动的政策,它是一种具有奖励因素的政策,其目的在于使教师朝着政策所需要的方向进行流动。教师流动鼓励型政策具有倾斜性特点,通过政策给予教师流动某种优先性的倾斜支持;教师流动鼓励型政策具有保护性特点,通过政策给予出现问题的教师流动给适当保护;教师流动鼓励型政策具有推广性特点,通过政策给效果良好的教师流动举措在一定范围内进行推广。具体的教师流动鼓励型政策,如2006年,为了鼓励师范毕业生在农村从事义务教育工作,旨在解决农村贫困地区的教育问题,更好地实现教师流动,国家启动了教师特岗计划;2007年,为了解决农村优质教师匮乏,城乡教师资源差距悬殊问题,在我国的六所部属师范大学实施了"免费师范生教育"政策。

三是教师流动限制型政策:是指为教师流动规定出必须执行的一系列条件的政策。通过这些条件,对教师流动起到一定的约束和限制作用,使教师朝着政策所需要的方向流动。限制型教师流动政策更多地是一种消极意义上的政策,它所起的不是积极促进意义上的作用。具体的教师流动限制型政策,如河北省出台的教师流动政策中,就要求男满50周岁以下、女满45周岁以下的教师,在同一所学校任教满6至8年,必须流动到其他学校;浙江绍兴市要求在义务教育阶段学校工作的40周岁以下的教师申报高级职称时,必须有在农村学校或相对薄弱学校实际工作一年以上的经历。又如教师流动的转会制,指教师从一所学校调到另一所学校时,接收学校要向调出学校支付一定的转会费。

第二节 我国教师流动政策的回顾与反思

一、国家层面教师流动政策的回顾与反思

近年来,我国城乡、校际和区域间教育质量存在很大差距,教育公

平成为我国教育发展面临的一个大问题,办人民满意的教育就成为我国教育追求的首要目标。教育质量的差异,首先在于教师质量存在差异,由此,我国相继出台了与教师流动有关的政策,以期解决我国教育面临的问题,推动教育发展。

20世纪90年代初,教师流动逐渐成为我国教育的一个突出问题,并开始成为我国教育政策关注的焦点。1996年,《关于"九五"期间加强中小学教师队伍的意见》中提出:要积极进行教师定期交流,要建立教师流动的有效机制,采取切实的政策措施,鼓励教师从城市到农村,从优质学校到薄弱学校任教。1999年,《中共中央国务院关于深化教育改革,全面推进素质教育的决定》中指出:各地要制定合理配置教师资源的政策,鼓励大中城市骨干教师到基础薄弱学校任教或兼职,中小城市(镇)学校教师以各种方式到农村缺编学校任教,加强农村与薄弱学校教师队伍建设。城镇中小学教师原则上要有一年以上在薄弱学校或农村学校任教经历,才可参评高级教师职称。

进入21世纪,随着我国城乡和地区间教育质量差距不断加大,公共教育资源分布不均匀,配置不公,择校愈演愈烈等问题的凸显,教师流动再次成为教育政策关注的重点。2001年,教育部关于印发《中小学教师队伍建设"十五"计划》的通知中强调指出:建立教师队伍交流制度,鼓励和组织城镇教师到农村学校或薄弱学校任教。有条件的地区,先是通过试点,逐步实现教师交流定期化、制度化。同年,《中共中央办公厅、国务院办公厅关于推动东西部地区学校对口支援工作的通知》中又指出:启动实施"两个工程",即"东部地区学校对口支援西部贫困地区学校工程"和"西部大中城市学校对口支援本省贫困地区学校工程"。

2002年,教育部《关于加强基础教育办学管理若干问题的通知》中指出:建立校长、教师定期流动制。2003年,人事部、教育部《关于深化中小学人事制度改革的实施意见》中指出:建立城镇教师到农村或薄弱学校任教服务期制度。坚持城镇中小学教师晋升高级职务,必须有一年以上在农村或薄弱学校任教的经历,有条件的地区,通过试点,逐步实现教师合理流动的制度化。积极推动中小学人员在校际、区域之间合理流动。同年,《国务院关于进一步加强农村教育工作的决定》中提出,积极引导、鼓励教师和其他具备教师资格的人员到乡村中小学任教。各地要落实国家规定的对农村地区、边远贫困地区中小学教师津贴、补贴。建立城镇中小学教师到乡村任教服务期制度。城镇中小学教师晋升高级职称,应有在乡村中小学任教一年以上的经历。适当提高乡村中小学中、高级教师职称岗位比例。地、县教育行政部门要建立区域内城乡"校对校"教师定期交流制度。增加选派东部地区教师到西部地区任教,西部地区教师到东部地区接受培训的数量。2004年,国务院转批教育部《2003—2007年教育振兴行动计划》中指出:鼓励其他地区的教师和志愿者到西部地区中小学任教和服务。制定并落实教师支持东北地区等老工业基地振兴的政策措施。增强中部地区教育持续发展能力,支持东部发达地区率先实现教育现代化,努力实现东、中、西部地区教育协调发展。积极引导和鼓励教师及其他具备教师资格的人员,到乡村中小学任教,建立城镇中小学教师到乡村中小学任教服务期制度。

为了更好地解决农村学校师资匮乏和优秀师资流失问题,2005年,教育部颁发的《关于进一步推进义务教育均衡发展的若干意见》中指出:要充分发挥具有优质教育资源的公办学校的辐射、带头作用,采取与薄弱学校整合、重组、教育资源共享等方式,促进薄弱学校的改造。要采取各种有效措施,建立区域内骨干教师巡回授课、紧缺专业教师流动教学、城镇教师到农村学校任教服务期等多项制度,积极引导超编学校的富余教师向农村缺编学校流动,切实解决农村学校不足及整体水平不高的问题。同年12月,《中共中央、国务院关于推进社会主义新农村建设的若干意见》中指出,加强农村教师队伍建设,加大城镇教师支援农村教育的力度,促进城乡义务教育均衡发展。同年,《国务院关于深化农村义务教育经费保障机制改革的通知》中指出,加快推进教育综合改革,深化教师任职制度改革,依法全面实施教师资格准入制度,加强农村中小学编制管理,坚决清退不合格和超编教职工,提高农村中小学师资水平;推行城市教师、大学毕业生到农村支教制度。2006年,《教育部关于大力推进城镇教师支援农村教育工作的意见》中指出,各地要进一步建立和完善城镇中小学教师到农村任教服务期制度。城镇中小学教师晋升高级教师职称,以及参评优秀教师和特级教师,应有在农村学校任教一年以上的经历。选派城镇中小学教师支教,其中骨干教师应占一定比例。

随着教师流动问题重要性的凸显,教师流动又以法律的形式正式确定下来。2006年,新修订的《义务教育法》明确规定:县级以上地方人民政府应当合理配置教育资源,促进义务教育均衡发展,改善薄弱学校的办学条件。县级人民政府教育行政部门,应当均衡配置本行政区域内学校师资力量,组织校长、教师的培训和流动,加强对薄弱学校的建设。

此后,教师流动作为教育政策的重要方面,在国家历次颁布的重大教育政策文件中不断被强调。2007年,国务院转批教育部《国家教育事业发展"十一五"规划纲要》中指出:建立区域内公办学校之间中小学教师和校长定期交流和轮岗制度。2010年,教育部《关于贯彻落实科学发展观,进一步推进义务教育均衡发展的意见》中指出:健全城乡教师交流机制,推动校长和教师在城乡之间、校际之间的合理流动。建立完善城镇教师到农村学校任教服务期制度。同年,《国家中长期教育改革和发展规划纲要(2010—2020)》中指出,实行县域内教师、校长交流制度。建立健全义务教育学校教师和校长流动机制。城镇中小学教师在评聘高级职称时,原则上要有一年以上在农村学校或者薄弱学校任教经历。同年9月,教育部等五部委《关于大力推进农村义务教育教师队伍建设的意见》中指出,建立健全城乡校长轮岗交流制度。各地要建立县域内教师、校长轮岗交流机制,建立县域内城镇中小学教师到乡村学校任教服务期制度,引导、鼓励优秀教师到农村薄弱学校或教学点工作。城镇中小学教师在评聘高级职称时,要有一年以上在农村学校或薄弱学校任教的经历。2012年9月,《国务院关于深入推进义务教育均衡发展的意见》中提出:实行县域内校长、教师交流制度。建立和完善鼓励城镇学校校长、教师到农村学校或薄弱学校任职机制,完善促进县域内校长、教师交流的政策措施;城镇学校教师评聘高级职称,原则上要有一年以上在农村学校任教经历。党的十八届三中全会《关于全面深化改革若干重大问题的决定》中,将实行校长、教师交流轮岗作为统筹城乡义务教育资源均衡配置,办好人民满意教育的一项重要举措,进一步强调了加强校长、教师交流轮岗工作的重要性和紧迫性。

我国不同时期教师流动政策的制定,是一个对教师流动规定不断完善的过程,它体现出了以下四个特点:一是强调教育均衡和公平为教师流动的根本目标;二是教师流动逐渐走向制度化和法制化;三是强调教师从城市向农村的单向流动;四是重视政策对教师流动的规范和约束功能。我国教师流动政策的颁布实施,很大程度上实现了教育系统内部人力资源的合理调整与配置,促进了农村和薄弱学校的建设与发展,缓解了农村边远地区师资短缺等问题,对促进义务教育均衡发展意义重大。不过,受政策本身及各种因素影响,我国教师流动政策也面临一些亟待解决的问题,只有及时分析并解决这些问题,才能真正实现教师流动政策的初衷,并保证教师流动政策目标的真正实现。

二、地方层面教师流动政策的回顾与反思

地方层面的教师流动政策是根据国家教师流动的宏观政策,结合本地实际情况,制定的、符合本地实际需要的教师流动规定。我国不同地区根据本地特点,分别制定出了具有地方特色的教师流动政策。

教师轮岗的教师流动政策。沈阳市是教师轮岗制的先行者,2003年沈阳市开始实行教师流动制度,2005年出台的《关于进一步推进中小学干部教师交流工作的意见》中就提出,要在全市范围内开始推行教师交流制度,沈阳各区、县教育行政部门所属的中小学校,凡男50周岁、女45周岁以下,在同一所学校工作时间满6年的校长和教师都要分批进行校际交流。2007年,北京市宣武区的幼儿园和中小学,试点组织优秀教师前往普通学校轮岗支教,实行共享名师计划。2007年,安徽省开始实行教师学区"大轮岗",凡男50周岁以下、女45周岁以下,在同一所学校任教满6年的教师和任职满两届的校长,要到学区薄弱学校任教,并且城镇新进教师应先到薄弱学校任教1~3年,将其作为教师评聘高级教师职称的标准之一。

从管理体制入手,积极探索"县管校用"的管理体制,促进教师流动。2007年,成都市在统筹城乡教育综合改革试验区建设过程中,为破解教师资源均衡配置的难题,从管理体制入手,在青羊、温江、双流、郫县四个校区先行试点,探索"县管校用"的管理体制。"县管校用"是指教师的个人编制从学校剥离出来,实行教师无校籍管理,打破学校对教师的"一校所有制",实现了政校分离、管办分离、聘用分离。同年,成都青羊区成立了教师资源均衡配置的管理机构——教育人才服务中心,改变现有教师聘用和管理机制,把全区教职工的人事关系纳入中心统一管理。"中心与教职工签订人事聘用合同,行使人事聘用权;学校与教职工签订'岗位管理合同',实行岗位管理制度,行使岗位管理权"。① 这种体制弱化了学校对教育人才流动的限制,实现了教师资源的共享,使教职工由"单位人"转变成为了"系统人"。

  探索"学区化管理"模式,进行教师流动。2003年底,北京东城区在全区尝试让优质资源融合起来,变学校资源为学区资源的办法,采取"学区化管理"方式配置师资。并于2004年在和平里学区开展学区化管理试点,探索大校带小校、强校带弱校的学区化管理模式,打破学校之间、学段之间、系统之间的传统壁垒,实现硬件、课程、人力资源的共享。到2007年,东城区学区化管理冲破了办学资源为一校所有的固有模式,使教师、校长树立起每所学校都有优质资源的大资源观,一个有东城区特色的"资源共享、合作互助、义务公担、双赢多赢"的学区化运行局面基本形成。2009年,东城区启动了干部、教师全职跨校交流制度,教师跨校教研、跨校带徒、跨校送课等教师流动形式成为常态。2007年,天津市河西区教育局颁布《河西区建立"教育发展联合学区"的实施意见》,开始了新一轮关于义务教育均衡发展的改革。这一年的下半年,河西区教育局开始尝试新型的学区化管理机制,在联合学区发展中心校设立"联合学区办公室",学区中心校的负责人承担联合学区工作,制定《联合学区合作协定》,组织联合学区内教师流动、教科研互动、素质教育联合行动。"教育发展联合学区"是校际之间以平等互助为原则形成的教育教学共同体,将全区29所公办小学划分为五大学区,每个联合学区由4—7所小学组成。同时确立学区发展中心校,其校长任组长,负责召集开展教育教学研究和交流工作,成员校要主动参与和协作,先进带动后进,促进该学区教育教学质量的整体提高。

  以学校间捆绑式发展进行教师流动交流。2007年,浙江宁波江东区教育局印发《江东区义务教育共同发展学区管理实施方案》,"共同发

---

① 续梅.城区内教师流动——需要制度创新[N].中国教育报,2007-12-03.

展学区"办学模式,即一所中学和若干所小学进行捆绑式发展的办学模式。学区内的学校实行教师交流、学生交流、教学交流、科研合作,将教师由"学校人"逐渐变为"学区人",特级教师、名师、学科骨干作为人力资源也在学区内"共享"。2012年,山西晋中榆次区,创造性地将城区学校强弱捆绑,学校之间对口交流。具体做法是:以5所示范小学为中心,把城区20所小学划分为5个大学区,学区内强弱间进行交流;城区11所中学分为了5对,校对校"捆绑"交流,使教师交流从教师与教师的互换上升为专家引领、同伴互助、联片教研等多种方式更为广泛的互动交流,产生了良好的效应。

采取有偿的教师转会模式进行教师流动。2003年,上海市松江区针对无序流动推出了"有偿流动",也就是教师"转会",即"由调入方给予调出方一定的经济补偿,补偿金额为高级教师3万元,中级教师2万元,其他教师1万元"。① 这种机制借鉴了市场经济资源配置,稳定了薄弱地区学校的师资队伍,保障了教师的积极性,减少了对优质教师资源的浪费和闲置。2003年,杭州市上城区也提出了教师"转会",②"该项规定即教师从一所学校调到另一所学校时,接收学校可以向调出学校支付一定的'转会费';具体数额由双方学校协商确定"。2004年,余杭区也参照上城区做法,出台了类似规定,学校培养的教师在获得荣誉称号或职称时,必须要在该校服务3年,不得调动;若3年后想调往其他学校,则调入方必须支付调出方一定的培养费,费用根据教师自身情况而定,并且这些补偿金大部分用于教师的培训和培养。

采取支教或支援的方式进行教师流动。2007年,山东寿光市规定凡是40周岁以下,获得荣誉称号、学历在专科及其以上的各学科教师均可报名参加支教,并且教育局对交流教师进行不定期考核,学年末进行考核鉴定,对表现出色的教师进行表彰和奖励。寿光市设置了"城区学校流动编制",③在对本学校不造成损失的情况下,每年让缺乏农村工作经历的教师去农村小学任教,这些教师的人事关系不变,各种福利

---

① 方有林.上海市松江区教师流动算"转会"[N].中国教育报,2003-01-04.
② 周俊.教师"转会"[N].中国教育报,2005-06-14.
③ 续梅.城区内教师流动——需要制度创新[N].中国教育报,2007-12-03.

和待遇还由原单位发放。2008年,哈尔滨市施行"城乡教师对口支援制度",具体形式有"走教"和"巡回"教学。即教师不是固定在一所学校执教,而是流动起来,在农村中小学开展巡回教学。积极组织骨干教师到帮扶学校,开展围绕课程改革的教研活动,为帮扶学校上课程改革示范课,开展以问题为核心的研讨交流。根据各县的实际情况,确定需要实行走教、巡教的学校,以乡镇为单位,组建走教、巡教教育机构,选拔教师。开展巡回教学的教师,在乡镇中心校集体办公,有计划地到有关村小学巡回教学;走教的教师在原学校办公,定期到指定的对口村小学实施教学。哈尔滨市的城乡对口支援工作,解决了农村学校师资不足和教师整体水平不高的问题,使城乡教师差距日益缩小,改变了义务教育发展相对不平衡的状况。

采取教师双向互动方式进行教师流动。2004年,浙江绍兴市文教局下发《关于实行教师交流等若干制度的意见》,要求在义务教育阶段学校工作的40周岁以下的教师,申报高级职称时,必须有在农村学校或相对薄弱学校,实际工作一年以上的经历。2005年,首批采取双向互动式的教师流动开始,在城区学校与农村学校之间互派教师,开展为期一年的蹲校式教学服务。2006年,将这种"双向互动制"教师流动推广到优秀教师中,各个农村学校根据自己需求选择,最后由文教局统一调配。

采取教师刚性流动方式进行教师流动。上海市长宁区推出了教师流动的新方法,即教师刚性流动,教师离开原单位和新单位建立新的人事关系。首批执行政策的是中学高级教师,"凡是新评中高的教师,将服从区教育局对师资力量的均衡配置,在相关学校间有序流动,与新聘学校建立起3—6年的人事关系"。[1] 这种方式既能让教师自身教育教学达到优异,又能很好地引领学科团队的发展,打破了优秀教师"一校所有"制,使更多的学校可以享受优秀教师资源。

采取教师柔性流动方式进行教师流动。2009年,上海市普陀区"为了扩大名师带教的辐射面,该区为名师成立了名师工作室",[2]推动

---

[1] 周慰.教师流动:刚性柔性,行进中的选择[J].上海教育,2007(09B).
[2] 张婷.教师流动,变革刚刚开始[N].中国教育报,2010-10-15.

优质师资"软流动"。名师除了做好本校的工作外,要有 1/4 左右的时间走出学校,到需要的学校、教研组去。名师不再是"一校独有",通过基地学校输出全区共享,把学科的专业送到每一所学校、每一个教师。这种方式不仅给教师送来了教学经验,还带来了很多隐性资源,让教师、学生受益匪浅。

上述这些不同地区采取的不同教师流动政策措施,是各地在遵守国家相关教育政策的前提下,根据各自教育实际情况进行的有益探索。实践证明,这些教师流动的具体举措,既满足了本地区对教师资源均衡的配置要求,又收到了较为良好的实践效果,对丰富我国教师流动的实践方式具有重要意义。尽管如此,教师资源要想做到真正公平配置并不容易,我国教师流动政策依然面临一些需要我们进一步深入思考和探索的问题,诸如:如何让流动的思想深入教师之心?怎样让学校真正优秀的教师主动参与到流动中来?教师流动政策如何才能真正激励每一位流动教师?教师流动如何才能真正常态化?

第三节 我国教师流动政策的问题分析

我国教师流动政策在取得巨大成就的同时,也存在着教师流动政策制定理念以强制性主导,政策规定零散、凌乱,缺乏体系性,政策执行偏离目标而走向失真,政策内容贫乏和不合法等问题。

一、教师流动政策理念:强制

教师流动政策的制定从本质上讲都是一定政策理念的反映,教师流动政策理念直接决定着政策内容、政策执行及政策效果。教师流动政策理念是教师政策制定主体的利益反映,不同理念反映了不同政策制定主体的不同需求。我国教师流动政策是政府为解决教育均衡和公平等问题由政府作为政策主体制定并推行,体现出强烈的政府意志,其直接后果就是教师流动的强制性,即政府通过行政手段强制规范教师流动行为。我国教师流动政策虽也指出要鼓励、引导教师流动,但整体上却以强制性为主导,这在一些霸权式的强制性规定中体现明显,如硬性规定教师必须参加流动的附加条件,甚至把教师职称或职位晋升与教师流动强行挂钩。

强制性教师流动政策表面上确实使教师"流动"起来,事实上这种"流动"背后带来的是严重的负面后果。强制性教师流动"违背了人的'趋利避害'的本性,降低了教师职业'稳定性'的吸引力,破坏了'优胜劣汰'的教育生态法则,助长了'教师择校',进而滋生了新的教育腐败"。[①] 教师流动政策作为一种重要的规范约束力量,目的在使教师流动走向有序与合理,问题的关键是政策的约束规范力量依托的理念是什么,是强制还是引导？强制性的教师流动政策体现政府的意愿和利益,引导性的教师流动政策体现多方参与者的意愿和多元化的利益,尤其是作为政策重要利益方教师的意愿。强制性教师流动政策产生不良后果的根本原因就在于,只强调政府意愿而忽视其他利益相关方的意愿,尤其是教师的意愿。教师流动政策漠视教师意愿必然效果不佳,"因为流动的主体是教师,教师是否愿意流动、何时流动、流动中做些什么、效果如何等完全取决于教师自身"。[②] 教师在流动政策制定中失语,必然使教师的利益被忽视,不但会造成流动的短期效果不佳,而且流动的长期可持续性亦无法维持,教师流动政策也就难免最终走向失败的命运。

二、教师流动政策体系:缺失

我国教师流动政策体系性缺失主要表现在:

第一,国家层面体系化的教师流动政策和制度缺失。自20世纪90年代以来,国务院或教育部几乎每年都有义务教育教师流动政策出台,但这些政策基本都是指导性的意见和规定,且融入其他政策文本中,其表述也是零散、简要和片段式的。

第二,体系化的教师流动政策规定缺失。教师流动政策由系统性的要素构成,包括诸如流动对象、流动时限、流动性质、流动范围、流动比例、激励措施、保障措施等。而我国不同时期教师流动政策的规定,

---

[①] 卢俊勇,陶青.对教师流动制的原理与问题分析[J].现代教育管理,2011(4):102-105.

[②] 蔡明兰.教师流动:问题与破解[J].教育研究,2011(2):92-97.

往往只笼统地规定或强调某个方面,系统性的表述相对匮乏。

第三,教师流动配套政策缺失。教师流动是一项系统工程,其有效实施必须有相关配套政策支持,如对教师流动权利、义务的法理性规定,以及相应的人事政策、工资政策、社会保障政策规定等,这要求政策对人事、财政、组织与教育主管部门的相应职责进行规定,而我国教师流动政策缺乏对此方面进行有效的系统安排。

我国教师流动政策体系的缺失,使教师流动在实施中遭遇重重阻力,既不利于教师流动失范问题的解决,也难以实现教师流动政策的价值目标。教师流动政策体系性的缺失,一方面与政策本身的发展完善需要一个过程有关。教育政策的制定总有一个从不完善到逐渐完善的过程,教师流动政策也不例外,其必然要经过一个由零散到体系化的过程;另一方面也与对教师流动价值的现实认识有关。我们对教师流动的现实态度依然停留在手段式的工具性价值上,而没有真正从教育均衡发展与教育公平实现的高度来把握和认识教师流动。教师流动表面是为了教育均衡和公平,事实上只是作为一种农村教师流失的补偿性反哺策略及整治教师无序流动乱象的一个手段,故而也就对教师流动政策的体系性问题漠不关心。

三、教师流动政策执行:失真

教育政策失真是指一项教育政策在实际执行过程中,由于受诸多因素的影响,往往会出现执行活动及结果偏离政策目标的不良现象,我们将这类现象通称为教育政策失真,有人也称之为政策走样。① 我国教师流动政策在执行的过程中出现了严重失真问题:

第一,选择性执行政策。教师流动政策在实施过程中被有选择、有取舍地执行,政策执行者人为割裂或遗弃一部分政策,避难就简,使教师流动政策在实施中变形缩水。如教师交流的相关福利待遇政策在很多地方就被选择性地规避舍弃。

第二,架空式执行政策。教师流动政策在执行过程中仅停留在口头和纸面,热衷于喊口号、发文件,表面文章充足而实际行动走过场,对

---

① 袁振国.教育政策学[M].南京:江苏教育出版社,2001:321.

教师流动的实际情况不监督、不检查、不评估,放任自流,教师流动名存实亡。

第三,虚假地执行政策。教师流动政策在执行过程中被故意作假,假执行,真弄假,往往为了应付上级检查和考核,表面一套,暗地一套,表里不一,看似与教师流动相关政策规定相符,实则背离了流动政策的内容和精神。如有的学校采用交流老弱病残或虚报交流名额等办法应付交流指标;有的学校甚至指定专人去流动或支教,出现了"流动专业户"现象。

第四,功利地执行政策。教师流动政策在执行过程中被功利化,直接将教师流动政策与教师职称评定、评优评先等个人利益硬性挂钩,使教师交流沦为教师获取名利的手段,背离了教师交流的初衷。

第五,消极地执行政策。对教师流动政策采取敷衍、应付的执行态度,学校只关注自我利益,教师也对流动的目的、职责、任务不闻不问,完全是为流动而流动。

教师流动政策执行失真,破坏了政策执行秩序,降低了政策的合法性,制约了政策效能的发挥,挫伤了教师流动的积极性,使政策无法取得预期效果,加剧了政策失败的风险。教师流动政策失真原因有三:一是教师流动政策相关主体的利益博弈。教师流动政策未能充分考虑各利益相关群体的需要,造成各利益群体在政策执行中产生利益损失或矛盾冲突。二是教师流动政策执行者的政策认知缺陷。由于政策宣传、发动不到位或政策执行者自身素质较低等原因,造成教师流动政策执行者对政策的判断、评价、认识和理解错误,而未能准确把握政策的意图和精神实质,致使政策失真现象发生。三是教师流动政策执行的监控机制缺位。教师流动政策实施的监督、管理、评估、追责机制不到位,造成政策执行走样。

四、教师流动政策内容:违规

我国教师流动政策在内容规定方面存在着与相关教育法规相抵触的违规问题:

一是与教师聘任制相抵触。我国《教师法》规定对教师实行"聘任制",并明确指出:"教师的聘任应当遵循双方地位平等的原则,由学校和教师签订聘任合同,明确规定双方的权利、义务和责任。"平等自愿是教师和学校聘任的基础,而教育行政部门强制要求教师流动违反了教师聘任合同,损害了教师合法权益,剥夺了教师的正当权利。

二是与教师的身份属性规定相抵触。《教师法》规定:"教师是履行教育教学职责的专业人员",这表明教师是专业人员而不是公务员,由此各级教育行政部门无权强制要求教师进行流动,教师有不受行政指令强制约束的权利。

三是与教师职称评审制度相抵触。我国中小学教师职称评聘标准是根据教师的师德修养、工作绩效、工作年限和专业水准而制定的,是教师的一种专业技术等级标准,教师职称的晋升评定都有专门的制度规定。把教师流动作为教师职称晋升的附加条件,违反了教师职称晋升制度的规定。教师流动政策内容的违规,损害了相关教育法规的严肃性和权威性,增加了教师职称评定的难度,难以获得教师的认同和支持。

第四节 我国教师流动政策的改进策略

我国教师流动政策是规范、引导教师流动的重要举措,对促进教育均衡、实现教育公平具有重要意义。有效实施教师流动政策,就必须采取有效改进策略,以化解政策面临的难题。

一、确立以人文本,重在引导的教师流动政策理念

教师流动政策的善意不能靠强制来进行,政策善意要以善的方式来进行,要破除教师流动政策强制理念的消极后果,就必须确立以人为本的政策理念,切实把教师作为政策主体。有关教师流动新政策的制定或旧有政策的修订,都必须把以人为本作为出发点,改变政府和专家话语"独霸"的局面,增加教师的话语权利,充分考虑并征求作为政策主体的教师意见,同时吸纳教师代表积极参与政策的制定和修改。在教师流动政策执行中,要注重人文关怀,认真研究教师的需求和态度,从教师的福祉、教师职业生涯规划和教师专业成长的视角,以充分尊重教师意愿和心理感受为基础,用人性化的引导方式,将外在政策要求内化

为教师自我意识和需要,稳步推进教师流动政策实施。教师流动政策的具体实施,既坚持政策的规定性又有灵活性,畅通教师诉求表达渠道,扼杀矛盾于摇篮,避免采用非人性化方式,给政策实施带来负面效果,以增强教师流动政策的实效性,确保教师流动政策目标的最终实现。

二、形成健全完善,具有操作性的教师流动政策体系

教师流动必须有健全完善的政策依据。随着教师流动在实现教育均衡、公平中的重要性日益凸显,以及教师流动政策的发展成熟,形成专门、独立、规范的教师流动政策体系已迫在眉睫。健全完善的教师流动政策的形成,应从以下方面努力:

一是教师流动政策内容的规定,要尽可能涵盖全面,对涉及教师流动的各个环节、各个方面都要进行政策规定。如教师流动行为、资格、方式、范围、时间的界定,教师流动途径的划分,教师流动机会的分配,教师流动相关权利义务的规定,教师流动的评估、考核、激励等。

二是教师流动配套政策的规定。教师流动政策体系是一个包括配套政策在内的系统,这些配套政策主要涉及教师人事政策、教师职称评聘政策、教育财务政策、教师管理政策、教师权利保障政策等。

三是教师流动政策本身方面的规定,如教师流动政策产生程序、教师流动政策修订步骤、教师流动政策制定途径、教师流动政策时限、教师流动政策执行和评估与监督机构等。

四是教师流动政策要具有较强的操作性。这要求教师流动政策的制定要充分考虑到各地方的差异性,尤其是各个地方教育行政部门和学校,要建立一套完善系统的教师流动运行、评估和考核制度,并对教师流动的对象、实施步骤、实施方法、配套措施、工作要求等细节,做出具体的规定。

三、构建利益表达协调机制,改进教师流动政策执行过程

解决教师流动政策失真,构建利益表达协调机制是基础。因为政策本质上就是对利益结构的调整与规范,各政策相关者的利益矛盾就成为教师流动政策失真的根本原因。教师流动政策各相关主体出于维

护自身利益需要,会采用各种手段规避政策可能对自己造成的损害,故建构政策各相关主体的利益表达协调机制就十分必要。通过建立利益表达协调机制,使教师流动政策各利益相关方对政策执行中的问题展开协商对话,互相沟通,协调局部、整体、集体、个人间的利益,消除各种利益矛盾和冲突。同时,建立化解矛盾的各种具体机制,如流动教师利益补偿机制、流动教师考评机制、流动教师激励机制等。

此外,尚需进一步改进教师流动政策的执行过程:

一是要提升教师流动政策执行者的综合素质。教师流动政策最终要靠人来执行,提高政策执行者的政策素质,是防范政策失真的重要方面。一方面要提高教师流动政策执行者的持续学习能力,帮助政策执行者形成正确的执行态度和行为倾向,改进政策执行者执行政策的组织能力、方式方法和创新能力;另一方面要加强教师流动政策的宣传、学习,使政策执行者真正理解、领会教师流动政策的真义,达到对教师流动政策的内在认同。

二是要健全完善教师流动的控制机制。设立教师流动政策执行的专门监督机构,有专人对教师流动政策执行进行监督。完善教师流动政策执行评估机制,建立科学合理的评估标准体系。建立教师流动政策执行责任追究机制,强化政策执行责任落实,确保政策执行畅通无阻。

四、推进清理修订,强化教师流动新政策制定的合法性

教师流动政策内容违规的解决包括两方面:

一是清理修订已有违规内容。对此可采取分类处理的办法,对教师流动政策与其他已有法规相抵触但可以变通的,进行变通修订,如把教师流动与职称评定强制挂钩的,可修改为鼓励引导,只作为教师职称评定的重要参考;对教师流动政策与其他法规相抵触但无法变通的,可暂时清除,待时机成熟再进行修订,如教师流动政策中与教师专业人员身份相抵触的规定,在教师改为公务员身份的时机尚不成熟时,可以暂时清除。

二是教师流动新政策的制定。保证并实现教师流动新政策制定的合法性,首先必须着力维护教师流动的合法性基础,以公平、正义与合

理为政策制定的根本旨归;其次要增强教师流动政策制定的科学性和民主性,消除政策制定的主观性和专权化,积极拓展政策相关主体的参与渠道;再次要重视教师流动政策内容的有效性积累。"政策的有效性对政策的合法性有一定的辅助建设功能",[①]教师流动政策在有效性的积累中实现合法性。

---

① 郝保伟.教师流动政策的合法性缺失及其重建[J].中国教育学刊,2012(9):5-8.

第八章　教师流动机制

教师流动机制是探究教师流动的一个不可回避的重要问题。教师流动机制是教师流动理论走向实践的一个关键环节。只有明晰了教师流动机制，才能更好地优化教师流动各个构成环节及其要素，更高效地推动教师流动的运行，最终更优质地实现教师流动的目的。教师流动机制是什么？它有什么特点与功能？由哪些具体机制构成？最终应该怎样建构？这些都是本章将要关注的问题。

第一节　教师流动机制的基本理论

教师流动机制的基本理论主要涉及什么是教师流动机制的问题，以及教师流动机制的特点与功能。这是教师流动机制所有问题中最根本的问题，也是解释和理解教师流动机制其他问题的前提和基础。

一、教师流动机制的概念

"机制"是个外来语，就其词源意义来看，最早源于希腊文"mechane"，意指机器的构造和动作原理。在俄语中机制（Механцэм）有"机械装置"、"机构"、"结构"、"作用历程"、"途径"、"技巧"等含义。[①] 英语中机

[①] 于真.论机制与机制研究[J].社会学研究,1989(3):57.

制(mechanism)在在线"牛津高阶英汉双解词典"中有三种解释:(1)"a set of moving parts in a machine that performs a task",即一台机器上可执行任务的一组运作部件;(2)"a method or a system for achieving something",即达到某个目标的一种方法或系统;(3)"a system of parts in a living thing that together perform a particular function",即在一个生命体中系统的构成部分共同执行某个特定功能。

  在汉语中"机"的本意是"弩机",《说文解字》注释为:"机,主发谓之机",后引申为"巧妙设计的机械、设备";"制"本意是"用道具剪裁果树的新梢",《说文解字》解释为"制,裁也",后引申为"约束、限制、规定"。汉语中"机制"的词源本意与"机制"引入我国的最初意义有异曲同工之妙,"在我国,社会科学领域使用'机制'这个概念始于改革开放初期。它是从'机器'与'制动'这两个科技术语中各取一字构成的"。①《现代汉语词典》中对"机制"一词进行了详细的解释,在最一般意义上是"泛指一个工作系统的组织或部分之间相互作用的过程和方式",另外还可指"机器的构造和工作原理"、"机体的构造、功能和相互关系",以及"指某些自然现象的物理、化学规律"。《辞海》对"机制"的解释为:"机器的构造和动作原理,生物学和医学通过此类比借用此词。生物学和医学在研究一种生物的功能时,常说分析它的机制,就是说了解它的内在工作方式,包括有关生物结构组成部分的相互关系。阐明一种生物的机制,意味着对它的认识从现象的描述到本质的说明"。可以看出,辞书对机制的关注,在对象方面为"组织或部分之间"、"构造和动作"等,而把机制的本质理解为"原理"、"规律"。

  "机制"这一概念首先被应用于物理和工程领域,取"机器"和"制动"两个层面的意义。前者意指机器或机械的构件及其结构;后者表示运行过程中各部件的作用及其关系,以及作用进行的整个流程。接下来这一概念被衍生入生物学和医学领域。以机器的构件喻生物体的各个功能结构单位,分析其各功能单位的作用及其联系,将机制理解为"生物体结构组成部分的相互关系,以及其间发生的各种变化过程的物理、化学性质和相互关系"。从而提出了生物机制和病理机制等概念。

---

① 陈芜."机制"的由来及其演化[J].瞭望周刊,1988(50):30.

经济领域的各项问题以其独立作用性和各因素间复杂的缠绕性,表现出与机械运行过程相似的作用模式,因而"机制"这一概念也被引入了经济学领域。

随着 20 世纪 40 年代美国科学家诺伯特·维纳(N. Wiener)提出控制论,社会开始被看作一个模块分立、过程统合运行的整体,"机制"的概念被引入社会学领域,主要有三方面内涵:一是指事物各组成要素之间的相互联系,即结构;二是事物在有规律的运动中发挥的作用和效应;三是事物发挥功能的过程和原理。总而言之,"机制"是一种"带规律性的模式"。[①] "机制"的概念自被从国外引进以来,迅速扩展入各个领域,在著作、文章、网络媒体和官方讲话中都频繁出现。

机制的构建需要两个基本前提的共同存在,这两个前提分别是体制和制度。所谓体制,是指一个组织的职能与其组织内岗位权责的调整与配置状态;所谓制度,则是指通过规范主体行为而形成秩序的整个规则系统,涵义更为宽泛,包括国家法律、规章,又包括具体的内部规则、规范,以及这些条文的具体运行过程。机制正是在与之相关的体制与制度建立之后,在其运行的实践过程中出现的,并通过实践历程形成惯性,作用于活动进程。由此可见,机制的建构是一个复杂的过程。体制和制度的构建作用于其先,且并非是一个静态的过程,需要在考察实践经验的基础上不断完善和更新。需要考虑到二者构建和运行过程中复杂的环境因素和二者之间的相互影响作用,通过不同的价值体系权衡其构建过程,从不同层次和视角出发对其进行改进和完善。只有完成这一过程,机制才具备释放其应有作用的前提。

机制的构建和运行还需规律提供保障。所谓规律,是指事物发展过程中本身所固有的本质的、必然的、稳定的联系,它规定着事物发展、运动的方向、道路与趋势。规律客观地存在于事物运行过程之中,且不以人的意志为转移地发挥作用。主观能动地对规律进行认知、把握和应用,有助于提高机制本身构建的科学性、系统性、完整性,及其运行的有效性、合理性和规范性。机制依托于规律发挥作用以形成惯性,规律是机制惯性发挥的理性内核。

---

① 郑杭生.社会学概论[M].北京:中国人民大学出版社,2009:56.

综上,以对机制的相关理解为基础,教师流动机制是指:在教师流动相关体制与制度存在并发挥作用的基础上形成的、为实现教师流动目标和任务,各相关因素相互作用、相互联系,所形成的带有一定规律性的运作方式和状态。这里对教师流动机制的理解主要强调以下方面:

其一,目标是教师流动机制存在的根本依据。整个教师流动机制是以目标为核心构建起来的,教师流动机制存在与发挥作用要实现的根本目标是:均衡区域间、学校间教师资源的配置,最终实现义务教育的公平性和公正性发展。

其二,要素是教师流动机制基本构造。教师流动机制是由各种要素构成的,这些要素各有不同的功能和不同的构成层次,但彼此之间相互作用、相互联系、相互制约、相互适应、协调统一、紧密结合,共同构成一个动态的整体。

其三,运作方式或状态是教师流动机制的外在表现形式,教师流动机制涉及众多因素间的作用与反作用、联系与制约、结构因素的变化、各种内在功能的影响等,这些极为复杂的状况按照一定规律表现出来,就是一种整体的状态,或某种运作方式。

二、教师流动机制的特征

要对教师流动机制进行深入理解,尚需把握教师流动机制的特征。一般而言,教师流动机制具有目标性、系统性、规律性和长效性特征。

第一,教师流动机制的目标性。目标性是教师流动机制存在的根本依据。教师流动机制的存在,从根上说就是为了实现一定的目标,离开了目标教师流动机制也就失去了存在的意义和价值。目标是教师流动机制追逐的鹄的,教师流动机制则是实现目标的方式和手段。目标性使教师流动机制瞄准目标,进行全局性和整体性考虑,并使各分目标协调一致,以保证教师流动达到良好的运作效果。教师流动机制的不同层次都有其追逐的不同目标,这些层次中的目标重要性各不相同,只有那些事关教师流动运行成败的关键目标才起到决定性作用。当然,一般而言教师流动机制的目标具有相当的稳定性,不能随便改动,但这并不意味着目标就是一成不变的,在需要的时候,教师流动机制的目标需要根据不同的实际情况而进行调整和改变。

第二,教师流动机制的系统性。教师流动机制的系统性主要体现在两方面,一方面,教师流动机制本身是一个复杂的构成系统,它由多种因素和要素相互作用而构成。而且这些因素和要素所形成的子因素和子要素间也互相作用和互相关联,它们还和联系它们的信息要素间相互作用和影响。在教师流动机制这个复杂的构成系统中,任何一个因素或要素的变化,都可能会引起整个系统的连锁反应,从而影响到教师流动机制的整体运行状况。另一方面,教师流动机制的各个构成因素和要素,及其子因素和子要素之间,并不是随意盲目的关联,而是一种有组织、有目的、有秩序的联系。以这种组织性、秩序性和目的性的关联为基础,教师流动机制各要素和因素间才发生相互联系、相互制约、相互作用、相互适应的关系,这样才能保证教师流动机制的构成部分及其整体保持有序,才能保证教师流动机制朝着目标方向高效运行。总之,教师流动机制是系统的机制,系统是教师流动机制的载体。

第三,教师流动机制的规律性。教师流动机制的规律性是指,教师流动机制内在所固有的本质的必然的联系。教师流动机制内在各要素并非是空洞无物式的任意相互作用,而是依照一定规律所进行的系统连接。也就是说,作为一种目标性的实践活动,作为对教师流动活动的客观反映,教师流动的运行必然具有客观的、稳定的、不以人的意志为转移的规律性内在地起作用,这是教师流动机制本身的构造所决定的。因此,要使教师流动机制更加完善和不断改进,要使教师流动机制在运行过程中实现优化控制,就必须认识、把握和遵循教师流动机制的规律性,才能达到预期的目的。而不能是随意地、主观地干预教师流动机制的运行,违背或无视教师流动机制的内在规律性,否则就会受到规律的惩罚,造成教师流动系统的不良反应或不正常运行,出现事与愿违的状况,最终影响教师流动目标的实现。

第四,教师流动机制的长效性。教师流动机制的这种长效性主要表现在以下方面:一是教师流动机制一旦形成,就具有相当稳定的运作惯性,能发挥长期作用;二是教师流动机制是一个复杂的系统,各种内在和外在的因素相互作用,相互联系与制约,当这些极为复杂的状况按照一定规律表现出来,就是一种长效的状态;三是教师流动机制的形成不是一劳永逸、一成不变的,它需要随着时间、条件的变化,而不断丰富、发展和完善,这个过程不是短期内所能完成的,而需要一个相对较长的作用周期。

三、教师流动机制的构成

机制一般由机制行为主体、行为规则、得益或支付方式、反馈系统等要素构成。这为教师流动机制构成的分析提供了启示,即教师流动机制的构成为:教师流动机制的行为主体、教师流动机制的行为规则、教师流动机制的得益或支付方式、教师流动机制的反馈系统。

(一)教师流动机制的行为主体

教师流动机制的行为主体包括政府、学校和流动教师。人的主动性是教师流动机制中唯一的动力因子。教师流动机制的行为主体通过其主动、有意识的创造活动,制定目标、推动运行、参与其中、评估成效、进行调整。若缺失人的主动性,教师流动机制将无法发挥作用。

政府是教师流动机制的首要责任者,发挥着引导作用。政府肩负着制定教师流动的具体政策制度、构建教师流动体制,以及管理、监督、评估教师流动运行的责任。

控制力是教师流动机制政府责任发挥的第一要素,包括机制建构和确保机制贯彻运行两个层面。在教师流动机制建构过程中,政府以其自上而下的权威性,通过立法规范、制定政策和制度等方式,形成教师流动的基本运行体系。在教师流动机制贯彻运行过程中,政府通过宏观调控手段,对整个流动过程进行直接监督、指导、统筹和协调,促进教师流动机制有效、有序运行。

回应性是教师流动机制政府责任发挥的另一重要因素。"政府必须对公众负责,说明公共资源的收集和使用目的的正当性。政府责任的一个基本理念是:公众有知情权,即知晓公开宣布的事实,这有可能引起公众和民选官员之间的公共辩论,从而起到监督政府的作用",政府的责任要求政府部门及其公务员,以实际行动为公众服务,对公众负责。而这种负责是建立在公众对政府行为知情的基础上的,只有在信息对等情况下,公众才能对政府行为进行有效回应,而政府的服务与责任必须具体化到回应公众需求上。

教师流动机制为教师而设，以教师为本，教师是教师流动机制存在的价值所在。在教师流动机制建构过程中，必须考虑到流动行为主体教师的需求。同时，在管理、监督和评价过程中，切实依据具体情形的差异有选择地调节尺度，以一种与教师"对话"的模式运行机制，对教师在机制运行过程中面临的问题进行有效回应。

学校是教师流动机制的直接运作者。政府制定的各项政策、形成的各项制度，必须通过学校的具体运行才能得以呈现，宏观的教师流动机制在学校的具体运行过程中才能得以具象化。一方面，学校对于政策和制度有自己的解读和执行模式。学校从自身特殊性出发，结合本校实际与发展规划，对政策和制度进行弹性解读，形成独具特色的运行模式，构成教师流动机制的具体模态。另一方面，学校从自身利益出发执行政策、运行制度。教师流动政策与制度具体作用于各个学校，其获益率有所差异，不同政策与制度细则作用于学校也会产生不同影响；且为保障整体公正与集体权益的实现，一些学校甚至可能在某些方面或某段时期利益受损。这些因素都会直接影响到学校对教师流动政策的执行力度与执行效果。

流动教师是教师流动机制的具体参与者。一方面，流动教师参与教师流动行为本身。流动教师是教师流动机制的直接行为主体，通过自身行动践履教师流动政策与制度，适应于教师流动体制，以自身行动构成教师流动行为本身。在行为过程中受政策与制度引导，置自身为教师流动整体运行中的一环，受整体中其他相关因素影响并作用于其他因素。

与此同时，作为社会生活中的具体个人，流动教师身受其他诸如政治、经济、文化等社会环境因素影响，且有其自身利益诉求，这些以"人"为入口的其他系统因素进入教师流动机制系统，必然影响到教师流动机制的前定平衡，并在具体运作过程中滋生出新的平衡。另一方面，流动教师通过多种途径直接或间接参与、监督、评判教师流动政策与制度。流动教师参与教师流动的直接行为后果是政策与制度更新的根本依据，若流动教师在政策与制度外的行为多次获益，则说明政策与制度的不合理或不再合理，直观体现出更新诉求。流动教师还可主动对教师流动政策与制度的贯彻进行监督评判，通过对自身实际流动的观察、对周围流动情形的把握,以及对政策与制度本身的认知,产生具体参与者视角的见解,对制度的更新完善提供合理化建议。

(二)教师流动机制的行为规则

教师流动机制的行为规则是既有教师流动政策与制度在具体流动过程中的动态存在模式,又依据流动主体行为的规范化需要与流动整体的顺畅运行需要而成,要求变化中的稳定性。可分为内部规则与外部规则。

所谓内部规则,是指"那些在它们所规定的客观情势中适用于无数未来事例和平等适用于所有的人的普遍的正义行为规则,而不论个人在一特定情形中遵循此一规则所会导致的后果。这些规则使每个人或有组织的群体能够知道他们在追求他们的目的时可以动用什么手段,进而能够防止不同人的行动发生冲突而界分出了个人确获保障的领域。这些规则一般被认为是'抽象的'和独立于个人目的的规则,它们导致了一种同样抽象的和目的独立的自生自发秩序或内部秩序"①。教师流动机制的内部行为规则是指,无形地存在于流动主体心中的要求,具有周知于每个个体的均衡一般性,作为抽象概念经由人对具体情境的主动结合而发挥作用,对流动主体行为的选择提供预见性的手段参考与后果评估。

所谓外部规则,是指特定系统中的个人服务于整体目的的规则,是特定领域对基本规则的选择,在力求有效保障特定目标的同时,丧失一定程度上的广泛性与普适性。尽管这种规则也具有不同程度的一般性,且也涉及广泛的具体情境与特定事例,但依旧是通过组织、机构权威性的流程将之确定为特定的命令。它们是运作一个组织或外部秩序所必需的工具。当组织有意识地主动对其进行运用时,对于组织内的个体,它们就变成了外在的强制力约束,服务于该组织试图达到的目标,控制组织内不利于目标达成的影响因子,并维持组织运行的稳定。教师流动机制的外部规则依据普适性、一般性规律,结合教师流动领域内的具体实践制定而成,在成为规则之后,以强制力手段结合其他调控

---

① [英]哈耶克.哈耶克论文集[M].邓正来选编.北京:首都经济贸易大学出版社,2001:16.

手段运行,保障规则内行为合理发生,控制和避免规则外因素产生扰乱,服务于整体目标的达成。

(三) 教师流动机制的得益或支付方式

得益或支付方式是对机制所导致的得益的一个划分方式,同行为主体的具体行为直接相关。教师流动机制的得益或支付方式主要落实于流动教师的具体选择和行为。行为规范在对流动主体行为进行约束与激励的同时,也对流动主体的获益进行规定。以教师流动机制的行为规则为准绳,规则内行为得益大于支付成本,流动主体能够从中获益,进而行为增多;规则外行为的发生需要支付大量成本,流动主体无从获益甚至可能遭受损失,进而行为减少。

在这一过程中,我们假设个体在做出选择时是理性的,那么由个体组成的群体也是理性的,个体与群体利益的整合通过理性博弈达成,在最优期待下实现个体与群体的利益一致性,亦即"激励相容"。所谓"激励相容",追求的是参与者在实现个体目标的同时,也能实现既定的社会目标,这是达成社会组织系统目标的合理期待。达成这一期待的基本出发点与落脚点都应是个体利益,没有对个体利益的保障和个体对利益的主动追求,集体利益就无从实现。在现代社会中,经济因素超越文化、社会等其他因素对人类行为产生着重要影响,"人与人之间最主要、最重要的社会关系无非是通过经济和政治这两个载体发生的,数以亿计的人参与在这个极其复杂的社会场中,人与人之间进行经济社会政治交往,而基于个人利益的经济社会政治交往犹如社会的发动机,它推动着整个人类社会的发展,同时人们又可以控制(设计)这些发动机使它们的运行保持在适宜的限度内"[1]。正如马克思所说,"人们为之分到的一切,都同他们的利益有关"[2],利益作为人类最普遍、最根本的追求,是个体以及由个体组成的群体价值判断或价值选择的基本依据,直接规制人的行为选择,而大量具体情境下的选择以其自身发生与存

---

[1] 钟晓敏,高琳.个人利益与社会公共利益——关于斯密原理、布坎南公共选择理论与赫维茨机制设计理论的比较研究[J].财经论丛,2010(1):19-24.

[2] [德]马克思.马克思恩格斯全集(第1卷)[M].中共中央马克思恩格斯列宁斯大林著作编译局编.北京:人民出版社,1995:187.

在，构成教师流动机制的运行惯性。

得益或支付方式在不同的体系构建下体现出不同的特征。在纵向秩序整合体系中，亦即在自上而下的行政体系中，由其科层管理体系的严密架构，与相对封闭的命令体系直接作用，教师流动机制以某种预设的图式发生。整个系统内资源在计划下统一调配与分发，要求行为主体在恰当的位置完成恰当的行为就可获得相应资源。而行为的不确定性也被相对准确地估计而得到有效控制，得益与支付比率被相对明确地规定。流动过程中的诸多诉求也被纳入相对标准化的轨道，以促使群体资源被合理整合。在这一体系中，个体因素带来的不确定性被大范围压缩，集体作为视角和分配主体，可以更有效率地动用资源，并满足绝大多数群体成员的诉求；但这并不意味着完全以集体利益为主导。事实上，当且仅当集体中大多数成员的诉求有较高一致性时，这一体系才能有效整合和高效利用资源。

在横向秩序协调体系中，多中心共同参与、平等协商、发挥作用。看似耗费大量资源在相互协商过程中，但实际却是现代公共精神和公共空间塑造的重要路径。从多元主体自身具体的得益与支付行为出发，寻求与其他主体的契合点，并作用于整体利益的整合。它首先要求教师流动系统中存在相对独立的多元主体，有相对独立的决策权，能够对自身权利与义务负责；其次，这种多元主体相互协调的框架，需要得到国家权威机构的认可与确认，否则其效率将无法得以保证，系统内各行为主体也无法对其行为及行为后果形成稳定预期。最后，多元主体应具备在自身利益诉求外考虑其他主体诉求的能力，否则将无从侈谈利益协商与均衡，更无从促使个人在利益限度内主动让步以贡献于集体利益达成。事实上，横向秩序协调体系的建立是人类社会结构和人自身需求日益分化的产物，是从人的真实需要出发探索的可行路径，是人类复杂性不断再生产的内在诉求，因而有着重要的现实意义。

这两种体系各有利弊又存在着天然的矛盾。纵向秩序整合体系有助于教师流动机制内各因素被高度整合，集其合力而发挥作用，使得机制运行高效；但其存在和发挥作用要求组织环境相对封闭，其成员需求单一，前者阻碍了其自身通过与其他系统相互渗透获得运行动力，后者随着成员需求的变化会产生难以预料的后果，最终使得机制难以长期维持或长期发挥效力。横向秩序协调体系通过独立主体的利益协商完成机制运行,有助于保障各主体利益的达成和协同利益的实现;但其协商过程并非稳定可控,协商结果也有较大波动性和风险性,对整体利益的效用无法准确预知。

因此,要使教师流动机制更加合理有效运行,必须使这两种体系结合而发挥作用。但这两种体系存在天然的矛盾,纵向秩序整合体系要求个体去独立化,而横向秩序协商体系要求个体能够独立表达利益诉求并作出决定。这种矛盾并非空谈二者结合、注重民主就可以解决的,而需要从机制的架构和运行本身入手。"政府领导"、"行政决策"与"社会协同、教师参与"两条路线并非彼此独立,而是相互衔接、互为因果的交互进程。政府的适当进入与参与界限,流动教师的主动权与利益获得界限,要求两个体系、两条路线相互合作与退让。这一问题由于其复杂性与交互性,并非单靠理论推演就可达成,还需实践具体情境提供具体依据与思路。

理论推演只提供现存趋势下的可能性:其一,促成上下互通的多层级共治结构。将政府作为主体之一纳入交互体系,使政府与系统内其他主体民主协商,以使政府更好地汲取学校和流动教师的意见,并通过协商方式使多方诉求得以沟通和协调。其二,探索机制内公共空间的生产。自上而下的体系往往容易管得过死,而民主协商也需要个体民主素质的提高。机制内公共空间的生产,一方面要求政府适当"退出",另一方面要求个体主动"进入"。

(四)教师流动机制的反馈系统

系统科学原理中的反馈原理认为,任何系统只有通过反馈信息,才能实现有效的控制,达成目的。① 教师流动的反馈是指,在教师流动系统的联系中存在反馈现象,即教师流动系统通过将被控对象情况、执行机构的工作状况及周围环境信息等,输出信息回送于输入端,进行加工处理和目标比对,调节控制量以缩小目标价值偏移,从而使教师流动系统达到并稳定在优化的目标控制状态的过程。教师流动反馈包括正负两种,若反馈信息的效果在于加强教师流动控制部分的活动,就是正反

---

① 查有梁.系统科学与教育[M].北京:人民教育出版社,1993:10.

馈。教师流动的正反馈是加剧系统正在偏离目标运动的一种反馈；若正反馈信息的效果在于减弱控制部分的活动，则为负反馈，教师流动的负反馈是旨在反抗系统正在偏离目标运动的一种反馈。从教师流动的反馈系统整体来看，负反馈占据上风和主导地位的情形，有益于教师流动系统稳定性的维持和整体目标的达成，但在局部作用与子系统中，正反馈的作用亦不容忽视。

作为自组织系统，教师流动机制需要反馈系统来不断校正，以保证目标控制，教师流动机制的反馈系统是机制不断发展的基础。教师流动机制的反馈是系统对自身的不断检视，是从元系统视角对系统的回应。教师流动机制的反馈系统体现的是教师流动系统各部分间因果循环的联系，促使教师流动系统功能得以实现。在教师流动机制的反馈系统中，作为调控主体的教师流动执行者向教师发布指令，促使其按照教师流动的要求行事，这是教师流动机制的前向信息控制通路，旨在对教师流动机制主体的行为进行定向调控；教师通过自身行为或主动信息回馈向教师流动执行者提供机制运行状况的信息，是机制的反馈信息通路，旨在对教师流动机制主体的行为进行偏差校正。有了反馈信息通路，整个教师流动机制才能形成闭合的回路，使得教师流动机制作用的结果，能够作为要素回应于教师流动机制运作的过程，为教师流动的选择提供借鉴，有助于人们选择恰当的措施推进教师流动机制的运行和更新。即通过反馈系统，人们可以决定延续、调整或纠正教师流动机制的运行。

教师流动反馈系统作用的发挥，在于随时了解教师流动机制的运行现状，找出运行现状与运行目标之间的差距，并在运行过程中不断予以校正，这种过程中的控制要通过信息来实现。首先，信息具有媒介作用，教师流动机制的运行实际上是基于信息的运行。其次，信息具有放大作用。以点的形式呈现，体现的却是线和面上的系统运行状况，有助于主体据此窥一斑而见全豹地审视教师流动机制运行状态并进行校正。最后，信息具有预测作用。通过对教师流动机制运行中现时信息的审视，预测未来可能的状态或变化。

信息的顺畅流通和真实有效是教师流动反馈系统作用发挥的前提和基础。只有选择提供信息对行为主体来说是最优或唯一选项时，行为主体才会选择提供信息;只有当如实报告是行为主体的利益所在时,行为主体才会提供真实信息,即"除非得到好处,否则参与者一般不会真实地显示有关个人经济特征方面的信息",[①]因此,为确保教师流动机制反馈系统中信息的真实有效,要使教师流动机制有利于流动教师正当利益的实现,保护流动教师的正当利益。

四、教师流动机制的外部环境

教师流动机制的外部环境主要是指,影响教师流动的政治和经济环境。教师流动机制作为以均衡区域间、学校间教师资源为目标,服务于义务教育阶段教育资源均衡配置的基础机制,须在综合考虑其所在的政治、经济环境之后,才能达到合理构建、有序运行,并在运行中有效发挥评估和检验、反馈作用,进而促使教师流动机制的功能实现和目标达成。

(一)教师流动机制的政治环境

以传播和形成全民族统一的政治观为目的之一的义务教育,从根本上要求在考量其各项机制时,必须首先考察其生存的政治环境。任何社会成员或社会组织都以一定方式与政治发生关系,教师流动机制作为与流动教师个体、学校、政府等公共政治参与主体都息息相关的机制,受到机制系统之外纷繁复杂的交互作用下相关政治因素的深入影响,体现出当时社会的种种政治特征。而作为一种政治工具,教师流动机制在影响社会教育发展、促进教育革新、实现教育均衡发展方面也起着独特的作用。

科勒曼指出,政治发展是现代化的一部分,其过程包括理性、科学和人际关系的世俗化,强调尊重人的价值与民主的价值,注重政府行为的合法基础和公民的政治参与。政治发展是差异、平等和能力三者之间永恒的、协调的相互作用。而民主作为政治发展的一个非常重要的方面,覆盖和渗透在差异、平等和能力原则之中,政治发展的核心就是

[①] 何德旭,王朝阳,张捷.机制设计理论的发展与应用——2007年诺贝尔经济学奖评介[N].中国经济时报,2007-10-23.

政治民主的进步,它体现出公开、公正和规范等特征。① 有四个衡量标准,即政治自由和公众管理、公众制约政府的程度、小党派选举权分布情况及参加选举人口比例、政治权利和公民自由的标准。② 正是因为民主体现出了作为制度的优越性和作为文化、精神蕴含的价值,人类社会的民主进程才能在曲折中不断发展。教师流动机制在建构和运行中,不得不考虑在无形中受到这一趋势的影响,作为流动主体的教师处于不断的政治社会化进程当中。所谓政治社会化,是指人们在特定的政治关系中,通过社会政治生活和政治实践活动,逐步获得政治知识和能力,形成和改变自己的政治心理和政治思想的过程。③ 我国现阶段政治文明正处于不断提升之中,人们的主体意识不断增强,对政治生活的参与程度不断提高,现代公民意识正在形成,政治心理和谐成为社会建设的重要目标。在此进程中参与流动的教师也表现出更多的民主诉求,不再满足于被动的政策与制度执行,需要参与到整个教师流动机制运行的进程中。

国家发展战略是教师流动机制生成和运行的大环境,不同的国家发展战略下,教育在社会系统中的地位不同,而为保障教育公平而生的教师流动机制也不尽相同。国家发展战略是指建设和运用国家各方面的实力,以实现国家总目标而采取的方略。一国的国家发展战略对国家生活的方方面面,包括政治、经济、社会生活等都有着重大影响,所有的制度都围绕战略目标来制定,所有的机制都围绕战略目标建构和运行,教师流动机制也不例外。

新中国成立以来,我国的国家发展战略先后经历了以阶级斗争为纲、优先发展重工业,到以经济增长为中心的非均衡赶超战略,再到追求全面协调发展的系统化战略,以及科学发展观指导下逐步走向成熟的国家发展战略。与之相对应,教师流动机制也经历了不同的发展阶

---

① Coleman,James,S. (1965). Introduction:Education and Political Development. In Education and Political Development Princeton University Press.

② Bennvot, Aaron. (1996) Education and Political Democratization:Cross·national and Longitudinal Findings Comparative Education Review. Vol. 40,N. 4.

③ 杨光斌.政治学原理[M],北京:中国人民大学出版社,1998:92.

段。在新中国成立初以阶级斗争为纲、优先发展重工业的国家战略指导下,中小学教育让位于高等教育,基础教育责任下放到县(区)、社队和家庭,在小区域、分割化与独立化的状态中运行,同时受当时的人口户籍管理政策影响,没有教师流动的需求,也缺乏教师流动的环境。在以经济增长为中心的非均衡赶超战略中,地方各级政府以经济增长为目标,教育发展在一定程度上并没有受到应有的重视,各级政府并没有完全负担起义务教育的投入责任。以效率为先、多渠道筹资义务教育经费等教育发展思路,致使地区间、城乡间、学校间投入极不公平,教育质量差距巨大。为缓解这种差距,提出教师流动的一些政策和制度尝试,但收效甚微。随着全面协调发展和科学发展的系统化战略提出,"以人为本"成为制定发展战略的重要原则,在这一战略指导下,我国开始真正重视教育不均衡发展问题并着手加以解决,提出在城乡教育一体化进程中,探索出科学合理的教师流动机制,以促进教育均衡发展,实现教育公平。

(二) 教师流动机制的经济环境

经济作为社会运行的基础性因子,在方方面面渗透和影响各种社会机制运行。经济水平直接影响国家支持教育发展的经济能力,国家经济发展水平决定教育规模的大小,决定教育投资的多少,决定教师流动机制的运行成本和教师在流动过程中能够获得的物质收益。同时,随着经济的发展,社会对教育的需求程度也会逐步提高,对高层次、适应新型经济结构的人才有新的需求,对教育质量提出要求,也要求保障基础教育的质量均衡,对教师流动机制的存在与发展、发挥的作用提出直接要求。

从根本上讲,东西部、城乡间经济发展水平的差距,带来教育投入能力和人才承载量的差距。在经济相对落后的地区,教育资源包括教师资源都相对紧缺、匮乏,教师数量和教师水平远远落后于发达地区。与此同时,由于经济发展水平的制约,当地人才承载力也相对较弱,陷入培养不出优秀人才,有优秀人才也留不住的发展困境,致使流动教师工作效能感和归属感都相对较弱。

经济体制的每一次调整和转轨,都深刻影响着我国教师流动机制的运行。在计划经济体制下,所有资源分配、产品生产和消费都依赖于政府指令,教育也不例外。教育财政决策高度集中,按照学校的隶属关系,将有限的教育资源重点投向高等教育和城市教育,农村义务教育长期处于被忽视状态,致使其先天发育不足,缺乏必要的教育设施,也缺乏能够支撑大量优秀教师的资源储备,发展力孱弱。在计划经济向市场经济转轨时期,高度集中的中央权力被下放到地方政府和企业,市场经济元素被引入教育领域,开始办学体制改革,依靠当地政府多渠道筹集义务教育经费。这一方式下筹集的经费受到当地经济发展水平的直接制约,不均衡的经济发展水平带来不均衡的教育投入,直接导致不均衡的教师资源配备。随着社会主义市场经济体制的不断完善,市场与政府的分工越来越明确,义务教育作为公共产品,应得到国家财政保障的理念被普遍认同,各级政府分级负责的教育投资机制初步形成,城乡义务教育一体化稳步推进,促使教师流动机制也发生了新的变化。

第二节 教师流动机制的问题分析

我国教师流动机制在实践运行中取得了巨大的成就,在一定程度上缓解了教育不均衡的状况。但也存在一些亟待解决的问题,主要涉及:教师流动机制的行为主体问题;教师流动机制行为规则问题;教师流动机制得益或支付方式问题;教师流动机制的反馈系统问题。

一、教师流动机制的行为主体问题

(一)政府经费拨付机制不健全带来农村教师生存困境

作为教师流动机制的首要责任者,政府要建立健全有效的教师流动机制并完善其运行体系,确保其运行过程中合理、有针对性地进行教师资源分配。2005年,国务院发出《关于深化农村义务教育经费保障机制改革的通知》,按照"明确各级责任、中央地方共担、加大财政投入、提高保障水平、分步组织实施"的基本原则,决定逐步将农村义务教育全面纳入国家公共财政的保障范围,构建中央和地方按比例、分项目分担的农村义务教育经费保障机制。2006年以后,这一"新机制"在我国农村地区开始实施。在经费投入方面,按区域分类来确定各级政府义务教育分担项目和比例;在经费分配与使用方面,建立学校预算制度来

规范政府拨款行为和学校经费使用行为。但是这种"新制度"却使我国农村义务教育的经费拨付和使用陷入新的困境,主要表现在:

其一,按区域划分的各级政府义务教育投入比例标准粗糙、简单划一。所谓按区域划分,是指以东、中、西的区域标准来核定义务教育经费投入的各级政府负责比例,而按照国家统计局的标准,我国东、中、西区域分类主要考虑各省的经济发展水平、地理位置、自然条件、资源禀赋和社会结构等因素,其中经济发展水平和地理位置是其划分的主要依据。这些划分指标与义务教育经费需求量之间的相关度极低,而真正决定义务教育经费需求的当地财政供给能力、生均经费指数以及原有办学基础等,则未被纳入考量范围。如此,便极易造成农村义务教育经费短缺、来源不稳的状态。

其二,政府间的信息不对称,引发经费投入过程中的一系列委托代理问题。新机制采用多层负责的政府委托代理模式,总共经历中央、省、市、县、乡五级政府四重委托,代理链过长。一方面,极易触发下级政府的道德风险。如为减少本级政府承担的经费数额,瞒报、少报农村义务教育经费需求;或为通过经费拨付过程牟利,不能按时或未将经费切实落实到学校手中。另一方面,自上而下的规划拨付模式造成逆向选择。上级政府依据当地经济发展程度、资源拥有量等作为标准制定拨付额,不能切实贴合于义务教育经费需求本身;下级政府作为经费直接使用方,了解当地经费需求量却不作为经费拨付主体。这种逆向选择带来的信息不对称和财责事责扭曲状态,使得一些市、县的义务教育财政缺口增大、配套经费不能足额落实、不能按时拨付给学校等问题屡屡出现,从而大大降低了新机制运行的实效性。

农村义务教育经费不足直接带来农村义务教育教师的生存和发展困境。引发有能力、有资源的教师向城市单向流动,进一步加剧农村教师的短缺状况;由于面临生存困境,农村教师的教育质量也难以得到保障,形成教师的隐性流失;教师自身发展机会短缺,提高速率慢于城市,造成师资力量的相对逆增长,进而使得城乡区域间教师资源差距进一步扩大。与此同时,经费短缺的生存困境阻碍城区教师的流动意愿,对城区教师的补偿和利益保障机制无法落实,又引发新的财政困境。

（二）学校布局与规模不合理制约教师合理流动

作为教师流动机制的直接运作者，学校作用的发挥对于教师流动机制的合理有序运行至关重要。学校布局与规模的不合理将直接制约政府指令的有效贯彻和流动教师利益的切实保障。我国城乡之间、发达地区与欠发达地区之间教育差距主要体现在，农村和欠发达地区学校布局分散、规模小、质量低等。这些问题引发的短板效应，已经制约了我国教育的整体均衡发展。基于此，在农村税费改革的大环境下，农村学校也进行了一系列改革，一方面改善其布局，改进其教育质量；另一方面提高资源利用效率，缓解当地财政压力。

但在实际操作中，部分地区对这两大需求的回应显得操之过急且过犹不及，出现了一批"巨型学校"，以经济效益为导向，盲目追求规模，希望通过扩大规模增加每个学生的投入收益比，却忽视了学校以人为作用对象，人的发展不能简单地进行投入产出计算，造成教育质量不升反降。同时导致班额过大，教师负担过重，教师的分配趋于更加不合理，国家的教师流动既定目标并没能得以实现，既定方针也无法得以贯彻。

撤并之后，农村原有小学大规模消失，部分教师进入大学校，面临工作单位距家庭距离变长，交通与生活的种种不便，以及在新环境下人际关系复杂化等问题。而另一部分教师则直接失业，造成教师的大量流失。这种布局调整未使教育进农村，反使农村学生进城市，流动方向依旧是教师向城市集中，未能真正使农村教育质量获得提高。

与此同时，由于路途不便或家庭因素等影响，加之撤并之后形成的乡镇学校校舍、教师等资源一时难以满足需求，一些偏远地区还留有为数不多的学生与代课教师。在这些地区，教师资源一方面表现为专业素质不达标的问题，另一方面表现为学生人数可能出现断层现象，对教师需求不稳定的问题。因此，对于应撤的学校和合并后的学校，面临的是不同的教师流动需求，在教师流动机制的构建、运行和调整过程中，需要分别加以考虑，并提供恰当的解决方案。

（三）机制缺乏人文关怀致使教师流动意愿偏低

作为教师流动机制的具体参与者和主要动力因子，流动教师的主动性不被调动，则整个机制都无法顺畅运行。主动性的发挥要求合理动机的激发与推动，动机是指通过激发和鼓励，使人们产生一种内在驱动力,朝着所期望的目标前进的过程。按照美国心理学家、管理理论家弗雷德里克·赫茨伯格(F. Herzberg)的观点,人的行为动机受到"保健因素"与"激励因素"的共同影响。保健因素是与外在环境相关的因素,亦即保障人们不产生不满的因素,包括工作环境、薪金水平、与他人的关系、工作稳定性等。激励因素则是与工作本身相关的因素,旨在促使人们产生工作满意感,如工作收益、工作绩效奖励、工作中的自我提升等。现阶段我国教师流动意愿较弱,很大程度上是由于较不发达地区在满足教师合理利益需求方面有所欠缺,既不能为教师提供足够的生活保障,又无益于教师职业中的自我提升,农村中的优秀教师更倾向于流向城市,而城市中的教师则不愿流向农村,此消彼长之下,城乡教师资源差距便进一步被拉大。

以此为基点,教师流动机制设计中,便不能不考虑流动教师主体性的因素,保障其利益表达权和发展参与权。而且,教师在流动过程中的需求趋向多样化,这带给决策部门更大程度上信息不对称的压力,要保障机制设计的合理性、有效性和实用性,就必须扩大信息来源,即促使流动教师主动表达其利益需求,增进信息交换沟通。并且,流动教师也不再满足于被发展、被满足的境地,开始主动要求自身利益表达与利益争取,表现出极强的参与意识和参与能力,这也要求教师流动机制的设计,能够切实关注教师们的利益需求,发挥他们的主体作用。

二、教师流动机制行为规则问题

教师流动机制在自身建构和运行的过程中,要求内部行为规则与外部行为规则同时发挥作用。但由于内部规则的自生性与不可控性,只能通过引导手段施以部分保障。而外部规则不同,在与机制的具体运行相结合的过程中,其存在已呈显性并直接发挥作用,可以且应该辅以必要的监督机制以确保其能有效贯彻执行。

教师流动的监督机制尚不健全。教师流动机制作为以保障教育公平、均衡师资配置为目标,由不同要素通过相互作用、共同协作构成的遵循客观规律的实际运行系统,其针对公共产品发生作用的属性和保障公平的价值取向,都要求必须有健全的监督机制协调作用,以保障在机制运行过程中公共权力被合理使用。但由于历史时期的局限性和机制本身的尚待完善,教师流动的监督机制还呈现种种问题。

良好的监督体系必须是政府监督与公众监督的结合,且具备以下四个条件:其一,明确监督职责的制度和法规,以作为实施监控的依据;其二,与监督对象之间保持信息通畅,以明确监督的目标;其三,监督机制本身独立存在;其四,对监督对象有处罚和责令其纠正的权力。[①] 从这个意义上来讲,教师流动的行为规则监督机制,并未能随着教师流动的主体机制一并建立起来。首先,教师流动的相关监督法律法规尚不健全,只靠现有的难以实施或已经老化的法律条文,对教师流动行为规则贯彻的有效监督还无法实现。其次,我国的政府信息公开制度尚处于起步阶段,政府信息不公开的现象还十分普遍,这种信息不对称的情况加之公民权利意识的觉醒不足,公众监督尚且不成熟。最后,监督方式还有待改进。突击性、专项性的检查并不能全面了解和把控教师流动机制运行情况,也无法据此对教师流动机制行为规则的贯彻落实情况以及机制的不足提出明确有效的改进措施。

三、教师流动机制得益或支付方式问题

教师流动机制的得益或支付方式的根本目标在于实现激励相容,其最终落脚点在于激励机制。激励作为一种诱导手段,要发挥其功能并实现目标,需要符合两个约束条件:一是参与约束条件,即激励条件应能引起参与人的兴趣。若参与人未被激励条件引发积极性,而只是迫于行政指示或压力参与进来,将无益于机制目标的达成。因此激励条件必须能使参与人积极参与的期望效益,大于其不参与或不积极参与的机会成本。二是激励相容条件,即在满足了参与约束的条件下,机制应提供符合参与人偏好的激励手段与激励方式,并及时兑现,使参与人能在机制运行过程中既获得自身利益又有益于整体目标的达成。

而在我国教师流动机制建构和运行的过程中,忽视学校和流动教师的参与状态,采取不恰当的激励手段,使其与教师流动目标之间的激励相容难以实现。一方面,忽视学校的参与状态。由于教育行政部门

---

① 陈振明.政策科学——公共政策分析导论[M].北京:中国人民大学出版社,2003:65.

与学校之间存在上下级的管理关系,原则上教育行政部门的任何规定,学校都需要无条件地接受和履行。因而教育行政部门几乎不考虑学校的参与约束问题,致使教师流动机制在运行过程中,学校的利益和需求没有得到有效的表达和整合,宏观推行的制度罔顾各学校的具体教育教学实际,一些学校采取消极应对的方式,致使教师流动机制运行效果与目标相差甚远。另一方面,流动教师和学校不同程度地与教师流动机制目标间存在激励不相容。流动教师在流动过程中没有恰当获益,影响其工作积极性,形成隐性流失;学校在此过程中没能增进自身利益的满足甚至形成利益损失,不能充分发挥作用。

四、教师流动机制的反馈系统问题

反馈系统的整个运作流程都是通过信息流通实现的,因此反馈系统作用的有效发挥要求信息的真实有效传递。信息根源于其本体,其本体的存在形态、历史、发展趋势都对信息有着直接的决定作用。信息在由本体加载于其他实体时,是作为独立的存在发生作用的,随着其能指形态的变化,极易发生其所指的隐性迁移,亦即表现为信息的错漏与误传,带来决策和执行两条通路上的困境。因而对信息问题的探讨,最终要落脚于信息本体,从根源层面保障信息的有效性。在此基础上,要关注信息加载的通路,从技术层面确保信息的真实性。对于教师流动机制而言,信息的本体即是作为教师流动机制控制者的决策层面和教师流动机制执行者的教师个体层面,这两方面的信息有效和双方之间的信息真实,是教师流动机制信息有效反馈的基本前提,也是反馈系统能够真实发挥作用,不断校正目标取向的最终落脚点。

由于现阶段机制发展的不健全,机制控制与被控主体双方选择维度过宽,信息的有效性有待考量。对于教育行政部门而言,考虑到政绩因素、经济效益等方面,可能直接影响其信息公开的选择。而对于流动教师而言,长期以来经济支付能力让位于道德话语要求的社会语境,使其难以直呈困境;教师流动机制对教师自身利益的缺乏保障,也使教师不得不采用信息瞒报的方式保护自身利益。

由于历史和现实因素影响,我国现阶段教师流动机制中政府信息输出和流动教师信息传达两条言路都不够畅通,技术层面的信息真实性难以保障。一方面,我国长期自上而下的行政运行模式,致使教师流动机制呈现出上级命令主导教师主体流动行为的倾向,教育行政部门运作透明性不足,缺乏向教师传达信息的主动性,致使流动教师由于信息掌握不足,而无法做出有效回馈;另一方面,作为流动行为基本参与者的教师,则处于失语状态,缺乏传达自身体验的通路,在达成制度目标与实现个人期许之间难以获得平衡;同时更加剧了信息的分散性,不利于教育行政决策部门获取必要的信息,并作出科学的教师流动机制运行命令或命令调整。

第三节 教师流动机制的合理建构

针对教师流动机制存在的问题,必须采取必要的措施,消除这些问题,才能使教师流动机制更好地发挥作用,教师流动才能更加科学、顺利和高效,也才能更优异地达到教师流动的目标。具体而言,教师流动机制需要从教师流动行为主体机制、教师流动行为规则机制、教师流动机制得益或支付方式、教师流动机制的反馈系统四方面做出修正。

一、教师流动行为主体机制的合理建构

(一)完善政府义务教育经费保障机制

一方面,应细化区域划分标准,切实按照区域现状和区域需求的具体情况,确定经费数额与负担比例。我国地域辽阔,各地教育资源差异明显,按照区域进行划分在细节上容易脱离当地实际,造成部分地区供给不足的困境。这就要求经费拨付区域划分得足够细致,而又不至于过于细致到造成行政资源的浪费。因此,以县为单位进行划分和评定是比较合理的选择。即依照不同县域财政收入水平、财政支付结构、义务教育经费需求、规划等方面的差异,对全国两千多个县进行聚类,形成大致类似的划分模式,分别提出经费拨付方案。对不同县域进行划分应依据以下几个维度:即人均财政收入、农业劳动力比例以及人口密度。人均财政收入反映民间教育的潜在供给能力,农业劳动力比例反映地区的社会经济结构,人口密度反映生均经费值。在此基础上对不同县域进行分类,按类别确定是由中央拨付、中央与县域共同拨付、各

省拨付、省级行政单位与县域共同拨付,还是由县域自行负担。

另一方面,完善学校预算体系,逆转信息通路,以各地具体情况为准制定拨付机制。现行的学校预算制度是依据上级政府事先规定的人员经费、公用经费、基建经费等项目所做的收支计划,难免对学校现实情况掌控不足,也阻碍了学校本身经费使用的自主权。而要提高教育质量,促进学校发展,必须保障学校对经费的使用自主权,实施校本预算。校本预算是将与学校相关的教师、学生及家长、团体、教育主管部门人员等包含在内,共同参与学校预算制定的方法。校本预算不是简单地根据在校人数来拨付教育经费,而是基于需求制定学校发展计划,然后通过制定预算来满足。① 从常规的人员经费、公用经费和基建经费,到基于学生需求和学校自主发展的学校发展资金、学校绩效管理资金等方面出发,切实规划和制定学校预算需求,使教育行政部门在制定分配机制时能够有真实信息为依据,减少机制运行过程中的信息不对称问题,增进机制合理性。

在经费得以保障的基础上,教师工资、福利等作为经费的一部分,能够得到有效保障,则有助于农村地区教育质量的提高和城区教师流向农村的积极性。同时,通过工资制度的进一步改革,使教师工资逐步脱离学校和简单的职称分配制度,获得国家财政的独立专门拨款,参照公务员管理手段与待遇,提升教师职业的整体收入和社会地位,减少教师向行业外流失和教师行业内的隐性流失。

(二)促进农村学校布局与规模合理化

促使农村学校布局与规模合理化,首先要通过科学严谨的程序进行。2010年发布的《国务院关于加强法治政府建设的意见》中明确指出,要把公众参与、专家咨询论证、风险评估、合法性审查和集体讨论决定作为重大决策的必经程序。学校的撤并对于周边居民来说至关重要,关系到他们的生活便利度,乃至影响到家庭职业改变与居住选择。不合理的撤并极有可能增加家庭的各项支出,如学校过远家庭不得不派出成员"陪读",乃至父母为了就近照顾孩子,到孩子所在的学校附近

---

① [美]布里姆莱,贾弗尔德.教育财政学——因应变革时代(第九版)[M].窦卫霖译.北京:中国人民大学出版社,2007:281.

重新安家并寻找工作。学校过远还有可能增加家庭在交通上的支出，这些费用和负担的改变都会影响整个家庭的多项选择。亦即,学校的撤并对于周边居民福利、生活等多方面都产生着重大的影响。

但在学校布局与规模确定的议程中,往往并没有严格遵守程序要求,体现出相当程度上的随意性和盲目性。北京师范大学农村教育研究所在对全国8个县77个乡镇下辖的村级被撤并学校调查中发现,有45.4%的县级教育决策部门在决定农村小学撤并过程中,并没有进行认真调研,更没有召开村民大会让利益受影响主体参与讨论,往往只是走过场,随意开个会就直接宣布学校撤并结果。科学严谨的程序要求受决策影响的主体实质性参与,教师和学生作为受到撤并政策直接影响的两大群体,必须在决策过程中能够有自己的发言权。对于教师群体而言,学校撤并相当于学校层面和学校规模上的流动,只有撤并方案合理,才能为教师提供合理的流动平台。科学严谨的程序还要求理性化的运作,即要求对学校布局与规模调整的相关事实、数据、意见等信息进行全面的收集和整理,在对数据进行分析,对撤并方案进行讨论的基础上,评议各项不同意见,解读各项教育政策,形成有说服力的撤并方案。

其次,依据保障教师基本福利的情况、学校对教师的承载量大小,确定学校规模。学校规模过大,则教师福利难以得到有效保障,工作负担过重,不利于教育质量的提高和学校持续发展。学校作为育人的机构,不能单从经济或效率的视角来看待问题,通过加大学校规模,减少生均教育资源支出,绝不是学校教育的目的,学校必须能在教育质量与教育效益之间寻求平衡,并更加注重教育质量的提高。学校保持合理规模也有助于保持对教师的合理诉求,有助于留存、保持和扩大农村教师规模与质量,提升农村地区教育而非将农村地区教育移植到城市中去办。

最后,在偏远地区依据当地情况适当保留学校并培训教师。可采用以下策略：

其一,加强教师培养,缓解偏僻地区教师资源短缺。考虑到大学毕业生不愿到偏僻地区就业和流动教师不愿前往或常驻偏僻地区的现实状况,可尝试在偏僻地区建立短期的教师培养机构,培养当地有一定学识水平的居民获得教育技能并取得教师资格,给予教师待遇。或使当地教师参加培训,提升其教学水平,同样颁发培训证书,给予恰当的待遇提升。

其二,发挥在校师范生作用,缓解偏僻地区教师资源紧张状况。尝试在偏远地区建立师范生实习基地,开展师范生走进偏僻地区、走进偏僻地区家庭、走进偏僻地区学校课堂的体验实习,并将之作为师范生培养的必要组成部分。按照教育程度,循序渐进开展偏僻地区访问参观、短期实习和较长期体验式实习,循序渐进地使学生了解偏远地区教育教学现状,减轻其排斥心理,改善其对偏远地区的印象。

其三,建立更加灵活的随偏僻地区学生人数变化进行教师流动的机制。意即当某些年份当地学生人数过少或没有,则将当地教师就近补充到撤并之后形成的学校,缓解其教学压力,并使该教师在学校中进修、观摩与学习,提升教学水平;在某些年份当地学生人数增多时,恰当向当地短期支援教师,帮助缓解压力,并带动当地教育水平提升。

(三) 增进教师流动机制的人文关怀

人文关怀的核心是承认人的本身就是目的,肯定人性的价值、意义和人的主体性,尊重人的主体地位和个性差异,关心人丰富多样的个体需求,激发人的主动性、积极性与创造性,旨在促进人的全面而自由的发展。教师流动机制的人文关怀主要是指,站在流动教师的角度考虑问题,发挥其主动性,关注其多样化的物质与精神需求,为其提供良性的发展空间,以促成其全面而自由地选择与发展。

首先,增进教师流动的主体性。人文关怀的教师流动机制必须将教师视作主动的人,给其自由的选择权利,使其能够在信息充分的环境下作出独立选择;同时,在使教师物质权益得到保障的基础上,关注教师心理和精神需求,并及时给予反馈。

其次,合理调节教师流动时间。过长或过短的流动时间都不利于教师个人价值的发挥和心理舒适度的满足,综合多方面因素,两到三年的时间跨度相对比较合适,既不过长,不至于给教师造成心理疲惫,又能给教师足够的时间去适应新学校需求,并能够在新学校达成充分的信息交流,甚至形成有效的示范效应,带动该校其他教师的发展和教育质量的提升。

最后，教师流动应能促进教师个人全面而自由的发展。要使流动过程尽可能地不打断流动教师的职业生涯发展进程，必须保障流动学校间的信息通畅。现有的教师流动不关注流动学校双方需求，可能该学校原本需要语文教师，却流动来数学或其他学科教师。如此，对于流出学校来说，一定时期内损失了优秀教师；对于流入学校来说，没能满足自身需求还需要为流动教师寻找适宜的岗位；对于教师个人来说，在新学校更加难以找到自己的位置，也无法发挥自身作用，更打断了其职业生涯进程。因此，流出与流入学校间真实有效的信息沟通，就显得非常有必要，确保流动教师确实被需要，能够有合适的岗位，发挥恰当的作用。

二、教师流动行为规则机制的合理建构

合理建构和确保运行教师流动行为规则机制，要求完善教师流动的监督机制。

首先，要明确相关监督法律法规政策，让监督行为有法可依。不论是政府自上而下的监督还是民众自下而上的监督，其监督权都应是法律赋予的，离开了法律，监督就失去了依据。教师流动监督机制的对象、内容、范围和方式，都应该有恰当的法律或相关政策规定，在其范围内，按照正当的程序进行。是否行使监督权、如何行使，都需要以法律和政策为准绳。只有制定完善的法律政策，坚持依法监督，监督行为才能具备法律效力赋予的权威性。

其次，要增加信息透明度，保障教师在有知情权的基础上对流动机制运行的公平合理性进行监督。信息不透明的情况下，一切监督行为都无从谈起，教育行政部门应当通过多种渠道确保参与流动的教师及学校的知情权，以使他们能在综合考虑各种信息的基础上进行监督。

最后，改过程性监督为结果性监督。过程性监督关注教师流动机制运行的行为层面，针对细节和现状发生，有时效性和督促性，但难以全面反映教师流动机制行为规则的运行成效，容易引发虚报、瞒报等不利于教师流动有序进行的行为。而结果性监督以教师流动机制运行的结果为准，很大程度上减少弄虚作假的可能性；同时，以结果为准，更具备准确性，而不需要加入预测性等人为因素才能确认教师流动机制的效果。

三、教师流动得益或支付机制的合理建构

合理建构教师流动的得益或支付机制,最终落脚点在于建构教师流动的有效激励机制。就教师流动的激励机制而言,参与教师会以自身利益为价值判断或价值选择依据,从而决定是否进行流动行为,而这种选择将直接制约教师流动目标的达成。如果一个机制满足参与约束,那这个机制是可行机制,如果满足激励相容约束,那这个机制就是可实施的。[①] 而只有同时满足参与约束与激励相容,机制才能达成既定目标。我国主要通过自上而下的行政命令推动教师流动机制运行,下级教育行政部门将上级命令作为唯一选项执行,因此先天地满足参与约束。但在具体的执行过程中的行为选择问题,如何保障命令被有效执行避免机制低水平运行,就是激励相容的问题。针对不同的执行主体,得益方式有所差异。就学校而言,要正视学校的参与状态,给学校以发言权和恰当的自主执行权。在总体规划的基础上,不一刀切地对学校发布行政命令,而可以通过一定渠道建立学校之间的对话平台,了解学校的具体情况与现实需求,尽可能保障流出的教师不过分影响流出学校的正常教学秩序与教育质量,并促使流入学校表达需求,能够获得真正需要的教师。就教师而言,要能够提供能使流动教师得到激励的利益保障,促使其个体目标能与集体目标达到激励相容。对于教师个人来说,能够获得激励的行为必然是增长性的,不仅是物质利益方面的增长需求,还包括教师个人能力与职业水平的增长需求。只有从这两个方面着手,才能激发教师真正参与流动,改善整体教育质量与促进区域间教育均衡的热情。

四、教师流动反馈系统的合理建构

合理建构教师流动反馈系统首先要加速推进政府决策的民主化进程。民主化不是指纳入尽量多的人来参与决策,而是在决策过程中关注各种利益主体的真实信息,使相关利益主体能够通过决策过程和决

---

① 杨卫安,邬志辉.机制设计理论与城乡教育一体化建设[J].理论与改革,2012(5):57-59.

策程序传达利益诉求,并在充分注重协调性与公平性的基础上,对真实信息进行合理解析加工以形成科学决策。包括两条信息通路:其一是流动教师对教育行政部门的服务要求通路,其二是教育行政部门对流动教师的支持要求通路。前者是教育行政部门政策制定与实施的导向,后者是教育行政部门政策制定与实施过程的校正与结果的评价。只有保障这两条信息通路的通畅,才能保障教育行政部门决策的合理性以及反馈系统作用的有效性。

要增进流动教师的主动性与参与意识。流动教师不仅仅是政策与制度的被动执行者,更通过自身的具体行为构建教师流动机制的现实存在,教师的诉求与选择从各个细小而广泛的层面影响教师流动机制的建构与运行。只有流动教师愿意主动提供真实信息,机制才不致因信息不全造成目标偏离。

最后,通过机制建构本身平衡公共利益与个人利益,达到激励相容,形成参与主体愿意提供真实信息的教师流动机制运行模式。这是反馈系统最基本的运行与建构层面,教师流动机制的问题最终只能通过教师流动机制本身来解决。冀求于教师流动机制参与者的个人主动性,不如增进教师流动机制本身的合理性,推动教师流动机制参与者做出有益选择,即通过教师流动机制的合理建构,使参与主体在理性选择中,将提供真实信息作为唯一或最优选项,以达成个人利益的获得与集体利益的增进。

第九章 教师流动伦理

教师流动作为教师资源的重新配置,不仅仅是技术层面的问题,更是关乎伦理的问题。正如日本著名教育家、原广岛大学校长皇至道在《人类教师与国民教师》一书中所言:教师职业与它的伦理性具有深刻的关系。因此,教师流动的正当性,还必须接受对其进行伦理与道德的叩问。尤其在价值多元化的今天,教师流动将会涉及更多的价值选择问题,关注与审视教师流动问题,不能不去探讨教师流动所蕴含的深刻伦理问题。

第一节 教师流动伦理的本体研究

教师流动伦理是什么?有何特征?教师流动伦理的价值是什么?有何功能?这是教师流动伦理本体研究所要解决的主要问题。

一、教师流动伦理的内涵

教师流动的政策设计、方案执行在某种意义上,都出自于教育资源冲突与教师个体利益矛盾,更是各种利益相关群体博弈的结果。伦理是在长期社会实践中形成的协调人们利益关系的规范标准和准则,伦理关系是构建所有社会制度的道德前提。由此可见,利益关系成为教师流动与伦理的契合点。教师流动伦理是指:以教师流动实践中的利益关系为出发点,探寻教师流动过程中应当遵循的伦理道德规范,对教师流动进行伦理价值判断和道德拷问。

其一,教师流动伦理是对教师流动的伦理价值判断和道德拷问。教师流动的指向性与对象性表明,教师流动不仅具有特定的价值倾向,同时还必须接受伦理道德的追问与评判。一种失去道德合理性的教师流动,或者教师流动经不住伦理道德的拷问,就很难是一种立得住并能长久存在的教师流动。教师流动必须时时进行道德合法性的追问,才能真正为广大教师所接受、认同,也才能获得存在的基础和根基。

其二,教师流动伦理渗透于教师流动全过程,是教师流动中伦理原则与道德规范的总和。教师流动是一个有机整体,既涉及教师流动政策制定,也涉及程序执行,教师流动的这些环节都渗透着伦理的要求。教师流动本身作为一种人类的活动,亦有其自身特殊的伦理要求,这就要求教师流动要遵循一定的伦理原则和道德规范。

其三,教师流动伦理是以教师流动实践中的利益关系为出发点。伦理的重要功能是调节人们的利益关系,教师流动必然涉及流动过程中多方面的利益,这些利益的调节离不开伦理,并且正是为了更好地调节这些利益,伦理才成为教师流动的必要。

要正确理解教师流动伦理的内容,还需要从以下方面进行把握:

首先,对流动教师群体需求的高度关注与尊重,是教师流动伦理的核心伦理内涵。"对于个体的利益需求与合法利益的获得的尊重与保护是市场经济的出发点。"[1]教师流动是教师群体基于不同利益需求作出的价值判断,这种"需求"既包括社会地位、物质生活的提高,也包括自我价值的追求。马克思主义哲学认为,"物质生活本身是一切历史的一种基本条件,而无论其所从事的职业类型、所处的社会阶层"。[2] 教师流动作为一般性的人才流动,对更高层次物质生活的需求是保证其发展的首要基础。教师实现自我价值是精神层面的需求,在流动中能挖掘自身潜能、实现自我价值,通过不断挑战促进专业成长。教师的需求与教育资源有限性之间存在一定矛盾,单纯地将教师合理的利益需

---

[1] 刘世清.我国教育政策伦理的缺位与现实对策[J].教育科学研究,2010(2):5.
[2] [德]马克思.马克思恩格斯选集(第1卷)[M].北京:人民出版社,1972:32.

求归于道德素质和伦理价值的滑坡是有失妥当的。对流动教师需求的关注和尊重,从技术层面而言,是对教师自主性、自为性给以价值上的肯定;从更深层次来看,则要求对教师流动的伦理价值基础重新进行评判。

其次,流动教师广泛、民主地参与,是教师流动伦理的程序内涵。教师民主参与是在教师流动决策中,充分尊重公众的自主性,明确公众的程序权利和行政机关的程序义务,通过公众程序参与的良性互动达到各方利益平衡。教师通过正式或非正式途径,直接参与教师流动决策制定和执行,表达和维护公共利益,是实现教师流动程序伦理的必然要求。与此相应,随着教师参与决策热情的高涨,对教师流动决策回应的增强,对教师流动程序伦理背后所隐含的价值取向进行审视与规范尤为重要。

最后,利益协调均衡是教师流动伦理的实体伦理内涵。"实体伦理的真谛和核心,就是一种本性上普遍的东西",[1]教师流动带来的利益重新调整、教育资源重新配置,会导致相关群体间的分化与组合、矛盾与冲突。教师流动伦理要实现利益的协调均衡,平衡多元主体的利益诉求,实现"具有普遍性"的教师流动价值。

二、教师流动伦理的特征

教师流动伦理以利益关系与伦理价值为原点,试图为教师流动提供道德理论评判和实践指导,具有历史性、人文性和公益性特征。

教师流动伦理的历史性。不同历史时期的教师流动伦理具有不同的价值取向,体现出教师流动伦理的历史性特征。经济、政治、文化发展水平,直接影响教师流动的规模、速度与方向,因而教师流动伦理不可避免地烙上特定历史时期的伦理价值印记。新中国成立后至改革开放前,教师流动伦理的政治性与意识形态成为主旋律,教师由国家进行统一调配与管理,教师流动体现国家行政计划的意志。政治伦理在教师的准入、任用与调配中起到了决定性作用,这是由"政治形势与政党

---

[1] 樊浩.伦理实体的诸形态及其内在的伦理——道德悖论[J].中国人民大学学报,2006(6):108.

生存要求的客观权威性与高度整合性之内在必然性需要所决定的"。①
教师流动政治伦理显示出强制性、意识形态性和封闭性特征。强制性
无视流动教师的主观愿望,意识形态性从指导思想上规定着教师流动,
封闭性限制了教师流动的范围。改革开放后,建立在契约化利益关系
上的市场经济,主导了我国中小学教师流动。市场经济体制的建立,带
来了新的人口流动趋势,教师流动在某种意义上只是市场经济引发的
人口流动的缩影。② 城乡二元教师政策,成为教师流动的重要动因。
教师价值观念的变迁,也推动了教师流动。经济体制的变革、城乡二元
的教师政策与教师价值观念的转变,导致这时期的教师流动更多地体
现出经济伦理特征。

  教师流动伦理的人文性。教师流动伦理的人文性体现的是教师流
动的以人为本和人道原则。对人性的认知态度是教师流动管理的核心
层次,同时也是教育行政部门对教师本质、需要和价值的认识。正如麦
格雷戈(D. Mc Gregor)所言:"每项决策与措施,都是依据有关人性与
其行为的假设"。③ 以"经济理性人"作为教师流动的人性认知态度,会
产生效率至上的目标价值取向,以预先、精心设计的程序化制度和金钱
刺激来控制教师流动,这种科学主义的教师流动管理方式,将教师流动
等同于工厂流水线,忽视教师的潜能和自我需求。教师流动伦理要求
将教师视为"伦理人",④"伦理人"从人性认知态度角度而言,强调人是
第一位要素;从教师个体角度而言,既要追求经济性需求,也要实现人
格完善;从教育行政部门角度来看,要将"规范化"的教师流动制度,内
化为"人情味"的伦理规约,对教师的激励从物质刺激转变为人情感化。
树立人文性的教师流动伦理观,就要给流动教师更多的人性关怀,满足
流动教师的多层次需求,注重流动教师的主体价值和主体发展,实现具
有人性化和人情味的教师流动。

---

 ① 余亚平.政治伦理[M].上海:百家出版社,2005:124.
 ② 彭礼,周险峰,周益霞.农村教育流动研究三十年:背景、历程与趋势[J].教育探究,2011(1):84.
 ③ 程正方.现代管理心理学[M].北京:北京师范大学出版社,1991:54.
 ④ 樊浩.论中国特色的管理精神与管理模式[J].管理世界,1992(1):22.

教师流动伦理的公益性。公益性的价值承诺是教师流动伦理的另一大特征。"合乎社会整体利益"和"反映个体要求"是公益性的具体要求。①"合乎社会整体利益"体现了教师流动的公共善性伦理精神,教师流动是教育资源在公共领域内的调节与分配,鲜明的公共性、共享性和开放性是教师流动最基本的合法依据。"反映个体要求"体现对教师的关注,以及为教师提供全面发展的平台和空间。教师流动的公益性价值不仅关注共同体普遍的利益,同时也重视个体的发展。涉及人和教育的教师流动,离不开伦理价值的拷问,公开、公平和公正的公益性价值内涵,既是教师流动伦理合法性与合理性的基础,也是教师流动伦理所应当恪守的伦理原则。

三、教师流动伦理的价值

教师流动伦理具有层次分明、逻辑清晰的价值体系。在教师流动伦理中,教师流动民主是基本价值所在,它制约着教师流动的形式;教师流动理性是核心价值所在,它影响着教师流动的有效性;教师流动善性是终极价值,决定着教师流动的根本价值动力。

(一) 教师流动伦理的基本价值

教师流动民主是教师流动伦理的基本价值,同时也是教师流动的前提和基础。何为民主?杜威认为:"倘有一个社会,它的全体成员都能以同等条件,共同享受社会的利益,并通过各种形式的联合生活的相互影响,使社会各种制度得到灵活机动的重新调整,在这个范围内,这个社会就是民主主义的社会。"②可以看出,杜威眼中的民主社会包括两个层面的问题:一是"一个社会必须给全体成员以平等和宽厚的条件,以维持和推广共同利益",二是"成员发展个人的首创精神和适应能力"。③在教师流动领域,民主不仅具有权利和利益的保障维护,也表现为教师流动决策的民主化、教师人际关系的民主化等等。民主价值深入到教师流动伦理中,主要体现在教师流动政策制定、教师流动执行和

---

① 秦彪生,伍胜蓝. 政治权力运行的公共善原则[J]. 学术探讨,2007(9):236.
②③ [美]约翰·杜威. 民主主义与教育[M]. 王承绪译. 北京:人民教育出版社,1990:105、93.

教师流动实施评估等过程,教师流动主体应具备民主观念和民主信念,从而进行教师流动民主决策、执行和评估,最终把教师流动民主价值理想转化为教师流动民主的现实。

（二）教师流动伦理的核心价值

理性是教师流动伦理的核心价值,其本质在于对教师流动发展规律和教育发展规律的认同与遵循。教师流动理性是一种合理性范围内的价值规范与导向,合理性是教师流动理性的主要依据和内容,也是促进教师流动科学化的价值目标。教师流动活动以促进教育均衡发展为目的,在遵循教育和社会发展规律的基础上,结合科学的目的与手段,以实现教育均衡的转化。可以看出,教师流动离不开理性的价值规范与引导。教师流动伦理的理性价值体现在教师流动制定、执行和评价等主要过程中。理性的教师流动是保证教师资源配置科学性和有效性的重要保证,"缺少合理的决策过程永远不能实现科学决策",①"教育就是提倡在教育决策时要依靠理性的、有意识的、经过思考分析的,并合乎逻辑程序的决策"。② 因此,理性成为促进教师流动价值的原则之一。要实现教师流动理性价值,要求教师流动主体具备一定的理性意识、理性观念与理性信念,并以此作为教师流动伦理的价值规范与引导,进而将理性的教师流动价值理想,转化为理性的教师流动现实。

（三）教师流动伦理的终极价值

教师流动善性是善的理念在教师流动领域内的体现与实践,也是教师流动伦理的终极价值。教师流动善性分为教师流动个体善与教师流动公共善,教师流动善性价值引导下的教师流动活动,是一种基于个体善性与公共善性,通过教师流动善治,为实现教师流动公共利益最大化的实践探索。教师流动善性的终极价值,要求教师流动主体在实践活动中秉持善性理念,并以此作为教师流动的价值原则和价值目标,贯穿教师流动的运行过程。善性是对教师流动实践的终极价值关照,是源于对教师个体和整个社会良性发展的价值诉求。从理论角度而言,

---

① 王晓辉.关于教育决策的思考[J].北京大学教育评论,2003(4):78.
② 孟繁华.教育决策科学性的本质及其层次分析[J].北京师范大学学报(社会科学版),1999(4):69-75.

善性的教师流动价值是教师流动主体对教师流动功效的美好期望；从实践的角度来看，善性的教师流动价值是持续地、动态地对教师流动价值进行认识与选择，在道德性、发展性理念下，不断构建教师流动伦理的价值体系。

四、教师流动伦理的功能

"伦理作为人类的创造物，作为人类精神性活动的一种基本样式，其存在的理由就在于由伦理功能所提供的价值。"[①]教师流动伦理的功能是其自身价值属性的外在延伸，价值依赖于功能，功能体现着价值。教师流动伦理具有多方面的功能，具体表现为以下几个方面：

第一，教师流动伦理的认识功能。"所谓伦理道德的认识功能，就是指伦理道德是人类认识世界的一种特殊方式，它主要运用善恶、荣辱、义务、良心等特有的伦理道德概念、范畴，反映人类的伦理道德实践活动和伦理道德关系，从中揭示出社会发展的客观趋势，为人们揭示行为选择的指南"。教师流动伦理的理论认识，直接依赖于教师流动的社会实践，并贯穿于整个教师流动过程。一方面，教师流动主体凭借普遍意义上的伦理道德规范，来审视且评价自身及他人的伦理道德现象；另一方面则通过已经内化的伦理道德行为，来加深对教师流动伦理知识的理解，从而提升教师流动伦理实践的自觉性与主动性。在实践过程中，教师流动伦理的认识功能不仅能帮助主体获得教师流动伦理价值目标和规范体系，预测教师流动发展的未来状态；还能够为教师主体提供认识自身的知识，帮助教师主体明确自身在教师流动中的地位，树立正确的角色意识，并且获得符合自身要求的价值认同体系。同时，教师流动伦理的认识功能可以激发教师流动管理部门改进管理方式，提高其自觉能动性和创造性，引导教师流动按照趋善避恶的原则，积极发挥教师流动的社会公益效益。

第二，教师流动伦理的导向功能。伦理道德作为规范人类活动的行为准则，其使命在于判断"应当与不应当"。"这一'应当'的价值意识，内在地具有一种'取向'或'定向'功能。在一定的道德境遇中，指导

---

① 戴木才.管理的伦理法则[M].南昌：江西人民出版社，2001:33.

人们对道德行为的选择。"①如果说"不应当"表明了伦理道德的约束功能,那么"应当"则指出了伦理道德的导向功能。教师流动作为一种重要的教育实践活动,更是一个充满伦理关怀和道德指向的社会活动。教师流动伦理通过以下三方面来实现其导向功能:一是通过教师流动伦理道德的价值取向来确定导向功能;二是通过教师流动伦理的原则与方法来发展其导向功能;三是通过教师流动伦理的规范性来实现导向功能。综合三方面的导向功能,使得教师流动各环节的相关主体具备明确的善恶标准,形成引导力与约束力,自觉遵循伦理准则,最终推动和引导教师流动向着既定目标前进。

第三,教师流动伦理的调节功能。教师流动伦理的调节功能是为了协调教师流动主体间的关系,平衡流动教师与教育管理部门之间的利益关系,使教师流动保持良好的秩序。教师流动伦理的调节功能主要通过内部调节与外部调节两种方式进行。内部调节是教育行政部门通过共同的伦理道德价值标准来约束、指导自身的行为,调节自身与流动教师的道德角色与道德行为。外部调节是通过外在的伦理规范,来实现对教育行政部门与流动教师的伦理约束,协调二者之间的关系。恰当运用教师流动伦理的调节功能,可以达到事半功倍的效果:首先,教师流动伦理的调节功能主要发挥柔性作用,具有普遍性和灵活性特点,易于被接受并且内化为道德行为;其次,教师流动伦理的调节功能可以化解教师流动过程中的"隐性"矛盾,解决法律、政治、经济所不能解决的问题;再次,教师流动伦理的调节功能对人际情感关系的维系具有突出作用。

第四,教师流动伦理的激励功能。教师流动伦理的激励功能是在实践活动中,将外部刺激转化为主体的内部自觉,调动教师流动主体的积极性,从而顺利实现既定目标。以提高工资福利待遇为目标的外在经济激励,对教师流动初期具有较明显的激励效果,但外在手段易造成功利主义与个人主义弊端;将升迁等与工作相关的刺激作为激励,由于回报率与时间周期呈正相关,也不易形成较好的激励效果。教师流动伦理激励相对于物质激励与升迁激励而言,具有更深刻、更持久的激励

---

① 朱贻庭.当代中国道德价值导向[M].上海:华东师范大学出版社,1994:24.

效果。教师流动伦理的激励功能之所以优于前两种激励模式,原因在于经过内化的价值观,激励着主体去做符合伦理道德期望的行为,避免有悖于伦理道德要求的行为。教师流动主体的道德、情感力量,能够促使其认识到自身所肩负的教育职责,激发他们的责任感,为实现教师流动目标而努力。

总之,教师流动伦理的认识功能、导向功能、调节功能和激励功能,共同构成了教师流动伦理的功能系统。教师流动伦理的四种功能相互作用、相互联系、相互交织,共同促进教师流动伦理充分发挥其整体功能。

五、研究教师流动伦理的意义

伦理学是研究善恶斗争的学问,教师流动"作为一个伦理世界存在,其实也就是作为一个善恶斗争的世界而存在"。[①] "应该"或者"不应该"的伦理价值,深刻烙印于教师流动理论,体现在教师流动实践活动中。

加强教师流动伦理研究,具有重要的理论意义。加强教师流动伦理问题研究,能够提升教师流动的伦理品质,使教师流动在科学与道德、效率与价值之间取得相对平衡。教师流动研究日益丰富的同时,一些教师流动乱象也日渐困扰广大教育人员,教师和教育决策部门的道德困境,需要从伦理学角度给予回应,捍卫流动教师的合理诉求、强化教育决策部门的道德责任,都有赖于教师流动伦理研究的增强和完善。而教师流动伦理关注道德抉择和价值判断,也将更加丰富自身内容、完善自身结构。从伦理角度研究教师流动,能紧紧抓住教师流动活动的本质,找出隐藏在教师流动活动背后的价值因素和价值动力,提出伦理路径,从而构建规范有效的教师流动理论范畴和研究方法。

教师流动伦理研究具有重要的现实意义。一方面,有利于加强教师流动主体的伦理意识。教师流动实践活动中出现的诸多伦理乱象,一个重要症结在于教师流动主体对于伦理理念的漠视。因此,加强教师流动主体的伦理意识,把教师流动过程中涉及的伦理问题进行阐释,将有助于加强教师流动主体的伦理意识。另一方面,有利于实现教师

---

① 王本陆.关于教育伦理学研究对象的思考[J].教育研究,1995(3):45.

流动程序的伦理意义。教育行政部门在面临教师流动困境时,不同程度地存在着决策模糊、执行偏差和伦理缺失等问题,导致教师流动伦理受损。加强教师流动伦理研究,能够有效树立伦理价值准则,使教师流动程序获得正确方向,促进教师流动合理有序发展。

第二节 我国教师流动伦理的历史演变

教师流动伦理作为教育行政部门制定和分配公共教师资源的伦理规则与方案,在不同历史时期具有不同的伦理价值取向。教师流动伦理既是教育行政部门对教师流动现实的主观认识和价值选择,更体现了特定历史时期教师流动主体间的利益结构。我国教师流动伦理自新中国成立以来,先后经历了政治伦理主导、经济伦理主导与和谐伦理主导三个历史时期。

一、政治伦理主导的教师流动伦理

新中国成立后,我国主要任务由新民主主义革命转变为社会主义革命。政治领域内要实现稳固新政权,使人民享受胜利果实;经济领域内着重解决生产力与生产关系之间的矛盾,实现生产资料公有制;教育领域内需要为新兴国家培养有用人才。社会主义政治、经济与教育表现出明显的集中性和整体性,最明显特征是国家、集体利益高于一切,个人利益和局部利益服从国家整体利益。由此,国家掌握和控制着全部社会资源,并通过一系列国有单位和社会组织将社会资源进行分配,同一阶级内各个体间利益逐渐趋于平均化。

在这一时期,不仅经济改造与发展具有强烈的社会主义性质,科教文卫事业无不受其影响,教育改造的政治倾向尤为明显,教师流动伦理的政治性与意识形态性成为主旋律。社会主义中国肩负两大教育任务:其一,百业待兴的国家经济建设需要大量人才,培养国家需要的人才成为教育领域的迫切需要;其二,使广大劳动人民接受教育,扫除文盲,提高人民知识水平是教育领域的现实任务。在此背景下,1949年9月中国人民政治协商会议第一次全体会议通过《中国人民政治协商会议共同纲领》,《共同纲领》第五章"文化教育政策"作出了如下规定:"中华人民共和国的文化教育为新民主主义的,即民族的、科学的、大众的文化教育。人民政府的文化教育工作,应提高人民文化水平,培养国家建设人才,肃清封建的、买办的、法西斯主义的思想,发展为人民服务的思想"。① 同年12月,第一次全国教育工作会议重申了《共同纲领》制定的文教政策,提出教育目的"是为人民服务,为当前的革命斗争与建设服务";"教育工作的发展是普及与提高相结合"。② 这些方针政策表明,当时教育工作的目的是为新中国建设而服务,为实现这一教育目的,1950—1954年间,国家共开设87所工农速成学校和大量工农干部文化补习学校,招生647 000余名,调动3 700名教师到学校任教。③

学校是扫除文盲、普及教育的主要场所,各地广泛开设的工农学校需要大量教师,在当时的教育体制下,教师由国家进行统一调配与管理,教师流动受到国家政策约束,体现国家的行政计划和意志。1949年,《钱俊瑞副部长在第一次全国教育工作会议上的总结报告要点》提出了教师必须遵守的原则:"教育工作者必须为政治服务";④1953年,《政务院关于整顿和改进小学教育的指示》中提出:"小学教师的工作不得随意调动。"⑤1962年,《关于精简中小学教师必须注意的几个问题的意见》中提出:"中小学教师从学校调入调出,须经县教育部门审核批准;其他部门调入当小学教师的,须经专区教育行政部门审核批准"。⑥以政策文本形式对教师的准入、任用与调配进行高度理性化和计划性的规定,无疑体现了这个阶段教师流动是由"政治形势与政党生存要求的客观权威性与高度整合性之内在必然性需要所决定的。"⑦

以政治伦理为指导的教师流动,巩固了新政权、满足了新形势下教育发展的需要,但也存在着"统得过死"的缺陷。在教师流动实践中,对

---

①② 中国人民政治协商会议共同纲领[M].北京:人民出版社,1952:15-16.

③ 中国教育年鉴编辑部.中国教育年鉴1949—1981[M].北京:中国大百科全书出版社,1984:175.

④⑤ 何东昌.中华人民共和国重要教育文献1949—1997[G].海口:海南出版社,1998:263.

⑥ 余亚平.政治伦理[M].上海:百家出版社,2005:124.

⑦ 彭礼,周险峰,周益霞.农村教育流动研究三十年:背景、历程与趋势[J].教育探究,2011(1):84.

国家利益强调过多,而对教师个人发展需求关注得过少,未能很好地处理集体与个人的统筹兼顾、相得益彰,损害了教师的工作积极性和职业发展。

二、经济伦理主导的教师流动伦理

随着十一届三中全会的顺利召开,我国开始进入社会主义现代化建设阶段,社会主义市场经济体制逐渐建立。原先国家和集体优先的教育利益结构,逐渐分解为重视家庭与个人利益,平等、公平与权利意识支配的教育资源分配结构,重视政治标准的教师流动伦理逐渐被抛弃,取而代之的是经济伦理主导的教师流动伦理取向。

改革开放后,我国将发展教育提高到现代化建设的战略高度,并把科教兴国作为我国的基本国策。1985年,《中共中央关于教育体制改革的决定》中指出:"教育必须为社会主义服务","衡量学校工作的标准是培养人才的数量和质量","教育体制改革的根本目的是提高民族素质,多出人才、出好人才"。该时期的教育政策揭示了追求效率的伦理取向,具体表现在以下几方面:第一,优先发展重点学校。1978年,教育部颁布《关于办好一批重点中小学试行方案》,要求集中力量"办好重点小学、重点中学,把最优秀的人集中在重点中学和大学"。[①] 不仅要实现教育的普及,也要实现教育的提高。第二,优先发展区域教育。在政策倾斜、地理优势、信息科技等区位优势的综合作用下,我国东部沿海地区经济迅速发展,教育事业也因此获得了巨大发展。相比之下,我国中西部地区无论是在教育投入还是教育经费方面,都与东部沿海地区差距甚大。第三,优先发展城市教育。1958年1月,新中国第一部户籍制度《中华人民共和国户口登记条例》正式颁布,由此,中国正式步入了一个漫长的城乡二元体制。城乡二元结构在新中国成立初期迅速积累资源,加快了工业化建设,却造成城市与农村完全不同的制度与政策。优先发展城市教育,造成城乡教育目标不同、教育财政城市倾斜,不利于农村教育发展。

建立在契约化利益关系上的市场经济大环境,主导了我国教育追

---

① 人民教育出版社.教育改革重要文献选编[M].北京:人民教育出版社,1988:142.

求效率的伦理取向,也一定程度上影响了我国中小学教师流动,教师流动表现出经济伦理性。首先,市场经济体制的建立,完善了人口流动制度。教师流动在某种意义上只是市场经济引发的庞大人口流动的缩影。① 其次,城乡二元的教师政策,成为教师流动的重要原因。教育上的城乡二元取向导致农村教师工资、福利与其他保障性待遇,远远低于城市教师,在效率优先、城市优先的政策下,城市与农村存在严重倒挂。再次,教师价值观念的变迁推动了教师流动。教师传统的思想意识、道德行为和价值观念发生转变,追求个人价值和利益等观念影响了教师的就业选择。劳动伦理给教师提出了完成教学任务的劳动义务,却未能赋予教师相应的劳动权利;分配伦理中更是缺少公平与正义,教师的付出与回报不能成正比,教师的待遇长期过低,农村教师中的这种失衡体现得更为明显。不甘于清贫的农村教师开始要求实现自我价值,他们或从事其他行业,或流向城市学校。经济体制的变革、城乡二元的教师政策与教师价值观念的转变导致这时期的教师流动更多地体现出经济伦理的特征。

教师流动中体现出的伦理道德与市场经济的效率优先、利益优先相适应,但过度重视私利与欲求,却容易走向只顾个人私利的利己主义与功利主义。客观地讲,教师追求个人利益和需求,能够调动教师的积极性,发挥个人潜能;也能实现教师个人价值的最大化,使有限的教师资源发挥更大的效率。然而,个人价值追求在当前教师流动中却演绎成了"一切向钱看"的人生信条。教师为了流向条件更好的地区或学校,不惜一切手段,钻政策的空子,最终导致农村优秀教师纷纷流向城市,城乡之间教师资源严重失衡。

三、和谐伦理主导的教师流动伦理

随着社会转型,我国教育在规模与质量上均取得了长足发展,但在不同区域间、城乡间教育差距不断拉大,教育领域内效率优先的经济伦理已经不适应时代发展,迫切需要一种全新的伦理取向——和谐伦理。

---

① 林存银,褚宏启.城乡教育一体化及其制度保障[J].教育科学研究,2011(5):7.

"和谐"概念在党的十六届四中全会中被完整提出,《中共中央关于加强党的执政能力建设的决定》明确指出"建设和谐社会",和谐作为一种社会建设的目的,也必然有其伦理追求。和谐伦理就是"关于调节人与人之间、人与其他生物之间、人与所有存在之间以及所有存在相互之间关系并使之和谐相处、互动共生的行为准则"。① 和谐伦理体现着一种稳定、均衡的状态,追求一种至高无上的"善",同时它也以高度浓缩的形式,概括了中国社会的理想秩序。从教师流动伦理意义上来说,和谐伦理内在地要求教师流动多元利益主体,通过道德认同感和道德行为选择、相互协调,而形成有利于教师流动实践、促进教育均衡发展的良性互动。

随着经济伦理肆虐下教师不合理流动问题的日益突出,城乡师资悬殊加剧,严重制约着城乡教育的均衡发展。因此,进行和谐均衡伦理取向的教师流动就成为必然,这主要有两方面要求:

其一,加强薄弱学校建设。在我国教育发展历程中,由于受到优先发展区域教育、优先发展城市教育、优先发展重点学校等教育伦理取向的影响,使得学校间差距拉大,形成了所谓的"薄弱学校"。1997年,《关于规范当前义务教育阶段办学行为的若干原则意见》中指出:"要大力加强基础薄弱学校建设,在经费投入、师资配备、干部充实、招生办法改革等方面采取倾斜政策,加强指导,使其尽快改变面貌。"对薄弱学校加强教育经费投入和师资力量,是实现和谐均衡教师流动伦理的第一步尝试。

其二,实行"以县为主"的农村基础教育管理体制。2001年,国务院颁布的《关于基础教育改革与发展的决定》指出:要进一步完善农村义务教育管理体制,实行在国务院领导下,由地方政府负责、分级管理、以县为主的体制。2003年,《关于进一步加强农村教育工作的决定》强调:县级政府要切实担负起对本地教育发展规划、经费安排使用、校长和教师人事等方面进行统筹管理的责任。"以县为主"的农村基础教育管理体制,将教师人事管理集中在县域,以制度形式保障了农村学校经

---

① 吴瑾菁.从"革命道德"到"和谐伦理"——和谐社会的伦理诉求[J].伦理学研究,2009(6):93.

费投入和教师工资发放,是实现和谐均衡教师流动伦理的重要步骤。

其三,加强城乡教师流动与交流。为实现城乡师资均衡发展,《中国教育改革和发展纲要》明确提出:教师之间相互交流。在和谐均衡发展的理念下,我国部分地区也尝试建立了教师轮换制度和教师支教制度,如山东省寿光市为促进中小学的均衡发展,实行教师支教、校长轮换;杭州市则鼓励名师受聘于其他学校,通过互聘教师来达到均衡师资的目的;沈阳市在全市实行教师定期交流制度,利用行政手段促进优秀教师定期向薄弱学校流动,通过师资倾斜以实现教师资源均衡发展。

和谐伦理主导下的教师流动具有追求公平公正、实现价值共享的内涵。具体而言,和谐伦理主导的教师流动伦理能够妥善协调师资差异、缓和与化解教师流动利益矛盾,引导教师流动合理化,最终实现城乡教育均衡发展。

第三节 人性与自由:教师流动伦理的属性基础

对教师流动伦理进行探讨,首先需要明确的是:教师流动伦理的基础和属性是什么?而对这一问题进行论述,实际上就是在追问:人性和自由给教师流动伦理提供了什么?对这一问题进行探讨,才能真正明了教师流动伦理的基础和属性,也才能为教师流动伦理的实践奠定坚实的根基。

一、人性与自由的伦理意蕴

"人性"一词,由"人"与"性"构成,"人"是一切能够独立存在的实体,而"性"是依赖、附属于实体的东西,因而叫做"属性",所谓人性,也就是人所具有的属性。① 人性具有两方面的显著特征:其一,普遍性和共同性。人性是所有人都具有的一般属性,如同情心、怜悯心是人都具有的属性,而偷盗之心并不是所有人都具有的属性,则不属于人性。其二,先天性。人性是人与生俱来、生而固有的属性。

---

① 王海明.人性论[M].北京:商务印书馆,2005:9.

对于人性,需要从以下三个层次进行讨论:分别是人的自然关系属性、人的社会关系属性以及人的精神关系属性。① 首先,人性的自然关系属性是人的生物属性。人具有最根本的生物属性,人体拥有生命遗传密码和基因,这些构成人类繁衍的必备条件;同时人的生存又离不开空气、阳光、土地和水分等,这些生物因素成为人的生命基础。其次,人性的社会关系属性是从人与人之间的关联中产生的。社会在空间上表现为人性活动的基本空间,在时间上表现为人性历史发展过程的全部内容,人性的变化离不开社会时空。人性的社会关系属性包括权力、利益和情感精神性。对权力的追逐早在原始社会就存在,人类通过角斗获得权力并享受特权。追求利益同样是人性的社会属性,是人利用资本、劳动、智力同他人交换以获得自己所需要的东西。情感渴求标志着人性的另一种社会属性。与权力、利益不同,人性的情感需求更能体现"人"的特征,人通过社会交往,获得归属感、认同感和安全感。最后,人的精神关系属性体现为人的思维关系。人性的精神性是人类向善的意志,包括信仰、智慧、爱等。信仰是进行自我克制、追求真理和民主的顽强精神;"知识即美德",在苏格拉底看来,智慧才是唯一的善,无知导致人向恶;仁爱包括爱己、爱人,孔子提出"仁者爱人"、"己所不欲,勿施于人",也就是要求人把爱人的心转化为向善的意志和行动。

人性的三个层次形成了不同的具体人性,表现为:第一,人性的生物属性成为人性自私心的源头。英国生态学家R·道金斯通过人类基因的系统研究,在其著作《自私的基因》一书中指出:"基因为争取生存,直接同它们的等位基因竞争……因此,基因是自私行为的基本单位。"② 人性生物属性中的基因竞争,导致人性中存在着利己自私的因素。第二,对权力的追逐构成了人性社会属性的第一步,对利益的追求则是人性社会属性的第二步,情感渴求是人性社会属性的第三步。第三,人性的精神关系属性使人性成为了伟大的精神力量,将人性中的爱转化为向善的意志和行动。

---

① 黎鸣.人性与命运——向中国青年讲述我对世界的看法[M].北京:中国档案出版社,2006:6.

② [英]R·道金斯.自私的基因[M].卢允中,张岱云译.北京:科学出版社,1981:154.

人性也是古往今来每一个教育家在构建教育体系时,都无法回避的根本性问题。在中国教育史上,孟子认为人天性中存在"恻隐之心"、"羞恶之心"、"辞让之心"和"是非之心"四种善端,分别代表了"仁"、"义"、"礼"、"智"四种品德,教育活动的目的就是扩充人的善良本性。与孟子截然相反的荀子认为人性是"目好色、耳好声、口好味、心好利、骨体肤理好愉逸"(《荀子·第二十三·性恶》),人的天性是追求物质利益和舒适安逸的生活,因而这种天性是恶的,教育活动就是要改造这种恶。西方教育史上也存在着人性之争。德谟克利特从人的感觉出发,认为人的本性在于趋乐避苦,追求快乐才是人性所在;以柏拉图为代表的至善主义则认为,追求享乐不是真正的善,真正的善是通过理智克服欲望。不同的人性分歧在教育活动中也表现为不同的观点,性善论认为教育活动要发展人的天性,后者坚持教育要改造人性。对于人性与教育活动的关系,有人认为只能"对人性本来是怎样的做出描述性判断,而不是对人的本性是好是坏做出评价性判断"。因此在教育活动中,注重把握人性是什么、不同的人性描述判断采用什么样的管理方式、什么样的人性预设才是适应当代社会发展需要;具体到教师流动活动中,关注教师流动人性问题,针对不同的教师流动人性预设采用不同的管理方法,发挥教师流动的积极意义,建构合理的教师流动值得我们重视和反思。

"自由"是个动态的历史概念,古今中外对"自由"赋予了不同内涵。早在先秦时代,庄子对自由有其独特理解,庄子在《逍遥游》中以鹏为喻:"若夫乘天地之正,而御六气之辩,以游无穷者,彼且恶乎待在?"庄子认为自由有"逍遥"、行动无束、内心精神安然的意境,人要得到精神的绝对自由,必须摆脱一切外物的束缚;孔子将自由理解为"为仁由己"、"己所不欲,勿施于人"。中国古代思想家对自由的体会,集中于挣脱外界束缚、主宰自己的命运,从而实现生命崇高境界。自由发展到近代,逐渐被赋予了"权利"和民主思想,著名思想家严复在《天演论》中强调了自由实质上是个人权利平等、思想自由。

国外的"自由"概念也经历了不同历史时期。在古希腊,人们以"自由人"和"奴隶"之间的区别作为对自由的理解,不用受制于奴隶主的人是自由的,反之,受人奴役的人则不自由。实际上这种自由区分是国家政治层面的自由,并未涉及个人思想自由。17—18 世纪,资产阶级革命的爆发为人们追求自由思想提供了契机。洛克(John Locke)认为,自由是思想和行为的统一,他所谓的自由"就在于有能力来按照自己的意志做或不做某件事、停止或不停止某件事",①"自由乃是按照人心的指导来发生运作或停止运作的一种能力"。②在洛克看来,自由是一种自主性,是一个人依照自己内心思想从而选择行动的能力,至此,自由有了自主的意味。在法国启蒙思想的影响下,人们对思想自由的重视程度日益增加,出现了"消极自由"与"积极自由"的争论。消极自由是英文中的"liberty",可解释为"right or power to decide for oneself what to do, how to live, etc",往往出现在法律和政治语境中,属于外在的自由;而积极自由用"freedom"表示,其在英文解释中是"condition of being free",较之 liberty 更多地表示内心、感觉和精神的自由自主,多用于哲学语境,属于内在的自由。外在的消极自由强调个人的行动在政治上受到保障和尊重,实现个人自由权利;内在的积极自由重视促使个人的人文价值实现。

  自由的两种形态分别转化为人的行动自由和人的意志自由。行动自由包括人身自由、言论自由和集会自由等政治权力;而意志自由则是人区别于动物的高级自由形态。"意志"属于人的精神领域范畴,意志自由意味着一个人能够按照自己的意志进行选择、做出决定和采取行动,重视生命感受。自由意志并不是人生而固有,而是历史发展过程中的后天获得,自由意志的表现、发展及其作用,都会受到社会因素的影响和制约。与自由的两种形态相对应,自由的实现需要外在条件和内在条件的相互作用。就外在条件而言,发展和完善法律法规,以法律形式保障人的政治权利免受侵害,是维护个人自由的外在因素。从内在条件来看,要实现人的自由,不仅需要以他律性的法律法规来提升人的自主能力,还要从社会道德伦理方面来提升人的自我觉醒。这种自我觉醒一方面体现为内在地发现理性的自由意志,从而做出选择判断;另一方面也体现在社会交往中实现个人自由。

---

  ①② [英]洛克.人类理解论[M].关文运译.北京:商务印书馆,1959,239-240、252-253.

二、人性预设:教师流动伦理的基础

(一)人性预设与教师流动

英国哲学家大卫·休谟(David Hume)将人性理论当作"一切科学唯一稳固的基础"。休谟认为:"一切科学对于人性总是或多或少地有些关系,任何学科不论似乎与人性离得多远,它们总是会通过这样或那样的途径回到人性"。① 事实上,在人类的认识与实践活动中,"在理论中是这样,现实中也是这样,现实世界中的制度安排、机制设计、管理规则、治理措施、治国方略、法律规定、纪律也无不以一定的人性预设为其前提,或者说在它们当中总是体现和蕴含着一定的人性假设"。② 的确,任何问题归其根本就是围绕着"人"的逻辑起点而提出,最终又将归宿于"人"这个落脚点。因此,理论建构都建立在一定人性预设的基础之上,而这种人性预设往往又决定了理论的基本态度,正如美国学者麦格雷戈所言:"在每一个管理决策或每一项管理措施的背后,必定有某些关于人性本质及人性行为的假定"。③

教师流动是人的活动,人性预设是研究教师流动伦理的基础和起点。无论是教师流动理念还是实践,都面临着如何进行有效管理的问题,教师流动表面上看是对教师、教师流动相关的资金和物品等的管理,实质是对人的管理,是基于人性的管理。美国学者哈罗德·孔茨(Harold Koontz)曾经指出:"对人的某种假设和有关理论都影响着管理的行为",④人性预设在管理学中的作用不可小觑,对教师流动伦理也是如此,人性的合理预设是推动教师流动伦理发展的重要一环。因此也可以说,人性预设是教师流动的前提和基础,教师流动实践活动实际上是人性预设的延伸。

---

① [英]休谟.人性论[M].关文运译.北京:商务印书馆,2005:6-7.
② 冯务中,李义天.几种人性假设的哲学反思[J].社会科学家,2005(5):7.
③ 高力.略论中西人性假设的异同[J].沈阳师范大学学报(社会科学版),2008(3):48-50.
④ [美]哈罗德·孔茨.管理学[M].郝国华译.北京:中国社会科学出版社,1987:677.

（二）人性预设的分歧

1. 理性经济人

理性具有丰富的内涵,理性在《现代汉语小词典》中是指判断推理或者从理智上控制行为的能力,理性单从词义上看,并没有价值判断的含义。"但当'人'这一特性被当做指导行为的原则与解释行为的原因时,即如普罗泰戈拉所言,把人的理性作为'存在物存在的尺度'与'不存在物不存在的尺度'时,理性实际上是变成了'合理性',成为一种'价值判断'的标准,所有不合常规思维的行为和思想,都被斥为'非理性'的,与荒诞联系在一起,为人所不齿"。① 人性预设中的理性观认为,人具有无限的理性能力,只有依靠理性的生活才是有价值的和完美的,而情感、欲望和意志等非理性应该遵循服从理性的安排。

理性经济人的假设源自亚当·斯密(Adam Smith)的《国民财富的性质和原因的研究》一书,在此书中亚当·斯密提示了理性经济人所具有的特征——自利性。理性经济人的自利性特征可以归纳为几个方面:其一,人所追求的唯一目标是自身经济利益的最大化,人都是自私自利的"经济人";其二,人的所有行为都是有意识和理性的,人的决策都是基于理性。② 理性经济人的核心认为人性是自私自利的,人的所有盘算都只是为了个人利益。

2. 政治人

"政治人"的人性预设最早始于亚里士多德,他认为人的本性是政治性动物。在《政治学》一书中,亚里士多德指出:"人类自然是趋向于政治生活的动物(人类在本性上,也正是一个政治动物)",③因而追求自由、平等、正义和博爱是人天性所在。以"政治人"作为教师流动人性预设,具有一定的理论解释力,它能解释为什么有时候教师能够为了实现政治权力,而不惜牺牲道德信仰,为什么教师与学校之间的民主管理分歧,远远超过利益冲突等问题。政治人的人性预设有其合理性,但其缺陷也显而易见,原因在于将人的政治性置于人性首位,并不能完全概

---

① 钱焕琦.教育伦理学[M].南京:南京师范大学出版社,2009:114.
② 厉以宁,章静.西方经济学基础知识[M].北京:中国经济出版社,1996:35.
③ [古希腊]亚里士多德.政治学[M].北京:商务印书馆,1965:7.

括人的本质属性,要想成为"政治人",需要多方面先天与后天的因素共同作用。

3. 道德人

道德人的讨论最早可以追溯到我国先秦诸子的人性善恶命题。孟子提出人性善的观点,他认为仁、义、礼、智、信等道德本性是人生而有之的,并且,人还有一种不经过学习就与生俱来的能力,叫做"良知"。他认为仁、义、礼、智、信这些道德属性,就是人的"良知"、"良能",具体而言就是"恻隐之心"、"羞恶之心"、"恭敬之心"、"是非之心"。① 道德人的人性预设理论作为我国传统思想文化,其"恻隐之心"要求人具有同情心;"羞恶之心"要求人明辨是非;"是非之心"相当于具有正义感,这些道德认识对我国教师流动伦理建设具有重要作用。但同时我们也要看到,将人性假设为道德人所具有的片面性,强调教师的道德性虽有利于人性的升华和人精神境界的提高,但在现实教师流动中,却具有极大的空想性,毕竟真正符合并且一生践行孟子人性论的人数甚少。

4. 社会人

社会人的人性预设理论强调人与人之间的人际关系。美国哈佛大学教授梅奥(G. E. Mayo)通过历时十余年的著名实验——霍桑实验,提出了与"理性经济人"截然相反的结论:认为影响人工作的最根本因素,不是工资报酬等物质因素,而是管理者与被管理者之间的关系是否融洽。管理者与被管理者之间的亲密程度、安全感程度、归属感程度,较之物质刺激更能激发人的积极性。因此,教师流动管理者除了运用物质手段进行流动教师管理外,还要在心理层面满足流动教师的需要。"社会人"的人性预设理论,对人性进行了较为全面的归纳,很好地弥补了"理性经济人"、"政治人"、"道德人"的缺陷。但"社会人"理论也具有其自身的缺陷:"社会只是人性的存在空间和存在方式,社会性只是人性的形式而非内容,说人是社会人,就如同说人是'复杂人'一样,都是一种常识性的判断,而并不能使我们对人性的理解达到深入的程度"。②

---

①② 冯务中,李义天.几种人性假设的哲学反思[J].社会科学家,2005(3):9、10.

5. 文化人

"文化人"的人性预设理论由美国学者威廉·大内(W. Ouchi)提出,他认为个体的行为最终受价值观等文化因素的影响。1981年,威廉·大内在《Z理论——美国企业界怎样迎接日本的挑战》一书中,提出了"文化人"的人性理论。该书认为,员工的价值观念对企业生存发展具有重大影响作用,企业的根本任务在于塑造企业文化与培育员工价值观。"文化人"的人性预设理论较之其他人性论,充分挖掘了人性中的深层本性,但也存在一定的片面性。"文化人"的教师流动伦理人性观,过于强调人性精神层次的文化,忽略了教师流动的自然属性;重视个体的主观性,忽视了社会客观性。

上述五种教师流动人性预设理论,分别从不同角度、不同层次对人性进行了分析,却缺乏人性探讨的全面性。如"理性经济人"强调了人的理性判断和追求自我利益;"政治人"强调个体追求平等、民主的思想;"道德人"强调了人善的本性与利他性;"社会人"突出了人际关系的重要性;"文化人"突出了价值观与人的内在联系,都具有一定的合理性。但人性模式是极其复杂的,人性表现为"人的自然属性、社会属性和精神属性的有机统一"。① 教师流动活动所凸显的人性假设也应当是复杂的、多向度和立体的,应当在特定的条件、情景和问题中具体分析。

三、自由意志:教师流动伦理的属性

自由意志构成了人与动物的根本区别,"正因为人有自由意志,所以人才能够进行理论的活动或思维,才能自由行动"。② 人的自由意志要求挣脱外在强制的束缚,按照内在本性去发展自身。从这个意义上说,教师流动只有在充分自由的境况下,才能实现自身价值。根据教师流动的具体环节,存在着三种形态的自由意志:教师流动的法权自由、教师流动的道德自由和教师流动的伦理自由。

---

① 丁秋玲.对人性预设与公共行政思路的评述[J].武汉大学学报(人文科学版),2005(9):550.

② [德]黑格尔.法哲学原理[M].范扬,张企泰译.北京:商务印书馆,1961:13.

(一) 教师流动的法权自由

教师流动的法权自由是流动教师本身的权利,具有普遍性和一般性,它彰显了教师的人格独立与平等性。教师流动的法权自由的核心在于,人人享有的平等和无差别性。教师作为独立个体,首先享有人身自由权。按照《中华人民共和国宪法》第三十七条规定:"中华人民共和国公民的人身自由不受侵犯",表明教师的人身自由受到法律保护。教师的人身自由权理所当然地包含了教师的自由流动权。此外,1993年颁布的《中华人民共和国教师法》关于教师聘任的相关规定,进一步肯定了教师流动的自由权。《教师法》规定:"学校和其他教育机构应当逐步实现教师聘任制。教师聘任应当遵循双方地位平等的原则,由学校和教师签订聘任合同,明确双方权利、义务和责任"。实行教师聘任制,学校和教师在双向选择的基础上,教师自由决定任职学校、自由协调、自由签订劳动合同,充分实现教师流动自由。可见,教师聘任制是学校和教师在平等自愿的基础上协调,学校和其他教育机构没有权利运用行政手段要求或者限制教师的自由流动,流动是教师的基本权利,教师可以根据自身实际情况做出流动或者不流动的选择,而不受其他组织的约束。

(二) 教师流动的道德自由

教师流动的道德自由是教师主体性、独立性和自我规定性的统一。具有普遍性和一般性的教师流动法权自由,只有与教师个体的主观精神自觉相结合,才能实现真正的自由。教师流动道德自由表现为对"善"的"应然"追求,并内在地希望实现教师流动的"善"。"善"是"被实现了的自由,世界的绝对最终目的",[1]教师正是在这种对"善"的追求中履行各自义务,并获取相应的自由。在教师流动活动中,不仅要关注自身的利益,也要关注他人的利益、社会大众普遍的公众利益,当教师个体"自觉认知并希求善,在行为中现实地表现善,那么,就会走向普遍和自由,成就'我欲仁,斯仁至矣'的道德自由之境"。[2]

教师流动道德自由集中体现为教师流动良心。良心是教师流动责

---

① [德]黑格尔.法哲学原理[M].范扬,张企泰译.北京:商务印书馆,1961:132.
② 孙海霞.自由存在者:黑格尔人格思想探究[J].道德与文明,2011(2):65-66.

任义务的内化,具有主体自由特性,是"主体对自身道德责任和道德义务的一种自觉意识和情感体验"。① 可以看出,教师流动良心超越了外在目的性与功利性的考虑,在教师心中形成了主观性的自由精神,自觉追求和实现"善"成了教师流动的目的,并且在教师流动过程中,体现了人格的崇高,获得精神的自由。

(三) 教师流动的伦理自由

黑格尔认为,伦理是自由的理念,是个体主观自由精神与客观伦理精神的统一,是现实地存在的自由人格。② 马克思认为,人是社会关系的总和,人不可避免地生活在一定的伦理秩序和伦理关系中,伦理自由便是主观与客观、权利和义务的统一。在教师流动活动中,教师流动的法权自由要求实现人格权利的平等与公平,道德自由强调教育良心与道德义务,但二者都只有在一定的伦理关系中才能得到认可与确认,才能成为现实。教师流动在一定客观伦理关系中获得权利认同,履行相应义务,超越法权自由的独立平等与道德自由的内在良知,现实地实现自由的真实性和普遍性,成为真正的自由存在者。因此,教师流动的伦理自由意味着在符合社会伦理规范条件下,教师能够按照自身的伦理判断,选择自己的伦理行动,实现自己的伦理价值,创造自己的完满生活。

第四节 美德与善行:教师流动伦理的基本遵循

一、美德与善行的伦理意蕴

(一) 教师流动美德

要理解"美德"的真正内涵,需要先了解它的上位概念"道德"与"品德"。"道德"在伦理中指人内心的情感信念,宋明理学家称之为行为效果符合一定准则;"品德"则是一个人长期遵守或违背"道德"这一伦理

---

① 檀传宝.教师伦理学专题[M].北京:北京师范大学出版社,2006:142.
② 孙海霞.自由存在者:黑格尔人格思想探究[J].道德与文明,2011(2):65-66.

准则所形成和表现出来的稳定的心理自我、道德人格或道德个性。①换言之,"品德"是道德由社会外在规范向个人内在心理的转化,是道德规范在个人伦理行为中的实现。因而依据个人是否遵循道德行为,品德可以分为两种类型:如果个人长期遵守伦理道德行为,并表现出稳定的道德人格和道德个性,则称为美德;反之,个人长期违背伦理道德行为所产生的心理品质,则不能称之为美德。南宋著名理学家朱熹亦如是说:德者,得也,行道而有得于心者也。美德是具有符合社会伦理需要的道德品质,是道德品质的升华。对教师流动伦理而言,美德是教师流动在伦理上的基本要求和所属,它要求教师流动追求更高的伦理品质。

教师流动美德是由一系列因素构成的复杂系统,这个系统主要包括教师流动道德理性、教师流动道德情感、教师流动道德良心、教师流动道德信念和教师流动道德理想。

1. 教师流动道德理性

教师流动"本身不是理性存在物,但它是理性存在物的一种活动,因此,它反映存在物的理性状况"。② 从一方面来看,教师流动之所以存在理性,是因为教师作为"人"这一理性存在物本身所具有的理性在教师流动实践活动中的投射;从另一方面来看,教师流动是由诸多主体和主客观因素相互作用的过程,在这一过程中,教师流动主体不断超越自身德性"实然",而向德性"应然"无限靠近,充满了规律性和理性自觉性,因而教师流动具有道德理性。

教师流动主体的道德行为也反映出教师流动道德理性。在教师流动实践中,任何一个具有理性选择和决策的教师,对自身行为应当遵循何种伦理道德规范,都具有一定程度的伦理判断。教师从自身社会角色出发,在一定内外动机的支配下,对流动行为进行理性审视,从而做出符合理性的选择。如果说教师在教师流动理性中,更多地表现出选择判断理性,那么,教师流动决策者的道德理性,则反映在制定和实施政策时的科学性。教师流动决策者在制定和实施教师流动政策时,首

---

① 王海明.美德伦理学[M].北京:北京大学出版社,2011:255.
② 钱焕琦.教育伦理学[M].南京:南京师范大学出版社,2009:116.

先要对政策是否符合教育规律具有高度敏感性；其次要在执行教师流动政策时要对政策充分理解，依据实际情况灵活转换；最后教师流动决策者还要具有坚强的意志力和高度的责任心。总之，教师流动主体应当具有道德理性自觉精神，积极追求理性的价值引导与自身的完善。

2. 教师流动道德情感

教师流动道德理性决定主体对教师流动伦理的认识程度，教师流动道德情感，则是反映主体对教师流动伦理的主观态度。要形成教师流动美德，首先要求教师流动主体对伦理道德有一定认识，进而才能产生道德信念，并在实践中转化为道德行为。因此，培养持久而稳定的教师流动道德情感，是形成教师流动美德的重要一环。教师流动道德情感是道德理性的外在表现形式，感性地反映着教师流动道德理性，并对教师流动道德行为产生作用。由此可见，教师流动道德理性对教师流动伦理具有重大意义，但道德情感上如果产生抗拒和抵触心理，也会危及教师流动伦理。在市场经济唯利是图的风气下，要保持高尚的教师流动道德情感，对广大教育工作者而言，可谓困难重重。对一些教师来说，从事教师工作仅仅是一份为了谋求稳定工资和舒适生活的工作，并没有将其看作是塑造学生心灵，培育国家下一代的神圣使命，这种情感境界使得一些教师失去工作动力。因而，教师流动道德情感作为教师流动伦理的结构之一，对实现教师流动伦理目标具有现实意义。

3. 教师流动道德良心

教师流动道德良心是主体"在自身道德意识和道德情感体验基础上形成的，对于道德自我、道德活动进行评价的心理机制"。① 教师流动道德良心主要由三种成分构成：道德良心认知、道德良心情感、道德良心意志。教师流动道德良心首先需要明确，在教师流动过程中应当做什么和不应当做什么，只有在清晰认知的基础上，才能形成道德良心。教师流动道德良心也体现为道德情感体验。当教师流动主体的行为符合伦理道德规范时，会产生愉悦、自豪的心理感受；相反，主体行为违背伦理道德规范时，主体会有一种不安、焦虑的心理体验；同时，当主

---

① 檀传宝.教师伦理学专题——教育伦理范畴研究[M].北京：北京师范大学出版社，2003：142.

体在教师流动过程中,遇到他人从事遵循或违背人伦道德之事时,也会相应产生良心情感。教师流动道德良心还有意志成分,主要体现为教师在流动过程中的自我控制和监督作用。正是凭借这种良心意志,教师才能够克服环境艰苦、待遇悬殊等困难,努力去践行教师流动美德。

4. 教师流动道德信念

所谓教师流动道德信念,是主体对教师流动伦理理念及其具体内容的信奉。教师流动道德信念具有内隐性、神圣性、稳定性和执着性等特征。当教师流动涉及利益冲突或道德抉择时,教师流动主体能够透过表象看到背后的伦理信念,这是道德信念的内隐性。教师流动道德信念的神圣性是指,教师流动主体在实践道德生活时,内心获得的伟大神圣感。稳定性是教师流动主体始终如一地坚持内心伦理道德规约,不会在面临物质和精神诱惑时表现出摇摆不定。执着性是教师流动主体敢于对自身进行深刻反省的思考,在面临教师流动伦理冲突时,认定自我的教师流动信念,形成持久而稳定的道德意志力。

5. 教师流动道德理想

教师流动道德理想是教师流动主体依照职业道德以及伦理价值导向,对自身进行职业定位和规划。教师流动道德理想是最高层次的教师流动美德,它确定了教师流动的"应然"目的,激励着教师流动主体形成崇高的职业道德追求,既是社会对教师流动伦理的最高要求,也体现着教师流动伦理的教育至善道德境界。因此,教师流动道德理想要坚持"应然性"与"实然性"、理想性与现实性的相统一,不仅要规定教师流动主体的基本职业道德要求,也要推动教师流动主体的道德水平,实现更高层次迈进和发展。

(二)教师流动善行

教师流动善行可称之为教师流动善的积极行为。善是人与社会发展的最高追求,同时,善也是教师流动活动的根本依据。教师流动善是教师流动道德性以及教师流动利益性的统一,只有以善来引导教师流动,才能实现教师流动善的价值。教师流动善主要可以从以下方面进行理解:

首先,教师流动善体现了教师和社会大众对教师流动活动的需要和追求,是教师和社会大众对教师流动的价值期待和价值向往。社会大众这种期待和向往,是教师流动"应然"性的体现,即教师流动活动的目标是实现最高层次的善,因此,这种善是"公共善"。另外,除了社会对教师流动的"公共善"期待外,教师个体所追求的道德性发展与培养则称为"个体善"。教师流动善是融合了公共善与个体善,并试图将二者有效结合的善。

其次,教师流动善体现了教师流动所应当遵循的行为伦理准则。从教育伦理学意义上说,一方面教师流动善是对教师流动参与者的一种行为期许,是善的"应然"状态,要求教师流动参与者在实践活动中,恪守道德理性、道德情感、道德良心、道德信念和道德理想,以此作为教师流动伦理规范的道德秩序;另一方面,教师流动善是"应然"善向"实然"善的转化。教师流动善的"实然"转化,实际上是教师流动伦理规范体系的合理性运行过程,是教师流动主体在社会大众期待下,自觉遵循教师流动行为伦理的过程。可以说,教师流动"应然"善为教师流动提供了动力支持,而教师流动"实然"善则为教师流动指出了具体实现路径。

再次,教师流动善的本质在于教师流动道德性和教师流动利益性的内在统一。教师流动道德性是教师流动活动过程中,所应具备和遵循的伦理规范和行为规则,以及与之相适应的道德理性、道德情感、道德良心、道德信念和道德理想。同时教师流动道德性还包括教师流动政策制定和程序决策时应坚持的公平公正原则。教师流动道德性是"提升教育者德性和体现教育道德之超越性",[1]即:教师流动道德性就是教师流动参与者自觉认同和遵循教育道德的过程。教师流动利益性是教师流动道德性的基础,教师流动善不是一个抽象的存在,而是教师和社会公众利益分配与调整的诉求与权衡。马克思指出人的本质是社会关系的总和,人与人的社会关系以利益及利益关系为纽带得以维持,教师流动是教师与教师、教师与社会之间的关系总和,因而教师流动过程中的利益是教师流动的本质之一。教师流动利益性体现在教师流动过程中相关利益主体对利益的诉求、分配和调整,在这里教师流动利益

---

[1] 刘云林.教育善的实现:基于教育道德向度和层次的视角[J].教育研究与实验,2007(4):13-16.

性不仅仅表现为物质层面的利益性,也包括精神、情感上的利益诉求,其实质是在公共善的基础上实现个体利益最大化的过程,也是教师流动公共善与教师流动个体善的融合过程。

教师流动善行是对教师流动善的积极追求,是教师流动善念的实践转化。上述论及教师流动善具有道德性和利益性,同样,基于不同的利益性动机和价值追求,教师流动善行也分为不同的层次。

第一,教师流动的"伪善行"。教师流动的"伪善行"是指:以教师流动作为谋求利益的手段,为个体带来更大利益,当善主体将善行作为达到个人目的的中介时,善便作为手段起作用。教师流动的"伪善行"具有利己性和虚伪性特征。教师个体追求正当利益具有其合理性,教师取得个人利益也无可厚非,但以教师流动善行作为追逐利益的直接手段,以利益衡量是否参与教师流动,这种行为从根本上偏离并贬低了教师流动善行的本质,不能称之为真正的善行。

第二,教师流动的"下善行"。教师流动的"下善行"是指:将教师流动善行作为目的,因为教师流动的崇高善性,所以选择流动。教师流动善行是要引导教师实现善,但它本身并非行为的最终目的。将善行作为行为目的,在历史上存在时间久远,亚里士多德曾说过:"在行为的领域内,如有一种我们作为目的本身而追求的目的,那么,显然这种目的就是善"。[①] 社会发展到今天,仍然将善行作为行为的唯一目的,却弱化了善行的真谛,原因在于它否定了行为本身的善性,降低了善行的发生率。可见,教师流动的"下善行"虽然较之教师流动"伪善行"具有相当大的进步性,但"下善行"将善行主体摆在附属位置,强调善行客体目的,从而使得教师流动善行具有强烈的工具性,也不能称之为真正的善行。

第三,教师流动的"上善行"。教师流动的"上善行"是指:将教师流动善行作为义务而从事的行为,将教师流动善行作为自身义务,是教师流动主体摆脱了外部道德力量的驱使和强加作用,是行为主体的自觉意识。这种鲜明的自觉性、主动性极大地提高了教师流动善行的道德价值,但也存在着一定缺憾,因为教师流动主体并未从复杂的利益关系

---

① 西方思想宝库编委会.西方思想宝库[M].北京:中国广播电视出版社,1991:611.

中完全脱离出来,有时候会在利益博弈过程中选择利益,而放弃应当履行的道德义务,当出现这种选择的时候,教师流动的"上善行"也就沦为了"伪善行"。

第四,教师流动的"至善行"。教师流动的"至善行"是内化了的善行,是教师流动主体长期实施善行后的下意识行为,教师流动"至善行"具有高度自觉性和稳定性,教师流动主体不会因时间、条件的变化而中止自己的善行。

教师流动善行的四个层次由低级到高级逐一递进,层级分明,其中"伪善行"和"下善行"处于较低层次,"上善行"是大多数教师在流动过程中应当达到的道德水平,"至善行"是整个人类道德最高层次,较少人能真正达到这一层级。因此,在教师流动善行中,要以"上善行"作为衡量教师流动伦理的基本准则。

二、教师流动伦理的基本遵循

教师流动善行与教师流动美德二者相辅相成、密不可分,善行是内心美德的外在表现,正如夸美纽斯所言:"德行的实现是由行为,不是由文字。"美德实现为善行,需要遵循一定的伦理原则,具体对教师流动而言,就是恪守人道、发扬民主、坚持公益和崇尚公平。

(一)恪守人道

对于"人道",《左传》有云:"天道远,人道迩。"(《左传·召公十七年》)《易经》云:"'易'之为书也,广大悉备,有天道焉,有人道焉,有地道焉。"(《系辞下传·第十章》)"天道亏盈而益谦,地道变盈而流谦,鬼神害盈而福谦,人道恶盈而好谦。"(《周易上经·谦》)古人将道分为天道、地道和人道,所谓人道"是人之道,也就是人所当行之道,是人的一切行为规范总和,包括一切道德和法律规范"。[①] 由此可见,我国古代对于人道概念的外延宽泛到了道德与法律。如今,"人道"概念的外延则发展得相对较窄,与"人道主义道德原则"一样,只是作为一种道德原则仅具备道德含义。首先,人道主义包含了平等思想,人道主义"作为一种自觉的思想,即承认自己与他人都是人,人人平等,每个人都应享有生

---

① 王海明.公正与人道:国家治理道德原则体系[M].北京:商务印书馆,2010:271.

存与发展的权力"。① 其次,人道主义蕴含着实现自我价值。马克思认为人要实现"自由而全面的发展",因而实现自我价值才是"真正的人道主义"。② 人道是教师流动伦理最基本的准则之一,在教师流动实践活动中遵循人道原则,就是要求教师流动管理要以一种更贴合人的本质和需求的方式来进行。从根本上来说,教师流动是针对教师的管理,是为了教师的管理,教师作为人不仅是教师流动管理的核心,一定意义上也是教师流动管理的目的。因而遵循人道是对教师流动管理活动的特殊要求,在教师流动实践活动中,务必要将人道置于管理原则的首位,充分体现人的平等精神和自我实现精神。

教师流动伦理的恪守人道原则要求,最重要的是要尊重流动教师的自我实现。也就是要尊重"使人成为人"的流动教师的自我实现。这是一种强调人本身,认为流动教师最高价值在于自身,教师流动就是实现流动教师的自我完善与自我发展。在教师流动过程中,如何尊重流动教师的自我实现,一方面要树立正确的人性观,具体对待每一位教师的不同需求。另一方面要给流动教师以充分的自由,流动教师的自由是发挥其潜能的基石和条件。马克思主义认为,人的自我实现的活动就是获得自由的过程,并且教师自我实现随着流动自由的程度而增高。③ 总之,教师流动伦理中恪守人道原则说到底就是要尊重流动教师的自我实现,实现教师流动管理的"使人成为人"。

(二) 发扬民主

"民主"一词源于古希腊,由古希腊文"demos"与"kratia"结合而成,其基本含义是"人民的政权"或"人民进行统治和治理"。④ 在古希腊的政治体制中,民主意味着全体公民在法律面前享有平等地位,国家政治应由全体公民进行参与。由此可以看出,民主最初是作为与专制

---

① 黄枬森.关于人道主义和异化问题的讨论[J].北京大学学报(哲学社会科学版),2010(1):6.
② 裴德海.论马克思主义人道主义的本质特征[J].复旦学报(社会科学版),2007(3):71.
③ 钱焕琦.学校教育伦理[M].南京:南京师范大学出版社,2005:86.
④ 徐勇.民主:一种利益均衡的机构——深化对民主理念的认识[J].河北学刊,2008(2):1.

体制的对立面出现,反映了人们对贵族专制的反对及对国家管理形式的美好追求。随着近代资产阶级的兴起与发展,政治领域内的民主被赋予了时代意义,民主不再特指"主权"或"领导权"等权力归属,而涉及社会生活各领域,民主意识已贯彻到经济生活、社会生活和家庭生活中。而这一切社会关系都需要人们的善恶判断、伦理道德舆论和传统习惯来维系,民主自此已经成为人们不懈追求的道德原则和价值取向。民主在社会生活中的渗透,正好说明了"把民主仅仅看作是政治范畴是很不够的,民主也是一种道德范畴"。① 既然民主观念在社会生活中被广泛运用并且得到人们认同,那么民主也就内化成一种道德原则。

民主作为教师流动伦理的基本遵循之一,同样具有重要的价值与意义,它具体体现在以下几方面:首先,从观念层面而言,教师流动民主要求教师流动主体掌控自己的意愿和行为,体现教师实现自我管理的诉求。这种诉求表明人文精神构成了教师流动民主的内涵与特征。一方面,民主不仅可以激励教师参与流动,提高教师流动的效率和积极性,激发管理者不断完善教师流动管理,为教师流动管理提供源源不断的精神支持。另一方面,民主为教师流动活动带来人文精神和人文关怀,引导着教师流动走向符合伦理道德规范又充满人情味的价值方向,使得教师流动更为合理化。其次,在制度层面,民主为教师主体参与教师流动决策提供了制度性保障,民主制度乃是民主的载体和重要表现形式,民主必须转化为现实的制度形式,以完成对理想形态的追求。教师流动民主参与需要民主制度的支持,具体而言就是要处理好教师流动组织关系中教师与管理者的权力互动,关键在于要把教师参与管理这一民主观念,以良好的运行方式落实下来,使之制度化。制度化的教师流动民主,能够肯定教师流动管理中的自由,保护教师对正当权益的追求。再次,从伦理道德层面而言,教师流动民主具备善恶判断的意义。教师流动民主是实现善良生活的外在条件和内在要求,教师选择流动是为了实现美好生活,这种美好生活既包括物质生活的富足,也包括德行的完美。由此可见,教师流动民主本身就是一种充满伦理道德的活动,发扬民主可以为教师主体道德提升提供现实条件,同时也是教

---

① 郭永军.论作为道德范畴的民主[J].东乐论丛,1995(4):78.

师主体追求德行完满的内在要求。

（三）坚持公益

"公益"为"公共利益"的简称，由"公共"与"利益"共同组成。公共，一指公有的，《史记·张释之冯唐列传》有云："公，谓不私也"，即公共与私用相对立；二指公众，唐代罗隐《谗书·丹商非不肖》："盖陶唐欲推大器於公共"，公共也就相当于广大民众；三指共同，具有非排他性，任何人都有资格享有。由此，可以将公共理解为"公众所共同所有"。利益，是具有实质内容的中性词，并不具备价值指向。从内容上看，利益有物质利益、精神利益；从范围上看，利益包括个人利益、社会利益、集体利益等；从表现形式上看，利益既包括人的欲望、情感等主观需求，也包含客观的物质，同时利益也包括人在社会、经济、政治生活中的各种关系。综合"公共"与"利益"的概念，公共利益或公益可理解为，公众所共同享有的好处。但该概念还是显得过于宽泛，难以揭示公益在教育伦理学范畴内所蕴含的伦理本质和伦理特征。

以伦理学的视角进行分析，可以看出公益具有以下特征：首先，公益具有非排他性。所谓非排他性是指不能排除他人享受利益的权利，既然公益是公众所共同所有，那就不能排除他人的享受机会，而应当是全员共享。其次，公益具有非营利性。非营利性是指"公益的宗旨不是营利、不是积累财富或者实现利润，而是从社会需要出发，向社会提供公共服务和社会服务，通过服务活动来促进社会进步与发展"。[①] 再次，公益具有非强制性。公益活动的运行并不依靠政府或行政强制力，而是基于公益理念，通过志愿参与、平等协调、民主管理和开放包容的形式进行公益活动。最后，公益具有伦理性。体现为三点，其一，"非排他性"从对象上体现了公益的伦理性。既然公益是公众共同享有，那么对于弱势群体进行倾斜性保护，以帮助其与其他公众一同享有公共利益，体现了公益的人文性伦理关怀；其二，"非营利性"从价值观念上体现了公益的伦理性。公益强调不为个人谋求私利、为社会发展进步谋福祉，从本质上来看是"公益行为主体在公益活动中履行的道德义

[①] 彭柏林.公益伦理的界定[J].云梦学刊,2007(6):57.

务"，①体现了公益的伦理义务与伦理价值；其三，"非强制性"从道德精神上体现了公益的伦理性。非强制性突出人的自由、民主与志愿精神，突出了人道主义的关怀，张扬人性的高尚、呼吁人与人之间相互关心、同情与帮助，彰显了公益的人道意义和伦理精神。

明确公益的内涵与伦理特征，为进一步探讨教师流动伦理的公益性原则奠定了基础。教师流动为何要将公益作为伦理原则？教师流动之所以坚持公益，原因在于教育的公益性。由公益的概念得知，教育属于全民享有的公共资源，具有公益性。《中华人民共和国教育法》也明确规定：教育活动必须符合国家和社会公共利益。坚持教师流动伦理的公益性原则，具有三方面意义：

第一，坚持教师流动公益是教育公益本身发展的需要。实行教师流动公益能够维持教育公益本身的道德性需要，教育公益本身具有强烈的道德性，但并不意味这种道德性能够始终维持，由强势地区与弱势地区经济不平衡导致的教育及师资失衡，对教育公益德性构成了严重威胁，这就需要对教师流动进行协调，因而坚持教师流动公益性，对教育公益德性自身有规范作用。

第二，坚持教师流动公益是维护我国教育均衡发展的需要。教师资源处于长期失衡时，将会直接影响到我国教育稳定、均衡地发展。目前，师资不均衡制约了我国教育可持续发展，要改善这种不利境况，需要教师流动公益性的伦理精神支撑。

第三，坚持教师流动公益也是促进教师道德建设的需要。教师流动公益是教师道德建设的重要渠道，通过教师流动公益，以道德认知触发道德情感，以道德意志带动道德实践，从而明确教师自身对社会公益所承担的道德义务，实现全民共同享有优秀教师资源，提高全民道德素质。因而，教师流动公益不仅对教师自身道德建设具有重大意义，更为重要的是通过教师流动公益实现教育公益。

（四）崇尚公平

公平在《辞海》中的解释为："按照一定的社会标准（法律、道德、政策等）、正当的秩序合理待人处事，是制度、系统、重要活动的重要道德

---

① 卢先明.论公益伦理的特点[J].道德与文明，2010(3):112.

性质。"可以看出,公平是一种为人处事的道德品质和道德要求,是对人与人之间、人与社会之间平等地享有社会基本价值的道德关系和道德要求。"其立足点在于全体社会成员的普遍利益,要求所有人在社会地位平等的前提下,每个人在社会生活的各个层面都有全面发展自己和获得正当利益的机会,实现权利与义务的平等"。① 换言之,公平就是以平等的准绳协调社会成员之间的利益关系,合理分配社会成员的权利及义务。公平作为一种道德准则,是衡量一切社会生活"合理性"与否的尺度,作为社会生活一部分的教师流动自然也不例外。

公平是教师流动伦理的核心价值追求,教师流动伦理崇尚公平具有以下几方面意义:

第一,公平是促进教师流动实践发展的重要推动力。美国北卡罗来纳大学教授亚当斯从认识失调论出发,得出公平理论,也称社会比较理论,该理论认为:当事者的报酬付出比与参照者的报酬付出比等值,当事者现在的报酬付出比与过去的报酬付出比等值时,当事者会觉得公平;反之,如果二者不等值,便会造成不公平感,产生不满或不安情绪,从而影响工作积极性和满意度。根据亚当斯的公平理论,在教师流动实践管理中,管理者必须重视教师流动公平,防止程序、待遇等"不公平现象对教师的心理状态和行为动机的消极影响"。② 同时在教师流动评价过程中,力求合理与公平,以调动流动教师的积极性。公平在教师流动实践中,拥有巨大的推动和激励作用,是调动教师流动积极性,推动教师流动管理向前发展的推动力。

第二,公平是教师流动实践不可缺少的道德评价尺度。公平是衡量一切社会生活合理性与合乎德性与否的标尺,在教师流动实践中坚持公平的伦理要求和价值准则被广泛认同;公众也会用公平这一道德评价尺度,对教师流动政策、教师流动程度和教师流动效益进行衡量;同时,公平被公众接受、认同与维护,它也成为教师流动管理的伦理支柱与道德支撑,反过来又增加了教师流动合理化、德行化的可能性。

---

① 瞿瑛.义务教育均衡发展政策问题研究:教育公平的视角[M].杭州:浙江大学出版社,2010:2.

② 李兴修,于世芬.公平理论评析[J].华东经济管理,2002(12):50.

第三，公平能够促进流动教师的专业发展。教育均衡发展是教师流动的终极伦理目标，教师专业发展则是教师流动的伦理子目标，通过教师流动中教师与教师、教师与学生、教师与管理者的互动与合作，实现强势地区与弱势地区师资互补，提升教师能力，实现普遍意义上的教师专业发展。可见公平是教师专业发展的内在需求，教师流动管理要实现教师专业发展就必须遵循公平原则。

综上所述，公平对于教师流动伦理具有重要意义与价值，教师流动管理要遵循公平原则。如何遵循教师流动公平，根据上述对"公平"的理解和教师流动伦理"利益"基础，教师流动要注重在流动过程中利益分配的合理性与德性，包括了教师流动内容公平、程序公平和主体公平三方面。

第五节　公平与价值：教师流动伦理的终极追求

教师流动伦理是具有主动性道德追求的教育实践活动，教师流动伦理的终极追求是内在逻辑清晰的体系，其中教师流动公平和教师流动价值是终极意义的追求，它们在终极意义上共同决定了教师流动伦理的表现形式和主要内容。

一、教师流动公平与价值的伦理意蕴

公平是人类社会形成以来一直追求的重要社会理想，公平作为教师流动伦理的终极追求，既是检验教师流动合理性与合法性的伦理标尺，也是教师流动伦理的永恒目标。在教师流动公平的内涵上，存在着多重理解，主要原因在于理论基础、解读视角的不同。公平是协调社会成员之间的利益关系，教育领域内的公平可以看成"社会公平价值在教育领域的延伸和体现"，[1]从社会公平的角度理解教育领域内的公平，体现了教育公平的社会性质；教育领域内的公平也可以理解为"公民能够自由平等分享当时、当地公共教育资源的状态"，[2]从教育资源平等

---

[1] 杨东平.对我国教育公平问题的认识与思考[J].教育发展研究，2000(8)：5-8.
[2] 钱志亮.社会转型时期的教育公平问题[J].教育理论与实践，2001(2)：6.

分享的角度论述教育领域内公平,体现了公平的教育性;"现代社会中政府在教育公共资源供给或配置过程中所应坚持的'应得'原则和所应实现的'相称'关系,其目的在于最大限度地实现公共教育资源的平等、均衡、合理安排与有效利用,以保障和促进不同的个体或社会群体在教育实践活动中得其所应得。"①强调教育资源均衡配置,实现教育资源"应然"与"实然"相匹配,突出了教育领域内公平的伦理道德性。教育资源包括教育机会、教育权利、教育利益、教育条件、教师资源等等,教育资源公平很大程度上依赖并取决于教师资源的公平。教师流动是实现教师资源公平的重要途径,从这个意义上来说,教师流动公平影响并制约着教育公平的实现。

教师流动公平是教育资源中"软资源"②的公平,它围绕着教师流动权利、教师流动利益以及教师这三方面进行,实质上是教师流动权利对教师资源进行分配,以期使分配符合教师流动权利平等。教师流动公平是在教师资源总量保持不变的前提下,以维护教育质量为依据,合理分配教师资源,充分考虑各阶层、群体、地区、学校的利益需求,做出教育判断和教育抉择,进而达到教师资源均衡的公平愿景。教师流动公平关注不同群体利益的均衡,必然要以伦理道德原则与规范为尺度,也因此具有了伦理特质。

首先,教师流动公平能够最大程度地彰显人性。教师是教书育人、传递人类社会文明和弘扬传统文化美德的专业人员,教师就其本质来说一方面是教授科学文化知识,另一方面是通过挖掘人的潜能、培养人的美德而使"人之所以为人"。由于社会经济、文化的差异,不同地区在师资分布上存在明显差异,师资缺乏公平影响到教育地区公平,教师流动公平能够为个体潜能发挥提供均等机会,使个体拥有相同的机会发展自我。

其次,教师流动公平是教育利益均衡的配置器。教师流动本身具有不寻常的张力,它既可以促进教育利益平等,同时也可能加剧教育利益的不平等。教师流动公平应当使教育利益不断得到良性发展,一旦

---

① 石中英.教育哲学[M].北京:北京师范大学出版社,2007:177.
② 陈峰.均衡发展取向下的义务教育教师资源配置问题[J].教育导刊,2007(2):6.

教师流动出现反作用,不能实现教育利益均衡,那么教师流动就走向了异化。因此,教师流动公平能够有效缩小地区间教育差距,缓解各地区师资不平等。

教师流动价值是要解决教师流动"应该如何"、"应该追求什么"、"应该如何发展"等问题。教师流动伦理是包含了基础属性、伦理原则和价值追求的综合活动体系,而教师流动价值追求可以看作教师流动的灵魂所在,具体体现在以下几方面:

第一,教师流动是一种主动性的价值选择活动。教师流动的价值选择意味着,与工具理性相比,教师流动的价值属性具有绝对优先性。因此,建立教师流动活动中的价值原则和价值目标,就显得格外重要。毕竟教师流动价值原则和价值目标,一定程度上决定了教师流动的性质和方向,同时也会影响教师流动的公正性和有效性。

第二,教师流动具有深刻的价值内化作用。教师流动是社会活动的重要组成部分,它不可避免地与一定历史条件产生关联,教师流动的任何政策或决定,都必须与本国历史、文化、政治经济体制、社会心理文化等价值内涵相适应。

第三,教师流动的走向取决于多元价值中的主导价值观。利益问题是价值多元化的根源所在,价值多元化是利益多元化的表现形态,为了使教师流动真正体现出公平性和公益性,有必要对教师流动价值原则和价值追求进行整合,确立教师流动的价值目标。

二、教师流动伦理的公平追求

公平是教师流动伦理的理想追求,它既表明了教师流动"需要怎样",也彰显了教师流动"应当怎样"。判断教师流动是否合乎伦理,不仅考量其实质性内容的价值取向,还要判断其制定实施的程序是否公平。同时,教师流动实践活动是由一定主体完成的,教师流动主体既代表了公众的公共利益,同时也抱有各自的私人利益。因此,教师流动伦理的公平追求,是涵盖了教师流动内容公平、程序公平、主体公平和道德公平的伦理行为。

(一)教师流动内容公平

教师流动内容公平着眼于国家公共教育利益与教师群体个人利益

之间的平衡问题。教师流动是教育行政部门基于均衡理念,对教师资源进行重新配置的过程,在这一过程中,利益关系涉及教师流动的方方面面,其中最重要的是要处理好公众教育利益与教师个体利益的关系。教师流动公众教育利益强调全体社会成员的共同利益和整体利益。教师流动个体利益则是强调每一个流动教师个人的利益。教师作为社会成员,由于社会需求、经济差异等原因,总会表现出不同的利益诉求,并且为实现这些诉求而做出选择和行动。而教师资源的有限性决定了并非每一位教师都能够实现其个人利益,在教师资源极度有限的条件下,当一部分教师群体利益诉求得到满足时,总还有另一部分教师的利益诉求受到限制。

如果说教师个体利益只需要涉及教师,是教师个体努力想要实现的需求,那么公众利益则涉及全体社会成员,是包括教师个体在内的全体公众需要追求和实现的共同利益需求。社会公共教育利益与教师个体利益既存在内在统一关系,又有着矛盾关系。一方面,社会公共教育利益是相对于教师个体利益而言,是从教师个体利益中抽离出来的共同利益。换言之,社会公共教育利益是依赖于教师个体利益,并以此作为利益基础。另一方面,教师个体利益也依赖于社会公共教育利益,脱离了公共教育利益的教师个体利益,则失去了赖以生存的土壤。教师流动公众利益与教师个体利益的矛盾性,体现为在有限的教师资源情况下,制定教师流动政策时为了公众教育利益需要而限制或损害部分教师个体利益。如改革开放初期,为迅速提高教育质量,实行"重点校"政策,集中了大部分优秀教师到"重点校"工作,这虽然损害了一部分"非优秀教师"的个体利益,但这种做法却是符合国家当时教育发展所需的。如果在教师流动过程中,以教师个体利益为主,其结果,或是对公众利益需求不闻不问,由教师个体自行选择;或是平均分配教师资源,平等对待所有教师个体的利益需求。这两种极端平均主义都会损害社会公众教育利益。

因此,教师流动伦理要处理好公众教育利益与教师个体利益之间的关系,以实现教师流动内容公平。首先,要解决好公众教育利益与教师个体利益之间的多形态矛盾。这种多形态矛盾表现为:教师流动公众与教师个体之间的直接利益与间接利益、整体利益与个体利益、远期利益与近期利益之间的矛盾。公平的教师流动内容,既能够适应多样化的教师流动个体需求,同时也能满足社会公众教育需求。其次,要解决好教师个体之间的多样需求。教师个体需求具有多样化特征,在教师流动过程中如何公平地对待不同的教师群体利益需求,也是教师流动伦理需要重视的问题,公平地对待教师个体利益,需要综合多方面因素,尤其涉及教师流动实施程序过程中民主化与伦理观念的影响。

(二)教师流动程序公平

教师流动活动从制定政策到实施政策,都要遵循一定步骤并以特定规则作为执行原则,教师流动程序公平即在教师流动活动过程中遵守公平的规则和流程安排。如果说教师流动内容公平可以称为实质公平的话,那么教师流动程序公平则称为形式公平。教师流动实质公平是一种状态,教师流动程序公平是一种规则,因而教师流动程序公平也就是"分配利益的规则或途径"。教师流动程序公平不仅是保证教师流动活动按照既定秩序进行,实现教师流动实质公平的重要保障,而且其本身也是教师流动伦理的重要内容之一。

教师流动程序公平的核心在于,鼓励社会公众参与,以保证教师流动程序的民主化与科学化。教师流动内容公平是保证社会公共教育利益与教师个体利益的协调,教师流动程序公平则是赋予教师流动主体表达自身需求的权利,给予其参与决策的机会。教师主体大量参与的教师流动程序公平,既是民主化的过程,也是保证主体对教师流动方案自觉遵守与内化的过程。教师流动程序公平主要体现为:教师流动主体享有平等参与决策的机会,自由表达自身利益需求,民主参与方案实施,科学设计制度安排等。

教师流动程序公平有利于保证教师流动方案符合公众和教师个体的利益需求,有助于提高教师流动的合法性与合理性。好的教师流动方案不单单能让社会公众满意,同时,科学性和民主性也是检验教师流动正确性的标准。教师流动公平要做到科学性和民主性,就要进行一系列优化设计,从教师流动信息采集与梳理,教师流动的选择与确立,教师流动方案的可行性论证,教师流动方案的调适,教师流动方案的监督与评价等一系列环节,进行科学决策与民主决议。教师流动程序公平要真实有效地反映出教师流动内容公平,没有程序公平,就不可能反映出教师流动的主体利益需求,更不可能实现教师流动内容公平。

(三)教师流动主体公平

教师流动主体公平是教师流动公平的一个重要范畴,它是教师流动主体间教育利益关系,以及非利益关系的综合反映与评价。教师流动主体公平不仅是对教师流动现实问题的反映,也是运用特定标准来对教师流动现实问题的度量。另外,它也是一种评价与规范。从深层次讲,教师流动是关乎权力的活动,是教育行政部门运用教育权力行使对教师资源的配置权。这种权力活动需要教师流动主体行使权力,去调节不同主体间的利益矛盾与非利益冲突。从理论上看,教师流动公平目标的公益性和程序的民主科学性,决定了教师流动主体的宗旨应当是为公共教育利益服务。从现实情况来看,行使教师流动权力的人员构成是教育行政人员,也就是说教师流动权力主体在行使教育权力时,应该代表并服务于社会公众的共同利益。但是,教师流动主体又不同程度地具有个人私利,有为自己谋取利益的倾向,在一定社会共同体中,人们之间既有利益的一致性,也存在着利益冲突。因此,在教师流动活动过程中,教师流动主体行使教育权力时,如何完整地履行自己承担的教育责任,成为教师流动主体伦理公平最重要的问题之一。

在教师流动活动中,确保教师流动主体公平,实质上是要处理好行使公共教育权力与承担教育责任之间的关系。教师流动主体在行使公共教育权力时,需要承担的责任有:其一,教育行政责任。教育行政责任的承担者是教师流动主体中的教育行政人员,教师流动活动一旦确立,教育行政人员构成行政主体,就需要承担相应的教育责任。教育行政人员的教育责任分为客观责任与主观责任,客观责任是指教育行政人员认真贯彻教育部门的方针政策,并对广大流动教师的利益负责;主观责任则指教育行政人员自身对责任的认同感。其二,教育道德责任。教育道德责任是教育行政人员在教师流动过程中必须遵守的道德标准与规范。教师流动主体的道德责任既包括社会成员应具备的普遍性道德义务,也包括在教师流动过程中所应表现的廉洁、公正、诚信等道德品质。

(四)教师流动道德公平

教师流动道德公平要求在教师流动过程中,能够始终公平合理地对待和评价流动教师。"在相对合理的规则之下行使权力是符合道德的",①但是由于教师流动过程的复杂性与特殊性以及教师流动程序规则本身的不完善性,导致在教师流动过程中,作为制度赋予其权力的教育行政人员,却缺少了道德制约性。在教师流动现实过程中,部分教育行政人员缺乏应有的职业道德和职业修养,在对待流动教师时欠缺公平,教师不能受到公平对待,教师流动很容易变成"权力主义"或者"独裁主义"。

三、教师流动伦理的价值追求

价值是人类亘古不变的追求,它是教师流动伦理需要面对的基本问题。价值涉及社会生活的所有方面。在广义方面,价值可泛指一切人们认为是好的东西,这种东西因其自身某种特性而被人所欲求。19世纪德国哲学家洛采(Hermannn Lotze)等人开创了价值哲学体系,认为人生活的意义即价值问题是最值得思考和研究的问题。马克思对价值哲学进行了丰富和发展,马克思认为,价值需要实践,"全部的社会生活在本质上都是实践的",②"实践是人类根据自己的价值理想对现有状态的改造"。从狭义方面,可以具体从哲学视角、经济学视角、社会学视角和伦理学视角分别理解价值。

(一)教师流动伦理的生命价值追求

人的生命既是事实性的"是什么",也包含了应然性的"应当如何",对生命"应当如何"进行应然性的判断,便构成了生命价值。我国有学者认为,生命有两种形态:人与动物都具备的作为"种"的生命和人类特有的"类"的生命。③ 按照这种生命划分,人的生命价值可以相应地分为自然生命价值和超越生命价值两种形态。自然生命价值是对"种生命"的价值追求,超越生命价值是对"类生命"的价值追求。人和动物共有的自然属性与人所特有的生命属性相辅相成,密不可分。因此,人的自然生命价值与超越生命价值也是紧密相连、不可分割,二者共同组成

---

① 周浩波.教育哲学[M].北京:人民教育出版社,2001:171.
② 马克思恩格斯选集:第1卷[M].北京:人民出版社,1995:56.
③ 高清海."人"的双重生命观:种生命与类生命[J].江海学刊,2001(1):77-79.

完整的生命价值。

人的生命自然价值是人作为生命存在的物质载体,是考量生命价值的最基本的尺度,如果失去生命自然价值,那生命超越价值便无从谈起。生命的超越价值是一个层级分明、内涵丰富的多维价值体系,蕴含着真、善、美等,这些价值都是对生命自然价值的超越。参与流动的教师对生命价值的追求,应是在自然生命价值基础之上的超越性价值追求,具体分为生命的社会价值、生命的精神价值和生命的智慧价值。首先,教师流动生命价值追求体现为社会价值。教师流动的生命价值需要在社会中、在与人交往中得到实现,"是教师生命中潜在资源变成现实资源,内在价值变成外在价值,创造性地服务于他人和社会"。[①] 因此,教师流动生命价值的社会衡量标准在于教师个体为社会做了多少贡献,只有教师以热情和积极的姿态投入到教师流动之中,以自己的方式服务社会、勇于奉献,才能增加生命的社会价值。其次,教师流动生命价值追求还体现为精神价值,是对自身和他人的精神慰藉与人文关怀。对自身的精神慰藉能够使人从物质、权力与欲望中挣脱出来,上升为理性追求;对他人的人文关怀,促使人的生命价值更加具有人文情怀、更具诗性、更具道德,实现以人为本的生命价值追求。最后,教师流动生命价值追求也体现于智慧价值。人是智慧生命的存在,教师更是智慧的代表、智慧的化身,教师流动生命价值的智慧性主要在于:对自身、他人,以及教师流动实践本身进行反思和探究,从而使得对教师流动的认识更加准确明晰,对教师流动的实践更加合理有效。

教师流动生命价值追求是自然性与超越性的统一,分别具有生命的社会价值、精神价值和智慧价值。教师流动生命价值具有三个显著特征:

第一,平等性。人的生命与其出身、种族、地位、信仰没有关系,人的生命价值不存在任何差异,具有先天的平等性。

第二,独特性。生命价值的独特性源于个体生命的唯一性,世界上找不出两个完全一样的人,也找不出没有差异的生命价值。

第三,至上性。生命价值对个体而言,具有最至高无上的价值,其

[①] 李继秀.教师生命价值及其实现[J].教师教育研究,2006(5):41.

他任何价值都不能超越人的生命价值。教师流动的生命价值追求,是教师个体平等性的价值追求,是教师个体基于自身特性,对更高精神境界的追求,是教师最高层次的价值追求。

(二)教师流动伦理的劳动价值追求

教师流动伦理价值追求还包括社会主义市场经济条件下的劳动伦理价值。社会主义市场经济以社会分工为基础,以等价交换为原则,以经济关系为纽带,以利益主体间的契约关系为运行方式,一定程度上可以认为"市场经济是道德经济"。① 因此,社会成员的劳动不仅具有经济价值,同时也蕴含了丰富的道德伦理价值。教师作为市场经济条件下的劳动个体,对自身利益的内在追求和市场的外在压力,共同构成了推动教师流动的基本动力,从劳动的角度考量教师流动伦理追求,对研究教师流动伦理建设具有重要意义。

教师劳动通过人与人之间的关系得以实现,教师流动的劳动价值通过社会的发展体现出来。从职业活动来看,流动教师不是"纯粹的理性经济人"或"纯粹的社会人",②而是兼具"经济人"和"社会人"双重属性的个体。在教师流动过程中,流动教师的道德理念、道德修养必然会影响其行为,教师流动活动的制定、执行和评价,无不体现着教师流动主体的道德信念。教师流动的劳动价值表现为:一方面,教师流动的劳动过程蕴含着丰富的伦理价值。教师劳动是内部自身利益与外部社会利益的共同利益集合体,教师通过服务他人和社会来实现自身利益,同时教师必须尽职尽责、努力奉献,从这个意义上来说,教师劳动蕴含着价值选择。另一方面,教师流动的劳动道德影响并制约劳动效果。在教师流动过程中,影响教师流动劳动效果的因素很多,但毫无疑问教师的劳动积极性是一个主要因素。流动教师的劳动很难被精确地考评和量化,需要用劳动道德来进行调节,流动教师对自己工作的劳动态度会影响和决定劳动行动,而劳动行动直接体现于劳动效果。因此,提高教师的劳动道德素养,遵循教师流动的劳动伦理准则,形成相互提携、相互合作、相互激励的教师流动劳动关系,是教师流动伦理的价

---

① 葛晨虹.社会主义市场经济中的道德理性[M].上海:上海人民出版社,2010:85.
② 葛晨虹.市场经济与道德理性[M].上海:上海人民出版社,2010:92.

值追求之一。

（三）教师流动伦理的社会价值追求

教师流动伦理的社会价值在于促进教师群体的社会化以及社会整体发展，其最终追求是要寻找教师流动在社会历史进展中的存在价值与意义。教师流动伦理的社会价值追求需要，可以从三方面进行理解：

第一，教师流动伦理的认同价值追求。"认同"（identity）最早出现在心理学领域，弗洛伊德（S. Freud）认为，认同是个人或群体在感情上、心理上趋同的过程。埃里克森（E. H. Erikson）在弗洛伊德的基础上，提出了"自我同一性"和"集体同一性"的概念，此后具体演变为自我认同与社会认同。[①] 个人认同是根据个体性质和特征来看待自身，社会认同则根据个体与他人、个体与其社会地位或社会状态的关系来评价自身。从伦理道德维度分析教师流动的自我认同价值追求，实际上是实现教师流动与善的结合，而不是以功利主义态度指导教师的流动选择。流动教师怎样看待"教师流动"这个行为，怎样理解"善"这个观念，对其自我认同影响甚大。柏拉图认为理念是世界的本源，理念的方式直接决定了人表现在行为上的道德态度，在特定的教师流动语境中，教师的价值观念、理性选择以及情感体验，受到"善"的道德影响，深刻理解和反思"'我是谁'、人生定位和献身对象、创造性、道德框架"，[②]既是教师自我认同价值的途径，也是教师流动伦理构建的路径。教师流动伦理的社会认同价值追求，主要是流动教师关于人际行为的选择策略，教师工作和生活的社会具有弹性和可渗透性，当教师对所属社会群体和人际关系感到不满时，便通过自身努力转移到其他更有吸引力的群体中，教师流动也会自发形成。因此，教师流动伦理要努力追求并保持一种积极的教师自我认同与社会认同，增强教师的自尊与职业地位。

第二，教师流动伦理的人格尊严价值追求。教师流动伦理的人格尊严是教师人格之主观认识和客观评价的辩证统一。教师流动的人格尊严表现为一种主观观念，是流动教师对自身价值和身份的认识，这种认识是流动教师基于自身所处的社会地位、价值做出的感觉和判断。

[①] 乐国安.社会心理学理论新编[M].天津：天津人民出版社，2009：201－203.

[②] 楚江亭.风险社会与教师自我认同危机[J].教师教育研究，2009（1）：57.

换言之,教师流动人格尊严是教师主体的自觉性意识,从该层面来看,教师流动人格尊严是一种"自尊"道德意识,是主体的主观认识。教师流动的人格尊严也表现为客观性的社会态度,包含着"他尊"的伦理要求。这种要求是社会公众对教师流动应有的尊重和最基本的态度。教师流动伦理的人格尊严是主观与客观的统一,教师流动人格尊严具有普遍性、一般性的道德权利,在教师流动实践过程中,要充分体现伦理道德内容中的人格因素,真正做到教师流动的伦理性。

第三,教师流动伦理的自我实现价值追求。教师流动伦理的自我实现价值追求,是经由道德标准与社会规范的内化而逐渐形成的一种道德。对教师流动过程而言,是依照伦理道德规范进行,维护教师流动的道德秩序;对教师流动主体而言,是为了使教师个体成为德行兼备的社会人,教师经过不断的自我修养以达到克制、改进和超越自我的目的。总之,教师流动伦理的自我实现价值,是教师流动按照伦理道德要求开展实践活动,从而不断使教师流动参与者实现自我完善。

(四)教师流动伦理的道德价值追求

教师流动伦理的道德价值是进行教师流动的伦理选择、伦理判断和伦理评价的标准,在教师流动道德生活中有重要的伦理价值。

第一,教师流动伦理有助于构建"善"的公共流动环境。教师流动伦理规则不仅是参与流动教师个体需要的遵循,也是参与流动教师群体必须遵循的道德规范,教师流动伦理规则指向教师群体。教师流动伦理的群体善并不是教师个体善的简单相加,而是需要构建公共流动环境的总体善,只有教师个体善在公共环境的规则体系中升华,才能成为教师群体共同遵守的道德规则,才能转化为规范教师流动的道德行为。因此,教师流动伦理所构建的"公共善"环境,是教师流动个体善向群体善转化的有效路径。

第二,教师流动伦理有助于提升教师个体的道德修养。教师流动伦理是在社会道德习俗和教育伦理不断演化与发展过程中凝聚的道德规则,具有相当程度的调控力与普遍性,它能够为教师流动个体内在的道德修养提供平台和依托。道德养成区别于知识传授和技能学习,它是一个长期而持续的过程,内化于心的道德修养需要制度环境的浸染,教师流动伦理承担了教师个体道德修养提升的重任。教师流动伦理是教师流动过程中各种道德规范的总和,在教师流动过程中对符合伦理精神的教师行为加以赞扬与推崇,不符合伦理规范的行为加以反对与制约,经过长期反复的道德导向,道德修养也就在教师个体无意识中得以提升。

第三,教师流动伦理有助于弘扬与发展社会伦理精神。一方面,教师流动伦理有助于弘扬社会伦理精神。教师流动伦理将道德规范内化于教师成员心中,告诉教师流动主体什么是应当,什么是不应当,公开或隐含地给教师流动主体以肯定或制约,从而强化了人们的责任心和义务感,将正式规则转化为人们的内心信念和自我约束能力。换言之,就是教师流动伦理通过伦理规范,指导教师流动主体间的竞争与合作,一定程度上减轻和消除社会不公现象,最大程度地减少教师流动的消极影响,维系教师流动的健康发展,进一步弘扬社会伦理精神。另一方面,教师流动伦理有助于发展和创新社会伦理精神。任何一种行为都是大多数人自主选择的结果,人们的自主选择会受到伦理道德的影响,不断对教师流动进行伦理道德规范的建设和创新,使教师流动主体自主选择符合道德伦理的行为,能够加强社会伦理精神的创新与发展。

第六节 教师流动伦理的困境与出路

教师流动伦理不仅仅是理论的构想,更是建立在伦理理念基础上的实践追求。通过对教师流动伦理在实践中诸种困境的探求,并分析其产生的因由,进而提出改进的出路,对教师流动伦理的发展具有重要意义。

一、教师流动伦理的困境表征

审视教师流动过程,不难发现教师流动伦理在政策、主体、程序和目标等方面,存在着公平缺失、道德病态、民主残缺、公益褪隐等问题,从而导致当前教师流动出现诸多伦理道德失范和价值缺失,最终使得教师流动伦理陷入困境。

(一)教师流动伦理政策之公平缺失

教师流动伦理政策之公平,是构建合乎德性之教师流动的重要基

石。然而,教师流动伦理政策却存在着一些有失公平的问题,主要体现在以下方面:

首先,教师流动政策内容有失公平。公平合理的教师流动政策,既要符合社会整体发展和稳定的需要,也要符合社会成员的个体发展和需要,并从两者的辩证关系出发来统一配置教育资源。然而从教师流动政策内容来看,其一,强制性的教师流动政策内容,损害了公平的目标追求,如教育行政部门以文件形式硬性要求教师进行流动,违背了以市场为主的资源配置方式,实际上是"教师人事制度改革的倒退"。[①] 其二,教师流动政策将教师职务评审与参与流动挂钩,虽然能对教师流动起激励作用,却以流动绑架教师,损害了教师的正当权利,造成严重不公。其三,流动教师绩效工资制造成同工不同酬,也造成了流动教师的待遇公平缺失。

其次,教师流动政策制定有失公平。我国教师流动政策在制定过程中偏离公平,主要表现为在政策制定过程中"'内输入'特性导致民主参与不高"。教师流动政策的"内输入"是指,教师流动政策制定过程中,由教育行政部门或教育精英代替广大公众进行政策制定,从而剥夺公众参与政策制定与话语表达的权利,并由此带来民主参与度不高。教师流动政策制定不能做到真正广泛地征求社会公众的意见,未能建立公众利益表达机制,导致公众参与教师流动政策制定的意识弱化,最终造成两种消极局面:要么流动教师放弃公平观念与自身合法权利,消极服从教师流动政策;要么形成另一种极端情形——抵触教师流动政策。

最后,教师流动政策执行有失公平。当前教师流动政策在执行过程中,往往会出现"上有政策,下有对策"的变通,导致教师流动政策在执行过程中偏离了公平取向,具体表现为:选择性执行教师流动政策、架空式执行教师流动政策、虚假式执行教师流动政策以及功利式执行教师流动政策。[②] 选择性执行教师流动政策实质上是将完整的教师流

---

① 郝保伟.教师流动政策的合法性缺失及其重建[J].中国教育学刊,2012(9):6.
② 谢延龙,李爱华.我国教师流动政策:困境与突破[J].当代教育与文化,2013(5):90.

动政策自行进行分解,有选择地执行教师流动政策;架空式执行教师流动政策是为应付上级检查而口头式地执行政策;虚假式执行教师流动政策是在政策执行过程中变更或偷换政策概念,表面一套而实际一套;功利式执行教师流动政策是为谋求自身利益,故意歪曲教师流动政策的原本精神实质,同时做出符合自己利益的解释,使上级政策难以贯彻落实,导致无法实现最初的目标和价值。

(二)教师流动伦理主体之道德病态

教师流动伦理主体的道德行为首先必须符合善的标准,通过教师个体向善的内心力量与外界的道德压力进行内外张力的共同作用,从而实现道德行为。然而,对教师流动伦理进行审视,不难发现由于理性能力、存在意识、价值观念,特别是主体地位等多方面的原因,教师流动伦理主体道德体系不仅不能自发形成,取得独立形态,而且呈现出多种道德病态。

首先,教师流动伦理主体的物欲型病态。作为教师流动伦理主体,流动教师与教育行政管理人员不可避免地接受着市场经济"利益与效率"的冲击。在教师流动实践活动过程中,教师流动伦理主体受工具理性与利益至上思想的影响,内心对道德价值观念产生失衡与偏离,教师流动伦理主体不断从教师流动共同体中脱离,教师流动活动不再被看成是实现自身价值的目的与场所,而被当作实现一己私利的工具与手段。"金钱"和"利益"取代了"目的"与"道德"在教师流动伦理生活中的基础核心地位,教师流动伦理的存在价值、社会意义不断被消解。由于受到被曲解的市场经济观念的错误影响,教师流动伦理主体过分追求物质利益、经济效益和功利价值,不重视内心世界、人生信仰和道德价值的建设,因而导致教师流动伦理构建过程中的道德失范,如教师流动共同体中人际关系淡漠、对物质利益的疯狂追求以及人生价值的贫瘠化等。

其次,教师流动伦理主体的权欲型病态。教师流动伦理主体道德是一种强调"人的德性"的伦理,它注重塑造教师流动伦理主体的自身内在品质,以主体道德行为的自律性为主要内容,以主体道德人格的向善性为基本目标。对教师流动伦理主体的道德伦理倡导,是要达到遏制教师流动权欲型病态的肆虐与侵蚀。所谓权欲型病态"是指教师在流动中对权力过度渴求而产生的恶"。① 我们无法否认,教师流动伦理主体与社会其他个体一样,都不同程度地具有权力意识与权力欲望,并且这种权力意识与欲望对教师流动发展和人类社会发展都是不可或缺的动力,因而对教师流动主体的权力态度不能一刀切式地决然拒斥。但同时也要清楚地看到,一些教师流动伦理主体对权力的追求呈现病态化,道德价值观念上的"唯权主义",驱使教师主体企图通过教师流动活动以达到教育权力扩张的目的。如有的地区以政策文本的形式规定,职称评定或职务升迁必须与教师流动进行挂钩,以参与流动作为升职的筹码,教师流动伦理的道德善性演变成追逐权力的资本。

最后,教师流动伦理主体的名欲型病态。教师流动伦理主体所追求的美德是人类内在的善行品质,它来源于人们内化并且实践道德品行的善,而不是外在强加的虚伪的善。教师流动伦理主体盲目追求名誉,以彰显自身美德所表现出来的道德病态,则是外在强加的虚伪善行。名誉是教师个体价值的外在体现,是支撑教师流动伦理主体的可贵精神力量,教师流动伦理主体确实应当努力保持这种精神力量,维护代表自身尊严的名誉。但同时也应看到,流动教师的名誉意味着其在教师流动过程中所具有的道德意志,在履行责任和义务时所体现出来的道德力量,完成流动使命时所呈现的道德成就,以及追求有意义人生时所表达的道德价值。反观当前教师流动过程中一些教师渴望通过参与教师流动,从社会地位相对低下的农村学校流动到城市学校,以获得较高的社会地位;抑或是一些城市地区的教师通过流动到农村学校,以达到"甘于奉献"的好名声。通过这种虚伪的善行来获取名誉,都不能算作真正的美德。

(三)教师流动伦理程序之民主残缺

民主意味着"人类道德上的平等",②教师流动伦理的民主意蕴集中体现于教师流动的程序制定,是教师流动伦理政策公平与主体道德的延伸与拓展。教师流动伦理公平承认任何主体都具有权利上的平等,能够平等参与教师流动实践活动,平等享有对教师流动管理献策进

---

① 李爱华,谢延龙.教师流动伦理的困境与出路[J].教育导刊,2014(5):40.
② [美]杜威.民主主义与教育[M].王承绪译.北京:人民教育出版社,1990:383.

言的权利,这种平等权利反映在教师流动过程中,就是教师流动伦理之民主。随着教师流动活动日益展开,教师流动伦理的民主化进程不断得到加强,教师流动建设无论从目标制定、具体实施,还是社会公众的民主参与意识都得到了提高,这些措施很大程度上促进了教师流动伦理民主化发展。然而,教师流动伦理民主建设内容广泛,并且受各种主客观因素的影响。当前我国教师流动伦理的民主建设程度相对较低,反映在实际教师流动过程中,就是教师流动伦理民主表面化与形式化,公众参与的范围和程度较为低下;教师流动管理欠缺公开化;教师流动缺乏有效的民主监督等等。

首先,教师流动行政程序过程中,民主参与的范围和程度较为低下且流于表现化、形式化。教师流动在伦理价值层面上"必须体现教育行政部门活动的公正与正义,在公共权力的运用上体现出人民主权,在运作过程中体现为公开与参与"。① 因此,教师流动伦理主体与社会公众作为人民主权的享有者,可以依法直接或间接地参与教师流动行政管理的各项程序,对教师流动活动提出意见和建议,对教师流动行政机关的决策产生影响。当前教师流动程序缺乏民主,集中体现在教师流动决策的公众参与上。教师流动伦理程序民主内在地要求从利益方面代表公众利益,而不是个人私利或集团利益;从教师流动决策和过程方面,要求教育行政部门寓伦理道德于行政决策中;从价值理性角度,要求做到教师流动程序符合捍卫民主,弘扬民主的价值理念与追求;从方法论角度,要提高教育行政部门的伦理责任和内在道德素质。但就目前教师流动伦理程序的实际状况来看,教师流动程序缺乏民众基础,"基本上是决策机关与咨询人员及执行人员来决定",②可以说这是导致教师流动伦理缺乏民主不可忽视的原因。

其次,教师流动伦理程序缺乏民主还表现在教育行政部门的公开透明度不高。教师流动行政管理部门未能做到将政务信息公开,教师流动伦理主体与其他社会公众无法获悉准确信息,造成民众知情权欠缺。民众对教师流动知情权尚不能实现,也谈不上有序、合法、有效地

---

① 李建华,左高山.行政伦理学[M].北京:中国人民大学出版社,2010:6.
② 孙彩平.教育的伦理精神[M].太原:山西教育出版社,2004:275-276.

参与,更谈不上教师流动管理部门与社会公众的交流、对话与合作。近年来,随着我国民主化进程不断推进,教育行政部门在信息公开方面做出了不懈努力,但仍然存在着信息公开力度不够、公开范围不全面、信息公开不对称等问题。因此,在合理范围内,加大教师流动行政管理部门的政务信息公开透明度,不失为促进社会公众广泛有效地参与教师流动程序管理,弘扬教师流动民主精神的重要手段。

最后,教师流动伦理程序民主缺乏还体现在民主监督方面。教师流动是一项庞杂的教育管理活动,涉及部门、人数众多,理应形成以教育行政管理部门为核心,广大教师与社会公众为主体的监督机制,共同有机协作,为实现教师流动目标而充分发挥有效监督的结构体系。但实际情况却是:教师流动管理活动普遍缺乏民主监督,即使有的省市依照民主决议要求而设立监督部门,也多是形式主义,并没有真正发挥民主监督作用。流于表面的教师流动民主监督,并不能实现民主参与和民主管理,容易导致教师流动管理部门权力膨胀和专断独行,甚至为谋求私利进行暗箱操作,不仅侵犯流动教师的合法权益,更是对教师流动伦理民主的破坏。

(四)教师流动伦理目标之公益褪隐

教育的公益性决定了教师流动应当体现公益性。教师流动活动、教师流动行为、教师流动制度以及教师流动管理机构成员,都必须依照公益性原则,以增强教育公共利益为根本要求。教师流动伦理的公益性表现为:教师流动的非排他性、教师流动投资主体的公共性和教师流动的非强制性。当前教师流动伦理表现出的公益褪隐集中体现在这三方面。

首先,教师流动伦理公益的非排他性是从受益主体角度做出的利益共享性界定。教育具有社会共享性,以公共利益为伦理追求的教师流动,不能剥夺个体享有教育资源的权利和机会,而是要"使所有成员都在客观上潜在地、共同地受益,实现具有社会共享性的公共利益"。①近年来,国家和各地区教育行政部门在促进教师流动,维护教师资源社

---

① 余雅风.教育立法必须以教育的公共性为价值基础[J].北京师范大学学报(社科版),2005(1):32.

会共享性方面取得了一定成效,但在教师流动共享性的范围和程度方面,还存在着区域、城乡和校际差距。尽管教师资源的社会共享性受制于经济发展水平,但这并不意味着可以人为地将各地区教师资源进行差异分配,或以牺牲农村学校利益来换取城市学校利益的实现。城乡间、地区间教师资源的不均衡配置,严重影响着教育公益性的实现,从受益主体角度而言,当前我国教师流动伦理并没有很好地维护公益性原则。

其次,教师流动伦理公益性还体现为教育资源投资主体的公共性。"教育是一种国家的权利和责任,政府是维护社会公共利益的公共权力机构,应当把发展教育事业作为增进社会公益的主要措施之一,以使全社会都享有基本的教育服务"。① 可见,坚持教师流动公益性必须大力依靠政府的力量。随着国家经济实力不断增长,政府在教师资源投资方面规模有所扩大,体现一定的公益性特征。但同时也应当看到:政府在教师资源投资方面存在的不足,教师资源在质与量方面仍然存在着很大的需求缺口,如农村地区教师资源严重短缺、教师工资待遇拖欠等诸多问题。因此,政府在教师流动管理中的职能缺位,也是未能很好履行教师流动公益性原则的表征之一。

最后,教师流动伦理公益性还体现为教师流动的非营利性。"所谓'非营利性'即教育不能以追求利润最大化为其最终目标",②教育如此,教师流动也如此。改革开放后,市场经济体制的建立促使我国教育产生巨大发展,教育的普及使更多人享有平等接受教育的机会,同时自由竞争、利益至上等功利性的市场经济观念也渗透到了教育领域,影响了广大教师的就业观与择业观。在这种功利性思潮影响下,不少教师、学校和教育管理部门,把教师流动当作营利的产业进行运作,教师依靠流动取得收入上的"增收"、学校假借教师流动之名对"流入"、"流出"的教师收取费用,教育管理部门依托教师流动变相盈利。如此种种行为都将教师流动演变为营利的手段,从而严重危害教师流动的公益性质,公益性在教师流动实践活动中呈现褪隐之势。

---

① 杨晓霞.教育公益性的重新解读——兼论教育的公益性与产业性的关系[J].中国教育学刊,2002(5):11.

② 杨德广,张兴.论教育的公益性和产业性[J].江苏高教,2000(5):4.

二、教师流动伦理的困境探因

当前我国教师流动伦理深陷困境,给教师流动带来巨大的危害,必须采取使教师流动摆脱伦理困境的措施,使教师流动更加高效。要做到这一点,就需要首先分析造成教师流动伦理陷入困境的原因。总的来看,造成教师流动伦理陷入困境的因由可归结为:伦理文化消极因素的影响,市场的负面干扰作用,教师流动管理体制的缺陷,教师流动伦理研究的忽视。

(一)伦理文化消极因素的影响

中国历史传统文化有其独特个性,从经济形态看,中国传统文化基本上是农业文化;从社会形态上看,中国传统文化基本上是封建社会的文化;从思想流派来看,中国传统文化是正统的儒家文化;从社会意识形态诸形式在历史上所起的作用看,中国传统文化的主体是"内圣外王"的伦理政治文化。以政治为本,以伦理道德为中心,体现了中国传统文化的精髓与本质,在这种思想影响下的教师流动管理人员头脑中浸染着、管理中体现了传统文化思想,传统文化对我国教师流动伦理有着深刻的影响。从积极方面看,传统文化中以人为本、德行兼备思想为我国教师流动管理提供和谐、团结的环境与人际关系起了重大积极作用;从消极方面看,传统文化中对人主体性的压制、重视个人德行忽视公众德行等因素,滋生出众多消极因素,制约着教师流动伦理的民主、自由、平等与理性。一方面,传统文化对人主体性的压制,对教师流动伦理产生消极影响。中国传统儒家文化注重以血缘为纽带构成家庭,进而推而广之地作为国家的政治结构原则和社会的人际伦理范型,突出了以个人德性为核心、家庭为本位、国家政治为宏阔指向。为了维护整体的利益,个体必须牺牲自己的独立价值和自主人格,无条件地服从集体的需要。对教师流动而言,就要求教师无条件地服从教育行政部门制定的各种流动规定,流动教师的主体意识、独立意识和能动性被压制,服从性和压制性成为教师流动的常态,教师在流动中丧失了自我。

另一方面,传统文化重视个人德行忽视公众德行,对教师流动伦理产生消极影响。传统历史文化重视个人内心的德行准则,对个体道德人格的塑造具有重要价值,但其自私自利性不利于社会公益的形成。以血缘关系为核心的家庭伦理理念,更多地体现为"爱己",缺乏更多的"爱人","爱人"的程度随着血缘关系的紧密而呈现出远近之疏,因此,在社会事务中注重私德而轻视公益。教师流动这种资源配置作为一种教育公益,它所追求的是社会公众利益,但受制于传统伦理文化的对公益的轻视,往往使得教师流动相关利益主体难以真正完全做到公正无私,教师流动实践过程中出现的假公济私、损公服私等损害公共利益的行为,正是传统文化消极因素的影响。

(二) 市场的负面干扰作用

市场经济对社会道德的消极影响也反映在教师流动伦理中,对现行教师流动伦理观念产生消极影响,导致教师流动伦理中存在着诸多道德困境。教师流动伦理各主体在教师流动过程中,在个人价值和社会价值间寻求平衡点,全面而自由地实现人的最高价值,这不仅是特定时代教师流动的内在呼唤,更是教师流动伦理本身的客观要求。教师流动伦理需要追求公平公正的普遍价值,而不是盲目推崇效率与产出等功利价值。然而市场经济是"以经济利益为其驱动力的,市场交换双方都必然以各自利益为出发点",[①]这种建立在利己基础上,以行为主体获取经济利益为原则的经济运行体制,反映在思想观念上,就可能产生功利主义。功利主义的市场经济思潮给我国教师流动带来了消极影响,主要体现在教师流动主体的功利化倾向与教师流动管理的工具化倾向上。例如,在一些参与流动的教师看来,流动是一项升职加薪、改善工作环境、获得良好名声的方式,为了获得这一功利性目标,一些教师煞费苦心参与到教师流动活动过程中,而将教书育人、均衡师资的使命抛之脑后。不少教师流动行政管理部门,无视教师流动伦理的公益性,把教师流动看作产生经济收入的手段,在分配教师流动人员、学校和区域时,进行暗箱操作,使部分教师优先选择流动与否、流动学校和流动地区,其他教师则流动到偏远贫困地区,这种行为完全颠覆教师流动公平性和公益性的初衷。更有甚者,有的学校为应对上级检查和验收,在功利驱使下采用弄虚作假的手段,做足表面工夫,实际上消极履

---

① 鲁洁.论市场经济条件下的德育价值取向[J].求是,1994(4):37.

行教师流动义务,严重违背教师流动促进城乡教师资源均衡发展的根本目的。

功利的观念导致功利的教师流动,而功利的教师流动则无形中影响了我国教师资源的均衡发展,对未来教育也存在着隐患。教师流动本是为了更好维持教育可持续发展,本是为了营造更为和谐均衡的教师队伍,本是为了发展教师流动主体崇高的伦理道德。然而,在功利主义主导的市场经济消极因素影响之下,教师流动中人的价值追求、道德境界和人文关怀却日渐萎缩。正如有学者所言:"一切道德规范都是出自于人性的追求和需要,它所规定的只能是人与人之间的合乎道德的关系,对于这种关系的把握只能是建立在人与人之间理解的基础上,当脱离或背离这一理解基础时,任何规范都会成为一个'空壳'。"①将教师流动错误地理解为功利主义与工具主义,偏离了教师流动伦理的价值追求,必然造成教师流动管理中存在大量残害人性、损害公平和公益的伦理道德困境,最终导致教师流动伦理缺失。

(三)教师流动管理体制的缺陷

教师流动具有管理伦理,是在教师流动"体制、政策及其制定与实施过程中体现出来的伦理品质"。② 按照《教育大辞典》中关于"教育管理体制"的解释:"指教育事业的机构设置和管理权限划分的制度,主要包括组织机构、职责范围及其相互关系,包括教育事业管理权限的划分、人员的任用和对教育事业发展的规划与实施、教育结构各个部门的比例关系和组合方式。"③教师流动管理体制因而涉及教师流动管理组织机构、教师流动管理制度规范、学校管理体制等内容。当前,教师流动管理体制在该方面存在着伦理道德缺陷,对教师流动伦理发展产生负面影响。

第一,教师流动管理组织机构设置的伦理缺陷。所谓组织机构,"是为了完成既定目标而组合的集体,它通过合理分工,发挥大家的智

---

① 鲁洁.人对人的理解:道德教育的基础——道德教育当代转型的思考[J].教育研究,2000(7):4.
② 钱焕琦.教育伦理学[M].南京:南京师范大学出版社,2009:144.
③ 顾明远.教育大辞典[M].上海:上海教育出版社,1990:23.

慧和能力,为实现组织目标而努力"。① 教师流动管理组织机构就是这样的组织,它是教师流动管理体制的具体运行载体。正常合理的教师流动管理组织机构,"能够有效地运用人力、物力、财力,以最小的输入,求得最大的输出,充分发挥组织机构的作用";② 反之,若教师流动管理组织机构庞乱无序,则会影响教师流动管理功能。事实上,当前我国教师流动管理组织机构存在着明显的伦理缺陷——权利与义务的失衡。具体表现为:实行上尖下宽的"金字塔式"组织机构,教师流动管理权限集中在顶端,不同层级间的责、权、利各不相同。尽管此种形式的组织机构,对稳定教师流动管理起到一定积极作用,但其局限性也很明显,教师流动行政机构庞杂重叠,机构设置不合理,行政指挥机构臃肿,缺乏监督反馈机构等等。现行教师流动管理组织机构所存在的诸多不合理之处,不单单造成教师流动管理效率低下,也易于产生官僚主义,严重影响教师流动伦理民主和公平。

第二,教师流动管理制度规范存在伦理冲突。教师流动管理制度规范伦理化,强调教师流动管理制度本身的伦理,指的是教师流动管理制度规范的"合伦理性、合道德性,即教师流动管理中任何制度选择与安排都应体现正义、公平、公正等基本的伦理价值"。③ 教师流动管理制度规范如果合理、正当且道德,就容易得到教师和社会公众的认可与遵行;反之,若教师流动管理制度规范存在着伦理缺陷,则容易导致教师流动伦理由善转向恶,引发反对与批评。从我国当前教师流动管理制度规范来看,存在着冲突的制度性缺陷,表现为:④城乡教师流动制度与其他相关教育制度之间的冲突,如教师工资制度之间的、教师流动与教师人事制度之间的冲突等;城乡教师流动制度与社会制度之间的冲突;城乡教师流动的正式制度与非正式制度之间的冲突,如价值取向、风俗习惯与社会心理等。教师流动管理制度的伦理冲突缺陷,影响

---

①② 张家麟.组织社会学[M].合肥:安徽人民出版社,1988:106-107.
③ 郅庭瑾.教育管理制度伦理问题研究[J].华东师范大学学报(教育科学版),2006(4):33.
④ 贾建国.我国城乡教师流动制度创建的制度阻力探析[J].教育科学,2009(5):33-35.

到其公正合理的伦理内核,不能体现教师流动制度的伦理精神,也不利于德性的教师流动伦理建设。

第三,学校管理体制的伦理缺陷。学校管理体制主要指"学校内部行政权力主体的构成、各级行政权力主体之间管理权限的划分的制度"。① 简言之,学校管理体制就是学校行政权力主体间的权力分配,集中表现为"校长负责制"的领导体制。校长负责制度的实行在我国取得了巨大成效,但校长负责制也不可避免地出现一些问题和不足。如在学校日常管理中,权力集中在学校职能部门,教师需要履行的义务与享受的权力存在严重倒立;在学校事务决策中,校长一言堂、专断独行,极度缺乏民主化与科学化;在行政监督中,缺乏必要的行政监督,即使设立相关监督部门,也不能发挥其真正作用,教师的民主监督权利被剥夺,校长权力不断膨胀与教师民主缺失。学校管理体制导致的专制,必然会影响到教师流动,主要体现为教师流动缺乏民主的伦理缺陷。

(四)教师流动伦理研究的忽视

"关于理论与实践的关系,我们经常强调理论对实践的'依赖',却往往忽视理论对实践的'超越'",实际上理论不仅是"各种知识体系",具有解释功能,同时也是"规范人们思想和行为的概念系统",②具有指导实践的功能。从理论与实践的辩证关系可以看出,理论对实践会产生极其重要的影响。当前我国教师流动伦理出现种种困境,与我国教师流动伦理研究不足有重要关系。可以说,教师流动伦理研究的忽视,是导致当前教师流动伦理困境的原因之一。我国教师流动的研究,长期以来一直较为关注现实的实证研究,伦理的研究较为缺失,这种研究割裂了"事实"与"价值"之间的关联,一味追求教师流动的科学性。在教师流动的研究中,重视投入—产出的经济效益,强调科学化与理性化的教师流动运作,忽视甚至蔑视教师流动伦理道德的研究。虽然近年来,有极少数研究注意到传统习俗与习惯、价值信仰等非科学性因素对教师流动的作用,但其研究仍然是从技术层面操作而缺乏相应的伦理

---

① 陈桂生."学校管理体制问题"引论[J].华东师范大学学报(教育科学版),2003(1):2.
② 孙正聿.理论及其与实践的辩证关系[N].光明日报,2009-11-24.

价值探求。可以说在我国,教师流动伦理研究并未受到足够重视。

教师流动蕴含着事实与价值,它既需要运用统计学方法进行调查、测量以使得研究更准确科学,同时也不能忽略伦理价值的关怀。教师流动是一项复杂的实践活动,涉及因素庞杂众多,如果仅靠技术手段或进行科学的研究,必然会造成教师流动伦理层面的缺失,从而使人们领悟不到数字背后所隐藏的价值体系,譬如公正、公平、伦理、价值等思想。由此,我国教师流动出现诸多伦理困境,与教师流动伦理研究的忽视有着密切的关联,缺乏伦理反思与拷问,教师流动陷入伦理困境也就在所难免了。

三、教师流动伦理困境的出路

正是由于历史伦理文化、市场经济负面效应、现行教师管理体制缺陷以及教师流动伦理研究缺失等原因,使得本应具有伦理价值取向的教师流动产生了众多伦理困境与道德难题。教师流动伦理要走出困境,需要完善教师流动伦理观念的公平正义,加强教师流动伦理主体的道德塑造,创新教师流动伦理程序民主以及开展教师流动伦理研究等。

(一) 完善教师流动伦理观念的公平正义

树立公平正义的教师流动伦理观,是解决教师流动伦理困境的首要环节。观念是行为的先导,正确的观念指引正确的行动。对于教师流动伦理困境出路的选择,需要首先从观念层面进行完善。教师流动伦理作为由一系列伦理观和伦理原则构成的伦理价值体系,伦理观无疑是这一体系的核心与灵魂,教师流动伦理行为是伦理观的外在具体化。教师流动伦理困境实际上是教师流动实践活动中的伦理道德的缺失,本质上而言,是伦理观念的错位与偏离。因此,寻求教师流动伦理的出路,需要树立全新的、蕴含公平与正义的教师流动伦理观念。这种伦理观有助于克服传统儒家国家本位思想对教师流动实践活动中平等精神的制约,以及市场经济追求效益与效率的功利性目的的束缚。因此,教育行政部门应该强化教师流动公平正义的伦理观念,从维护教育均衡发展的角度,进行教师流动政策设计、程序决策,力图维护教师流动伦理的合理性与合德性。

（二）塑造教师流动伦理主体的道德人格

教师流动伦理主体的道德人格是教师与教育行政部门在教师流动实践中表现出的稳定持续的道德特征、倾向和态度，是教师流动伦理主体长期进行道德交往所形成的道德特质的凝结。教师流动伦理主体的道德人格是一种"以人的道德为中心"的人格，强调"我应该塑造什么道德人格"的道德意识，关注的是主体内在道德品质，并且以各个相关主体道德人格整体生成和道德行为高度自律为核心内容，以主体道德精神的高尚性和道德行为的完美性为核心目标。由此可以看出，教师流动伦理主体的道德人格结构，整合了道德意识、道德准则、道德内容与道德目标四个要素，而每一个要素又分别包括了主体的道德认识、道德情感、道德意志、道德理想和道德行为，最后以道德素质和道德品质为载体表现出来。因此，加强教师流动伦理主体的道德人格塑造，实际上也就是提高教师流动伦理主体道德素质。根据教师流动伦理的基础属性、伦理准则、价值追求以及教师流动实践发展的内在要求，可以认为教师流动伦理主体除了前文述及的恪守人道、发扬民主、坚持公益和崇尚公平等伦理准则外，还应当具备包括责任担当、服务意识、诚实守信、仁善廉洁等道德素质。

教师流动伦理主体道德人格的塑造或道德素质的提高，需要依靠主体内部修养并借助外部力量共同作用。具体表现在以下几方面：

其一，提升教师流动伦理主体的自我教育水平。道德人格塑造是一种终生的自我教育，特别强调培养自尊、自爱、自重、自我完善的精神和积极乐观的生活态度。教师流动伦理主体只有具备了道德人格构建的自我教育，才能自觉进行道德观念、道德认知的更新与加强，主动寻找自身人格中的道德弱点，并且积极探寻解决路径，改造自身道德人格。

其二，加强教师流动伦理主体的文化实践活动。教师流动伦理主体在自我教育过程中所积累的知识，只有运用到实践过程中，才能最终形成稳定的道德素质。可以说文化实践是教师流动伦理主体道德认知、道德意志和道德理想的来源，教师流动伦理主体只有在一定文化实践过程中，才能改造自身主观世界，形成良好道德人格。因此，道德人格是在一定的社会物质条件下，通过一定的生活实践、知识的熏陶、个人自觉修养逐步形成的，没有文化实践的开展，道德人格就不存在塑造与完善的意义了。

其三,发挥教师流动伦理主体的自检自省作用。自检自省是一种要求极高的道德修养境界,也是一种有效的道德人格塑造方法。自检自省作为教师流动伦理主体的道德人格塑造方法,就是要不断检查自我、反省自我,对自身道德素质情况进行自我监督和自我评价,在任何时候都要做到严格按照道德准则做人做事。只有主动按照道德规范约束自我,才能达到高阶的道德境界,彰显教师流动伦理主体的道德素养。

其四,营造良好的教师流动伦理环境。教师流动伦理主体的自身修养对道德人格塑造具有重大作用,但并不能否认社会外部环境对教师流动伦理主体道德人格塑造的影响,借助外部环境的推力作用,能够进一步提升教师流动伦理主体的道德素质。因此,适当的教师流动伦理课程培训,可以提升主体的道德认知、道德情感和道德信念,增强主体的教师流动管理水平和组织水平,推动整个教师流动伦理的健康发展。总之,在内外部力量共同作用下,提高我国教师流动伦理主体的道德人格水平,对推动我国教师流动伦理建设无疑具有重大意义。

(三)创新教师流动管理体制

教师流动伦理困境的解决,有赖于管理体制的进一步完善与创新,在组织机构设置、管理制度规范和学校领导管理方面有新的发展。

第一,创新教师流动组织机构设置。社会组织往往视效率为生命,教育领域内的教师流动管理组织也不例外,追求教师流动效率成为教师流动管理组织的目标。然而,效率并不是评判教师流动组织机构运行效果的唯一标准,因为教师流动是"包含有伦理的价值判断因素",[1]教师流动管理组织机构既需要追求效率,也要注重伦理价值因素的考量。目前我国实行科层制的教育管理组织架构,以权力差异划分为不同层级,强调上级与下级的领导、服从关系,提高了我国教育管理效率,但科层制的缺陷在于权力与责任划分不明确,容易导致有职者无权,不能很好地履行责任;有权无职者推卸责任或滥用权力、以权谋私,种种缺陷都会导致教师流动伦理管理中的公平与民主缺失。因此,改变"管

---

[1] 吴志宏.教育行政学[M].北京:人民教育出版社,2000:78.

理中的过分科层化、标准化、数量化和制度化",①充分实现权力下放,减少中间管理层的层级数目,扩大基层负责人员的权限,以便使组织决策权延展至基层单位,发挥教师流动基层管理人员的自主能动性。另外,在组织机构理念方面,注重人文精神与人文关怀的涵濡,以富有人情味的管理方式来丰富教师流动管理。

第二,创新教师流动管理制度。教师流动制度规范伦理化强调制度中的伦理或者制度本身所包含的伦理思想,通过对制度规范的道德反思,实现教师流动管理制度的道德性。当前我国教师流动管理制度存在着与相关教育制度和社会制度的冲突,以及正式制度与非正式制度之间的冲突,有效解决教师流动管理制度困境,需要相关教师流动政策和流动制度的创新。在管理制度建立方面,建立社会公众广泛参与的教师流动管理制度,将公开透明与公平正义纳入制度建立过程中,确保教师流动管理制度的正当性。在管理制度实施方面,提升教师流动管理人员的道德素质和道德水平,正当行使管理权力,以维护教师流动伦理的公众利益为己任,以实现教师流动的伦理目标。

第三,创新学校管理制度和领导方式。对学校管理制度和领导方式注入人文关怀和科学民主,是在微观层面上进行教师流动管理体制创新。"学校管理制度应当建立在以师生为本、无私奉献和公平公正的基础之上",②"彻底剔除管理制度中带有弃、歧、卡、压等管理措施",③才能在学校营造和谐的教师流动管理氛围。在领导方式创新方面,校长是学校管理的中心人物,教师流动对校长提出了更严格的伦理要求,除了专业的教育素质以外,校长还应具备高尚的道德情操与职业操守。在学校管理制度和教师流动管理中,校长要以道德准则加强自律,以科学民主的方式进行管理决策,以自身行为表率激发学校教师的工作积极性,合理调节教师流动。

(四) 深入开展教师流动伦理研究

教师流动伦理研究是提升教师流动伦理品质的重要智力支持和理

---

① 崔欣伟.论学校管理的道德性及其改善策略[J].教育理论与实践,2006(6):51.
② 崔欣伟.论学校管理的道德性及其完善策略[J].思想·理论·教育,2005(8):87.
③ 曾光清.谈学校管理的道德问题[J].教学与管理,2003(8):44.

论保障。教师流动伦理研究的忽视,很大程度上影响了教师流动伦理在实践中的缺失,并影响着教师流动伦理的建设。要达到改变教师流动实践活动中伦理缺失和道德失范状况,需要在教师流动过程中重视伦理价值思想,加强教师流动伦理研究。

进行教师流动伦理研究,可以从各个方面进行,但有较为重要的两方面需要注意:

一是要借鉴国外教师流动伦理研究的成果。吸收借鉴他国教师流动伦理研究的成果,能够促进我国教师流动伦理研究的发展。当然,在借鉴国外研究成果的时候,不仅要取其精华,剔除糟粕,更重要的在于在国外教师流动伦理研究成果的基础上,进行符合我国教师流动国情的研究,做到借鉴与创新相结合。

二是要做到教师流动伦理研究与教师流动实践相结合。实践价值是教师流动伦理研究永葆生命力的源泉所在。教师流动伦理研究是基于实践,为了实践的研究,是将"基本的道德理念和伦理准则运用在现实的道德问题和具体情境中,解决教育实践中的道德难题"。① 教师流动伦理研究需要就教师流动实践过程中的伦理困境予以恰当合理的阐释,建构倡导充满伦理道德精神和人文主义关怀的教师流动实践。教师流动伦理理论研究的使命,决定了在教师流动伦理理论研究的同时,要加强理论与实践的有机结合。首先,教师流动伦理理论研究需要拥有实践意识,深入教师流动各个实践环节,在具体的教师流动环节中发现问题、探求原因并得出结论。其次,加强教师流动参与者与教师流动伦理研究者之间的合作关系,在实践者与研究者之间架设桥梁,能够进一步促进理论与实践相结合。最后,协调教师流动理论研究与实践操作的融合。教师流动伦理理论需要从实践中提炼,在实践中得到检验。同时,教师流动伦理实践要在教师流动伦理理论的指导下进行,并为教师流动伦理理论提供检验与评价。只有注重教师流动伦理理论研究与实践的统一,才能保证教师流动伦理研究得到更好的发展。

---

① 郅庭瑾.教育管理伦理:一个新的研究领域[J].华东师范大学学报(教育科学版),2005(4):40.

第十章　教师流动文化

第一节　教师流动文化的本体研究

对中小学教师流动文化进行研究,首先应理清教师流动文化的本体概念,即解决"教师流动文化是什么"这个问题。从"教师流动"和"文化"的基本内涵解读入手,赋予"教师流动文化"准确、合理的概念界定、特征分析以及功能划定,加深对教师流动文化的本源理解,体会教师流动文化的深厚意涵,为本章的整体深入研究奠定坚实的理论基础。

一、教师流动文化的概念

德国学者沃尔夫冈·布列钦卡(W. Brezinka)指出:"没有准确的概念,清晰的思想和文字也就无从谈起。"[1]理清教师流动文化的概念,是形成教师流动文化思想的前提。然而,教师流动文化是一个新词汇,为其下一个严格、准确的定义并非易事。从字面意思来看,教师流动文化就是教师流动中的文化意涵,即从文化的视角对教师流动进行解读。教师流动本身就是一种文化,教师流动是文化的载体,文化又对教师流

---

[1] [德]沃尔夫冈·布列钦卡.教育科学的基本概念:分析、批判和建议[M].胡劲松译.上海:华东师范大学出版社,2001:1.

动进行约束和引导。要确切地理解教师流动文化的真正内涵,对"文化"的解读是基础和关键。

文化是一个熟悉又陌生的领域。

说文化熟悉,是因为"文化"的司空见惯以及与人类生活的息息相关。一般来说,凡是经过人类干预、创造的事物都包含了文化,包括社会生产、生活、娱乐的环境、条件、设施等,涉及了人类工作、学习、生活的方方面面。如:我们可以把长城、故宫、天坛等古代建筑物称为文化,也可以把某一地区居民的风俗习惯、衣着服饰、生活方式称为文化,甚至连交通工具、日常用品、图画书籍等普通事物都可以纳入文化的范畴内。

说文化陌生,是因为"文化"的复杂与深奥,它看不到,摸不着,离我们非常遥远,以至于许多人花费毕生精力也难以体会真正的文化。文化的多重属性导致了谈论文化易,界说文化难。英国学者马林诺夫斯基(Malinowski)曾在《文化论》一书中写道:"文化,文化,言之固易,要正确地加以定义和完备地加以叙述,则是不容易的事"。① 便是对这一事实的有感而发。基于此,我们在这里首先对比较典型的文化界说进行分析,了解文化的基本含义与一般特征,得出本研究中关于"文化"的合理解读。

在西方,"文化"一词来自拉丁语"cultura",原意是指人在改造外部自然界,使之适合生存的过程中,对土地、土壤的加工和改良。后来引申出了教育、修养、礼貌等多种含义。直到19世纪中叶,"文化"一词真正成为一个具有完整体系的表示方式。之后,许多学者从社会学和人类学的角度出发,就"什么是文化"给出了自己的理解,其中较有影响的观点主要有以下几种:

(1) 英国"文化学之父"泰勒(E. B. Tylor)最早给出"文化"的定义是:"文化或文明是一个复杂的整体,它包括知识、信仰、艺术、道德、法律、习俗以及作为社会成员的人所具有的其他一切能力和习惯"。②泰勒认为文化是包罗万象的复合体,强调了文化的熔铸性。

---

① [英]马林诺夫斯基. 文化论[M]. 费孝通译. 北京:中国民间文艺出版社,1987:2.
② [英]泰勒. 原始文化[M]. 蔡江农译. 杭州:浙江人民出版社,1988:1.

(2) 美国著名学者鲁斯·本尼迪克特(R. Benedict)认为:"文化是通过某个民族的活动而表现出来的一种思维和行动方式,一种使这个民族不同于其他任何民族的方式。"① 它包括了人们的兴趣、爱好、风俗、习惯等,强调了文化的继承性。

(3) 美国学者克罗伯(A. L. Kroeber)在对以往百余种文化概念进行分析和总结的基础上,对文化概念提出了新的界说,认为文化由外显和内显的行为模式构成,这种行为模式通过符号获得和传递。文化代表了人类活动的显著成就,其中最为核心的部分是传统观念及它们所带来的价值,强调了文化的系统性。

(4) 苏联哲学家罗森塔尔·尤金把文化分为广义和狭义两种,指出文化"是人类在社会历史实践过程中创造的物质财富和精神财富的总和"。② 这就是所谓的"广义文化",而与之相对的"狭义文化"则专指精神文化,包括价值观念、道德情操、学术思想、风俗习惯、典章制度等,强调了文化的复杂性。

而在中国,"文化"一词,自古有之,但含义却和西方迥然不同。一般来说,在我国古代"文化"一词多用于农耕社会下帝王实行文治和教化的总称,即"以文教化",宣扬的是武力镇压相反的概念,以达到以文治民,以教安国的目的。《周易·贲卦》中的"观乎天文以观时变;观乎人文,以化成天下"可谓是论述"文化"之始。到汉朝,"文化"一词正式出现,其含义未发生太大改变,是指国家用教育感化手段治理天下。至明末清初,大学问家顾炎武在《日知录》中说"自身而至于家国天下,制之为度数,发之为音容,莫非文也"。③ 极其明确地指出"文化"的内涵,即小到个人自身的行为表现、大到国家的各种政治制度都属于"文化"的范畴。

到了近现代,国内许多学者尝试从不同视角来界定文化,最具代表性的观点主要有:

---

① 庄锡昌,顾晓鸥.多维视野中的文化理论[M].杭州:浙江人民出版社,1987:99-100.
② [苏]罗森塔尔·尤金.简明哲学辞典[M].北京:三联出版社,1973:53.
③ 顾炎武.日知录[M].兰州:甘肃人民出版社,1997:340-341.

(1) 梁启超先生在《什么是文化》一文中指出:"文化者,人类心能所开释出来有价值的共业也。"①认为文化所涉及的领域广泛,包括了语言、哲学、道德、信仰、文学、生产工具及社会制度、风俗习惯等众多内容。

(2) 大学问家梁漱溟提出:"我今说文化就是吾人生活所依靠的一切,意在指示人们,文化是极其实在的东西。文化之本意,应在经济、政治,乃至一切无所不包。"②认为文化就是人类生活的样法,包括物质生活、社会生活和精神生活三大领域。

(3)《辞海》中"文化"的定义,借鉴了国外马克思主义学者的观点,认为文化:"从广义来说,指人类社会历史实践中所创造的物质财富和精神财富的总和;从狭义来说,指社会的意识形态,以及与之相适应的制度和组织结构。"③

分析以上关于"文化"的定义,可以发现:各种关于文化的概念,各有角度、各有依据、各有取舍,没有统一的标准。以至于有学者认为增加其他的文化概念对于研究来说毫无意义,应该放弃对文化的精确界定。但是,对于每一个涉足文化领域研究的学者来说,即使不能给文化以最准确无误的界定,但还是需要对文化的内容有最基本的了解,然后根据自身研究的需要,选择适合自己研究领域的文化涵义。教师流动文化即是如此。以上述各种文化概念的分析为基础,本书认为,文化的界定应定位于精神创造活动及其成果,即文化是指一定区域的人们在从事某一活动时所创造的精神成果及其过程。

文化的形成和发展都有其自身的规律和特点,不以人的意志而发生改变。具体而言,文化的特征主要表现在以下几个方面:

(1) 文化的发展性。文化就其本质而言是不断发生变化的,并非凝固不变。随着社会的高速发展、科学技术的持续进步,人类生活方式的不断改变,文化也处在不断的变迁、积累和革新之中。虽然文化的更新并非易事,但文化本身具有可塑性,当新的文化元素注入,原有的文化就可能发生改变和重塑。也就是说,文化的稳定是相对的,而变化却

---

① 梁启超.梁启超讲文化[M].天津:天津古籍出版社,2005:133.
② 梁漱溟.中国文化要义[M].上海:上海人民出版社,2011:7.
③ 辞海[Z].上海:上海辞书出版社,1979:3510.

是绝对的。从早期人类的衣不蔽体到如今的衣着时尚,从刀耕火种到如今的农业自动化,都是文化发展的结果。如果没有文化的发展,人类还只是懂得简单生存技能的原始人,社会还仍停留在最初的样貌,不可能有如今高度文明的现代社会。

(2) 文化的继承性。人类社会繁衍生息、不断发展,文化世代相传、连绵不断。继承性是文化的基础属性,没有继承性,文化就会随时代的更迭而发生断裂,也就没有文化的存在。在文化的历史发展过程中,虽然会随着社会变迁而发生改变,但总的来看,文化的发展并未脱离人类文明的大道,任何一种后来的文化都包含对之前文化的继承。对于一种新的文化来说也是如此,它也是在吸取先前文化进步内容及优秀成果的基础上产生的。

(3) 文化的时代性。文化是在社会历史变迁过程中产生的,每个时代都有自己典型的文化特征。如:原始人类驯服动物、种植植物、创造象形文字,创造了原始文化;蒸汽机的产生、大机器的使用、工业革命的完成形成了资本主义文化;计算机的发明、数字化的应用、网络技术的发展则成就了信息时代文化。文化的依次演变是对先前文化的扬弃、继承和发展的过程,一些之前看做是先进的文化,在之后的时代也会失去它的先进性,被新的文化类型所取代。文化随时代的发展而不断进步的,但这并不意味否定了文化的继承,任何一种文化都是在继承前人优秀文化的基础上,融入自己的社会体系,从而创造出来的这个时代的标志性特征。

(4) 文化的超个体性。文化是许多作为有机体的个人组成的系统,它的存在方式是超个体的。文化虽然都由具体的个体在实行和享用,但谈到文化的特征,乃是文化作为一个民族或一类人所创造出来的群体性特征。那种仅仅存在于个别人身上,与群体特征无关的个人性格、习惯、行为等特征都不在文化的研究范围内。同时,也只有超个体的文化才能成为群体内个体自觉的行为规范,从根本上引导和制约着个体的存在方式。

通过上述对"文化"的认识,可以对"教师流动文化"作以下简单表述:教师流动文化是指,教师在教育系统内部进行流动过程中所形成的各种无形的精神内容和形式方法的总称。教师流动文化是为实现教师合理有序流动而树立形成的,教师在教育系统内部流动过程中被普遍认可、共享和共同遵循的基本认知、共同信念、价值追求以及行为方式等内容。教师流动文化根植于教师流动的过程中,并不断对教师流动进行作用与影响。

为了更准确、更深刻地理解教师流动文化的概念,尚需进一步对教师流动文化的内涵进行理解。教师流动文化的内涵主要包括:第一,教师流动文化并非自然形成,而是为引导教师流动有效进行,解决教师流动中出现的问题的过程中,由人为而形成的;第二,教师流动文化并不泛指教师流动过程中形成的一切精神成果,它具体是指被该群体成员认为有效而共享,并共同遵守的基本认知、共同信念和行为方式等;第三,教师流动文化能够对教师流动过程的正当合理与否,进行判断与追问。教师流动是个复杂的过程,教师流动文化所追求的文化特性,可能并非教师流动过程所表现的特性,教师流动文化能对流动过程不断进行审查和矫正。

教师流动文化的内容划分,以教师流动的整个过程为基础,可分为三个部分:

第一,教师流动理念文化。理念是人们对教师流动的理性认识。教师流动理念文化是具有指向性的价值体系,它既是对教师流动的整体要求,同时也是教师流动的目标期许。对于教师流动文化来说,理念文化在宏观层面起着指导作用,是构成教师流动文化的首要要素。

第二,教师流动主体文化。教师流动主体就是文化主体,教师流动主体文化就是作为流动主体的教师在流动中应具有的文化。具体来说,教师流动的主体文化是教师流动文化在宏观理念文化指导下的反映,代表的是流动教师个体呈现出的具有普遍性的价值观念、思想意识和行为表现。教师流动主体文化是教师流动文化的微观组成部分。

第三,教师流动管理文化。教师流动离不开管理,教师流动"管理"是教师流动"理念"与教师流动"主体"之间的媒介与桥梁。通过进行积极有效的管理,合理地控制文化主体的内在思想和外在行为表现,促使宏观理念文化的实现。因而,管理文化是教师流动文化中至关重要的一个组成部分,联系起了宏观层面的理念文化和微观层面的主体文化,在中观层面起着调节和控制作用。

二、教师流动文化的特征

教师流动文化作为教师这个特定群体在流动过程中所应具有的文化,具有不同于其他文化的一些重要特征。教师流动文化主要有整体性、主体性、实践性、稳定性和动态性特征。

(一)教师流动文化的整体性

教师流动文化的整体性是指,教师流动文化的各组成部分与内容间的互动联系。教师流动文化是一个包含多个具体维度的概念,这些维度的内容涵盖在教师流动文化之中,共同构成教师流动文化的主体。与此同时,构成教师流动文化的各维度之间并不是相互独立、杂乱无序、互无影响的单独存在,而是一种彼此之间有着密切的内在逻辑关系,各维度之间不断进行互动联系、互相影响并相互依存的结构,是一个具有整体性的完整系统。

具体而言,教师流动文化包含教师流动理念文化、教师流动主体文化与教师流动管理文化三个维度。这三者共同构成教师流动文化的内容,并相互联系、相互影响、相互依存。其中,教师流动理念文化指明了教师流动的最终目标,同时也为教师流动主体文化指明了发展方向,为教师流动管理文化指明了运行要求;而主体文化、管理文化的良好发展能促使理念文化的早日实现。这三个维度之间相互支撑、依存和影响,构成了教师流动文化系统性的整体存在。

同时,教师流动文化三个维度之下还包含有不同的子系统,这些维度与子系统内容共同构成了一个纵横交错、相互关联的教师流动文化的结构整体。而教师流动文化功能的发挥与实现,也是其系统内部各组成部分相互协调、相互联系、共同作用的结果。因此,我们看待教师流动文化,不能单纯拘泥于某个维度、某个系统的具体内容,而应从整体出发,全方位进行衡量,形成一种系统、全面、互动、联系的教师流动文化观,只有这样才能全面深刻地理解教师流动文化所蕴含的理论品性。

(二)教师流动文化的主体性

教师流动文化的主体性是指,对教师主体地位的尊重和教师个人价值的强调。教师流动文化的主体性特征主要体现在以下三方面:

首先,教师流动文化最终目标的实现依托于教师群体。教师流动有其要实现和达到的目标,而目标的实现必须依托于文化主体,即流动教师群体。教师流动群体有什么样的流动文化,就可能会有什么样的教师流动效果。由此,教师流动群体文化对教师流动能否达到目标具有决定性意义。

其次,教师流动文化关注教师的自我发展与自我价值实现。教师流动文化贯穿于教师流动的整个过程,并促使教师个人价值观与行为取向凝聚在教师流动的共同目标上,在努力实现共同目标的同时,更要致力于教师个人思想意识与价值观念的提升,并在流动过程中促成教师个人价值的实现。因此,教师流动主体文化要明确,流动教师群体应具备的正确价值观和行为取向,将个体价值实现与能力发展,作为教师主体文化的最终归宿,为流动教师指明正确的行为标准与要求。

最后,教师流动文化以教师为管理的主体。教师流动中教师不是作为被动的服从者,教师流动主体文化要求把教师作为管理活动的主体,注重教师主体的行为自觉性与主动性,尊重教师的主体价值,充分发挥教师的主体力量。在教师流动管理的各个环节,时刻以教师为中心,以教师为目的,处处体现教师的主体地位。做到倾听教师的心声、满足教师的需要、尊重教师的决定、关心教师的内心,营造良好的教师流动氛围。

(三) 教师流动文化的实践性

实践性是教师流动文化的本然性质。根据德国学者布列钦卡对教育理论的分类,教育理论可分为教育科学、教育哲学与教育实践学三类。这种划分并非为了证明某种教育理论的高贵与低贱,只是单纯为了说明这三种教育理论的不可或缺和目标相异。对于教育实践学,布列钦卡指出:"教育的实践理论有一个实践的而非科学的目的:人们创设它们是用来为教育者提供为了合理的教育行动所需要的实践知识。"[①]而教师流动文化就属于教育的实践理论范畴,因此,它不像一般的抽象性知识,也不似精确的科学性知识,教师流动文化的内容指向具

---

① [德]布列钦卡.教育知识的哲学[M].杨明全等译.上海:华东师范大学出版社,2006:211.

体的教师流动活动,与实践密切相关,是教师行动的文化。

一般而言,教师流动文化的实践性体现在三个方面:

第一,教师流动文化源于教师流动实践活动。教师流动文化内容是教师在流动过程中不断创造而形成的,教师流动文化是教师流动实践的产物,教师流动实践是教师流动文化的唯一源泉。离开了教师流动的实践活动,教师流动文化就成了无源之水,无本之木。因此,实践性是教师流动文化最根本的特征。

第二,教师流动文化生长于教师流动的实践活动。根据亚里士多德提出的"进行行动"的概念,把为了实现某种目标而在活动中不断进行修正与完善的活动即是一种"进行行动",而由此行动产生的行动结果,则是一种实践性知识。教师流动属于"进行行动"的一种,而在教师流动过程中,通过不断修正、完善、积累、发展而成的教师流动文化,则是一种实践性知识。

第三,教师流动文化作用于教师流动实践活动。教师流动文化根植于教师流动过程,并不断发挥自身的功能与作用,通过确立最终奋斗目标、树立共同价值观念、营造和谐流动氛围等方式,指导、调控教师流动过程,促使教师流动朝着最终目标前行。教师流动文化从不同层面服务于教师流动实践活动,充分体现出教师流动文化的实践性。

(四)教师流动文化的稳定性

教师流动文化一旦形成就具有相对的稳定性。这种稳定性并不是指教师流动文化的一成不变与维持原状,而是一种在一定条件下的相对稳定。教师流动文化的稳定性具体表现在:

一方面,教师流动文化反映的是教师流动过程中形成的精神文化成果,它能够反映流动教师的共同目标与价值取向,并能为教师流动提供合理的行为指向与环境营造,促使教师流动朝向教师流动文化所提出的最终目标方向前行。因此,教师流动文化的目的性明确,群体意识强,相对于外界不断变化的环境因素其自有一种稳定性,且教师流动文化一旦形成,其文化基本内容的稳定性就愈加凸显。

另一方面,教师流动文化能够稳定、持久地发挥自身功能。教师流动文化能够反复性进行作用。教师流动文化作用的发挥,不是一次两次就结束了,而是能够不断重复地对教师流动发挥作用,并在发挥作用的过程中经过不断的实践、积累、总结和提高,进一步改进和强化自己作用的发挥,教师流动文化能够长久性进行作用。教师流动文化代表了全体流动教师在认知、思想和价值观念方面的需求,能够成为教师深层次心理结构中的基础组成部分,其一旦形成,就会长时间对教师的思想和行为产生稳定的影响。

不过需要注意的是,教师流动文化的稳定性是相对的,一旦教师流动文化的外部环境发生重大变革,其稳定性就会遭到破坏,教师流动文化的内容和结构也会随之产生变化,并经过新一轮的发展与积累,逐渐形成适应新的时代要求的相对稳定的教师流动文化。

(五)教师流动文化的动态性

教师流动文化的动态性相对于稳定性而言,一般来说,教师流动文化具有稳定性特征,但这种稳定性和动态性是相互统一的,稳定性是一种保持相对变化的稳定。教师流动的动态性特征表现在:

第一,教师流动文化形成过程的动态性。教师流动文化的形成,需要一段较长的过程,由不系统、不定型的初始状态,到初步系统、定型的过渡状态,以及完全系统化、成型化的最终状态,这一过程是一个充满复杂变动性的过程。

第二,教师流动文化的不断充实与发展也是一个动态的过程。一方面,教师流动文化面对外部时代环境的改变,能够适时地根据时代精神要求,进行自我修正与完善,以期教师流动文化的内容能够满足时代发展要求。另一方面,教师流动文化动态性的最根本决定因素是教师个体发展的动态性。作为教师流动文化的载体,教师是正处在成长、发展过程中的人,教师个体发展本身就体现出强烈的变化性。并且,受不同外部环境变化的影响,教师群体的价值观念与行为取向也会发生一定的变化,促使教师的思想观念更加充实,行为表现更为合理,以推动教师流动文化的发展。

第三,伴随着教师流动内外环境的剧烈变化,教师流动文化也会发生重大变革,即教师流动用一种崭新的文化,替代原有的陈旧落后的文化,这也是教师流动文化动态性的最突出表现。即使没有产生新旧文化的变更与替代,由于受到教师流动外在影响因素和内在矛盾的作用,教师流动文化的内容也会不断出现变动,引起教师流动文化结构上的变化,进而牵动教师流动文化发生强制性改变。

三、教师流动文化的功能

教师流动文化的功能是指,教师流动文化所发挥出来的有利作用。认识、把握和实现教师流动文化所具有的特定功能,对我们更好利用和理解教师流动文化具有重要意义。教师流动文化是决定教师流动能否合理、有效进行的关键,构建良好的教师流动文化,并充分发挥其自身功能,能够推动教师流动朝着预计目标发展,促进教师流动合理有序。具体来说,教师流动文化主要具有导向功能、激励功能、约束功能、调试功能以及凝聚功能等五项基本功能。

(一)教师流动文化的导向功能

教师流动文化的导向功能是指,教师流动文化对教师流动的行为方向所具有的彰显、诱导和坚定的作用。

第一,教师流动文化彰显教师流动的基本理念。教师流动文化能够简练明确地指出教师流动行为的发展方向和最终目标,勾勒出教师流动的美好蓝图,并通过各种途径和方法,使这些教师流动的基本理念,长期对教师流动群体发生影响,并内化为流动教师精神世界的一部分。这不仅从宏观层面显示了教师流动的发展方向,同时也成为流动教师行动的内在支撑力量。

第二,教师流动文化诱导流动教师的行为方向。教师流动文化能够反映流动教师群体的共同价值观念和理想信念,并能够对流动教师的认知、信念、价值观和行为方式不断地进行规范和引导。也就是说,教师流动文化建立的价值目标是流动教师的共同目标,它会对流动教师群体产生强大的号召力,把教师个人的价值取向和行为方式,引导到实现共同目标的方向上,形成群体共同的价值观念,并使教师在潜移默化中认可、接受、内化这种价值观念,促使群体共同行为的产生,进而朝着共同的方向努力。简言之,教师流动文化的诱导功能意味着,诱导流动教师个人的价值取向和行为方式,朝向群体价值取向和整体目标方向不断地趋同。

第三,教师流动文化坚定流动教师的行为方向。教师流动的进行并非一帆风顺,当教师流动遇到困难、陷入困境,或教师个人产生迷惘、徘徊不前时,教师流动文化强大的导向功能又表现在,它能够反复地明确教师流动的最终目的,坚定流动教师的内在信念,化阻力为动力,把危机当作挑战,敢于冲破各种困难的阻碍,朝着既定的目标执着不懈地奋斗。

(二) 教师流动文化的激励功能

教师流动文化具有激励功能。所谓激励是指通过外界对人的刺激和影响,调动、激发人的积极性、主动性和创造性。教师流动文化的激励功能表现为,激发教师进行合理流动的积极性以及教师工作的积极性两个方面。

一方面,教师流动文化激发教师合理流动的积极性。根据马斯洛的需要层次理论,人的需要由低到高共分五级,并以自我实现需要为最高层次需要。这种需要属于人的一种自我完善的需要,是个人潜力的充分发挥与实现。对于教师来说亦如此,只有当个人能力得到尽可能发挥,专业实力得到充分发展,教师才会感到真正的满足。教师流动文化即是以"教师的自我实现与发展"作为主体文化核心内容进行架构的,因而能够对教师的价值观念和思想意识方面产生影响,促使教师始终以"实现自身的发展"作为行为活动的价值标准,排除其他错误思想的干扰和误导,增加教师进行合理流动的可能性。同时,在教师流动管理文化作用下,相关组织内部能够形成一种和谐、尊重和理解的流动氛围,教师在这样良好的环境氛围中,如果产生流动意愿,则更加可能被决策层关注和采纳。教师进行流动的管理层面阻力减小,进行合理流动的积极性就会被不断激发。

另一方面,教师流动文化激发流动教师工作的积极性。教师流动文化能够对教师个人产生持久的驱动力。教师流动文化重视教师个体的价值实现,并充分尊重教师主体文化在教师流动文化中所占的重要地位和作用,能够不断激发教师的主体意识,从根本上调动教师工作的积极性。而且,教师流动文化能够推动良好流动氛围的形成,有助于教师流动到更有利于自身发展的环境工作,促进教师自我实现的需要得到满足。在新环境下,教师将面临更大的挑战与困难,同时教师获得成功的可能性也随之增加。

(三) 教师流动文化的约束功能

教师流动文化根植于教师流动过程之中,并不断对教师流动进行作用与影响,这种影响中的一个重要部分就是能够不断发挥它的约束功能。教师流动文化的约束功能是指:为了实现教师流动的最终目标,以及教师自身的专业发展而采取的、旨在对流动所涉及的相关人员的行为所进行的制约和规范。在这里"流动所涉及的相关人员"既包括参与流动的教师群体,也包括教师流动的管理者。教师流动的约束功能能够确保教师流动按照计划、朝向目标有序地进行,使教师流动过程受到一种无形的规约。

具体而言,教师流动文化的约束功能主要表现为无形约束和有形约束两种形式。一方面,教师流动文化具有无形的约束功能。教师流动文化从宏观理念层面就体现了教师流动的最终目标,指明了教师流动发展的最终方向。一旦教师出现与此相悖的行为,教师流动文化就会自动发挥其约束功能,对流动教师的行为方向进行规范。同时,教师流动文化反映流动教师群体共同的价值观念与认知信念,这种无形的精神力量通过不断对教师个人思想观念进行内化,进而对教师的思想和行为产生约束力。教师流动文化的无形约束功能具有柔性和间接性特点,它既不是一种刚性的命令式约束,也不是一种显而易见的直接性约束力量。当流动教师产生与流动目标相悖的思想和行为时,教师流动文化就会以一种柔性的监督力量,以及作用于流动教师内心的间接性力量,发挥其约束功能。

另一方面,教师流动文化具有有形的约束功能。教师流动离不开一定的制度和管理,制度和管理是一种有形的力量。制度通过具体的规定对流动教师进行约束,管理通过具体的措施和手段对流动教师进行约束。而制度和管理都可以成为一种文化,当教师流动的制度文化和管理文化形成之后,与教师流动文化的无形约束力相比较,教师流动文化就可以通过具体的制度和管理,对教师产生有形的约束。教师流动文化的有形约束功能具有硬性和直接性特点,它通过制度的直接规定和管理命令式的要求,直接作用于流动教师,对教师产生约束力量。

(四) 教师流动文化的调试功能

教师流动文化的调试功能是指,教师流动文化能够根据外界环境变化而适时地进行自身调整和适应,为教师流动创造一种良好的流动氛围与环境。教师流动文化调试功能的发挥,能够更好地满足流动教师在各个层面的需求,协调教师流动过程中各部分要素之间的关系,促使教师个体流动价值观更容易与共同价值观趋向一致,促进教师流动管理更加有效,进而使教师流动更为合理。具体而言,教师流动文化的调试功能主要表现在以下三方面:

第一,教师流动文化能够对自身文化内容进行调试。不同时代背景下,教师流动呈现出不同流动态势,教师流动的外界影响因素各异,教师流动文化的内容和要求也不尽相同。随着时代的变化,过往的教师流动文化内容,难以适用于新环境下的教师流动,无法发挥其应有的功能和作用。而教师流动文化的调试功能就表现在:它能够不断地随外界环境的变化,适时对自身内容进行合理调整,使文化内容适应不同环境下的教师流动,以确保各项功能的正常发挥。

第二,教师流动文化能够对流动教师心理进行调试。教师流动文化能够对流动教师之间的情感进行调试,缩小他们之间心理层面的距离。而且,教师流动文化在确保自身思想内容适应时代变化的同时,还可以通过合理调试流动教师的心理,使之能够接受教师流动文化内容所反映的理念和价值追求,既有利于更好地实现教师流动的目标,又能够使教育在流动过程中获得理念的更新和发展。

第三,教师流动文化对教师的流动氛围进行调试。教师流动氛围是指教师流动的气氛和情调,它看不见、摸不着,但却在教师流动过程中无时不有,无处不在。教师流动氛围的优劣,对教师流动的成败有着至关重要的作用。调试教师流动氛围是教师流动文化的重要功能之一,教师流动文化能够调试功能的发挥,能够创造出良好的教师流动氛围。如教师流动文化通过创设一种民主、尊重、关爱、理解的流动氛围,就能够为流动教师在流动过程更好地发展提供心理支持和精神动力,进而推动流动教师外在自身专业能力和内在心理建设的完善与发展,帮助教师个人价值更好地实现,并为教师流动最终目标的实现创造有利条件。

(五)教师流动文化的凝聚功能

教师流动文化的凝聚功能是指:教师流动文化通过确立流动的最

终目标,建立共同的价值观念,使流动教师个体产生强烈的认同感与归属感,从而推动流动教师内部形成一种无形的趋同力量,促使教师为了共同的目标和追求而奋斗和努力。

教师流动文化的凝聚功能主要表现在:一方面,教师流动文化对流动教师的行为具有凝聚作用。教师作为社会个体,其性格、思维、观念、兴趣、爱好、特长都表现各异,教师流动文化能够将这些千差万别的教师凝聚在一起,按照教师流动文化的要求,朝着教师流动的目标而有方向、有计划、有目的地进行流动。同时,教师作为社会人,他们在行为上表现出相互交往的倾向,在实现交往需要的过程中,教师之间会相互产生吸引、作用和影响,加之教师都具有从众心理,最终聚合在教师共同的外在行为取向上,从而使流动教师的行为表现出一致和团结的特征。此外,教师流动文化还给人们提供了相关的价值评价标准,使教师清楚地知道怎么做是正确的,怎样做有悖于教师流动文化的要求,尽量避免矛盾行为的产生,即使出现某些问题和冲突,也能积极主动地设法解决,确保教师的行为取向凝聚到共同和正确的方向上。

另一方面,教师流动文化对流动教师的价值观念具有凝聚作用。在教师流动文化的作用下,教师能够形成一致的价值观和目标取向,这些共同的价值观与目标散发出强大的凝聚力与向心力,能够把教师个人的价值观念凝聚在教师流动的共同价值观上,促使流动教师群体产生强烈的责任感与使命感,并为了实现共同奋斗目标而不懈努力。也就是说,教师流动文化能够使教师个体的价值观念,始终凝聚在共同价值观上,把诸多分散相异的力量,聚合成为一股强大的共同力量,最终促进教师流动朝着目标方向进行。

第二节 教师流动文化的历史特性

教师流动文化是一个历史性的概念,不同的时代有不同的教师流动文化。人们对教师流动文化的认识,也是在历史过程中不断完善与发展的。我国中小学教师流动文化的发展历程,可根据教师流动文化的主要特性不同,大略分为两个不同的历史阶段:一是改革开放前的教师流动文化发展阶段,二是改革开放后的教师流动文化发展阶段。由于深受政治、经济和文化等的影响,这两个阶段教师流动文化呈现出各自不同的特性。改革开放前的教师流动,主要是以政府行政主导为中心的流动,教师流动呈现出的是强烈的权威文化特性;改革开放后的教师流动,主要是以市场调控为主导的流动,教师流动呈现出的是强烈的效益文化特性。

一、改革开放前:教师流动的权威文化

改革开放前,教师流动文化是一种权威文化。权威主要表现为人们对权力的一种自愿支持与服从。当权威成为一种文化,就意味着权威与权力的力量,不仅能够以有形的力量,而且还能够以无形的力量,在较长一段时间内发挥作用。改革开放前,我国教师流动主要是在一种权威文化的作用下进行的,这个时期,教师流动的权威文化主要表现为,教师流动完全受国家行政权力的统一支配与管理,教师个人的意愿被彻底放逐。具体而言,改革开放前教师流动文化的权威特性,主要表现为以下三方面:

第一,教师流动深受国家政策的强力约束。改革开放前的计划经济体制时期,无论是物质生产、资源分配还是能源消耗,都是由政府事先进行计划,并严格地按照计划进行,任何计划外或有悖于计划的行为都不被容许。对教师流动来说亦如此,教师流动受到国家行政力量的强力约束,体现出强烈的国家行政计划命令意识。

教师流动受到国家行政力量的强力约束,集中体现在新中国成立后颁布的一系列相关教育政策中,教师的任何流动几乎都是在政策的强制性调控下进行的。如:1953年政务院颁布的《中央人民政府政务院关于整顿和改进小学教育的指示》中就提出:"对小学教师的工作,不得随便调动,使能安心工作,熟悉儿童情况,以提高教学效果",[①]旨在以此纠正教师过多地参加社会活动和校内非教学活动偏向。1962年,国务院转批的《教育部关于精简中小学教师必须注意的几个问题的意见》中,第四条明确指出:"中小学教师的调入、调出,须经省、自治区、直

---

① 何东昌.中华人民共和国重要教育文献 1949—1997[G].海口:海南出版社,1998:263.

辖市教育行政部门审查批准。中小学教师的调入、调出,须经县教育行政部门审查批准",①以此来对中小学教师的精简与调整进行严格的把控。同年颁布的《教育部关于有重点地办好一批全日制中、小学校的通知》中指明:"各地应结合对学校教师的调整工作,在一年内把这批中、小学校的领导干部和教师配备好,以后尽可能保持稳定,不要轻易调动",②这里也明确指出了教师不易轻易调动。

可以看出,改革开放前,教师的流入、调配与任用都受国家的统一支配与管理,教师个人基本不能左右流动行为,完全服从于国家的需要,由国家政策进行强制性管理。

第二,教师流动受制于相关制度的刚性制约。改革开放之前,我国经济发展比较缓慢,属于一种"单位制"的社会,教师和其他事业单位的公职人员一样,其生存完全依赖于单位。教师的个人命运完全局限于封闭的单位中,从单位中获取生存所需的一切资源。而单位封闭性的原因也是计划经济时代一系列刚性制度共同作用的结果。受一系列刚性制度的共同作用,绝大多数教师在进行一次职业分配后,职业便固定下来,流动的机会就变得相当渺小。

以教师的人事制度为例,改革开放前我国教育实行的是教师任命制,这种传统的教育人事制度,显示出的是一种强烈的刚性特征:一是对师资管理方式过于集中统一,教师来源过死;二是单位所有制的师资管理,阻碍了教师进行流动的可能,形成了"外校教师进不来,本校教师出不去"的僵化现象。加上部分管理制度不完善,致使大批教师失去了工作的积极性与创造力,想要离开又无法离开,只能在学校里继续"混日子"。对教师来说,这种教育人事制度不利于自身专业发展,也从根本上断绝了教师在不同学校之间进行职业流动的可能性。总之,改革开放前的计划经济体制下,刚性的制度设定对教师进行严格的管理与支配,切断了教师私下进行流动的可能性。

第三,教师流动过程中教师主体的话语权丧失。1949年《第一次全国教育工作会议上的总结报告要点》中,就明确指出了"教育工作者

①② 何东昌.中华人民共和国重要教育文献1949—1997[G].海口:海南出版社,1998:1115、1133.

必须为政治服务"的原则。在这一原则指导下,教师流动要以更好地服务于政治需要为宗旨,国家利益是教师流动的唯一目的。教师作为流动主体,自身的发展与价值实现,几乎很少被关注,且在流动的过程中,教师的话语权轻微,只能被动地服从与执行,不能根据自身意愿选择流动行为。

教师主体话语权的丧失体现在整个教师流动过程中:一方面,教师在是否愿意进行流动上没有话语权。教师的工作由国家统一分配,当教师需要进行流动时,往往由组织决定流动人选,教师的流动意愿基本不被考虑。因此常常会出现:愿意进行流动的教师不能流动,而不愿进行流动的教师则恰恰被组织选中,产生有违自己内心想法的行为。

另一方面,教师在流动去向上不具备话语权。计划经济时代,教师流动往往是为了实现某种特定教育计划、达成某种特定教育目标而实行的,流动去向已经确定,教师只需按照这种既定方向进行流动即可,教师作为流动主体,却不能决定自己流向何处,这就不可避免地与教师个人的流动意愿产生矛盾,进而大大降低了流动的实效。"一切由政府说了算"导致了教师主体话语权的丧失,教师只能被动服从,充分体现了教师流动的权威文化特性。

二、改革开放后:教师流动的效益文化

改革开放后,随着计划经济体制的土崩瓦解和市场经济体制的确立,我国教育的方方面面也随之发生了翻天覆地的变化。我国中小学教师流动也出现了不同于改革开放前的特性,教师流动文化主要表现为对效益的追逐。

效益作为有效产出与投入之间的一种比例关系,其含义主要包括效果和利益。追求效益是评判经济人做出行为选择的一个重要标准,尤其是市场经济体制下人们的一种价值取向。教师流动的效益文化主要是指,教师在市场经济体制下,对自己流动效果和利益追求的一种价值取向。改革开放后,教师流动的效益文化主要表现在以下方面:

第一,教师流动受市场经济的强力导向。改革开放后,中国社会开始由传统的计划经济体制向新型的市场经济体制转变。与计划经济强调物质的生产、资源分配、能源消耗完全按政府指令配置不同,市场经

济则是一种通过市场机制、价值规律的作用来分配资源,即通过产品的供给与需求产生的一系列复杂作用,以实现自我组织的效果。只有市场经济才能保证资源得到最优化配置,而在各项资源之中,人才资源无疑最为重要,市场经济建立的目标之一就是促进人才资源的合理配置与最佳组合。根据价值规律的相关内容,人才总是根据市场经济的需要向经济效益好、人才供不应求的地方进行流动。因而,教师流动在某种意义上只是市场经济引发的庞大的人口流动的缩影,中小学教师根据市场所反映的价格信号与供求情况,通过在各地区、各教育部门和学校之间的自由转移,以实现师资的合理有效配置。虽然市场经济为资源配置最优化提供了可能,但却存在着自发性与盲目性的缺点。我国中小学教师流动深受这一弊端的影响,教师流动的方向以逐利和实效的"向上流动"为主,致使中小学教师流动陷入一种无序、混乱状态。

第二,阻碍教师流动的相关制度开始松动。随着市场经济的建立完善,一系列阻碍人才流动的人事制度、户籍制度和社会保障制度松动,中小学教师被赋予了更多自由流动与自我发展的权利。

这其中,教师人事制度的改革尤为明显。2000年,中共中央组织部、人事部颁布的《关于加快推进事业单位人事制度改革的意见》中规定:"破除干部终身制,引入竞争机制,在事业单位全面建立和推行聘用制度,把聘用制度作为事业单位的一项基本的用人制度。"[①]这样,传统封闭的"单位制"被打破,人员的自由流动成为可能。在事业单位人事制度改革的背景下,教师人事制度改革也开始进行。2003年《关于深化中小学人事制度改革的实施意见》颁发,详细规定了教师人事制度改革的目标、要求与计划。同年,温家宝总理在全国教育工作讲话中也指出:中小学人事制度改革的出发点和落脚点,是提高师资队伍的质量,提高有限教育资源的利用效率。从2009年开始,教育部规定全国中小学新任教师全部由省级教育行政部门统一组织公开招聘考试,按照成绩择优录取,不再采取其他方式和途径来自行招聘教师,教师招聘制度得到进一步的规范化发展。

---

① 中华人民共和国教育部人事司.全国中小学人事制度改革工作指导[M].北京:教育科学出版社,2007:47-48.

这些举措使中小学教师流动的竞争性增强,提高了教师资源的利用效率,为教师个人发展提供了更好的平台。但同时也带来了一些严重的负面效应,"优秀教师资源更快向城市和优质学校单向流动,出现了校际间教师资源的'马太效应'",[①]致使地区与校际间教师资源严重失衡。

第三,教师流动中教师的自我选择性大大增强。改革开放后,教师逐渐成为能够依据自身价值观念进行自我行为选择的个体。而随着市场经济的发展,教师的思想和价值观念发生了重大变化,教师对个人利益的追求与个人价值实现追求更加明显,教师主动选择进行流动越来越成为主流,在流动中教师的自我选择成为主导的方式。

一方面随着"按劳分配"原则代替了"平均分配"原则,处在不同地域、不同学校的教师之间收入水平拉大,教师开始追求个人劳动价值的最大利益化。另一方面,市场经济的发展,使教师的个人价值被激活。教师致力于追逐个人价值、利益与尊严,并以此作为自己行为目标的指向。教师流动不再完全是行政命令下的强制行为,而是更多地受教师个人自身价值选择影响,教师为实现外在的利益追求与内在自我价值实现的需要,往往主动选择流动。

第三节　教师流动文化的品性

教师流动文化作为一种特殊的文化形式,具有自身独特的文化品性。所谓"品性",《现代汉语词典》中将它解释为品质与性格,它既体现个体所具有的内在特性,又彰显出有别于他者的品格特征。教师流动文化品性作为教师流动文化所具有的一种应然追求,关涉的是教师流动文化中所蕴含的丰富品格特点,体现的是教师流动文化所具有的独特的内在特征,追求的是教师流动文化的优秀品质。

教师流动文化的品性体现在教师流动文化的各个层面中,具体而言,教师流动文化的品性主要体现在教师流动理念文化、教师流动主体

---

① 严月娟.我国中小学教师资源配置的嬗变与反思[J].中小学教师培训,2014(1):60.

文化以及教师流动管理文化中。教师流动理念文化体现出"均衡"的文化品性,教师流动主体文化追求的是"发展"的文化品性,而教师流动管理文化则以"人文"作为文化品性。在以"均衡"、"发展"和"人文"三种品性为主的教师流动文化品性的要求与作用下,教师流动也会不断地审视自身,时刻以此为准绳与目标,体现出更强的规范性与目的性。

一、均衡:教师流动的理念文化

"理念"一词来源于古希腊语 eidos,原意为形象、通型。最早对"理念"进行阐发的古希腊大学者苏格拉底曾指出:"每个理念只是我们心中的一个思想",[①]他将"理念"与内在的"思想"等同理解。柏拉图认为:理念是"表现事物的最终本质,它无条件地存在,独立于事物,又是决定着事物之为事物的原因、根据和本源"。[②] 柏拉图把理念看作是超越于感性、只向理智开放的无法对象化的对象。黑格尔则认为:"理念是自在自为的真理,是概念和客观性的绝对统一。理念的理想的内容不是别的,只是概念和概念的诸规定",[③]理念成为概念和实在的统一。从词典中对理念的理解来看,《新现代汉语词典》中将"理念"解释为"观念",在新编《新华词典》中,也将理念定义为观念、概念与思想。总之,理念可理解为是观念与思想。

基于"理念"概念的理解,我们认为"教师流动的理念文化"指的是:伴随着教师流动而形成的文化观念与思想,它是一套包括对教师流动行为的理性认识、价值渴望以及理想追求的具有指向性的思想价值体系。在整个教师流动文化系统中,它始终处于核心的地位,发挥着极为重要的作用。

黑格尔曾指出:"凡生活中真实伟大的神圣事物,其之所以真实、伟

---

① 颜一.流变、理念与实体——希腊本体论的三个方向[M].北京:中国人民大学出版社,1997:93.
② 赵广明.理念与神——柏拉图的理念思想及神学意义[M].南京:江苏人民出版社,2004:4.
③ [德]黑格尔.小逻辑[M].贺麟译.北京:商务印书馆,1980:397.

大、神圣,均由于理念。"[1]教师流动的理念文化是教师流动文化的灵魂,它不仅反映了教师流动的本质与时代特征,指明了教师流动的发展方向,蕴含着教师流动的深刻内涵,而且还体现了教师流动的目标期望。可以说,理念文化是教师流动的决定性力量,有什么样的教师流动理念文化,就有什么样的教师流动行为。没有正确、科学的教师流动理念文化为依托,教师流动就会受到各种错误思想的干扰,陷入无序混乱的状态,以至于出现各种不合理的流动现象。此外,教师流动的理念文化还是教师流动进行改进的内在驱动力,理念文化的更新和变革,都会带来不同流动模式的教师流动行为。

教师流动理念文化的品性表现为"均衡"。自20世纪末以来,伴随着社会经济的高速发展与教育观念的不断提升,人们对教育资源尤其是优质的教育资源的关注与需求越来越高。教育公平问题成为教育中最亟待解决的突出问题,与此相适应,一种新的教育理念——教育均衡发展成为人们关注的核心。可以说,"教育均衡发展是我国面对新世纪、新阶段、新任务的历史选择",[2]它不仅是新时期教育追求的重要体现,而且还能保障公民享有平等的受教育权利,体现教育公平的基本要求。

"均衡"教育理念既是对我国教育发展现状的反思,同时也是对未来教育发展的展望。而"教育均衡的目标是教育需求与教育供给的相对均衡,教育资源配置均衡是教育均衡的基础和前提",[3]其中,教师作为最为宝贵的教育资源,"教师资源的均衡配置是实现教育均衡发展的关键所在"。[4]中小学教师流动的目的与意义便在于此。通过推动区域、城乡和学校间教师进行合理有效的流动,实现义务教育教师资源的均衡配置,推动教育的均衡发展。

由此,教师流动理念文化的品性主要表现为"均衡","均衡"作为教

---

[1] [德]黑格尔.小逻辑[M].贺麟译.北京:商务印书馆,1980:35.
[2] 翟博.教育均衡论[M].北京:人民教育出版社,2008:4.
[3] 翟博.基础教育均衡发展理论与实践[M].北京:教育科学出版社,2013:8.
[4] 冯文全,夏茂林.从师资均衡配置看城乡教师流动机制建构[J].中国教育学刊,2010(2):18.

师流动文化的品性意味着:教师流动的均衡理念首先要明确的是教师流动要实现的是一种基本均衡。同时,教师流动的均衡理念还必须明确教师流动要实现的也是一种相对均衡。而且,教师流动的均衡理念更需要明确教师流动要实现的是一种动态均衡。

(一)教师流动要实现的是一种基本均衡

中小学教师流动应实现教师资源的基本均衡配置。一般来看,"均衡"主要包括数量均衡、质量均衡以及结构均衡三个方面。对于教师队伍来说,所谓"数量均衡"主要是指每个地区、每所学校按照学校实际需要与学生实际人数来配置教师。"质量均衡"是指每个地区、每所学校的教师学历结构与教师素质大体保持水平一致。而"结构均衡"指的是教师在学历、性别、年龄方面保持一致的比例。中小学教师流动作为教师资源有效配置的一种手段,其出发点是"公平与合理",其最终目标是缩小教师在数量、质量、结构上的差距,寻求师资配置的均衡状态。

而要实现教育的这种均衡状态,最重要的就是要通过教师流动实现师资配置的底线均衡。"师资均衡配置首先要保证所有的学校达到一个统一的基本标准,或者叫做底线均衡",[①]其中,底线是指"水平、程度、价值等的最低合格标准",而均衡则是"这样标准创造的平等、公平、平衡样态"。[②] 这一均衡底线并非一成不变,而会随着时代的变迁与教育的发展而不断提高,因此,教师资源的配置的底线均衡也可称为是一种"成长性均衡",能够促进教育稳步、持续和良性的发展。中小学教师流动作为师资配置的一种有效手段,其首要目标是达到一种底线均衡,即实现区域、学校之间在教师数量、质量以及结构上的基本均衡状态。教师流动均衡发展是在实现区域、城乡和学校间"底线均衡"的基础上,进一步实现发展的基本均衡状态。

(二)教师流动要实现的是一种相对均衡

中小学教师流动应实现教师资源的相对均衡发展。教师流动实现的"相对均衡"指的是,在实现"底线均衡"上,基于各学校的发展需要与

---

① 严月娟.中小学教师资源配置的嬗变与反思[J].中小学教师培训,2014(1):59.
② 杨启亮.底线均衡:义务教育优质均衡发展的解释[J].教育理论与实践,2010(1):32.

学校实际情况的基础上,进行的有差异性的教师资源配置,实现教师队伍的学历结构与教学水平的大体均衡。

要推动教师流动的均衡发展,首先应走出对"均衡发展"的认识误区,摆脱将"均衡发展"等同于"平均发展"的错误观点。"均衡发展不是教条僵化、千篇一律的大一统模式和'一刀切'发展"。[①] 教师流动要实现的均衡,强调的是一种全面、协调、可持续的科学发展,旨在缩小和拉近地区、城乡和学校间的发展差距。将教师流动要实现的均衡发展理解为平均发展,是一种人为降低教育均衡发展水准的理解,错误地理解了均衡的内涵。

教师流动要实现的均衡发展并不意味着限制发展,与限制论认为均衡发展是限制发展与同一发展,是低层次、低水平的划一发展不同,均衡发展实质上是通过更有力的措施扶持,帮助基础薄弱地区和弱势群体加快发展,实现高水平、高质量、特色化的均衡发展。正如德国哲学家莱布尼茨所说:世界上没有两片完全相同的树叶。任何事物都存在一定的差异,具有自身特色。教师流动实现教师资源的均衡配置,但并不排斥地域、城乡和学校间的师资差别与特色存在。

教师流动在实现教师资源配置"底线均衡"的基础上,鼓励有原则的差别,承认各种个体差异,追求的是一种"相对均衡"。这种"相对均衡"主要体现在各地域、城乡和学校间,教师在数量、质量、结构上的相对均衡。教师流动并不追求教师在数量、质量、结构上的完全一致,也并非实现不同学校教师在生师比、学历比、职称比的完全统一,这也是不可能实现的。事实上,绝对的均衡否定了各个学校教师发展的自主性,是以均衡的名义否定发展,这绝不是教师流动追求的均衡。

(三)教师流动要实现的是一种动态均衡

中小学教师流动应实现教师资源的动态均衡发展。进行中小学教师流动旨在实现教师资源的均衡配置,这种均衡除了要达到基本均衡和相对均衡外,更重要的是一种动态均衡。即是说,教师流动实现的均衡不是一劳永逸的,均衡既是终点,又是起点,均衡总是在路上。

---

① 柳海民,周霖.义务教育均衡发展的理论与对策研究[M].长春:东北师范大学出版社,2007:10.

教师流动实现的均衡总体上展现出的是一种"均衡—不均衡—均衡"的螺旋上升式的动态发展过程,追求的是全面、协调、可持续的科学发展。教师流动要实现的均衡"在贯穿教师队伍建设全过程的任用、培训与流动环节中,师资配置在随时间推移而调整变化时所处的均衡状态",它是教师队伍建设过程的均衡,是一种教师在动态发展过程中的均衡。这意味着,教师流动要实现的动态均衡是在教师不断发展的动态过程中实现的均衡,通过教师流动的过程,"促使教师资源配置逐步趋向于帕累托最优状态"。

二、发展:教师流动的主体文化

教师作为"文化人",在外界环境的影响作用下会显现出诸多文化特性,形成具有自身特色的文化体系——教师文化。一般来说,教师文化是指"教师基于其特定的职业生活方式而形成的独特的价值观念、思维方式和态度"。细化来讲,它主要包括教师这一职业群体的教育理念、思维方式、价值取向、职业意识、态度倾向和行为方式等。其中,教师的教育理念、思维方式、价值取向内隐于人的内心,属于深层次的隐性文化;而教师的职业意识、态度倾向和行为方式可以被观察和描述,属于浅层次的显性文化。这些要素相互联系,共同构成教师文化的统一整体。在教师文化的内容中,教师的价值观念处于核心主导地位,它直接控制和决定着教师的态度倾向与行为方式。构建优秀的教师文化,对教师主体价值体系的研究与把控最为关键和重要。认识和理解教师文化有着十分重要的意义,它能够有效促进教师自身的专业成长与发展。

在教师流动过程中,教师文化反映为教师作为流动主体的主体文化,主要是指中小学教师在教师流动过程中所形成的由价值观念、思维方式、态度倾向等一系列内容构成的具有倾向性的价值体系。教师的价值观念是教师流动主体文化的核心内容,支配着教师的思想与行为方式。

教师主体文化作为教师流动文化中主体自身的文化,发挥着举足轻重的功能与作用。一方面,教师流动主体文化是教师内心价值观念的最直白体现,是教师对教师流动这一行为的内心真实想法和价值定位,它成功地将教师的个人价值追求与教师流动的最终目的结合在一起,体现出双重的文化目标。另一方面,教师流动主体文化能够将流动教师的价值观念凝聚到一起,形成共同的价值观念,进而规范其流动的方向与目标。教师流动主体文化在整个教师流动文化体系中处于基础地位,对教师流动的实际状况具有最直接的影响。一般来说,有什么样的教师流动主体文化,就会产生什么样的教师流动行为,就会反映出什么样的教师流动倾向,呈现什么样的教师流动追求。

教师流动主体文化最核心的追求集中体现为"发展"。发展就是教师的发展,就是在教师流动过程中作为流动主体教师的发展,只有教师的各方面能力在流动过程中得到不断的提升,教师流动才具有真正的意义。倘若教师在流动过程中得不到任何发展,甚至出现发展的停滞或倒退,这样的教师流动就是一种无意义的流动。因此,教师发展是教师流动主体文化的最集中追求,"应当关注教师发展;教师更应重视自身素质、能力的不断提高,使人生、事业放射出鲜亮的光彩"。[1] 事实上,教师流动过程正是教师实现自身价值的过程,并在实现自我价值的同时实现教育对均衡的追求。教师流动过程中,教师作为流动主体要以"发展"作为自身的价值追求,形成以"发展"为品性表现的主体文化体系。

在教师流动过程中,教师主体文化的"发展"品性主要表现为三个方面,即教师在流动中重视个人的知识发展、关注个人的能力发展、实现个人的人格发展三方面。

(一) 重视教师的知识发展

教师流动主体文化重视教师的知识发展。知识是发展的基础,不掌握知识就无法获取发展,"教师专业知识发展是教师专业发展的核心"。[2] 中小学教师流动过程中,流动教师应将自身的专业知识发展放在重要的地位,通过进行合理有效的流动,以实现专业知识的不断更新与提高,满足教师流动主体文化"发展"品性的基本要求。根据功能的不同,教师的专业知识可以分为:本体性知识、条件性知识、实践性知识

---

[1] 罗树华.教师发展论[M].济南:山东教育出版社,2002:1.
[2] 邵光华.教师专业知识发展研究[M].杭州:浙江大学出版社,2011:1.

与文化知识四个类型。① 通过教师流动可能实现的知识发展，主要是教师的本体性知识和教师的实践性知识。

教师流动可以实现教师的本体性知识发展。教师的本体性知识是指，教师所具有的特定学科的专业知识。它作为一个开放的知识系统，需要不断地与外界进行交流，并适当地发生改变，才能符合特定时代背景下的学科发展、教师发展和教育发展的共同要求。教师流动打破了学校之间的藩篱，增加了教师相互交流、学习的机会，便于同一学科的教师在整个区域内自然形成学习与发展共同体，进而促进教师本体性知识的增长与发展。

教师流动能够实现教师的实践性知识发展。教师的实践性知识是指，教师所具有的课堂情境知识及与之相关的知识。教师流动使教师从一个学校到另一个学校，教师的教育教学实际情境发生了改变，教师原有的知识已经无法全面应对新学校环境带来的挑战，这就促使流动教师必须采取相应的变化，以适应并逐渐改变新环境中的教育教学。在这个过程中，流动教师的实践性知识得到了更新和发展。也就是说，流动给教师提供了一个新的实践情境，新的情境带来新的挑战，新的挑战促使教师改变，改变的过程就是教师实践性知识发展的过程。

总体来看，教师流动能够推动流动教师的专业知识发展，实现教师队伍的整体质量提高。流动教师应把实现自身知识发展作为主要流动目标之一，正确认识教师流动的价值意义所在，确定以"发展"为品性表现的教师流动主体文化。

（二）关注教师的能力发展

教师流动主体文化关注教师的能力发展。中小学教师在流动过程中，应把实现自身能力的提高作为重要的追求。教师通过流动可以促进教师的能力主要表现为两方面，即教师创新能力发展与教师实践能力的发展。

教师流动有助于促进教师创新能力的发展。根据美国学者库克提出的创造力曲线理论，教师的创造力处于"S"型变化中，需要历经增

---

① 辛涛,申继亮,林崇德.从教师的知识结构看师范教育的改革[J].高等师范教育研究,1999(6):12-17.

长、稳定、衰落的变化周期。要使教师的创造性能力保持在一个良好的状态,就需要在一定的时间段采取积极的措施来激发他们的创造热情。如果教师对现在的工作环境产生倦怠、失去兴趣,或现在工作环境已经无法满足教师的需要,对教师的创造能力已经产生抑制的作用,那么,促进教师进行流动就变得十分必要。教师进行合理、适度的流动,能够重燃教师的工作激情,开阔教师的教学思路,激发教师的创新能力,使其自身朝向良性循环的方向发展。因此,教师通过流动可以实现自身潜力的最大限度发挥,满足教师不断发展的需求。

教师流动还能有效促进教师实践能力的发展。一方面教师实践能力的提升,要靠教师间互相交流彼此的实践经验,教师流动可以带来不同地域或学校间教师的交流和切磋,在互相的交流过程中,不断汲取别人有益的实践经验,进而提高自身的教学实践能力。另一方面,教师实践能力的提升,要靠不断经历不同的实践环境,通过在不同环境下不断锻炼和提高自己,进而提高实践能力。教师流动对流动的教师而言,意味着从一个教育环境到另一个新的教育环境中,这就要求流动教师要通过自己的亲身实践来克服新环境带来的挑战,而这个过程也正是提高教师实践能力的过程。总之,教师流动过程对于教师的实践能力是一个提升的过程,它不仅能够带动流动教师自身教学实践能力的发展,同时也能带动其他教师教学实践能力的同步提高。

(三) 实现教师的人格发展

教师流动主体文化重视教师的人格发展。"教师这一崇高的职业,要求教师必须具有良好的人格特质和特有的行为规范"。[①] 教师的人格具有重要意义,它具有其他任何教科书、道德箴言、奖惩措施所不具备的教育力量,是教师"在其职业劳动过程中形成的优良的情感意志、合理的智能结构、稳定的道德意识和个体内在的行为倾向性",主要"由教师健康人格、教师创造性人格、教师智慧人格、教师道德人格所构成"。[②] 在教师流动过程中,教师主体文化"发展"品性也体现在教师的

[①] 时花玲.教师人格:一种新型教育力量的内涵及其塑造[J].河南师范大学学报(哲学社会科学版),2008(3):225.

[②] 贾香花.教师人格导论[M].南京:江苏人民出版社,2007:69-70.

人格发展上,即把教师的人格发展作为流动教师的主要追求。

教师流动能够实现中小学教师多方面的人格发展:

第一,教师流动能够促进教师的健康人格发展。当前随着社会的高速发展,中小学教师的职业竞争日趋激烈,教师的工作压力日趋加大。教师通过流动,一方面能够激发自身的竞争意识,增强自身的进取精神;另一方面能够通过改变环境以调整自己的心态,以增强教师面对社会流动、工作压力、个人挫折的心理适应能力。

第二,教师流动能够促进教师的创造性人格发展。中小学教师的流动,意味着教师要面对一个全新的教育教学环境,这种崭新的教育教学环境能够成为教师创新精神、创新激情、想象力二次增长的重要激发点。以此为基础,教师的创造性人格得以激发,进而通过教师创造性发展的努力,实现自我创造性人格的发展。

第三,教师流动能够促进教师的智慧人格发展。伴随着教师流动,中小学教师无论是在知识层面,还是能力层面都得到显著提高,教师能够更加有效地传授学科知识,更为合理地解决教学突发问题,更加良好地处理师生关系,教师的教育教学智慧体系得到扩充,智慧人格不断发展。

第四,教师流动能够促进教师的道德人格发展。流动是教师进行对比的前提,而对比是教师进行反思的基础。流动教师把自己与流入地优秀教师进行对比后,就会主动反思自己在专业发展、人生规划、生活方式、道德修养等方面的理念和行为,以反思求发展,不断促进自身道德修养的提升。教师流动为教师人格发展提供契机,流动教师主体要树立正确的价值取向,致力于通过流动实现自身的道德人格的发展。

三、人文:教师流动的管理文化

关于"管理",美国管理学家彼得·德鲁克(P. F. Drucker)曾说过:[①]"管理是一种工作,它有自己的技巧、工具和方法;管理是一种器官,是赋予组织以生命的、能动的、动态的器官;管理是一门科学,一种

---

① [美]彼得·德鲁克.管理:任务、责任和实践[M].张正平等译.北京:华夏出版社,2012:1-4.

系统化的并到处适用的知识;管理是一种文化,它有自己的信仰、价值观、工具和语言。具体来说,管理就是管理者通过计划、组织、控制、领导等各项工作,尽可能合理而有效地利用组织所拥有的资源,以实现组织目标的过程。"管理的核心在于人,是"人"在进行管理,而不是其他的"力量"或"事实"在进行管理。管理文化便是伴随着人们的管理活动而产生的文化,它是人类文化体系中重要的组成部分,"管理文化其实就是管理中的文化意蕴,是文化特征在管理中的体现"。[①] 在人们的管理活动中总是会表现出特定的价值取向、行为模式、精神风貌等特征,这些特征根植于管理过程之中,并不断影响和作用于管理活动的进行。也就是说,管理文化指的是管理的思想、管理的哲学与管理的风貌,涉及管理过程中的价值标准与行为准则。它随着管理活动的不断实践而日益丰富,同时又影响和决定着管理思想的形成与管理行为的进行。

中小学教师流动作为一项关系教育均衡发展的教育实践活动,必然会受到管理力量的作用。管理者通过计划、组织与控制教师流动的进行,合理利用、发挥所拥有的教师资源,响应国家鼓励教师积极进行流动的号召,实现师资均衡、教育均衡的最终目的。教师流动过程中会形成一套具有自身特色的管理文化,并对整个教师流动过程发挥持久、稳定的影响和作用。

具体来说,中小学教师流动管理文化指的是:在教师流动管理过程中所形成的管理观念与管理精神。它是包含管理理念、管理模式、管理标准与管理手段等一系列具有约束力的思想价值体系。在整个教师流动文化系统中,教师流动管理文化处于突出地位,发挥着辅助、引导、约束、规范等一系列重要作用。一般来说,有什么样的管理文化,就引导什么样的管理行为,没有良好的管理文化做依托,管理活动就会陷入混乱、无序、错误的状态,管理效果远远达不到计划要求。教师流动管理文化的作用也重要如此,只有形成正确、科学的教师流动管理文化,教师流动的过程才会在管理手段的作用下,朝着最终的奋斗目标,合理、有序、顺畅地进行。

---

① 向吉英.管理文化与文化管理[J].暨南学报(哲学社会科学版),2001(4):48.

中小学教师流动管理文化的品性表现为"人文"。伴随着生产力的高速发展以及人文思想的复兴推动,当代管理完成了从科学范式向人文范式的转变。"人的因素取代物的因素成为管理的核心,原有的确定性、机械论、工具理性等排斥人性的科学范式日益显示出其不适应性"。① 人文管理成为知识经济时代下的选择。从概念上讲,人文管理指的是:"按照不同人的不同需求,有序和谐地进行不同层次的管理,促进人的全面发展。它肯定了人的主体性需求是社会发展的本质推动力,追求的是组织行为与人的主体性的有机结合。"② 这种人文管理是一种以柔见长的管理方式,它的核心是以人为本,把人的利益放在首位。要求在管理过程中要充分重视人的主体地位,使管理建立在充分重视人、尊重人、爱护人、满足人的基础之上,并注重管理中其他因素的协调平衡。对于教师流动管理文化来说,其管理文化品性也应表现为"人文"。即在教师流动管理过程中,摒弃把流动教师单纯作为被动服从者的观念,充分尊重教师的主体地位,注重教师的内心世界,激发教师的内在潜力,使教师能够全面参与到教师流动管理之中。只有实行"人文"管理,教师流动才能建立在"你情我愿"的基础上,流动才能更高效、有序地进行,教师的价值实现才能成为可能。

具体来说,教师流动管理文化的"人文"品性意味着:管理中尊重教师个体;管理中关注教师内心;管理中重视教师价值;管理中强调教师参与。

(一)管理中尊重教师个体

教师流动管理过程中要尊重每一位教师。任何人都有自尊心,都希望得到他人的尊重和理解,对于知识型人才的教师来说更是如此。教师渴望被尊重,希望管理者能够从思想上和行为上给予自身高度肯定,重视自己的观念与价值。尊重是人文管理的核心要求,尊重需要的满足能够使人产生积极的情感和亢奋力量,能够使人更好地发挥自身的主动性、创造性与积极性。在教师流动人文管理中要尊重教师个体,去除以往科学管理中只求效率、忽视人本的弊病。

---

① 向吉英.管理文化与文化管理[J].暨南学报(哲学社会科学版),2001(4):48.
② 于省宽.超越灰色的认识[M].北京:机械工业出版社,2005:2.

具体来说,管理中尊重教师个体,意味着尊重教师的个人意愿、尊重教师的选择权利、接受教师的个体差异存在。

首先,尊重教师的个人意愿是教师流动人文管理的基本前提。要实现人文管理,就必须充分考虑教师的真实意愿,只有当教师的流动成为自愿自觉、权益得到充分保障时,这样的流动才有活力。当然,这里所说的要"尊重教师的意愿"是相对的而非绝对的。我们所要尊重的是教师所表达的积极的、强烈的、有利于自身进步与教师流动发展的合理意愿,而非教师偶然产生的、不成熟的或单纯以利益追逐为目标的不合理意愿。

其次,管理过程中要尊重教师的选择权利。中小学教师作为独立个体,具有思维和决策能力,具有对未来的规划和选择权利,教师流动管理过程中要尊重教师的选择权利,尊重教师的主体地位。

最后,还要尊重教师的个体差异。每个教师都具有独特的性格特征与行为取向,这要求流动管理过程中要根据教师的不同类型、不同需要、不同追求,给予差别化、层次性的管理,实现教师的全面发展,杜绝"一刀切"模式下忽视教师差异的管理行为产生。人文管理中强调对教师个体的理解与尊重,确保教师流动管理文化中"人文"品性的彰显。

(二)管理中关注教师内心

教师流动管理过程中要关注教师的内心。人与"工具"、"物"有着本质的区别,人有着器物所不具备的丰富的内心感受、情感表达与内在需要,一味抹杀人的主观能动性与心理情感,管理过程就会表现出极强的机械性与工具性。实现教师流动管理文化的"人文"品性要求,就要在管理过程中时刻关注教师的内心动态。

关注教师的内心最重要的是关注教师的内在需要。管理学基本原理表明:需要是产生行为的原动力,"发现需要、满足需要、提升需要是人文管理的重要思想",[①]在教师流动管理过程中要突出"人文"品性,不断地发现并满足教师的需要。具体来说,在管理过程中首先要发现并识别教师的需要,辨别教师的需要是基本的物质需要,还是较高层次的精神需求,并在此基础上有针对性、区别性地实施管理,以促进教师

---

① 于省宽.人文管理简明教程[M].北京:机械工业出版社,2010:120.

不同需要的满足。如：学校的教师中，有的教师表现出强烈的自我价值实现需要，管理者应该积极地正视、关注教师的这一需要，当其在原有的工作环境中无法得到满足时，就应该积极地推动教师进行流动。同时，管理者要想避免教师大量、集体进行流动，就应该调整管理策略，积极地创造条件尽量满足教师的各项需求，使教师能够安心地继续工作，打消原有的流动意愿，避免教师集体外流的局面产生。

此外，关注教师内心的同时还要关注教师的内在情感。"调查表明，义务教育教师对教师流动带有比较明显的情感色彩和情绪特征"，[1]这无疑增添了教师流动管理的难度。管理者在教师流动管理过程中要正确对待、处理教师的这种内在情感，使自己作出的决定在教师的情感接受范围之内，采用的管理手段要刚柔交错、容易接受、被人认可，避免产生过激行为。虽然教师流动管理过程中很难满足教师的全部需要，也很难全部照顾到教师的所有情绪，但也要尽可能地关注到教师的内心，使教师感受到温暖与关怀。总体来说，关注教师的内心情感与内在需要，是教师流动管理文化"人文"品性的突出表现与核心要求。

（三）管理中重视教师价值

教师流动管理过程中要重视教师的价值。人文管理把人放在最高价值的主体地位来尊重，肯定了每个人存在着独一无二的作用和意义，强调人在世界上追求人生价值的实现，追求更高尚的精神意境。教师流动管理文化要凸显"人文"品性，就必须在教师流动管理文化中树立"以人为本"的管理理念，强调教师的主体性地位，注重教师个人价值，通过进行有效的管理，促进教师个人价值与管理目标的共同实现。

实现教师流动"人文"管理，首先要重视教师的主体价值的发挥。教师作为知识的传播者，其自身价值表现在拥有深厚的专业知识与丰富的教学经验上。尤其是一些学校的骨干教师、学科带头教师，往往代表着一所学校的最高师资水平，决定着一所学校整体教学质量的好坏，其自身价值之大足可见之。因此，在教师流动管理中，要重视教师的自身价值，认清教师的专业特长，将教师放在自身价值能够得到最佳发挥

---

[1] 陈牛则.义务教育教师流动态度的调查与思考[J].教育与经济，2012(4):20.

的岗位上。

同时,实现教师流动"人文"管理还要重视教师自我价值的实现。当教师基本需要得到满足后,教师自我价值实现需要就表现得相当强烈,如果原有的工作环境不能满足教师自我价值的实现,教师就会流动到新的、适宜的环境中去。因此,在教师流动管理过程中,管理者应该通过多种途径与手段,积极地引导、促进和保障教师实施以自我价值实现为目标的流动,最终实现教师个人和学校的共同发展。重视教师的价值,是教师流动"人文"管理的关键内容。

(四) 管理中强调教师参与

教师流动管理过程中要强调教师的参与精神。"人文管理是一种全员参与式的管理",[①]管理人员与普通员工并非简单的"命令—服从"关系,而是一种分工合作的关系。这一关系下,管理者与执行者不再是对立的,而是互为彼此,在工作中不断转换职能的两种角色。在组织管理中,领导者要摆脱以往只把下属当作机器,只赋予其执行指令角色的做法,给予他们更多的机会参与思考、判断、计划与决策,使每一位成员都享有相应的权利、分享知识和信息、获得合理的工作报酬。中小学教师流动管理中要真正体现"人文"意涵,就要突出教师的主体地位,强调教师的管理参与权利,保障管理决策能够代表基层教师心声。

具体来说,强调教师的参与精神,就是要建立"民主开放"的教师流动管理模式,打破原有管理模式筑起的重重壁垒,支持教师参与日常管理工作。

第一,要保障教师参与流动管理的权利。人只有真正自觉自愿地成为参与者,才能释放出更大的潜能,教师作为流动的主体,是教师流动实施的核心。教师参与学校教师流动管理决策的制定与实施,能够更好地掌握教师群体的思想观念与个体发展的需要,制定出更为科学、更为有效、更能满足教师需要的教师流动管理体制,有利于教师发展以及管理的有效性。

第二,积极对待教师提出的建议与要求。在教师流动管理过程中要高度重视教师提出的建议,并根据需要适时做出回应,在教师与管理

[①] 于省宽.人文管理简明教程[M].北京:机械工业出版社,2010:33.

者之间形成一种良性的沟通与反馈。教师作为教师流动行为的实施者,他们的要求与建议往往是根据教师流动管理中的切身感受和实际遭遇而提出的,更具有采纳价值,更符合广大教师的要求。

第三,保障教师能够及时获取流动信息以及管理决策,打破"封闭化"管理模式下信息传达的闭塞不通,使每个基层教师都能在第一时间掌握学校教师流动管理的最新动态。可以说,强调教师的参与精神,凸显了教师的主体地位,是教师流动实行人文管理的重要保障。

第四节 教师流动文化的式微

教师流动文化品性展现了教师流动文化的应然状态,但在现实中,教师流动文化的表现却不尽如人意。当前教师流动文化陷入了困境,教师流动文化的实然状态有时会背离其追求的理想状态,教师流动文化的偏失必定造成教师流动整体发展的混乱。具体而言,教师流动文化的问题表现为:教师流动理念文化失落,在形式化中徘徊不前;教师流动主体文化错位,在功利化中迷失自我;教师流动管理文化泯灭,在机械化中走向歧途。

一、形式化:教师流动理念文化的失落

教师流动的理念文化的品性表现为"均衡",即实现教师在数量、质量、结构上的底线均衡、相对均衡与动态均衡。这种宏观理念既是对教师流动的要求,同时也是对教师流动的目标期许,在教师流动文化系统中起着核心作用。当前教师流动理念文化的式微,集中体现在教师流动理念文化的形式化上,即教师流动文化所提出的"均衡"理念形式化。理念文化的内容没有得到落实,仅仅沦为一种漂亮的口号,没有内化到每个教师的心灵深处,渗透到流动教师的灵魂之中,内化出符合流动要求的行为习惯。教师流动理念文化的形式化具体表现在:理念内容缺乏认同,理念落实难以到位,理念作用不甚明显。

(一)理念内容缺乏认同

教师流动理念文化形式化首先表现在理念内容缺乏广泛的认同。要形成优秀的教师流动文化必须包括两个要素:一是要保证教师流动

理念文化的正确、清晰与卓越；二是这种理念文化的核心要素能够被每一个参与流动的教师所认知、认同并践行，进而长期成为流动教师的行为准则。可以看出，确定正确的教师流动理念是第一要素，它关系整个教师流动文化体系的建构；而流动教师能够认同教师流动文化的理念是第二要素，是其能够遵守理念内容，并内化出符合理念要求的行为习惯的基本前提和重要条件。当前教师流动的理念文化品性表现为"均衡"，这一理念的提出既是基于当前教师流动的现状的反思，同时也体现对未来教育整体发展的展望，方向正确、内容深刻、态度鲜明，符合教师流动的整体要求。而这一"均衡"理念被流动教师所普遍认同，就成为决定教师流动文化建设的关键因素。

从实际情况来看，教师流动理念文化在教师群体内部并未得到普遍认同。当前教师流动的理念内容通过教师流动的政策被反复提及，但作为流动主体的教师而言，这种理念并未完全深入每个流动个体的内心深处。在当前教育政策的鼓励下，确实有非常多的教师响应国家号召，自愿流动到经济落后地区、贫困农村地区的学校进行教育教学，以实现优质师资力量的有针对性流动，缩小城乡之间、地区之间的教育差距。但不可避免的是仍有相当一部分教师并未认同，甚至歪曲、误解教师流动的这一理念，他们或将教师流动作为改变工作环境的一种手段，或将教师流动作为拓宽日后发展的一种途径，或将教师流动作为实现评聘职称的一种平台，或将教师流动作为服从组织管理的一种表现。教师流动的理念呈现出一种被忽视、被扭曲的现象，"均衡"理念并未完全深入到每个教师的灵魂深处，不同教师对于教师流动有着各自功利性的理解，导致大量违背理念文化要求的流动行为产生，破坏了教师流动所追求的教育均衡目标。教师流动理念文化没有被教师群体普遍认同，理念没有得到教师的普遍认可，教师群体的思想与行为难以凝聚在同一方向上，教师流动的理念文化就只能是一种形式化的存在，教师流动功能与作用的发挥就难以收到效果。

（二）理念落实难以到位

教师流动理念文化形式化还表现在理念内容的落实不到位。中小学教师流动的理念文化不是几句简单、响亮的口号，抑或是单纯地从教师流动过程中提炼出来的高深莫测的理念与信条。教师流动理念文是一种表现,一种具有自身品性表现的价值体系。教师流动理念文化的提出并非是"走过场",而是需要明确在现实中推行的内容。只有教师流动理念文化内容渗透于每个教师的内心深处,并转化为具体的、合乎要求的流动行为,教师流动的理念文化也才能得以真正地发挥功效。

当前,我国中小学教师流动的理念文化形式化严重,理念内容成为只是给人看的、给人想的、给人说的,表面做样子而已的东西,并非是动真格要被真正实践的,要被认真落实的。这种形式化造成了理念文化的"飘浮性",成为形而上学的理论构建,无法落到实处,无法用行动去实践。

具体而言,当前教师流动理念难以落实到位突出表现在两个方面:一方面,教师流动的"均衡"理念没有落实到教师的行为层面。虽然当前中小学教师流动的"均衡"理念已经被明确地提出,并且以当前中小学教师流动的整体状况来看,教师流动数量与流动速度不断攀升,但相当部分呈现出混乱无序的状态,不但没有解决均衡问题,反而使均衡问题更加突出,这与教师流动文化"均衡"理念的追求完全是背道而驰的。可以说,教师流动的理念文化虽然已经明确提出了理念要求,但却并没有被流动教师所真正接受,仅仅是一种形式化和口号化的理念。另一方面,教师流动的"均衡"理念没有落实到教师流动的管理层面。当前有相当部分教师流动管理者的管理行为,并非完全出于实现"均衡"理念的目的。部分学校在管理过程中会刻意地避免本校优秀教师、骨干教师、学科带头教师的流动,而仅仅选派一些"闲散"教师进行流动。

(三)理念作用不甚明显

教师流动理念文化形式化还表现在理念作用表现得不突出、不明显。一般来说,理念文化在一个文化体系内处于核心地位,是系统的灵魂,发挥着极为重要的作用。教师流动理念文化亦是如此。教师流动理念文化蕴含着精神向往和理想追求,是人们对教师流动的"实然"状态充分认识的基础上提出的"应然性"设想,这种"应然性"使教师流动的理念具有明显的激励、警醒作用。理念文化的这种作用,能够促使教师对理念坚持不懈地践行,努力实现理念蕴涵的"应然性"目标,使教师流动的整体发展向着向往的、理想的方向前进。综观当前中小学教师流动的整体状况不难发现,教师流动的"实然状态"离设想的"应然状态"还有很大的差距,教师流动的理念文化作用发挥不甚明显,影响效果并不突出。

教师流动理念文化的作用微弱主要表现在以下两个方面:一方面,教师流动理念文化的激励作用没有得到发挥。教师流动的理念文化勾勒出了教师流动的蓝图,指明教师流动的理想状态,这种"应然性"的设立具有无形的激励作用,促使个体为实现这一目标而不懈努力奋斗。但从当前的实际情况来看,教师流动理念文化的激励作用发挥甚微,理念内容并未得到全体教师的普遍认可,对教师的行为激励也就无从谈起。另一方面,教师流动理念文化警醒作用并不突出。教师产生与理念要求相违背的行为时,理应受到理念文化的提醒与警示,促使其行为进行改变符合要求。但从当前教师流动的整体状态混乱、无序的情况看,教师流动理念文化的警醒作用并没有得到充分的发挥。

二、功利化:教师流动主体文化的错位

教师流动主体文化品性表现为"发展",即以实现教师自身的知识发展、能力发展与人格发展为价值取向。当前教师流动主体文化陷入困境突出表现在主体文化理念产生错位上,即"发展"不再是唯一的主题,教师流动的主体价值观念趋于功利化表现。这种功利化表现正是教师作为"经济人"特征的体现,反映为中小学教师以追逐直接的、现实的利益满足为特性,以实际利益取向作为教师流动行为的基础。教师流动主体文化的功利化错位,不但遮蔽了教师流动行为本身的价值,更严重损害了流动对于教师发展的重要意义,严重阻碍教师的个人发展。当前教师流动主体文化功利性肆虐集中表现在以下几个方面:"物欲追求"的价值取向;"权欲追逐"的行为目标;"名誉追寻"的行为方式。

(一)"物欲追求"的价值取向

教师流动的主体文化功利化表现在:流动教师以"物欲追求"作为主体价值取向。当前,"文化被深深地打上功利的印记、标签和符号,日益被看成是发展经济、获得利益的手段和途径"。[①] 我国在市场经济的驱使下,个人的经济状况和经济地位,已经成为衡量个人成功与否的关

---

① 苗伟.文化功利倾向及其矫治策略[J].北京社会科学,2014(2):95.

键标准。中小学教师是我国最大的知识群体,一直受到经济待遇偏低的困扰。在个人追求福利最大化的经济理性支配下,该群体内不可避免地出现了趋利和走高的流动风气,尤其是伴随着教师人事制度的改革与国家对教师流动的大力倡导,这种单纯以经济利益追求为目的的流动已经成为可能并开始迅速冲击着教师群体。导致当前教师流动整体状况呈现出"单向"性特点,加剧了教育资源的不均衡分配,危害了教育公平的实现。

当前中小学教师流动中"物欲追求"倾向表现严重。教师把教师职业视作一种谋生的手段,在进行流动时更多考虑的是对物质待遇与经济利益的追求,而不是从自身各项发展考虑。尤其是对于贫困落后地区、偏远农村地区的学校教师来说,所在学校的工资报酬与福利待遇水平较之城市学校有很大的差距,无法满足教师的各种需要。如数据显示"全国农村中学、初中教职工人均年工资收入分别相当于城市小学、初中教职工的 68.8% 和 69.2%",[①]因而这种功利化倾向在农村教师身上表现得更为明显,教师往往把追求物质与经济利益作为流动的主要原因,通过流动到城市地区的学校来获得更为客观的物质利益和报酬。教师主体文化发生错位,对于物质与经济的实际需要替代了流动教师实现发展的价值,损害了流动教师应具备的进取心态与价值追求,严重阻碍了教师的发展,有悖于教师流动主体文化的品性要求。

(二)"权欲追逐"的行为目标

教师流动的主体文化功利化还表现在:教师以"权欲追逐"作为主体行为目标。流动教师能够在流动过程中实现自身的成长与发展是教师流动的重要使命,同时也是流动主体的行为目标。当前中小学教师流动主体文化的"发展"品性逐渐暗淡,功利化价值体系开始主导教师的行为取向。流动主体除了在流动过程中表现出"物欲追求"的价值取向外,还体现出"权欲追逐"的行为目标。即教师在流动过程中不仅以物质与经济利益获取作为主体价值取向,还以权力的获得作为流动的目标。

---

① 国家教育督导团.国家教育督导报告 2008(摘要)——关注义务教育教师[J].教育发展研究,2009(1):3.

教师主体文化的错位表现为教师对权力的过分渴求。教师作为社会个体，本身就具有对权力的向往与追求。在当前的政策背景下，教师流动往往与一定的激励措施相挂钩，有些地区更是将教师流动作为教师职务晋升的先决条件，这些都会在无形中影响和改变教师的主体价值观念。教师主体"发展"重心不再是实现教师自身专业发展、能力发展与人格发展，而是通过流动实现自身"权力"的发展。教师的权力欲望被激发，教师流动沦为追逐权欲的工具，许多教师为了获得升职的机会而对流动趋之若鹜，一些优秀骨干教师更是借助教师流动来谋求获得职位上的提升，流动教师的发展价值与意义被主体严重地忽视。

（三）"名誉追寻"的行为方式

教师流动主体文化功利化除了表现在教师对利益、权利的追逐上，还突出地表现为教师对名誉的过度向往。教师作为知识型人才，渴望受到他人的尊重与敬仰，渴望获得良好的名誉与较高的社会地位，这本是教师尊重需求的一种正常表现。但在当前的教师流动过程中，这种态度倾向已经走向了极端，出现了偏差。具体而言，教师这一行为方式表现在以下三个方面：

第一，流动教师痴迷于"重点学校"、"名牌学校"的光环。在流动过程中，"重点学校"、"名牌学校"、"示范学校"往往对教师具有更大的吸引力。教师渴望流动到这些学校任教，原因除了学校师资力量的优势吸引外，还有学校自身附带"名牌"的诱惑。

第二，流动教师执着于自身地位的提高。在"城市中心"的传统思想影响下，教师更倾向于流动到城市学校来提升自身的社会地位。

第三，流动教师热衷于良好名誉的获取。当前国家大力推行优秀师资向贫苦地区、农村地区的学校流动，以实现城乡教育资源的均衡配置，促进教师的个人发展。但不可避免的是许多教师愿意到落后地区的学校任教，只是为了获得"甘于奉献"的名声，这种"向下"流动只是获得外在名誉的一种手段。由此可见，当前中小学教师流动的主体文化功能错位严重，流动教师的行为方式表现出强烈的对名誉、地位的向往与追求。

三、机械化:教师流动管理文化的泯灭

教师流动管理文化品性体现为"人文",即要求将教师流动管理建立在尊重教师、关心教师、满足教师、爱护教师的基础之上,营造一种以流动教师为主体的和谐、融洽、民主的管理氛围。当前教师流动管理文化的"人文"品性泯灭,"机械化"的管理文化肆意横行。"机械化"的管理文化强调绝对的"主体—客体"关系模式,教师处于被动、服从的不平等地位,话语权轻微,权益不受保护。具体而言,教师流动管理文化"机械化"主要表现在管理理念的非人本化、管理模式的封闭独断、管理氛围的沉闷压抑三方面。

(一)"非人本"的管理理念

"机械化"的管理文化导致管理理念呈现"非人本"的特征。教师流动管理理念是教师流动管理文化的核心要素,是人们对于管理活动的理性认识。"人文"品性要求中小学教师流动管理文化追求"以人为本"的管理理念,主张"人既是发展的第一目标,又是发展的终极目标",以教师为本,把教师的发展放在首要位置。把满足教师的职业发展需要,提升教师的主体地位和尊重教师的流动意愿作为流动管理的核心。在整个流动管理过程中,注重教师主体的情感、个性、能力等因素的培养,通过流动使教师的发展空间更为宽广,自身的价值追求更容易实现。然而当前中小学教师流动管理中仍然倡导"效率与效益优先"的传统管理理念,为实现教师流动促进教育均衡发展的最终目标,管理理念忽略了对流动主体——教师的人文关怀,致使管理理念呈现出"非人本"的特色,单纯反映管理层面的价值要求。

在中小学教师流动"非人本"的管理理念下,管理层面的意志要求得到充分实现,管理过程中工具理性横行。效率与效益成为管理者支配与控制教师的决定力量,而教师作为受管理者,被工具化与物化,成为实现管理层流动效率追求的工具。同时,管理过程中作为流动主体的教师的个人意愿与内心需要被忽视,管理实施带有一定的强制色彩。如:我国的许多流动政策中都对教师流动做了强制性规定,将教师流动与评职评称、职位晋升捆绑在一起。这种管理实际上严重忽视了教师个人价值的实现,不利于教师个人的真正发展。因此,机械化管理下

"非人本"的管理理念,不仅与"人文"的管理文化品性相差甚远,更是严重损害了流动教师的主体利益,不符合教师流动文化的要求。

(二)"封闭式"的管理模式

中小学教师流动管理文化"机械化"突出地表现为"封闭式"的管理模式。当前教师流动大多采取的是一种自上而下、等级森严的管理模式。中小学教师流动管理过程中,无论是国家政府部门对教师流动的宏观调控管理,还是各个学校对教师的输出与流入,其管理上采取的都是理性模式,即一种重权力、尊等级,重机械、尊章法的管理模式。这一自上而下、规范化、命令式的管理模式是获得流动效率和效益的最直接手段,它强调组织中正式和结构上的要素,强调通过理性方法寻求组织的目标,忽视了流动教师主体因素的作用。

"封闭式"的管理模式下,流动教师主体沦为管理金字塔的底层,被动地接受与服从管理,无论对管理整体效果还是对教师自身发展而言都是弊远大于利。教师作为具有较高素质的职业群体,具有极强的自我管理意识、民主意识。而教师流动管理中推行的严格等级式的管理,强调下级对上级的服从关系,造成"主体意识"与"管理模式"间的潜在矛盾。流动教师在压抑的管理氛围中丧失话语权,沦为"物化"的工具人,扼杀了教师的主动性与创造性,教师流动的意义被曲解。同时,缺乏基层教师参与的管理,教师流动效果并不理想。从当前的实际情况看,国家层面的教师流动管理中,只有少数专家型教师能够参与到教师流动政策的制定中,而基层教师参与渠道狭窄。教育行政部门自上而下主导着教师流动,依靠行政手段命令、支配教师实行流动。而在学校管理中,管理者过度强调领导权威,教师无法获得关于流动的系统的、完整的、可靠的信息,作为实践主体却只能按管理者的要求而被动进行流动,其主体意愿、需求与价值被忽略。

(三)"沉闷压抑"的管理氛围

管理文化"机械化"造成教师流动管理氛围的过度"沉闷压抑"。依据教师流动文化的品性要求,教师流动管理的理想状态应建立在"以人为本"的理念下,旨在营造轻松、和谐、融洽的管理氛围,促进教师流动的合理、有效进行。当前教师流动管理文化中工具理性取向当道,教师沦为物化的管理对象,管理氛围的沉闷、压抑,与"人文"品性要求背道而驰。

具体而言,这一非良性氛围表现在:

其一,管理过程缺乏人文关怀。当前流动管理中,流动教师的主体性彻底沦丧,一切以管理者的意志为主,教师的"个体需要"成为实现"他人需要"的牺牲品。为追逐流动效率采取"一刀切"式管理,管理标准过分统一,管理手段生硬死板,流动教师的主体诉求不被倾听,去留不受内在意愿支配,个人的成长与发展更是无从谈起。

其二,管理方式以"硬性"管理为主,即依靠规章制度,直接的外部监督以及行政命令进行刚性管理。虽说有效的管理制度是教师流动得以顺利进行的保证,但教师流动的实施与监督过分依赖精心设计的制度体系,流动过程中一切皆以设计好的制度内容为准,亦步亦趋地进行,忽视对实际流动情况的考量,致使流动呈现机械化、强制性的特征。

其三,管理评价取向过于单一。教师流动管理的最终评判以现实的流动效率与效益为唯一标准,忽视流动教师的价值需要,致使流动管理中过度追逐流动效果,而使教师处于一种次要、被动的地位。

总体来看,管理过程的"沉闷压抑"无论对于管理效果还是对于管理对象而言,都具有极大的不利影响。一方面严重影响了教师流动的管理效果,使教师流动彻底沦为"机器式"的运作、"器物式"的管理;另一方面,在压抑的流动氛围下,流动教师的主体性无法发挥,工作的积极性与创造性都会受到大幅度的压制。

第五节　教师流动文化的回归

困境中的教师流动文化严重阻碍了教师流动的健康发展,寻找教师流动文化的回归之路就成为必需。促使教师流动文化快速、有效地回归正途,必须积极地寻找教师流动文化陷入困境的原因,在此基础上有针对性地构建相关回归对策,缩小教师流动文化实然与应然状态之间的落差,纠正教师流动文化中存在的种种弊病,保证流动文化的正确性,最终从真正意义上推动教师流动健康有序地进行。

一、教师流动文化困境的归因

当前教师流动文化的困境表现在理念文化的形式化、主体文化的功利化与管理文化的机械化三方面,对其原因分析也主要从理念、主体与管理三方面进行。

(一)理念文化的困境归因

当前教师流动理念文化产生失落,在形式化中徘徊不前,理念文化的形式化使教师流动文化体系产生方向性倾斜,教师流动的最终目标模糊化。导致这一文化困境的原因主要为:

第一,理念缺乏有效宣传。教师流动理念文化以"均衡"为文化品性,追求教育资源的均衡配置。当前教师流动理念文化在教师群体间缺乏认同,究其原因,主要是教师流动理念文化缺乏有效的宣传。对于农村地区学校的教师而言,由于基础设施与条件相对落后,不可避免会造成教师对流动理念文化的目标要求了解匮乏。同时,当前教师流动理念文化传播渠道单一、多是靠教师主动学习而获知,传播面窄、保障性差致使教师群体对教师流动这一现象认识局限、理解狭隘,理念内容不能深入人心、得到认同。

第二,理念落实不受重视。教师流动理念落实不受重视是导致教师流动理念文化形式化的又一原因。当前教师流动理念文化建设形式化,理念内容口号化,导致这一现象的主要原因是理念内容在各个层次落实的重视度不够,没有将教师流动理念落到实处,将教师流动的宏观理念内化为教师自身的行为目标,产生符合理念要求的行为取向,致使理念文化沦为"面子文化"、"口号文化"。

第三,理念作用发挥受阻。教师流动理念文化作用发挥受阻是当前教师流动理念文化困境的另一主要原因。理念文化作为教师流动文化系统的灵魂,蕴含着教师流动的理想追求与精神向往,不断地发挥导向、激励、约束、调试、凝聚功能,促使教师流动文化朝向"应然性"状态发展。然而在实践中,就教师流动理念文化而言,带有刚性作用色彩的制度文化占据主要地位,理念文化实施中的"效益当先"显得过于功利,而被流动教师们所不认同,硬性、直接的强制命令在理念文化执行中占据主要地位。由此,教师流动理念文化作用发挥受阻,理念文化的作用在教师流动中被逐渐削弱。

（二）主体文化的困境归因

当前教师流动主体文化产生错位,在功利化中迷失自我,突出表现在流动主体价值取向、行为方式、态度倾向以及行为目标的错位上,发展不再是流动教师的唯一主题,对物欲、权欲、名誉的追求成为主体文化核心。主体文化错位致使教师流动的价值沦丧,严重阻碍了教师个人的发展。究其原因,主要有以下几方面:

第一,主体物质保障不足。教师物质保障不足是导致中小学教师流动主体文化陷入困境的原因之一。教师流动过程中充斥着功利色彩,流动教师往往把"物欲追求"作为流动的最终价值追求,忽视通过流动实现自身发展的重要性。根据马斯洛的需要层次理论,教师只有在满足自身生存需要得到满足的基础上,才会追求自我实现需要的满足。在教师群体的物质保障无法得到满足时,教师更多地体现出对工资、福利、待遇等基础实际利益的渴望。当前教师流动主体文化走向式微,教师的价值观念与行为方式体现出明显的"物欲追求"倾向,其主要原因也是和当前中小学教师本身的物质保障不足有关。

第二,主体权力地位低下。当前教师主体的权力地位低下是导致教师流动主体文化功利化的另一原因。当前中小学教师个体的话语权轻微、社会地位不高,为实现对权力与地位的追求,满足自身被尊重的社会需要,许多教师往往把教师流动作为一种途径,试图通过流动获取升职、加薪、评职的机会。主体权力地位低下导致教师流动所附带的激励条件被功利化,行为取向也发生错位。

第三,主体文化自觉欠缺。流动主体缺乏文化自觉性是教师流动主体文化功利化的又一重要原因。所谓文化自觉性,是指"生活在一定文化中的人,对其文化要有自知之明,明白它的来历、形成过程,所具有的特色和发展趋势",[①]文化自觉性既是一种意识,同时也是一种实践,是教师的自我觉醒、自我反思、自我创建。它通过把社会赋予的目标转化成教师的内在需要,促使教师自觉地将教育活动看作是实现自我价值与人生意义的过程。教师流动文化自觉性是指,流动教师能够全面、

---

① 费孝通.费孝通论文化与文化自觉[M].北京:群言出版社,2007:386.

正确地看待教师流动现象,自觉地遵循教师流动文化的品行要求,反思流动过程中的行为表现,实现教师流动文化最终目标的同时,完成教师个人的各方面发展与成长。当前中小学教师的主体文化自觉性严重欠缺,教师不能及时地审视、反省、纠正自身行为,尤其在面对利益诱惑时,往往迷失自己,违背主体文化要求。

第四,主体认识存在误区。教师流动主体文化错位还源于流动主体认识存在误区。在市场经济冲击下,人们突出职业追求,淡化事业追求。"很多人因为所从事的职业与自己的理想追求相背,经常不务'正业',把大部分精力倾注于业余生活,身心分离的结果是极不利于干好本职工作"。① 这种职业取向对当前的中小学教师产生了很大影响,许多教师不再把作为一名教师视为值得奋斗一生的事业,而仅仅将其当作一份谋生的工作。对于收入微薄、生活困苦的农村教师而言,安贫乐道不再是职业要求,能够养家糊口才是他们对职业的定位。主体认识的错误,导致教师行为发生偏差,是教师流动主体文化功利化的主要原因。

(三)管理文化的困境归因

管理文化的机械化致使教师流动管理整体呈现出强制、死板、冷漠的状态,不利于教师流动。导致教师流动管理文化陷入困境的原因主要为:

第一,管理理念陈旧落后。教师流动文化具有动态性特征,要求自身根据外部环境变化进行修正与完善。同样,管理理念也应处在动态的、不断完善的过程中。当前教师流动管理文化之所以整体呈现出"机械化"的特征,最主要的原因就是处在核心地位的管理理念的落后与不合理。知识经济时代下,人类的需求层次已经大幅度提升,"过去那种基于'短缺经济'条件下所形成的'效益至上'、'利益至上'的效益观念就必然受到当代各种力量的冲击与挑战",尤其是在教师流动中,用传统的"效益与效率优先"的管理理念对教师进行统治与束缚,教师的基本需求得不到满足,教师的内心呼声不被倾听,教师的主体利益难以得到保障。

---

① 周险峰,谭长富.教师流动问题研究[M].武汉:华中科技大学出版社,2013:56.

第二,教师参与渠道受阻。教师流动管理文化"人文"品性强调,教师主体参与到流动管理过程中,并能够行使决策权。中小学教师作为高素质的知识群体,具有较强的自我管理意识与民主意识,自身也渴望参与到流动管理中。但从当前的实际状况来看,教师参与渠道受阻是导致教师流动管理模式"封闭式"的主要原因。无论是教师流动决策制定层面,还是学校内部的教师流动管理层面,都只有少数专家型教师与骨干教师能够参与其中,其他教师完全被排斥在管理决策层外,内在诉求无法传达,流动一线教师的真实状况无法反馈,一切皆按决策者的意志行事。

第三,工具理性严重侵蚀。工具理性横行也是当前教师流动管理文化陷入困境的重要原因。现代管理中的工具理性表现为用普遍的程序化和规则实现管理的过程与目标,它极力排斥个人主观的人治性管理行为,工具理性追求管理过程在规范的框架内进行设计和配置,确保管理行为在规范性、程序性的体系中进行。当前教师流动管理氛围沉闷、压抑,与管理中工具理性横行有很大关系,管理者把"流动效率"作为唯一的管理目标与管理评价标准,为确保这一目标实现,多依靠规章制度,直接的外部监督以及行政命令等刚性管理,忽视了流动主体的主观意志,造成了管理氛围的过分严肃、沉闷。

二、教师流动文化回归的路径

教师流动文化困境严重阻碍了教师流动的健康发展,寻找合理的回归路径乃是当务之急。通过对文化困境归因的分析,教师流动文化回归路径的选择可从以下方面入手:

(一)理念文化回归的路径

教师流动理念文化回归可从以下三方面进行:

第一,拓宽理念宣传渠道。要摆脱教师流动理念文化的形式化,促进理念文化的核心精神与价值观念的传达与渗透,就必须拓宽教师流动理念文化的宣传渠道,强化理念文化的宣传力度。一方面,国家教育部门应当印发专门的教师流动宣传手册,向全国的中小学教师进行免费发放,指明教师流动的整体发展方向,明示教师流动的目标与期望,展现教师流动的深刻内涵,使中小学教师能够充分正确认识国家推动教师流动的目的与意义,自觉地将教师流动与实现教育公平发展紧密联系在一起,意识到促进教育公平的实现是当前每个教师的义务与责任,同时通过宣传使教师对流动中个人行为规范有所了解。

另一方面,各地教育部门应根据各自的实际情况开展相关的教师流动讲座,进行强化教师流动宏观理念与具体行为规范要求的宣讲,强调以"均衡"为基础与目标的教师流动的意义与价值,并鼓励辖区教师向贫困落后地区、农村地区流动,实现城乡师资的均衡配置。同时,各中小学也应通过讲座方式进行教师流动的理念传达,确保教师流动理念文化核心内容与要求真正传播,使流动教师对文化理念有真正的了解、认知与认同。

第二,重视理念内容落实。教师流动理念文化是一种表现,一种具有自身品性表现的价值体系,它需要有效落实到文化主体的思想与灵魂深处,内化出符合理念品性要求的实际行为。因此,重视理念核心内容的落实是教师流动理念文化摆脱形式化的有效途径,重视教师流动理念文化的落实,主要从以下两方面做起:一是重视将理念文化中的共同价值观念内化为个体的价值观念。教师流动理念文化中包含了教师流动的共同价值观念,即以实现城乡教师流动的均衡发展来推动教育公平的实现。而教师流动中个体价值观念千差万别、表现不一,要将共同的价值观念内化为每个个体的价值观念,是教师流动理念文化落实的重要标志。教师流动理念文化的内化不能靠强硬的灌输,必须依靠个体对理念文化内在精神的真正接受与认可。教育部门应重视这一过程,并积极地创造有利条件促使理念文化的真正内化。二是重视符合理念要求的行为外化。理念文化的真正落实表现为符合理念文化要求的外在行为表现,为保障理念的真正落实,要附带一定的激励条件与利益补偿,排除教师与学校的后顾之忧,使理念要求转化为真正的行为表现。

第三,保障理念作用发挥。主要从以下三方面做起:一是要巩固教师流动理念文化的核心地位。理念文化是教师流动文化的灵魂,它指明了教师流动的发展方向,反映了教师流动的目标期望,提出了教师流动的行为规范。它不仅是对教师流动现实的客观反映,更是对教师流动前景的未来展望,对教师流动起着宏观的指挥、引导与调控作用。只有不断巩固教师流动理念文化的核心地位,才能保障教师流动理念文化作用的有效发挥。

二是要重视发挥教师流动理念文化的功能。理念文化能够对教师流动的各个环节起到导向、激励、凝聚、约束、协调等作用,这些作用是刚性的制度文化所不能比拟的。只有重视教师流动理念文化的作用内容,才能确保理念文化的真正发挥。

三是要强化教师流动理念文化作用发挥。理念文化的作用发挥不如制度文化的刚性、果断,它通过"应然性"目标的设立、价值观念的渗透与内化,引导和激励个体产生符合理念要求的行为取向。这种作用是基于个体的主观意志而自发产生,对教师流动作用的效果更为有效。因此,在当前教师流动过程中,要强化理念文化作用的发挥,激励个体从主观层面正确认识教师流动现象,推动教师流动的合理有序进行。

(二) 主体文化回归的路径

对教师流动主体文化的回归路径选择如下:

第一,要加大教师的物质保障。一是提高中小学教师的工资收入。整体来看,中小学教师的工资收入在各种职业收入中处于中下级别,而个别贫困落后地区、农村偏远地区的教师收入更是远远低于普通标准。因此,要增加中小学教师的工资收入,整体性提高中小学教师的收入标准,确保教师的工资水平不低于公务员的工资水平。而且,要倾斜性增加农村教师的补助,解决教师的后顾之忧。二是要落实中小学教师的福利待遇。当前教师实际享受的福利待遇不容乐观,部分农村地区的教师除了微薄的工资之外,基本没有其他福利可言。因而,应重视教师福利待遇的落实,建立配套的监督机制,确保教师能够全员享受到医疗保障、住房保障、培训学习等福利待遇,改善当前教师福利待遇落实不到位的现状。只有教师的基本物质需要得到满足,才能激发教师产生更高层次的自我发展、自我实现需要,教师流动的价值观念才能发生实质性的改变。

第二,要提高教师的地位。一是要保障中小学教师参与学校事务管理的权利。中小学管理实践中,广大教师很少有机会参与学校的管理与决策过程,国家规定的教职工代表大会制度"形存实亡",教师的基本权利无法得到保障。因此,应保障中小学教师参与学校管理的权利,增加教师参与学校行政事务、教学事务、管理事务的范围与程度,满足教师参与学校管理的期望,实施教师参与管理情况的监督,进而使教师能够真正在流动中具有发言权。二是要提高教师的社会地位,尤其是农村教师的社会地位。除了增加教师的经济收入外,还要给予教师更多的尊重与关注,规范教师职称的评定程序,增加职称评定的透明度,建立有效的监督机制,解决农村教师评职称难的问题。提高中小学教师的地位,实现教师自我管理需要与被尊重需要,才能实现教师流动主体文化的回归。

第三,培养教师的文化自觉。要坚持教师流动文化的核心价值观对教师的正确导向,教师流动文化核心价值观是实现教师均衡流动,促使教育公平的实现。教师要将这一核心观念作为自身的行为引导,将推动教育的均衡发展作为自己社会价值的实现,强化社会责任意识感,增加教师的文化自觉性;要严格落实教师流动主体文化的品性要求,树立正确的价值观念,排除其他干扰因素的影响与误导,将实现自身发展作为个人自我价值的实现;要培养和强化教师的文化反省能力,及时发现流动文化出现问题的症状并予以补救。同时,教师在流动中还要不断审视、反省、纠正自身价值观念与行为取向,确保其符合流动文化品性要求。要端正教师的主体认识,主要包括:端正教师的职业观念,面对流动中教师职业观的偏失,应加大教师职业观念教育力度,确定正确的教师从业观念,确保教师对教育工作保持热爱并充满热情。端正教师的利益观念,针对教师流动主体文化功利化倾向,要求教师树立正确的利益观念,培养合理取舍的能力,避免盲目的逐利行为。端正教师的道德观念,要强化教师的道德观念,培养高尚的道德情操,明确教师的行为规范,使教师的流动行为真正符合伦理规范要求。

(三) 管理文化回归的路径

教师流动对管理文化的回归路径选择如下:

第一,树立正确的管理理念。要使教师流动管理文化摆脱困境,就必须根据教师流动文化"人文"品性的要求,树立"以人为本,为人服务"的管理理念。这一管理理念的树立蕴含着丰富的内涵与要求,即要求在流动管理中做到:要以教师为本,把教师的发展放在首要位置;在教师流动管理中要将流动主体教师放在核心地位,把教师的职业发展、个人成长作为流动管理的主要目标；要强调管理中的人文关怀，注重流动教师的个人情感、流动意愿、内在需要与能力发展，营造和谐融洽的管理氛围，使教师的流动"出于己愿，符合己求"，强化教师在流动过程中的主体性；管理者要树立的服务意识，学校领导要增强服务意识，变权利管理为服务管理，要以教师为主，尊重教师，改变传统管理中管理者高高在上的局面，给流动教师更多的关心和理解；要形成民主的管理模式，强化教师参与流动管理的权利，倾听教师的意见与建议，使教师流动管理更为科学合理。

第二，要保障教师参与流动管理的权利。保障教师管理参与权，主要从以下几方面做起：

一要凸显管理中教师的利益追求。以往教师流动的管理决策更多体现的是政府行政部门的意志，追求的是国家与社会的利益实现。这种价值导向下教师就沦为"他者"利益实现的工具，教师主体价值追求被忽视。保障教师的参与权利，就要在坚持流动社会价值实现的同时，把是否有利于教师个人利益满足，作为衡量教师流动文化价值及其实现的基本尺度，在管理中正确反映流动教师的个人利益，形成面向全体教师的管理决策。

二要强调管理中教师的过程参与。教师作为流动主体，对流动本身有着更多的切身体会和感受，能够提供更多有益的建议与策略。当前教师流动管理把流动教师排除在决策层外，难免会造成管理决策与实际脱离。保障教师的管理参与权，就要做出相应的制度安排，促使部分教师参与到流动管理中，建立有效的流动教师意愿表达与利益协调机制，确保教师的主体诉求能够被倾听与实现。

三要保障管理中教师的信息知情权。在教师流动管理中要确保相关流动信息的公正透明，保障教师的信息知情权，使流动教师能够了解教师流动的最新动态与发展状况，并切实有效地反映自身的主体需求与价值需要。

第三，营造和谐的管理氛围。必须改变工具理性对教师流动管理的过度侵蚀，凸显价值理性的作用。具体来说，当前教师流动管理中需要做到以下两点：一是要在教师流动管理中突出价值理性的主导地位。价值理性关注个人存在的价值与意义，价值理性地位的沦丧，必然导致教师流动管理文化中人文精神的抹灭。要确立教师流动管理中价值理性的主导地位,落实教师在流动过程中的主体性,给教师更多的尊重与关爱,使教师能够积极主动地参与到流动中,形成轻松、自由、愉快的流动氛围。同时,在教师流动评价机制中,应将流动教师的个人利益实现纳入其中,保障教师个人价值的实现。二是要在教师流动管理中明确工具理性的从属地位。教师流动管理过程不可能彻底否定工具理性的作用,但工具理性作用的发挥,应在价值理性的要求之下而进行,在教师流动管理实践中实现工具理性与价值理性的有效整合。

参考文献

[1] 戴木才.管理的伦理法则[M].南昌:江西人民出版社,2001.

[2] 段治乾.教育制度伦理研究[M].郑州:河南人民出版社,2005.

[3] 范丽恒.教师期望效应研究[M].北京:中国社会科学出版社,2008.

[4] 冯周卓.管理的人文之维[M].南昌:江西教育出版社,2005.

[5] 费孝通.费孝通论文化与文化自觉[M].北京:群言出版社,2007.

[6] 葛晨虹.社会主义市场经济中的道德理性[M].上海:上海人民出版社,2010.

[7] 葛晨虹.市场经济与道德理性[M].上海:上海人民出版社,2010.

[8] 关晓丽,关大伟.社会阶层结构演变新视点[M].长春:吉林大学出版社,2007.

[9] 谷中原.社会学理论基础[M].长沙:中南大学出版社,2004.

[10] 顾明远,檀传宝.中国教育发展报告:变革中的教师与教师教育[M].北京:北京师范大学出版社,2004.

[11] 雷万鹏.中国农村教育焦点问题实证研究[M].武汉:华中科技大学出版社,2007.

[12] 卢现祥,朱巧玲.新制度经济学[M].北京:北京大学出版社,2010.

[13] 柳海民,周霖.义务教育均衡发展的理论与对策研究[M].长春:东北师范大学出版社,2007.

[14] 罗树华.教师发展论[M].济南:山东教育出版社,2002.

[15] 齐港.社会科学理论模型图典[M].北京:经济管理出版社,2012.

[16] 钱焕奇.教育伦理学[M].南京:南京师范大学出版社,2009.

[17] 瞿瑛.义务教育均衡发展政策问题研究:教育公平的视角[M].杭州:浙江大学出版社,2010.

[18] 瞿葆奎,郑金洲.中国教育研究新进展[M].上海:华东师范大学出版社,2003.

[19] 申维.耗散结构、自组织、突变理论与地球科学[M].北京:地质出版社,2008.

[20] 孙彩平.教育的伦理精神[M].太原:山西教育出版社,2004.

[21] 邵光华.教师专业知识发展研究[M].杭州:浙江大学出版社,2011.

[22] 檀传宝.教师伦理学专题[M].北京:北京师范大学出版社,2006.

[23] 吴刚.知识演化与社会控制:中国教育知识史的比较社会学分析[M].北京:教育科学出版社,2002.

[24] 吴志宏,陈绍峰,汤林春.教育政策与教育法规[M].上海:华东师范大学出版社,2003.

[25] 王静.经济学基础[M].北京:科学出版社,2009.

[26] 王献玲.中国民办教师始末[M].北京:知识产权出版社,2008.

[27] 王海明.公正与人道:国家治理道德原则体系[M].北京:商务印书馆,2010.

[28] 王海明.美德伦理学[M].北京:北京大学出版社,2011.

[29] 汪开国.深圳九大阶层调查[M].北京:社会科学文献出版社,2005.

[30] 武博. 当代中国人才流动[M]. 北京:人民出版社,2005.

[31] 谢晋宇. 雇员流动管理[M]. 天津:南开大学出版社,2001.

[32] 许欣欣. 当代中国社会结构变迁与流动[M]. 北京:社会科学文献出版社,2000.

[33] 于省宽. 人文管理简明教程[M]. 北京:机械工业出版社,2010.

[34] 殷智红,叶敏. 管理心理学[M]. 北京:北京邮电大学出版社,2011.

[35] 袁兆春. 教育改革与发展:我国教育法体系的完善[M]. 济南:山东人民出版社,2009.

[36] 余亚平. 政治伦理[M]. 上海:百家出版社,2005.

[37] 张德. 人力资源开发与管理[M]. 北京:清华大学出版社,2012.

[38] 张风林. 人力资本理论及其应用研究[M]. 北京:商务印书馆,2006.

[39] 张乐天. 教育政策法规的理论与实践[M]. 上海:华东师范大学出版社,2002.

[40] 张建国,夏青. 新编人力资源管理[M]. 成都:西南财经大学出版社,2012.

[41] 翟博. 基础教育均衡发展理论与实践[M]. 北京:教育科学出版社,2013.

[42] 郑杭生. 社会学概论[M]. 北京:中国人民大学出版社,2009.

[43] 郑国铎. 企业激励论[M]. 北京:经济管理出版社,2002.

[44] 周险峰,谭长富等. 教师流动问题研究[M]. 武汉:华中科技大学出版社,2010.

[45] 赵广明. 理念与神——柏拉图的理念思想及神学意义[M]. 南京:江苏人民出版社,2004.

[46] [美]彼得·德鲁克. 管理:任务、责任和实践[M]. 张正平等译. 北京:华夏出版社,2012.

[47] [美]西尼斯卡尔科. 世界教师队伍统计概览[M]. 上海:华东师范大学出版社,2007.

[48] [美]道格拉斯·C·诺斯.制度变迁与经济绩效[M].杭行译.上海:三联书店,2008.

[49] [日]青木昌彦.比较制度分析[M].周黎安译.上海:上海远东出版社,2001.

[50] [德]沃尔夫冈·布列钦卡.教育科学的基本概念:分析、批判和建议[M].胡劲松译.上海:华东师范大学出版社,2001.

[51] [德]沃尔夫冈·布列钦卡.教育知识的哲学[M].杨明全等译.上海:华东师范大学出版社,2006.

[52] [英]休谟.人性论[M].关文运译.北京:商务印书馆,2005.

[53] [英]哈耶克.哈耶克论文集[M].邓正来选编.北京:首都经济贸易大学出版社,2001.

[54] 安雪慧,颉俊祥.西部农村代课教师现状调查[J].教师教育研究,2008(1).

[55] 陈牛则.义务教育教师流动态度的调查与思考[J].教育与经济,2012(4).

[56] 陈桂生."学校管理体制问题"引论[J].华东师范大学学报(教育科学版),2003(1).

[57] 陈坚,陈阳.我国城乡教师流动失衡的制度分析[J].教育发展研究,2008(Z1).

[58] 操太圣,吴蔚.从外在支援到内在发展:教师轮岗交流政策的实施重点探析[J].全球教育展望,2014(2).

[59] 楚江亭.风险社会与教师自我认同危机[J].教师教育研究,2009(1).

[60] 崔欣伟.论学校管理的道德性及其完善策略[J].思想·理论·教育,2005(8).

[61] 蔡明兰.教师流动:问题与破解[J].教育研究,2011(2).

[62] 丁秋玲.对人性预设与公共行政思路的评述[J].武汉大学学报(人文科学版),2005(9).

[63] 冯文全,夏茂林.从师资均衡配置看城乡教师流动机制建构[J].中国教育学刊,2010(2).

[64] 樊浩.伦理实体的诸形态及其内在的伦理——道德悖论[J].

中国人民大学学报,2006(6).

[65] 甘绍平.以人为本的生命价值理念[J].中国人民大学学报,2005(3).

[66] 高金岭.关于中国教育法制建设的思考[J].广西师范大学学报,2004(3).

[67] 高佳.美国中小学教师流动的历史嬗变[J].外国中小学教育,2014(2).

[68] 龚继红,钟涨宝,余建佐.农村教师社会流动意愿的特征及影响因素分析——以湖北省随州市为例[J].中国农村观察,2011(1).

[69] 黄启兵.教师轮岗制度分析[J].中国教育学刊,2012(12).

[70] 黄枬森.关于人道主义和异化问题的讨论[J].北京大学学报(哲学社会科学版),2010(1).

[71] 郝保伟.教师流动政策的合法性缺失及其重建[J].中国教育学刊,2012(9).

[72] 韩淑萍.我国教育均衡背景下教师流动问题的研究述评[J].教育导刊,2009(1).

[73] 贾建国.我国城乡教师流动制度创建的制度阻力探析[J].教育科学,2009(5).

[74] 姜英敏.韩国基础教育教师职业吸引力保障制度分析[J].比较教育研究,2012(8).

[75] 金生鈜.教育正义:教育制度建构的奠基性价值[J].陕西师范大学学报,2011(40).

[76] 寇鸿顺.试论民主政治的伦理意蕴与道德追求[J].道德与文明,2011(1).

[77] 李继秀.教师生命价值及其实现[J].教师教育研究,2006(5).

[78] 李江辉,李化树.努力构建完善的农村教师社会保障机制[J].辽宁教育研究,2008(11).

[79] 李爱华,谢延龙.教师流动伦理的困境与出路[J].教育导刊,2014(5).

[80] 鲁洁.人对人的理解:道德教育的基础——道德教育当代转型的思考[J].教育研究,2000(7).

[81] 刘云林.教育善的实现:基于教育道德向度和层次的视角[J].教育研究与实验,2007(4).

[82] 刘世清.我国教育政策伦理的缺位与现实对策[J].教育科学研究,2010(2).

[83] 卢俊勇,陶青.对教师流动制的原理与问题分析[J].现代教育管理,2011(4).

[84] 刘敏.以教师流动促进教育均衡——法国中小学师资分配制度探析[J].比较教育研究,2012(8).

[85] 楼世洲,李世安.农村中小学校骨干教师流失的分析和思考[J].师资培训研究,2005(3).

[86] 林存银,褚宏启.城乡教育一体化及其制度保障[J].教育科学研究,2011(5).

[87] 马焕灵,景方瑞.地方中小学教师轮岗制政策失真问题管窥[J].教师教育研究,2009(2).

[88] 彭新实.日本教师的定期流动[J].中国教师,2003(6).

[89] 彭礼,周险峰,周益霞.农村教师流动研究三十年:背景、历程与趋势[J].教育探究,2011(1).

[90] 裴德海.论马克思主义人道主义的本质特征[J].复旦学报(社会科学版),2007(3).

[91] 钱志亮.社会转型时期的教育公平问题[J].教育理论与实践,2001(2).

[92] 钱朴.教师流动中的社会学问题探讨[J].上海教育科研,2006(11).

[93] 秦立霞,栗洪武.美国特殊教育教师流失状况分析及其对策研究[J].中国特殊教育,2007(7).

[94] 秦德君.关于制度设计的思想论辩[J].复旦学报(社会科学版),2004(1).

[95] 孙海霞.自由存在者:黑格尔人格思想探究[J].道德与文明,2011(2).

[96] 王国炎,汤忠钢.论中国传统文化的基本特征[J].江西社会科学,2003(4).

[97] 王晓辉.关于教育决策的思考[J].北京大学教育评论,2003(4).

[98] 汪丞.中日中小学教师流动之比较及启示[J].比较教育研究,2005(11).

[99] 汪丞.教师定期轮换流动制度——促进校际师资均衡发展的一种思路[J].中国教师,2006(2).

[100] 吴玉琦.上海市义务教育学校教师流动现状调查报告[J].上海教育科研,2010(7).

[101] 谢延龙,李爱华.我国教师流动政策:困境与突破[J].当代教育与文化,2013(5).

[102] 薛正斌,刘新科.中小学教师流动样态及其合理性标准建构[J].陕西师范大学学报(哲学社会科学版),2011(1).

[103] 薛正斌,刘新科.日韩中小学教师管理与流动对中国的启示[J].宁夏社会科学,2009(2).

[104] 项亚光.当今美国学校教师流动的新动向——基于国家教育统计中心学校教师调查的分析[J].外国中小学教育,2008(5).

[105] 夏茂林,冯文全,冯碧瑛.日韩中小学教师定期流动制度比较与启示[J].教师教育研究,2012(3).

[106] 严月娟.中小学教师资源配置的嬗变与反思[J].中小学教师培训,2014(1).

[107] 杨启亮.底线均衡:义务教育优质均衡发展的解释[J].教育理论与实践,2010(1).

[108] 杨卫安,邬志辉.机制设计理论与城乡教育一体化建设[J].理论与改革,2012(5).

[109] 尹德挺,苏杨.新中国成立六十年流动人口演进轨迹与若干政策建议[J].改革,2009(9).

[110] 张松祥.我国中小学"副科"悖论的误导及其弊治[J].教育理论与实践,2013(11).

[111] 张雷,李华臣.城乡义务教育教师流动模式探析[J].当代教育科学,2011(7).

[112] 古黪,孙志宇.校长教师交流轮岗,你准备好了吗?[N].中国教育报,2013-11-20.

[113] Blau and Duncan. The American Occupational Structure: New York:The Free Press, 1967.

[114] David J. Kennedy. On the move: management relocation in the hospitality industry. the Cornell Hotel and restaurant administration quarterly,1996,40(2).

[115] Im Youn-Kee. Issues and Tasks of Rural Education in Korea. Journal of Educational Administration,2007, 25(4).

[116] Ingersoll,R. M. The Teacher Shortage:A Case of Wrong Diagnosis and Wrong Prescription. NASSP Bulletin,2002,86(631).

[117] Peter W. Hom, Rodger Griffeth. Employee Turnover. South-Western College Publishing Company,1995.

[118] W. Mobley, R. Griffeth, H. Hand and B. Meglino. A Review and Conceptual Analysis of the Employee Turnover Process. Psychological Bulletin,1979.

后　记

　　本书是我主持的教育部人文社会科学研究青年项目"西北回族地区城乡教育一体化进程中教师流动问题研究"（12YJC880123）的部分成果，也是宁夏大学"一省一校"项目的部分成果。

　　对于教师流动问题，近几年我一直在关注和思考。教师流动之所以引起我的兴趣，这与我对当前我国的一个热点、难点和前沿的教育问题——教育公平和均衡的思考有关。在当今教育公平和均衡成为我国亟待解决的一个问题时，我就在想一个问题，教育公平和均衡实现的具体路径是什么？通过这些年我在我国西部各民族地区城乡学校的实地调研来看，经过国家对落后学校的大规模投资、改善办学条件之后，学校间硬件上的差距，已经得到大规模地缩小；学校间质量的差距，主要体现在软实力的差距上，而教师则是学校间软实力差距的最集中表现。由此，缩小学校间教师质量的差距，就成为破解教育公平和均衡的突破口。而现实中，教师由薄弱学校向优质学校的单向流动，则是加剧学校间师资质量差距的重要因素。因此，如何通过教师流动，让学校间的师资质量差距缩小而不是加大，就成为解决学校间软实力差距的关键。正是出于以上考虑，教师流动就成为我关注和思考的重点。

　　书稿历经三年有余，终于完成，掩卷之时，不禁感慨万千。这三年中，为了此书稿的完成，付出的努力只有自己心知，可以说，它倾注了我的智慧、心血和汗水。曾经为书稿框架结构的构思而绞尽脑汁，否定了一个又一个"构思",不知经历了多少个从头再来;曾经在饱受过敏性鼻炎的严重折磨中,一遍又一遍地擤鼻涕,擦鼻涕,一遍又一遍地看书稿,改书稿,往往看不了几页,一卷卫生纸已经擦完;曾经多少次被刺心般疼痛的背疼和颈椎疼驱离了电脑前的书稿,一次又一次地忍痛回到了书稿前,继续撰写和修改;曾经有多少个深夜,大地都已经睡去,我还在挑灯夜战;曾经有多少个灰蒙蒙的黎明,人们还在甜蜜的梦乡,我已经坐在电脑前;曾经多少个节假日,在人们享受聚会出游的快乐时光时,我却在整理资料,撰写、修改书稿;曾经多少次经过一天的工作,拖着疲惫的身躯回家,又克服困倦的侵袭,义无反顾地投身到书稿中去。可以说,没有我的毅力、坚持、信心和希望,就没有本书的问世。

  本书稿也是集体智慧的结晶,它凝结了我那可爱可亲的研究生们的努力和心血。这里,我要感谢这几年来和我一起撰写、修改并最终完成书稿的学生们:王浩、任楠、李爱华、贺心悦、王婷、卢文博、朱紫珺、张瑶。我深知,这些跟着我一起完成书稿的学生们,在这几年里,经受了怎样的"苦难经历"和"痛苦折磨"。曾经为书稿的撰写,我不止一次催促、严令甚至会失去理智地训斥他们;曾经为书稿的修改,我也经常让他们痛苦地从头到尾彻底返工;曾经为书稿的质量,我对学生们的要求,有时甚至有点不近人情;曾经为书稿的完成,我的学生们多少个深夜仍在鏖战,多少次只能在电脑前度过自己的假期和休息日。可以说,没有我的学生们的努力,也就不可能有书稿的问世。正是在书稿的完成过程中,我的学生们真切地体会到了——做研究生难,做我的研究生更难。在这里,我必须对他们说,你们辛苦了,谢谢你们!

  这里,要感谢南京师范大学出版社的翟桂叶和孙涛编辑,是他们在本书的出版过程中,不辞辛苦地一遍又一遍就书稿问题和我联系沟通,并对书稿字斟句酌,使本书增色不少。

  这里,还要由衷地感谢我的父母。二位老人年事已高,本是颐养天年的时候,但在我的女儿降生之后,毅然决然从河南老家千里迢迢赶赴宁夏,不顾浑身疾病的折磨,一边成堆地吃药,一边帮我照看女儿,对孩子付出了极大的心血。这使我得以有充裕的时间,能够从容地从事书稿的撰写工作。感谢我父母的辛勤付出,没有他们的帮助,此书的完成,又将是何年何月。

最后,要真诚地感谢我的夫人刘静芝女士和我的宝贝女儿谢雨橙小朋友。本书从计划到最后修改完毕,正是夫人承担起了家里的一切杂务,并在我颈椎疼痛之时,经常给我按摩,使我解除了后顾之忧,专心于书稿的完成。在书稿写作过程中,我的女儿给我带来了无限的快乐,在我没有思路之时,在我写得头昏脑涨之时,正是在同女儿愉快的玩乐中,缓解了我紧绷的神经,并产生了无限的灵感。

谢延龙

2015 年 8 月 1 日晚于银川景墨家园住所